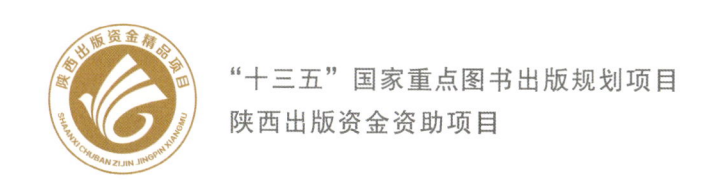

"十三五"国家重点图书出版规划项目
陕西出版资金资助项目

秦直道

QIN ZHI DAO

主编 王子今

秦始皇直道考察与研究

王子今 著

陕西师范大学出版总社

图书代号：SK18N0264

图书在版编目（CIP）数据

秦始皇直道考察与研究 / 王子今著 . —西安：陕西师范大学出版总社有限公司，2018.6
（秦直道 / 王子今主编）
ISBN 978-7-5613-9842-5

Ⅰ.①秦… Ⅱ.①王… Ⅲ.①古道—研究—陕西—秦代 Ⅳ.① K928.78

中国版本图书馆 CIP 数据核字（2018）第 035926 号

秦始皇直道考察与研究
QINSHIHUANG ZHIDAO KAOCHA YU YANJIU

王子今　著

选题策划 /	刘东风　侯海英
责任编辑 /	谢勇蝶　赵荣芳
责任校对 /	王　森
出版发行 /	陕西师范大学出版总社
	（西安市长安南路199号　邮政编码710062）
网　　址 /	http://www.snupg.com
印　　刷 /	重庆新金雅迪艺术印刷有限公司
开　　本 /	787mm×1092mm　1/16
印　　张 /	29.75
插　　页 /	2
字　　数 /	380千
版　　次 /	2018年6月第1版
印　　次 /	2018年6月第1次印刷
书　　号 /	ISBN 978-7-5613-9842-5
定　　价 /	330.00元

读者购书、书店添货或发现印刷装订问题，请与本公司营销部联系、调换。
电话：（029）85307864　85303629　　传真：（029）85303879

"秦直道"丛书编委会

编委会主任：王子今

编　　　委：王子今　辛德勇　张廷皓　吴宏岐
　　　　　　徐卫民　孙家洲　宋　超　焦南峰
　　　　　　张在明　徐君峰　马　啸　孙闻博
　　　　　　高彦平　刘东风　侯海英

总　　序

司马迁撰著《史记》，完成了被翦伯赞称作"一部以社会为中心的历史"，"中国第一部大规模的社会史"①的史学经典。徐浩说，《史记》"纵贯上下数千年，横及各国各阶层，举凡人类全体之活动，靡不备载"，又"叙述社会中各种现象"，并且"反春秋时代内其国而外诸夏、内诸夏而外夷狄之狭小眼光，为匈奴等民族作列传"。②李长之也曾经肯定《史记》的文化贡献，他指出，司马迁"是要在人类的生活经验之中而寻出若干范畴来"。③朱希祖也说，《史记》避免了一般史书"不载民事""未睹社会之全体"的痼病，能够"大抵详察社会，精言民事"。④《史记》超越了中国传统史学专注于政治史的撰述范式，给予历史整体特别是物质生产史、物质生活史以及下层社会的生存境况与心理体验相当多的关切。我们还注意到，对于交通史的关心和记述，也是司马迁《史记》"高气绝识"⑤、"雄

---

① 翦伯赞：《中国史纲》第2卷，大孚出版公司1947年版，第656页。
② 徐浩：《廿五史论纲》，人民文学出版社1949年版，第42—43页。
③ 李长之：《司马迁之人格与风格》，开明书店1948年版，第238—240页。
④ 朱希祖：《中国史学通论》，独立出版社1943年版，第71—72页。
⑤ 吕祖谦：《大事记解题》卷一二"著书百二十篇"条，明刻本。

视千古"①、"卓识远见"、"立意深长"②的表现之一。秦人重视交通的史迹,在司马迁笔下成为可以使历史观察者聚焦的显著现象。秦始皇兼并天下之后,辛苦巡行,又大举启动交通建设,形成了以驰道联结全国,各个地区各能通达,重要地点皆得"毕至"③的规模宏大而交通效能亦达到很高水准的交通网。秦王朝统治时期,是中国交通事业取得显著进步的重要历史阶段,而秦始皇执政后期规划发起的直道工程,更在中国古代交通史册上书写了极辉煌的一页。

司马迁在自己的史学著述中保留了对秦始皇直道的珍贵的历史记忆。《史记》卷六《秦始皇本纪》写道:"三十五年,除道,道九原抵云阳,堑山堙谷,直通之。"④又《史记》卷一五《六国年表》:"(三十五年)为直道,道九原,通甘泉。"⑤秦始皇去世,秘不发丧,车队经直道返回咸阳,"行从直道至咸阳,发丧。太子胡亥袭位,为二世皇帝"⑥。"鲍鱼车返,龙祖仙游"⑦,直道的规划者最终以极其特殊的方式经行这条道路。直道于是也成为秦帝国最高权力由"始皇帝"向"二世皇帝"交递过程的象征性符号。《史记》卷一一〇《匈奴列传》记载:"始皇帝使蒙恬将十万之众北击胡,悉收河南地。因河为塞,筑四十四县城临河,徙適戍以充之。而通直道,自九原至云阳,因边山险堑溪谷可缮者治之,起临洮至辽东

---

① 黄震:《黄氏日抄》卷四七《读史二·汉书·司马迁》,1757年(清乾隆二十二年)汪佩鄂刊本。
② 陈子龙:《史记测议·序》,聚锦堂刻本。
③ 汉文帝时,贾山言治乱之道,借秦为喻,称《至言》,其中写道:"为驰道于天下,东穷燕齐,南极吴楚,江湖之上,濒海之观毕至。道广五十步,三丈而树,厚筑其外,隐以金椎,树以青松。为驰道之丽至于此,使其后世曾不得邪径而托足焉。"见《汉书》卷五一《贾山传》,中华书局1962年版,第2328页。
④ 《史记》,中华书局2013年版,第322页。
⑤ 《史记》,第902页。
⑥ 《史记》卷六《秦始皇本纪》,第333页。
⑦ 彭孙贻:《烛影摇红·汶上感怀》,见《茗斋集》卷一五《诗余附》,《四部丛刊续编》景写本。

万余里。又度河据阳山北假中。"①明确指出了直道对于"击胡"即抗击北方草原强势民族之军事战略的特殊意义。

在秦代服务于全国政治军事总格局的交通规划中，直道有非常重要的地位。从秦始皇三十五年（前212年）"为直道"到三十七年（前210年）载运秦始皇尸身的车队"行从直道至咸阳"，直道修筑大致只有两年的时间。虽然有"道未就"的说法②，但是显然已经具备可以通行帝王乘舆的规格。直道工程量非常浩巨而工期短暂，体现了秦帝国超高等级的行政效率。秦直道，可以看作秦政的纪念。

司马迁是著名的重视实地考察、喜爱游历的史学家。王国维说："是史公足迹，殆遍宇内。所未至者，朝鲜、河西、岭南诸初郡耳。"③在《史记》卷八八《蒙恬列传》篇末，司马迁记录了亲身行历直道的体验："太史公曰：吾适北边，自直道归，行观蒙恬所为秦筑长城亭障，堑山堙谷，通直道，固轻百姓力矣！"④我们今天行走在秦直道遗存之宽广坚实的路面上，都会想到司马迁"吾适北边，自直道归"的经历以及"堑山堙谷，通直道，固轻百姓力矣"的深沉感叹。脚踏路草黄尘，感受太史公当年的步履，可以体会史家名言的亲切。而天风林籁，也响应着古今的共鸣。如果没有司马迁对于秦始皇直道的高度关注、亲身踏察与具体记述，也许后世人们对这条堪称伟大工程之卓越成品的古代道路会长期处于无知境界，心持冷漠态度。司马迁之后二千余年，我们基本没有看到对秦直道予以特别关注的文史论著。正史所谓"直道"，含义往往已经大为不同。如《汉书》"直

---

① "通直道"，司马贞《索隐》："苏林云：'去长安八千里，正南北相直道也。'"《史记》，第3468—3469页。
② 《史记》卷八八《蒙恬列传》："始皇欲游天下，道九原，直抵甘泉，乃使蒙恬通道，自九原抵甘泉，堑山堙谷，千八百里。道未就。"第3097页。
③ 王国维：《太史公行年考》，见《观堂集林》卷一一，上海古籍书店1983年9月据商务印书馆1940年版影印，第4页。
④ 《史记》，第3100页。

道行"①,"直道而行"②,"直道而不曲"③,"直道"已经是另外的含义。《汉书》卷九一《货殖传》:"此三代之所以直道而行,不严而治之大略也。"颜师古解释说:"直道而行,谓以德礼率下,不饰伪也。"④此所谓"直道"言政治道德、政治道理、政治道行、政治道义,其实已经与交通道路没有什么直接的关系了。后世虽然也有称作"直道"的交通工程,如《魏书》卷二《太祖纪》:"车驾将北还,发卒万人治直道,自望都铁关凿恒岭至代五百余里。"⑤但是这样的"直道",其工程规模、文化作用和历史影响,已经完全不能与秦始皇直道相比。

对秦始皇直道的科学研究自20世纪70年代始。内蒙古自治区的考古学者对秦始皇直道北段进行了实地调查。史念海先生的历史地理学名作《秦始皇直道遗迹的探索》,宣示秦直道研究的学术路径正式开启。此后,许多学者开始关心这一学术主题。历史地理学研究者和交通史志研究者结合文献研究与田野考察,相继发表了一系列值得重视的学术成果。陕西、甘肃、内蒙古的考古学家和许多珍视并致力于保护古代文化遗存的人文学者分别进行了多次秦直道遗迹的艰苦调查。靳之林、王开、徐君峰等先生坚持数年的秦直道考察,为秦直道研究提供了值得重视的第一手资料。陕西省考古研究院张在明教授主持的秦直道发掘,获得了重要成果。他在陕西富县进行的发掘,列名2009年度全国十大考古新发现。民间热爱中国历史文化、关注秦始皇直道的人们,也曾经发起多种形式的对于秦直道保护和考察极有意义的活动。如"善行天下"公益徒步活动组

---

① 《汉书》卷八一《孔光传》,第3356页。
② 《汉书》卷五《景帝纪》,第153页;《汉书》卷七七《盖宽饶传》,第3247页;《汉书》卷九九下《王莽传下》,第4194页。
③ 《汉书》卷三六《刘向传》,第1947页。《后汉书》卷五一《庞参传》:"竭忠尽节,徒以直道不能曲心,孤立群邪之间,自处中伤之地。"中华书局1965年版,第1691页。
④ 《汉书》,第3680页。
⑤ 《魏书》,中华书局1974年版,第31页。

委会策划并实践的多次对秦始皇直道北段的徒步考察,以及史军、刘敬伟、于恬恬、荣浪2014年9月至10月自淳化至包头对秦始皇直道全程的徒步考察等。

陕西师范大学出版总社的朋友们,特别是刘东风社长、侯海英女士为推进秦始皇直道的研究精心策划,精心操作,推促学界朋友合力完成了这套"秦直道"丛书。对于有识见的出版家的这一功德事,秦史研究者、历史地理研究者、中国古代交通史研究者,以及所有关心中国历史文化的朋友都会由衷感激。陕西师范大学出版总社组织的秦直道遗迹考察(2013年8月7日至17日),集合了数十名历史学者和考古学者,行历陕西淳化、旬邑—甘肃正宁、宁县—陕西黄陵、富县、甘泉,取得了诸多收获。这样的工作,也成为"秦直道"丛书编撰的重要的学术基础之一。

"秦直道"丛书包括徐卫民、喻鹏涛著《直道与长城——秦的两大军事工程》,徐君峰著《秦直道道路走向与文化影响》,张在明、王有为、陈兰、喻鹏涛著《岭壑无语——秦直道考古纪实》,徐君峰著《秦直道考察行纪》,王子今著《秦始皇直道考察与研究》,宋超、孙家洲著《秦直道与汉匈战争》,马啸、雷兴鹤、吴宏岐编著《秦直道线路与沿线遗存》,孙闻博编《秦直道研究论集》。丛书编写的学术构想,不强求作者学术意见的简单一致。可以看到,不同的学术见解,例如对于所谓"东线说"和"西线说"的不同认识,分别呈示于作者们各自的论著中。我们愿意学习当年《古史辨》的编者以宏大胸怀同时发布相互对立的学术观点的做法,以方便读者一览学术全局,明了学术流变,自主学术分析,产生学术判断,形成学术新知。应当说明,尽管若干学术意见不一,但是对学术规范的信守,对科学真知的追求,对实证原则的遵循,是"秦直道"丛书作者们共同的理念。

相信随着今后秦直道研究工作的进展,特别是秦直道考古工作新收获的取得，一些学术疑问能够得以澄清，若干学术共识应当可以逐步达成。

"秦直道"丛书被列入"十三五"国家重点图书出版规划项目、2012年陕西出版资金资助项目。

史念海先生长年在陕西师范大学工作。"秦直道"丛书今天由陕西师范大学出版总社推出，也许符合史先生的心愿。

"秦直道"丛书郑重面世，可以看作对史念海先生的一种纪念。

在以"秦直道"丛书献呈史念海先生灵前的时候，作为学生、晚辈和学术追随者，我谨再次诚挚地向这位中国历史地理学的学术导师、秦始皇直道研究的先行者深心致敬！

王子今

2017年3月15日于北京大有北里

序

子今兄嘱我为其新作《秦始皇直道考察与研究》作序，因此我便有幸成为这部鸿篇巨制的头几名读者之一。我从开始读起来就没能放得下，始终为他对秦直道的精深研究和论述所吸引。

学界对秦直道的研究开展比较晚，除历史地理、交通史志、文物考古等领域有一些研究成果和新的发现外，全面、综合、深入的研究尚付缺如，与秦直道突出的历史价值、科技价值、文化价值、工程价值相比极不相称。这种状况不能不说是很大的遗憾，也可以说是欠了史学研究的一笔债吧。

子今兄凭借自己的史德、史识、史学和史才担负起偿债的责任，在全面、综合、深入上下了大功夫，出了大力气。言其全面是，一条秦直道被他全方位地注入了生态、环境、经济、政治、文化、军事、社会、工程等方面的海量历史信息，使之成为经过辨析和条理化的信息库；言其综合是，一条秦直道生生被他运用历史学、文献学、简牍学、考古学、地理学、历史地理学、社会学、民俗学等方法，掰开了、揉碎了、剖解了、黏合了，使之恢复历史的原始景观，鲜活地呈现在我们面前；言其深入是，一条秦直道被他发现了无数为人们忽略的细节和问题，经过反复研究、说明、解答，使之在秦汉陆路交通系统的框架中凸显其独特的形态、地位和作用。正因为如此，才有了读者面前的这部大书，具有填补研究空白和创新的意义，可喜可贺。

我和子今兄是西北大学校友，同系同专业，又先后出于史学家林剑鸣先生门下，相知相交颇深。1984年，我和他在林先生家不期而遇，得知他正在准备硕士毕业论文，题目是《论秦汉陆路运输》。当晚两人就这个题目的初稿开聊，直到很晚，尚不能尽兴。他的毕业论文准备非常充分，史料运用娴熟，以大制小、以小见大、收放有度、开合自如，尤其有两点令人赞叹，一是在犄角旮旯搜罗史料的本事很大，二是钻山沟下田野发现文物遗址遗迹的能力极强，其时已经显露出独到史识、优秀史才的潜质。1985年，我已在陕西省文物局供职，时任陕西省副省长的历史学家孙达人先生，分管文物工作，他非常重视战国秦汉时期的秦岭交通线路遗址的保护与研究，把很多工作布置给了省文物局。由于子今兄几乎跑遍秦岭的傥骆道、蓝关道、子午道，我即约他同去向孙副省长报告遗址情况，他拟就的调查报告得到省政府的重视，在保护秦岭古道遗址工作上发挥了积极作用。后来这三十多年，子今兄分别在中央党校、北京师范大学、中国人民大学任教和从事研究工作，著作等身，硕果累累，已是享誉国内外的历史学家，人称秦汉史的深耕者，这个评价恰如其分。

西北大学考古专业1977级是人才涌现的班级，除子今兄之外，还有王震中、刘莉、焦南峰、刘云辉、尹申平、张在明、韩钊等，均为史学界、考古界的翘楚。在大学期间，这个班的同学就很团结，研究空气很浓，有比较健康的学术民主氛围，很少有文人相轻的毛病，这与子今等几位的仁厚、侠义、宽容有直接关系，也从另一侧面说明良好的环境对培养人才有多重要。对于母亲，子今又是非常孝顺的儿子，他们母子二人合著的《竹枝词研究》充满母亲对儿子的疼爱，更体现了儿子对母亲的孝敬，令人感动不已、羡慕不已。人品是史德的基础，史德折射人品，这在子今兄身上体现得尤为突出。

子今兄的力作《秦始皇直道考察与研究》是对古代直道工程遗产的基础研究，其广度和深度学界少有，其研究方法对历史宏大工程遗址的价值认知具有重要的借鉴意义。

近年来，文物界的一些学者提出了工程遗产的概念，认为中国大运河、长城、都江堰、郑国渠等均属于此，进而从中认识其巨大的工程价值。在中国大运河申报世界遗产的过程中，对其价值的研究也已使用了这些概念。《秦始皇直道考察与研究》一书对秦直道工程价值的研究，与文物界关于工程遗产价值的研究，已经走得很近。我由衷希望，学术界更加重视古代工程遗产的调查、保护与研究，从而产生一批像《秦始皇直道考察与研究》一样的高水平研究成果，涌现一批保护、传承和弘扬中国伟大工程遗产的科学家。

张廷皓
中国文化遗产研究院
2017年4月8日

目 录
Contents

001 / **绪说**

002 / 直道设计构想：秦统一进程与"北边"的战略地位

002 / 一、秦统一方式及其意义的深层次理解
004 / 二、东西与南北：秦进军趋势的战略方向选择
006 / 三、秦惠文王"游至北河"与秦昭襄王控制上郡
008 / 四、秦伐赵、攻燕的"逐北"攻势
011 / 五、蒙恬经营"北边"

017 / **上编　秦始皇直道的历史地位与文化意义**

018 / 直道：秦政的纪念

018 / 一、"使扶苏北监蒙恬于上郡"的意义
021 / 二、中国古代交通史记录中最伟大的道路工程
023 / 三、关于"始皇欲游天下，道九原，直抵甘泉"
024 / 四、直道工程与"叛秦"暴动
025 / 五、秦直道的文化史意义与经济史意义
027 / 六、秦直道研究的学术史

—1—

033 / 直道与子午道

　　034 / 一、直道与子午岭
　　038 / 二、子午道与直河
　　045 / 三、甘泉宫北阙与阿房宫南阙
　　049 / 四、关于"南北向超长建筑基线"
　　051 / 五、纵贯多个生态区、经济区的宏观交通规划
　　052 / 六、刘歆《甘泉宫赋》的"北辰""祝融"说

055 / 秦始皇直道的工程史考察

　　055 / 一、"劳神""苦民"：秦经营大型工程的传统
　　060 / 二、关于"堑山堙谷"
　　065 / 三、关于"道未就"
　　066 / 四、工程史视角的比照：秦始皇直道工程与秦始皇陵工程
　　079 / 五、"固轻百姓力矣"
　　082 / 六、直道工程管理形式推想

086 / 直道与丝绸之路交通

　　086 / 一、"直道"与"北边道"构成的交通体系
　　089 / 二、"直道"与汉匈往来
　　093 / 三、汉北输匈奴的丝绸和丝绸制品
　　097 / 四、匈奴的丝绸贸易
　　099 / 五、直道交通在丝绸之路贸易体系中的地位

102 / 秦始皇直道的盐运效能

　　102 / 一、西汉水流域盐产资源与早期秦史
　　105 / 二、秦直道的经济功用

108 /　　三、北边的盐产基地
111 /　　四、"朔方"的两处"盐泽"与"新秦中"移民运动
113 /　　五、"金连盐泽"和"青盐泽"等盐产由秦直道南运的
　　　　　　可能性推想
116 /　　六、直道经济带：以盐产盐运为视角

119 /　直道与匈奴"祭天金人"

119 /　　一、《史记》《汉书》所见霍去病战利品：匈奴"祭天金人"
121 /　　二、"匈奴祭天处本在云阳甘泉山下"
122 /　　三、"甘泉山下"的"径路神祠"
123 /　　四、"义渠"等"戎翟"的"甘泉"故事
125 /　　五、直道交通线上的祀所与神秘主义纪念地点
126 /　　六、"径路""直道"联想

130 /　上郡"龟兹"考论——以直道史研究为视角

130 /　　一、汉匈西域争夺与"龟兹"外交
134 /　　二、上郡"龟兹"："龟兹国人来降附者，处之于此"
137 /　　三、关于龟兹"有盐官"
139 /　　四、"北边"盐官与直道盐运通道的作用
140 /　　五、"龟兹"空间位置确定的意义
143 /　　六、张奂"据龟兹"平南匈奴叛故事

145 /　**中编　秦始皇直道的路线走向与形制特征**

146 /　关于秦始皇直道的起点

146 /　　一、直道起点"云阳""甘泉"说

149 /　　二、直道起点"咸阳"说
151 /　　三、关于直道起点亦南亦北的表述
152 /　　四、司马迁的明确记载："道九原，抵云阳""道九原，通甘泉"
154 /　　五、历史成见：秦帝国交通网"以咸阳为中心"
160 /　　六、直道工程与秦直道方向的关系
161 /　　七、"北上"交通理念与上古方位意识

166 /　秦汉"北边"交通格局与九原的地位

166 /　　一、"北边"的文化定义
171 /　　二、"天下苦其劳"："北边"经营导致的军事交通压力
173 /　　三、从九原郡到五原郡
176 /　　四、九原："北边"的中心和重心
179 /　　五、九原：直道与北边道的枢纽
184 /　　六、九原：民族交往通道

187 /　秦始皇直道九原"度河"方式

188 /　　一、"秦直道沿途所经最大的一条河流"
189 /　　二、周穆王"沈璧于河"
192 /　　三、赵武灵王经营北河与"直南袭秦"计划
193 /　　四、战国策士关于"秦下甲云中、九原"的设想
194 /　　五、"河"与蒙恬九原军事建设
195 /　　六、直道"度河"的可能形式
198 /　　七、卫青"梁北河"
200 /　　八、王莽"填河亭"地名
202 /　　九、"宜梁"县名的意义

204 / 关于"上郡地恶":秦直道资源条件考察

204 / 一、《二年律令》"上郡地恶"简文
205 / 二、上郡"入刍稾"制度分析
209 / 三、秦刍稾转输制度
210 / 四、释"地恶"
211 / 五、上郡行政地理及其交通史意义
214 / 六、直道上郡路段
215 / 七、关于上郡"卅里一邮"

217 / 西汉上郡武库与秦始皇直道交通

217 / 一、"上郡库令良"身份
220 / 二、有意义的参照信息:"秦东门"与东海郡"武库"
225 / 三、上郡"武库"与"北边"的中点

229 / 秦直道石门考察

230 / 一、石门遗存
231 / 二、石门与秦晋石门之战
232 / 三、"石阙"与"石关"
234 / 四、秦人意识中"门"的神秘意义与"秦北门"探索
236 / 五、石门扶苏传说

238 / "云阳都"考论

238 / 一、"赐云阳都百户牛酒"
239 / 二、居延汉简所见"长安云阳"
243 / 三、云阳:"北征大道之起点"
245 / 四、"玄气之精,回复此都"

248 /　　五、林光宫·甘泉宫·云阳都
250 /　　六、由云阳"天子之都"说西汉的"都"

254 /　烽燧：直道军事通信系统

254 /　　一、军事通信方式的作用与军事交通体系的建设
255 /　　二、秦"燔燧"制度
256 /　　三、秦直道烽燧遗址考察
260 /　　四、直道的"亭"与相关设置
262 /　　五、秦烽燧史渊源
265 /　　六、烽燧信号攻守兼用的意义

266 /　直道的通行条件

266 /　　一、经行帝王乘舆史例
267 /　　二、"峻阪"征服
269 /　　三、贾山"驰道"说的参照意义

271 /　说"圣人道""圣人条"

271 /　　一、"圣人条"：不知何代为何而传
272 /　　二、"圣人条"：秦始皇开运粮道处
274 /　　三、"圣人道"：赫连勃勃开此道
279 /　　四、"圣人道"与"石门山"及"雕岭"道路
281 /　　五、"圣人条""圣人道"与"子午岭"
283 /　　六、关于"条"
285 /　　七、关于"圣人条"

287 / **下编　秦始皇直道铭印的历史足迹**

288 /　　秦始皇北边之行与直道建设

289 /　　　　一、十九年"从太原、上郡归"
290 /　　　　二、二十七年"巡陇西、北地"与"治驰道"工程
298 /　　　　三、三十二年"巡北边，从上郡入"
299 /　　　　四、"辒凉车""抵九原""行从直道至咸阳"

301 /　　蒙恬悲剧与大一统初期的"地脉"意识

302 /　　　　一、蒙恬之死与"绝地脉"感叹
305 /　　　　二、太史公的"罪地脉"批评
305 /　　　　三、《论衡·祸虚》"蒙恬绝脉"说
308 /　　　　四、《晋书·载记序》的"地脉"观
309 /　　　　五、后世对蒙恬"绝地脉"说的理解
310 /　　　　六、"气"与"地脉"的政治地理含义
313 /　　　　七、地脉·地络·地理
315 /　　　　八、山川"地脉"与人体"血脉"
316 /　　　　九、生态环境史视角的"绝地脉"说解读
319 /　　　　十、"地脉"与"人文"

320 /　　秦二世直道行迹与望夷宫"祠泾"故事

320 /　　　　一、沙丘阴谋与"行从直道至咸阳"
322 /　　　　二、《秦始皇本纪》载秦二世元年东巡事
324 /　　　　三、秦二世东巡的历史真实性
325 /　　　　四、秦二世"遵述旧绩"说
326 /　　　　五、秦二世"至辽东而还""还至咸阳"经行直道的可能性

328 /　　六、秦二世"梦白虎啮其左骖马"的数术文化解读
329 /　　七、望夷宫与直道

334 /　汉文帝"自甘泉之高奴"

334 /　　一、汉文帝"自甘泉之高奴，因幸太原"的历史记录
336 /　　二、代—太原的军事地理地位与"帝之代，欲往击胡"
340 /　　三、文帝"长安—太原—长安"行程的交通史意义
343 /　　四、"帝自甘泉之高奴"与直道史研究
344 /　　五、匈奴"候骑至雍甘泉"

346 /　汉武帝"巡边至朔方"

346 /　　一、"筑卫朔方，转漕甚辽远"
349 /　　二、天子"猎新秦中"
351 /　　三、"开田官，斥塞卒六十万人戍田之"
352 /　　四、"天子巡边至朔方，勒兵十八万骑以见武节"
354 /　　五、"天子北至朔方"，"并北边以归"
356 /　　六、司马迁"适北边，自直道归"

358 /　关于王昭君北行路线的推定

358 /　　一、昭君出塞路线推定之一：匈奴单于庭方位
359 /　　二、昭君出塞路线推定之二：呼韩邪来朝归国行迹
362 /　　三、昭君出塞路线推定之三：后呼韩邪时代的汉匈交往
364 /　　四、昭君出塞路线推定之四："西河虎猛制虏塞下"的和亲故事
365 /　　五、对于方志资料与传说予以认真甄别的必要
367 /　　六、关于王昭君经行直道可能性之否定意见的澄清

371 / **附论**

372 / 甘泉方家河岩画与直道黄帝传说

372 / 　　一、方家河岩画的发现
375 / 　　二、方家河岩画与具茨山岩画的关系
375 / 　　三、具茨山岩画与黄帝传说
377 / 　　四、直道与黄帝祭祀
379 / 　　五、关于"天门帝室，黄帝所直"
380 / 　　六、直道可能具有的文化象征意义
382 / 　　七、关于"匈奴祭天处"
383 / 　　八、直道南北段的生态条件差异

385 / 秦惠文王"游之北河"与赵武灵王欲"直南袭秦"

385 / 　　一、秦国君好远行
391 / 　　二、秦惠文王褒汉之行与蜀地征服
393 / 　　三、"王北游戎地，至河上"
395 / 　　四、赵主父"直南袭秦"与"秦下甲云中、九原"的交通条件

398 / 论《赵正书》言"秦王""出游天下"

398 / 　　一、《赵正书》中秦始皇、秦二世"出游天下"记忆
401 / 　　二、"秦王赵正""出游天下"
405 / 　　三、"秦王胡亥""出游天下"
408 / 　　四、秦皇帝"出游天下"与秦帝国的交通建设

412 / 汉武帝"见群鹤留止"故事与直道生态史考察

412 / 　　一、关于"非用罗罔时"

415 /　　二、鹤与汉代社会生活
417 /　　三、"光景并见"："灵命"的暗示
419 /　　四、"北边""群鹤留止"记录的生态史料意义

421 /　直道交通带的石窟寺遗存

421 /　　一、"千里已来，莫不闻风而敬矣"
424 /　　二、石窟营造之"务于通达"追求
429 /　　三、陕西"官道傍"石窟
430 /　　四、"秦直道沿线两侧"石窟遗存

433 /　后记

Contents

001 / **Introduction**

002 / **Design Concept of Zhidao: the Unification Process of the Qin Empire and the Strategic Position of "Northern Border"**

002 / 1. The Approach of the Qin's Unification and Its In-depth Significance

004 / 2. Direction of the Military Action of the Qin Empire

006 / 3. King Huiwen of the Qin State "Travelling to Beihe (Northern Branch of Yellow River in Inner Mongolia)"and King Zhaoxiang of the Qin State Controlling Shang Prefecture

008 / 4. "Toward North": the Qin State's Attack on the Zhao and the Yan State

011 / 5. Meng Tian's Management of the "Northern Border"

017 / **Volume One   The Historical Position And Cultural Significance of Zhidao of the Emperor Shihuang**

018 / Zhidao: Monument of the Rule of the Qin Dynasty

018 / 1. The Significance of "Dispatching Fusu to Shang Prefecture to Supervise Meng Tian's Work"

021 /	2. The Greatest Transport Project in Transportation History of Ancient China
023 /	3. On the Record that "Emperor Shihuang's Inspection Tour of the Country that Reached Ganquan Palace Via Jiuyuan"
024 /	4. Zhidao Project And "Rebellion in the Qin Dynasty"
025 /	5. Qin Zhidao's Cultural, Historical And Economic Significance
027 /	6. The History of Researches Relating to Qin Zhidao
033 /	**Zhidao and Ziwu Road**
034 /	1. Zhidao and Ziwu Ridge
038 /	2. Ziwu Road and Zhihe River
045 /	3. The Northern Watchtower (阙) of Ganquan Palace and the Southern Watchtower of E'pang Palace
049 /	4. "Prolonged South-North Building Baseline"
051 /	5. Macroscopic transportation Planning Going Through Multiple Ecological Zones and Economic Zones
052 /	6. Records of "Beichen" and "Zhu Rong" in Liu Xin's *Ode to Ganquan Palace* (《甘泉宫赋》)
055 /	**An investigation of History of Constructing Qin Zhidao of the Emperor Shihuang**
055 /	1. "Toiling Immortals" and "Torturing Humans" : The Tradition of Large-Scale Construction in the Qin Dynasty
060 /	2. Records of "Flattening Hills And Filling Valleys"
065 /	3. Records of "Zhidao Remained Unfinished"

066 /   4. A comparative Study of the History of Construction:
             Zhidao and Emperor Shihuang's Mausoleum
079 /   5. "Meng Tian's Indifference of People's Labor"
082 /   6. Assumptions of the Management form of Zhidao Project

086 /   Zhidao and the Silk Road

086 /   1. Transportation System of "Zhidao" and "Roads of the
             Northern Border"
089 /   2. "Zhidao" and Han-Xiongnu Relationship
093 /   3. Silk and Silk Products Exported to Xiongnu during the Han Dynasty
097 /   4. Silk Trade of Xiongnu
099 /   5. Zhidao's Position in the Trade System of the Silk Road

102 /   The Zhidao's Function of Transporting Salt

102 /   1. Salt Resource in Xihan River Basin and History of Early Qin Dynasty
105 /   2. Economic Function of Qin Zhidao
108 /   3. Salt Resource Around the Northern Border
111 /   4. Two "Salt Lakes" in "Shuofang" and Immigration Movement in
             "Xinqinzhong"
113 /   5. Assupmptions of Salt Produced in "Jinlian Salt Lake" and
             "Qingyan Salt Lake" Transporting to the South Via Qin Zhidao
116 /   6. Zhidao Economic Zone: From the Perspective of Salt
             Production and Transportation

119 /	Zhidao and Xiongnu's "Golden Figure Used as Sacrifice to Heaven"
119 /	1. Trophies of Huo Qubing Recorded in *Historical Records* (《史记》) and *History of the Han Dynasty* (《汉书》): Xiongnu's "Golden Figure used as Sacrifice to Heaven"
121 /	2. Records of "The Site Where Xiongnu People Offered Sacrifice to Heaven Locating at the Foot of Ganquan Hill in Yunyang"
122 /	3. "Jinglu Temple" Locating at "the Foot of Ganquan Hill"
123 /	4. Stories about "Yiqu" and other "Rongdi" in "Ganquan Region"
125 /	5. Sites of Sacrifice and Occultist Sites Along Zhidao
126 /	6. Associations between "Jinglu" and "Zhidao"
130 /	Research on "Qiuci" within the Jurisdiction of Shang Prefecture: from the Perspective of History of Zhidao Studies
130 /	1. The Han and Xiongnu's Pursuit of Xiyu (Western Regins) and Foreign Relations of "Qiuci"
134 /	2. "Qiuci" of Shang Prefecture: "the Dwelling Place of the Capitulated Qiuci People"
137 /	3. "Salt Officials" of Qiuci
139 /	4. Salt Officials on the "Northern Border Area" and Zhidao's Function as a Salt Transportation Passageway
140 /	5. The Significance of Identifying the Location of "Qiuci"
143 /	6. Records of Zhang Huan's Suppression of the "Qiuci-based" Rebellions of Southern Xiongnu People

145 /   Volume Two   Route and the Features of Form of
            Zhidao of the Emperor Shihuang

146 /   Starting Point of Zhidao of the Emperor Shihuang
146 /   1. The View of "Yunyang"and "Ganquan" Being the Starting
               Point of Zhidao
149 /   2. The View of "Xianyang" Being the Starting Point of Zhidao
151 /   3. Contradicting Statements Relating to the Starting Point of Zhidao
152 /   4. Sima Qian's Records Related to Zhidao:"It Reaches Yunyang
               via Jiuyuan" and "Zhidao Reaches Ganquan via Jiuyuan"
154 /   5. A Prejudice in Historical Study: Transport Network of the Qin
               Dynasty "as Xianyang as the Center"
160 /   6. Relations between Construction and Direction of Qin Zhidao
161 /   7. Transport View of "Going Northwards" and Its Relation with
               Ancient People's Views of Direction
166 /   Patterns of Transport on"the Northern
               Border" in Qin-Han Period and the Position of Jiuyuan
166 /   1. Cultural Definition of "the Northern Border"
171 /   2. "The Whole Country Suffered from the Toil": Military Transport
               Pressure Caused by Activities on "the Northern Border"
173 /   3. From Jiuyuan Prefecture to Wuyuan Prefecture
176 /   4. Jiuyuan: the Center and Core of "the Northern Border"
179 /   5. Jiuyuan: Zhidao and Pivot of Northern Border

184 /   6. Jiuyuan: Passage of Exchange between Ethnic Groups

187 /   Means of "Crossing Rivers" When Constructing Jiuyuan Section of Zhidao during the Reign of Emperor Shihuang

188 /   1. "The Biggest River Qin Zhidao Passed"
189 /   2. King Mu of the Zhou "Sinking Jade into Yellow River"
192 /   3. King Wuling of Zhao's Management of Beihe Area and the Plan of "Attacking Qin Southward"
193 /   4. Counselors' Assumptions of "Qin's Attempt of Treading over Yunzhong and Jiuyuan" during the Warring States Period
194 /   5. "Yellow River" and Meng Tian's Military Construction of Jiuyuan
195 /   6. Possible Means of "Crossing River" in Constructing Zhidao
198 /   7. Wei Qing "Building Bridge Over Beihe"
200 /   8. Wang Mang's Rename of Wuyuan County as "Tianheting"
202 /   9. The Meaning of the Name of the County "Yiliang" (Suitable for bridge)

204 /   "Land of Shang Prefecture was Infertile": An Investigation of Resource Condition of Qin Zhidao

204 /   1. Records Related to "the Infertility of Land in Shang Prefecture" in *Laws of the Second Year*(《二年律令》)Written on Bamboo Slips
205 /   2. Analysis of Policy of "Chu and Gao Tax" in Shang Prefecture
209 /   3. Policy of Chu and Gao Transport in the Qin Dynasty

210 /	4. Interpretation of "Infertility of Land"
211 /	5. Administrative Geography of Shang Prefecture and Its Significance in terms of Transport History
214 /	6. Shang Prefecture Section of Zhidao
215 /	7. About "One Post Station Every Thirty Li" in Shang Prefecture

| 217 / | Arsenal in Shang Prefecture in the Western Han Dynasty and The Transportation of Zhidao |

217 /	1. Status of "the Ling Liang the Head of the Arsenal of Shang Prefecture"
220 /	2. Meaningful Reference Information: "the East Gate of the Qin" and "Arsenal" of Donghai Prefecture
225 /	3. "Arsenal" of Shang Prefecture and Midpoint of "the Northern Border"

| 229 / | Investigation of Shimen on Qin Zhidao |

230 /	1. Remains of Shimen
231 /	2. Shimen and Shimen Battle between Qin and Jin State
232 /	3. "Stone Watchtower" and "Stone Pass"
234 /	4. The Occultist Meaning of "Gate" (Men) in the Qin Dynasty and Research into "the Northern Gate of the Qin"
236 /	5. Legends of Fusu around Shimen Pass

| 238 / | Research of "Yunyang capital" |

| 238 / | 1. "To Grant cattle and Liquor to the People of Yunyang" |
| 239 / | 2. Records of "Chang'an and Yunyang" on Slips Unearthed in Juyan |

243 /	3. Yunyang: "the Starting Point of Northward Expedition"
245 /	4. "The Essence of Vitality Lingers in this 'Capital'"
248 /	5. Linguang Palace, Ganquan Palace and Yunyang Capital
250 /	6. The Meaning of "Capital" form"Yunyang as a Capital of the Emperor" in the Western Han Dynasty
254 /	Beacon Tower:Military Communication System along Zhidao
254 /	1. Function of Military Communication System and Construction of Transportation System
255 /	2. "Beacon Tower" System during the Qin Dynasty
256 /	3. Investigation into Ruins of Beacon Towers along Qin Zhidao
260 /	4."Post" on Zhidao and Auxiliary Appliance
262 /	5. Historical Origin of Beacon Tower System in the Qin Dynasty
265 /	6. Value of Beacon Towers signal in both Attacking and Defending
266 /	Road Condition of Zhidao
266 /	1. Records of Emperors Travelling by Carriage on Zhidao
267 /	2. Conquest of "Junban"
269 /	3. Reference Significance of Jia Shan's View on "Chidao(Racing Road)"
271 /	On"Shengren Dao" and "Shengren Tiao"
271 /	1. "Shengren Tiao": Unknown Reason and Time of Getting Circulated
272 /	2. "Shengren Tiao": Road of Transporting Grain of Emperor Shihuang
274 /	3. "Shengren Dao": the Record of Helian Bobo Paving the Way

279 /	4. "Shengren Dao" and "Shimen Hill" and "Diaoling Hill" Section
281 /	5. "Shengren Tiao", "Shengren Dao" and "Ziwu Ridge"
283 /	6. On "Tiao"
285 /	7. On "Shengren Tiao"
287 /	**Volume Three Historical Ruins of Zhidao of Emperor Shihuang**
288 /	Emperor Shihuang's Inspection Tour on the Northern Border and the Construction of Zhidao
289 /	1. "Returning From Taiyuan and Shang Prefecture" in the 19th Year of Emperor Shihuang's Reign
290 /	2. "Inspecting Longxi and Northern Border" and "Constructing Chidao" in the 27th Year of Emperor Shihuang's Reign
298 /	3. "Inspection Tour on the Northern Border Starting from Shang Prefecture" in the 32nd Year of Emperor Shihuang's Reign
299 /	4. "Cooled Carriage", "Reaching Jiuyuan" and "Arriving at Xianyang along Zhidao"
301 /	Meng Tian's Tragedy and Views of "Dimai" (Veins of Land) in the Early Stage of Great Unification
302 /	1. The Death of Meng Tian and Acclamation of "Breaking Dimai"
305 /	2. Sima Qian's Criticism on the Claim of "Breaking Dimai"
305 /	3. Record of "Meng Tian Breaking Dimai" in *Lun Heng* (《论衡》)

308 /	4. Views on "Dimai" in *History of the Jin Dynasty*（《晋书》）
309 /	5. Later Generations' Understanding of Meng Tian "Breaking Dimai"
310 /	6. Political and Geographical Meaning of "Qi" and "Dimai"
313 /	7. Dimai, Diluo (Vessal of Land) and Geography
315 /	8. "Dimai" of Mountains and Rivers and "Veins" of Human Body
316 /	9. Interpretation of "Breaking Dimai" from the Perspective of Eco-environmental History
319 /	10. "Dimai" and "Humanity"
320 /	**Track of the Emperor the Second of the Qin Travelling along Zhidao and Stories of "Sacrificing to Jinghe River" in Wangyi Palace**
320 /	1. Conspiracy at Shaqiu and "Reaching Xianyang via Zhidao"
322 /	2. Records of Emperor the Second of the Qin Touring Eastward in *Chronicles of Emperor Shihuang*（《秦始皇本纪》）
324 /	3. Historical Authenticity of Emperor the Second of the Qin Touring Eastward
325 /	4. Emperor the Second "Complying by Emperor Shihuang's Achievements"
326 /	5. Possibility of Passing zhidao of Emperor the Second According to the Records of "Turning back at Liaodong" and "Reaching Xianyang"
328 /	6. Occultist Interpretation of Emperor the Second's Dream of "White Tiger Biting his Left Carriage Horse"
329 /	7. Wangyi Palace and Zhidao

334 /	Emperor Wen of the Han "Coming from Ganquan to Gaonu"
334 /	1. Records of Emperor Wen "Visiting Taiyuan on His Way from Ganquan to Gaonu"
336 /	2. Military Position of Dai-Taiyuan Region and "the Emperor Reached Dai in order to Attack Xiongnu"
340 /	3. Transportation History of Emperor Wen of the Han's "Chang'an-Taiyuan-Chang'an" Tour
343 /	4. "Emperor Wen's Journey from Ganquan to Gaonu" and History of Zhidao
344 /	5. Scouts of Xiongnu Reaching Ganquan
346 /	Emperor Wu of the Han "Inspecting the Northern Border and Arriving at Shuofang"
346 /	1. "Construction of Defense System in Shuofang and Transport of Supplies to Remote Places"
349 /	2. Emperors "Travelling to Xinqinzhong"
351 /	3. "Setting Farming Officials and Sending Troops of 600,000 Soldiers for Wasteland Reclamation"
352 /	4. "Emperor Wu of the Han Displayed His Military Power during His Borderland-inspection in Shuofang"
354 /	5. Records of "Emperor Wu Travelling to Shuofang" and "Returning Back"
356 /	6. Sima Qian's Records of "He himself Reaching the Northern Border and Returning via Zhidao"

358 /	Assumptions of the Route of Wang Zhaojun's Northward Travel
358 /	1. Assumption 1: the Location of Xiongnu Administrative Center
359 /	2. Assumption 2: Track of Huhanye Chanyu Coming and Going between Chang'an and His Country
362 /	3. Assumption 3: Han-Xiongnu Communication after the Year of Huhanye Changyu
364 /	4. Assumption 4: Records of Han-Xiongnu Inter-marriage for Pacification "at Zhilu Pass in Humeng, Xihe Region"
365 /	5. Necessity of Ensuring the Authenticity of Local Chronicles and Legends
367 /	6. Clarification of Opposing Opinion over the Assumption that Wang Zhaojun Went Northwards via Zhidao

371 / Further Discussion

372 /	Fangjiahe Cliff Paintings in Ganquan and Legends about Huangdi on zhidao
372 /	1. Discovery of Cliff Paintings of Fangjiahe
375 /	2. The Relationship between Cliff Paintings of Fangjiahe and Juci Mountain
375 /	3. Cliff Paintings of Juci Mountain and Legends about Huangdi
377 /	4. Zhidao and Sacrifices to Huangdi
379 /	5. About "Tianmen Dishi, Huangdi Suo Zhi"
380 /	6. Cultural-symbolic Meaning of Zhidao

382 /	7. About "the Site Where Xiongnu People Offered Sacrifice to Heaven"
383 /	8. Distinctive Ecological Conditions in the North and South Sections of Zhidao
385 /	**King Huiwen of Qin "Traveling to the Beihe" and King Wuling of the Zhao Attempting to "Attack Qin Southward"**
385 /	1. Records of Kings of Qin Enjoying Travelling
391 /	2. King Huiwen of Qin Traveled to Bao and Hanzhong as well as His Conquer of Shu
393 /	3. "King Huiwen Touring to the Place of Rong People, and Arriving at Beihe"
395 /	4. King Wuling's Attempt to "Attack Qin Southward" and Transport Conditions of "Qin's Attempt of Treading over Yunzhong and Jiuyuan"
398 /	**"Inspection Tours of Emperors of Qin" in *Annuals of Emperor Shihuang of Qin* (《赵正书》)**
398 /	1. Records of Emperor Shihuang and Emperor the Second "Touring around the Country" in *Annuals of Emperor Shihuang of Qin* (《赵正书》)
401 /	2. "Emperor Shihuang Touring around the Country"
405 /	3. "Emperor the Second Touring around the Country"
408 /	4. "The Inspection Tours" of Emperors of Qin and Transport Construction of Qin Empire

412 /	Story of Emperor Wu of the Han "Seeing Cranes Flock and Stay at the North Border" in terms of Historical Ecology
412 /	1. Records of "Not the Season of Trapping Birds"
415 /	2. Cranes and Social Life of the Han Dynasty
417 /	3. "Present of Guang and Jing" (Light and Shadow): the Implication of "Spirits"
419 /	4. Significance of Records of "Crane Flocks at" "Northern Border" from the Perspective of Ecological History
421 /	Ruins of Grottos along Zhidao
421 /	1. Records of "People Coming from Places afar and Worshiping with Awe"
424 /	2. The Pursuit of "Transport Convenience" in Building Grottos
429 /	3. Grottos "Close to Official Road" in Shaanxi
430 /	4. Ruins of Grottos on "Both Sides of Qin Zhidao"
433 /	**Afterword**

插图目录

001 /　绪说

017 /　上编　秦始皇直道的历史地位与文化意义

029 /　图1　张在明（右一）介绍秦直道考古收获
029 /　图2　雕岭关
031 /　图3　1990年8月秦直道考察（右起：王子今、张在明、焦南峰）
031 /　图4　1990年8月秦直道考察（右起：焦南峰、张在明、周苏平、王子今）
031 /　图5　1990年8月秦直道考察（右起：王子今、焦南峰、周苏平）
034 /　图6　2013年8月秦直道考察
035 /　图7　旬邑子午岭秦直道
036 /　图8　旬邑子午岭秦直道
037 /　图9　旬邑子午岭秦直道
037 /　图10　旬邑子午岭秦直道
037 /　图11　旬邑子午岭秦直道
039 /　图12　严耕望《唐代交通图考》插图中的子午道与直河
040 /　图13　《石门颂》中关于"子午"的文字
047 /　图14　长安石羊关子午道栈道遗存
050 /　图15　2013年8月秦直道考察
050 /　图16　2013年8月秦直道考察
063 /　图17　甘泉方家河秦直道

064 /	图 18 富县车路梁秦直道
081 /	图 19 秦直道遗存（张在明）
081 /	图 20 秦直道遗存（张在明）
081 /	图 21 秦直道遗存（张在明）
081 /	图 22 秦直道遗存（张在明）

145 /　中编　秦始皇直道的路线走向与形制特征

215 /	图 23 安塞镰刀湾秦直道填土遗迹
231 /	图 24 石门关形势（1990年8月）
231 /	图 25 石门关形势（2013年8月）
237 /	图 26 传说中的两女砦
258 /	图 27 旬邑子午岭秦直道烽燧遗址
268 /	图 28 秦直道遗存（张在明）
268 /	图 29 南桂花秦直道"堙谷"形势
270 /	图 30 马莲沟秦直道（张在明）
270 /	图 31 麦秸沟秦直道（张在明）
273 /	图 32 富县车路梁秦直道遗存与现代道路
273 /	图 33 2013年8月秦直道考察
275 /	图 34 桦树沟口发掘：秦直道车辙痕迹
275 /	图 35 桦树沟口发掘：建筑遗存（右起：张宏彦、周苏平）
275 /	图 36 桦树沟口发掘：秦汉建筑材料
275 /	图 37 桦树沟口发掘：秦汉柱础
278 /	图 38 雕岭关附近秦直道遗迹发现的秦瓦
280 /	图 39 2013年8月秦直道考察

287 /　下编　秦始皇直道铭印的历史足迹

| 288 / | 图 40 秦直道路面发现的脚印 |
| 288 / | 图 41 秦直道路面发现的成人与儿童的脚印 |

371 / 附论

373 / 图42 汤惠生教授考察甘泉方家河直道遗存左近岩画
373 / 图43 甘泉方家河保留方形凿痕的秦直道路面（右一徐君峰）
374 / 图44 甘泉方家河保留岩画的秦直道路面
377 / 图45 甘泉方家河秦直道路面石刻符号
381 / 图46 甘泉方家河直道考察（右起：孙家洲、田旭东、张在明、王子今、范培松）

绪说

直道设计构想：秦统一进程与"北边"的战略地位

公元前 221 年秦始皇实现统一，建立了中国历史上第一个高度集权的大一统帝国，成为中国历史进程中重要的标志性事件。秦王朝虽然短暂，却对后来的历史产生深刻影响。千百年来，史家和政论家对秦始皇的批判甚为严厉，对于秦统一之后的制度建设和政策设定，肯定者有限，但是对秦始皇实现统一的历史表现指责不多。

秦并一海内，对于我们统一多民族国家的形成和发展，有重要的意义，对于东方文化的进程以及世界的格局，也有重要的意义。秦的统一，是国内外史学界共同关注的研究课题。然而，秦统一的具体进程，秦统一的实际规模，秦之所以能够实现统一的真正原因，秦统一之后帝制形成的历史影响及其对世界史的意义，秦统一形式与秦短促覆亡的内在关系，长期未能得到透彻的说明。认真考察和分析这些学术问题，将有益于对中国社会史和中国政治史历程中这一重要转折进行准确的历史定位，有益于说明"大一统"的社会背景和时代条件，有益于理解秦制对中国传统政治格局形成久远影响的文化基因，有益于思考秦统一战略对"北边"的关注，因而是有学术意义的。

一、秦统一方式及其意义的深层次理解

秦作为"僻陋之国"迅速崛起，能够"地遍天下"，"威动海内，强殆中国"[①]，最终实现一统，自有重要的原因。以往多有学者将

---

① 〔清〕王先谦撰，沈啸寰、王星贤点校：《荀子集解》，中华书局 1988 年版，第 301 页。又《荀子·王霸》："虽在僻陋之国，威动天下，五伯是也。""齐桓、晋文、楚庄、吴阖闾、越勾践，是皆僻陋之国也，威动天下，强殆中国"。《荀子集解》，第 205 页。

商鞅变法解释为由奴隶制走向封建制的社会形态进步的标志，以为秦的统一体现出先进的制度战胜了落后的制度，然而考古发现提供的资料告诉我们，历史真实显然要复杂得多。正如李学勤《东周与秦代文明》一书中所说："必须重新描绘晚周到秦社会阶级结构的图景。""有的著作认为秦的社会制度比六国先进，笔者不能同意这一看法，从秦人相当普遍地保留野蛮的奴隶制关系来看，事实毋宁说是相反。"① 就这一历史文化主题进行深入的研究，对于通过中国历史走向说明社会发展的若干规律是必要的。

李约瑟通过对秦史的观察指出："（法家）以编订'法律'为务，并认为自己的主要责任是以封建官僚国家来代替封建体制。他们倡导的极权主义颇近于法西斯，……后来当秦朝因做得过头而为汉朝所取代时，法家遭到了失败。"② 法家学说在秦统一进程中的作用，对于确定秦王朝执政原则的影响，有必要予以说明。

儒家学者较早提出"天下"意识，《诗经·小雅》所谓"溥天之下，莫非王土"③ 等文字体现的文化迹象，透露出一种政治理想。然而后来诸家学派其实都曾经分别发表过追求统一的理论表述，《庄子·天道》所谓"一心定而王天下"④，《墨子·尚同中》所谓"一同天下之义"⑤，都体现了相类似的关于"天下"一统的文化倾向。据《孟子·梁惠王上》，孟子对于梁襄王"天下恶乎定"的提问，回答说："定于一。"对方又问："孰能一之？"孟子答道："不嗜杀人者能一之。"⑥《孟子·尽心下》说："仁人无敌于天下。"⑦

---

① 李学勤：《东周与秦代文明》，上海人民出版社2007年版，第290—291页。
② ［英］李约瑟：《中国科学技术史》第2卷《科学思想史》，何兆武等译，科学出版社、上海古籍出版社1990年版，第1页。
③ ［清］阮元校刻：《十三经注疏》，中华书局1980年版，第463页。
④ 郭庆藩辑：《庄子集释》，中华书局1961年版，第462页。
⑤ ［清］孙诒让著，孙以楷点校：《墨子间诂》，中华书局1986年版，第71—72页。
⑥ 杨伯峻编著，兰州大学中文系孟子译注小组修订：《孟子译注》，中华书局1962年版，第12页。
⑦ 杨伯峻编著，兰州大学中文系孟子译注小组修订：《孟子译注》，中华书局1962年版，第325页。

《孟子·公孙丑下》："得道者多助，失道者寡助。寡助之至，亲戚畔之。多助之至，天下顺之。"①以上这些都体现了儒学学者以"仁政""王道"实现"天下顺之"境界的理想。但是历史进程告诉我们，秦人完全是以军事方式和战争手段实现统一的。对秦的政治走向影响最为明显的，被称作法家学说集大成者的《韩非子》一书，出现"天下"一语的频次在先秦论著中最高，凡265次。②其中"霸天下"③、"强天下"④、"制天下"⑤、"一匡天下"⑥、"强匡天下"⑦、"兼有天下"、"进兼天下"⑧等，都说到统一方式的暴力特征。秦最终以兵战"取天下"，与孟子"不嗜杀人者能一之"的预言完全相反，但是秦军的胜利，却是顺应了社会向往统一的文化倾向的。

秦二世说："先帝起诸侯，兼天下，天下已定，外攘四夷以安边竟"⑨。其实，秦"兼天下"进程中，亦体现了对"四夷"和"边竟"的重视。对于实现统一的战略设计，秦史记录可见争议的存在。分析秦统一战略设想对"北边"的特别关注，也许可以从一个特殊侧面认识秦军事胜利的必然性以及对后世边疆与民族问题处理方式的积极启示。

二、东西与南北：秦进军趋势的战略方向选择

秦统一进程中的外交与军事政策，史称"连衡"，又作"连横"。贾谊《过秦论》："秦孝公据崤函之固，拥雍州之地，君臣固守

---

① 杨伯峻编著，兰州大学中文系孟子译注小组修订：《孟子译注》，中华书局1962年版，第86页。
② 周钟灵、施孝适、许惟贤主编：《韩非子索引》，中华书局1982年版，第428—429页。
③ 陈奇猷校注：《韩非子集释》，上海人民出版社1974年版，第413页。
④ 陈奇猷校注：《韩非子集释》，上海人民出版社1974年版，第864页。
⑤ 陈奇猷校注：《韩非子集释》，上海人民出版社1974年版，第508、1118页。
⑥ 陈奇猷校注：《韩非子集释》，上海人民出版社1974年版，第194、250、775、825—826页。
⑦ 陈奇猷校注：《韩非子集释》，上海人民出版社1974年版，第309页。
⑧ 陈奇猷校注：《韩非子集释》，上海人民出版社1974年版，第351页。
⑨ 《史记》卷六《秦始皇本纪》，中华书局1959年版，第271页。

而窥周室,有席卷天下,包举宇内,囊括四海之意,并吞八荒之心。当是时,商君佐之,内立法度,务耕织,修守战之备,外连衡而斗诸侯,于是秦人拱手而取西河之外。"关于"连衡",司马贞《索隐》:"《战国策》曰:'苏秦亦为秦连衡。'"又引高诱曰:"合关东从通之秦,故曰连衡也。"① 东方国家抗秦的形式,史称"合纵",又作"合从"。亦见《过秦论》:"孝公既没,惠王、武王蒙故业,因遗册,南兼汉中,西举巴、蜀,东割膏腴之地,收要害之郡。诸侯恐惧,会盟而谋弱秦,不爱珍器重宝肥美之地,以致天下之士,合从缔交,相与为一。当是时,齐有孟尝,赵有平原,楚有春申,魏有信陵。此四君者,皆明知而忠信,宽厚而爱人,尊贤重士,约从离衡,并韩、魏、燕、楚、齐、赵、宋、卫、中山之众。""合从"即"合纵"。关于"约从离衡",司马贞《索隐》:"言孟尝等四君皆为其国共相约结为从,以离散秦之横。"②

秦的军事扩张,就空间态势来说,也有"纵"与"横"的选择,即首先向南北方向发展,还是首先向东西方向发展。

据《史记》卷五《秦本纪》记载,秦孝公"下令国中",回顾秦史,言"昔我缪公自岐雍之间,修德行武,东平晋乱,以河为界,西霸戎翟,广地千里,天子致伯,诸侯毕贺,为后世开业,甚光美",言及西方与东方两个方向的成功,其视角注重横向。又说到近世秦的挫败:"三晋攻夺我先君河西地,诸侯卑秦,丑莫大焉。"赞颂秦献公"徙治栎阳,且欲东伐,复缪公之故地,修缪公之政令"的志向,随即"乃出兵东围陕城,西斩戎之獂王",于"东"与"西"两个方向进击。当时秦军的基本进取方向是东方。在秦孝公的全力支持下,商鞅变法,"法大用,秦人治",于是"十九年,天子致伯。二十年,诸侯毕贺",秦人的崛起得到了东方政治权威的承认。③

---

① 《史记》卷六《秦始皇本纪》,第278—279页。
② 《史记》卷六《秦始皇本纪》,第279—280页。
③ 《史记》,第202—203页。

"惠文君元年,……蜀人来朝",或许可以理解为导致秦战略方向调整的重要信号。"〔更元〕九年,司马错伐蜀,灭之。"①秦占有蜀地并促成蜀人对秦文化的认同,形成了显著的战略优势。②然而在"伐蜀"之前,秦惠文王曾经心存犹疑。"苴蜀相攻击,各来告急于秦。秦惠王欲发兵以伐蜀,以为道险狭难至,而韩又来侵秦,秦惠王欲先伐韩,后伐蜀,恐不利,欲先伐蜀,恐韩袭秦之敝,犹豫未能决。"国中重臣也有不同意见:"司马错与张仪争论于惠王之前,司马错欲伐蜀,张仪曰:'不如伐韩。'"③

我们应当注意到,通过外交因素影响秦政治方向的意见中,有建议秦取单纯向东横向发展的意见。如《史记》卷七八《春申君列传》记载,春申君曾上书秦昭襄王,主张停止对楚国的进击而急攻齐国:"王壹善楚,而关内两万乘之主注地于齐,齐右壤可拱手而取也。王之地一经两海,要约天下,是燕、赵无齐、楚,齐、楚无燕、赵也。然后危动燕、赵,直摇齐、楚,此四国者不待痛而服矣。"④他建议秦国向东发展,取"齐右壤"而实现东西的贯通,"一经两海,要约天下",即控制西海和东海,对"天下"横腰约束,隔绝燕、赵和齐、楚。《史记》载秦昭襄王虽然采纳春申君的建议,当时停止了对楚的攻击,但仍然坚持原有战略计划,实际上齐国是秦统一进程中最后灭掉的国家。⑤

三、秦惠文王"游至北河"与秦昭襄王控制上郡

《史记》卷五《秦本纪》记载,在伐蜀之前,秦惠文王更元

---

① 《史记》卷五《秦本纪》,第205、207页。
② 《史记》卷七〇《张仪列传》:"蜀既属秦,秦以益强,富厚,轻诸侯。"第2284页。参看王子今:《秦兼并蜀地的意义与蜀人对秦文化的认同》,载《四川师范大学学报》(社会科学版)1998年第2期。
③ 《史记》卷七〇《张仪列传》,第2281页。
④ 《史记》,第2393页。
⑤ 《史记》卷六《秦始皇本纪》:"二十六年,齐王建与其相后胜发兵守其西界,不通秦。秦使将军王贲从燕南攻齐,得齐王建。"司马贞《索隐》:"六国皆灭也。十七年得韩王安,十九年得赵王迁,二十二年魏王假降,二十三年虏荆王负刍,二十五年得燕王喜,二十六年得齐王建。"第235页。

五年（前320年）曾经予北方以特别的关注："王游至北河。"裴骃《集解》："徐广曰：'戎地，在河上。'"张守节《正义》："按：王游观北河，至灵、夏州之黄河也。"①

秦惠文王是通过北方义渠之地前往"北河"的。义渠长期威胁秦的北方，在秦惠文王时代则为秦削弱。秦惠文王十一年（前327年），"县义渠"，"义渠君为臣"。更元十年（前315年），又"伐取义渠二十五城"。秦武王元年（前310年）也曾经"伐义渠"。②据《史记》卷一一〇《匈奴列传》记载，秦昭襄王时，彻底解决了义渠问题："秦昭王时，义渠戎王与宣太后乱，有二子。宣太后诈而杀义渠戎王于甘泉，遂起兵伐残义渠。于是秦有陇西、北地、上郡，筑长城以拒胡。"③《汉书》卷九四上《匈奴传上》："秦昭王时，义渠戎王与宣太后乱，有二子。宣太后诈而杀义渠戎王于甘泉，遂起兵伐灭义渠。于是秦有陇西、北地、上郡，筑长城以距胡。"④《后汉书》卷八七《西羌传》："及昭王立，义渠王朝秦，遂与昭王母宣太后通，生二子。至王赧四十三年，宣太后诱杀义渠王于甘泉宫，因起兵灭之，始置陇西、北地、上郡焉。"⑤于是，秦与北方草原胡族得以直接交通。

对于宣太后"杀义渠戎王"又"起兵伐残义渠"，马非百曾经有如下评论："宣太后以母后之尊，为国家歼除顽寇，不惜牺牲色相，与义渠戎王私通生子。谋之达三十余年之久，始将此二百年来为秦人腹心大患之敌国巨魁手刃于宫廷之中，衽席之上。然后乘势出兵，一举灭之，收其地为郡县，使秦人得以一意东向，无复后顾之忧。此其功岂在张仪、司马错收取巴蜀下哉！吾观范睢入秦，待命岁余。昭王谓睢云：'寡人宜以身受命久矣。会义渠之事急，

---

① 《史记》，第207、208页。
② 《史记》，第206、207、209页。
③ 《史记》，第2885页。
④ 《汉书》，中华书局1962年版，第3747页。
⑤ 《后汉书》，中华书局1965年版，第2874页。

寡人早暮自请太后。今义渠之事已，寡人乃得受命。'日夜请事太后，至于岁余，接见宾客，亦无暇晷。当日秦廷君臣同仇敌忾情绪之高，可以想见。"①

灭义渠，有上郡，是秦战略进攻的关键。"秦有陇西、北地、上郡，筑长城以拒胡"，北方和西北方向的成功扩张，使得秦疆土的南北纵向幅度从北纬39°跨到了北纬29°。当时东方六国都绝没有如此规模。"秦地半天下"②的局面得以形成。秦执政集团开始积累管理生态条件与经济形式复杂的包括内蒙古高原草原荒漠畜牧区、黄土高原和渭河谷地粟麦作区、汉江上游和四川盆地稻作区的广大区域的行政经验。《史记》卷一三〇《太史公自序》所谓"昭襄业帝"③，指出了秦昭襄王时代已经为后来统一帝国的管理进行了早期演练。④

四、秦伐赵、攻燕的"逐北"攻势

对于战国时期的历史特征以及当时秦人的表现，历史学家曾经用这样有力的笔调予以记述："海内争于战功"，"务在彊兵并敌"⑤，"追亡逐北"，"宰割天下"⑥。据司马迁《史记》卷一五《六国年表》的记载，从公元前475年至公元前221年秦并天下，这255年间，前后计有92位君主在政治舞台上进行表演，其中享国40年以上者有8人，享国50年以上的，有赵简子60年，楚惠王章57年，齐宣公就匝51年，周赧王延59年，秦昭襄王56年。在位最长久者，是赵国领袖。予历史影响最深刻者，则是秦国君主。根据民间广泛流传的远古时代的传说，秦人和赵人其实原本

---

① 马非百：《秦集史》，中华书局1982年版，第108页。
② 《史记》卷七〇《张仪列传》，第2289页。
③ 《史记》，第3302页。
④ 王子今：《秦史的宣太后时代》，载《光明日报》2016年1月20日第14版。
⑤ 《史记》卷一五《六国年表》，第685页。
⑥ 贾谊：《过秦论》，见《史记》卷六《秦始皇本纪》，第279页；《史记》卷四八《陈涉世家》，第1963页。

同出一源。而赵国在赵武灵王实行历史上称作"胡服骑射"的大规模社会文化改革之后，成为雄镇北方的军事强国，赵国和秦国也曾经有过友好交往的历史记录。赵武灵王十九年（前307年），秦武王去世。第二年，赵武灵王派当时任代相的赵国贵族赵固从燕国迎秦公子嬴稷，将其护送回秦国，立为秦王。秦昭襄王其实是在赵国支持下取得秦国最高执政权的。

秦昭襄王初年，也正是赵国"胡服骑射"取得积极成效的时期。①当时赵国致力于向北方发展，而秦国兵锋主要指向东南的楚国，赵国和秦国两国之间在这一时期没有发生直接的军事冲突。秦昭襄王十年，也就是赵惠文王二年（前297年），被拘禁于秦国的楚怀王出逃，来到赵国。赵国出于对秦、赵之间友好关系的考虑，竟然拒绝接纳。

据说赵武灵王立王子何为王，自称"主父"，曾经有让王子何主持内政，而自己着胡服率领士大夫向西北攻略胡地，然后从云中、九原南下袭击秦国的计划。《史记》卷四三《赵世家》："二十七年五月戊申，大朝于东宫，传国，立王子何以为王。王庙见礼毕，出临朝。大夫悉为臣，肥义为相国，并傅王。是为惠文王。惠文王，惠后吴娃子也。武灵王自号为主父。"这位"主父"又有极异常的举动，堪称政治史、军事史和外交史上的特殊表演：

> 主父欲令子主治国，而身胡服将士大夫西北略胡地，而欲从云中、九原直南袭秦，于是诈自为使者入秦。秦昭王不知，已而怪其状甚伟，非人臣之度，使人逐之，而主

---

① 赵武灵王以"胡服骑射"为标志的变革，动议起于胡、林胡、楼烦以及秦的军事压迫。《史记》卷四三《赵世家》："王北略中山之地，至于房子，遂之代，北至无穷，西至河，登黄华之上。召楼缓谋曰：'我先王因世之变，以长南藩之地，属阻漳、滏之险，立长城，又取蔺、郭狼，败林人于荏，而功未遂。今中山在我腹心，北有燕，东有胡，西有林胡、楼烦、秦、韩之边，而无强兵之救，是亡社稷，奈何？夫有高世之名，必有遗俗之累。吾欲胡服。'""王曰：'简、襄主之烈，计胡、翟之利。……今吾欲继襄主之迹，开于胡、翟之乡，而卒世不见也。……今吾将胡服骑射以教百姓，……'""王曰：'吾不疑胡服也，吾恐天下笑我也。狂夫之乐，智者哀焉；愚者所笑，贤者察焉。世有顺我者，胡服之功未可知也。虽驱世以笑我，胡地中山吾必有之。'于是遂胡服矣。"第1805—1807页。

父驰已脱关矣。审问之，乃主父也。秦人大惊。主父所以入秦者，欲自略地形，因观秦王之为人也。

随后，"惠文王二年，主父行新地，遂出代，西遇楼烦王于西河而致其兵。三年，灭中山，迁其王于肤施。起灵寿，北地方从，代道大通。还归，行赏，大赦，置酒酺五日"。裴骃《集解》："徐广曰：'在上郡。'"张守节《正义》："今延州肤施县也。"① 其地在今陕西延安。② 可知赵国势力的扩张，确实曾一度实现了"北地方从"的局面。③ 赵主父"行赏，大赦，置酒酺五日"，表现出对秦战略优胜的欣喜。而秦国控制上郡，是在宣太后和秦昭襄王解决了义渠问题之后。

赵主父"欲从云中、九原直南袭秦"，所谓"直南"的"直"，使人联想到后来秦直道的名号。

上将军白起指挥的长平之战，是秦赵争夺北方战略优势地位的关键。上将军，是秦国自此首次设置的最显赫的军职。出于对长平之战特殊的战略意义的重视，秦昭襄王风尘仆仆，亲自前往河内。这是秦国的国君巡幸秦国的国土，所至于最东端的空前的历史记录。《史记》卷七三《白起王翦列传》："秦王闻赵食道绝，王自之河内，赐民爵各一级，发年十五以上悉诣长平，遮绝赵救及粮食。"④ 秦昭襄王的河内之行，对于动员兵员，督察粮运，全力加强长平前线的作战能力，无疑有积极的意义。对长平赵军之兵员与军粮的远方来援的堵截，也因此具备了成功的条件。赵军战败，"卒四十万人降武安君"，而白起"乃挟诈而尽坑杀之，

---

① 《史记》，第1812—1813页。
② 谭其骧主编：《中国历史地图集》第1册，地图出版社1982年版，第37—38页。
③ 《史记》卷一一〇《匈奴列传》："赵武灵王亦变俗胡服，习骑射，北破林胡、楼烦。筑长城，自代并阴山下，至高阙为塞。而置云中、雁门、代郡。"张守节《正义》："《括地志》云：'赵武灵王长城在朔州善阳县北。案《水经》云白道长城北山上有长垣，若颓毁焉，沿溪亘岭，东西无极，盖赵武灵王所筑也。'"关于"高阙"，裴骃《集解》："徐广曰：'在朔方。'"张守节《正义》："《地理志》云朔方临戎县北有连山，险于长城，其山中断，两峰俱峻，土俗名为高阙也。"第2885、2886页。
④ 《史记》，第2334页。

遗其小者二百四十人归赵。前后斩首虏四十五万人。赵人大震"。①长平之战后，秦昭襄王迅即发起邯郸之战。所谓"秦赵构难"②、"秦赵相毙"③，应和广义的北地的争夺有关。

"（秦王政）十八年，大兴兵攻赵"，主力部队"王翦将上地，下井陉"。张守节《正义》解释"上地"："上郡上县，今绥州等是也。"按照这一理解，其地在今陕西绥德。④次年，"得赵王"，"秦王之邯郸"，这是统一战争期间秦王政行程最远的一次出行。"秦王还，从太原、上郡归。"⑤这一行程的主要路段，竟然与十八年之后秦始皇三十七年（前210年）载运秦始皇这位中国历史上第一个统一帝国缔造者尸身的车队经行直道返回咸阳的轨迹部分重合，这是值得注意的。

秦王政二十年（前227年），发生燕太子丹策划的"荆轲刺秦王"事件。秦军以凌厉攻势实行报复：

> （秦王）使王翦、辛胜攻燕。燕、代发兵击秦军，秦军破燕易水之西。二十一年，……遂破燕太子军，取燕蓟城，得太子丹之首。燕王东收辽东而王之。……二十五年，大兴兵，使王贲将，攻燕辽东，得燕王喜。⑥

秦军自"燕易水之西"击败燕军，又"破燕太子军，取燕蓟城"，最终直抵"辽东"，俘获"燕王喜"。在灭齐，即实现统一的前一年，秦全面控制了"北边"。

五、蒙恬经营"北边"

认识秦统一局面的形成，应当理解其规模并不限于"禽灭六

---

① 《史记》，第2335页。
② 《史记》卷七六《平原君虞卿列传》，第2374页。
③ 《史记》卷六九《苏秦列传》，第2244页。
④ 谭其骧主编：《中国历史地图集》第5册，地图出版社1982年版，第40—41页。
⑤ 《史记》卷六《秦始皇本纪》，第233页。
⑥ 《史记》卷四六《田敬仲完世家》："燕使荆轲刺秦王，秦王觉，杀轲。明年，秦破燕，燕王亡走辽东。……四十二年，秦灭楚。明年，虏代王嘉，灭燕王喜。"第1902页。

王"①，亦包括向北河和南海的军事拓进。而秦帝国版图的规模，于是也远远超越了秦本土与"六王"故地。"秦灭六国，而始皇帝使蒙恬将十万之众北击胡，悉收河南地。因河为塞，筑四十四县城临河，徙適戍以充之。而通直道，自九原至云阳，因边山险堑溪谷可缮者治之，起临洮至辽东万余里。又度河据阳山北假中。"②蒙恬的"北边"经营以长城和直道一横一纵两大工程体系为基点，对于秦王朝的国家安全和文化扩张有非常重要的意义。

《史记》卷六《秦始皇本纪》所谓"西北斥逐匈奴"③，《史记》卷八八《蒙恬列传》所谓"北逐戎狄"④，贾谊《过秦论》所谓"（秦始皇）秦乃使蒙恬北筑长城而守藩篱，却匈奴七百余里，胡人不敢南下而牧马，士不敢弯弓而报怨"⑤。以上或言"逐"，或言"却"，均突出强调了主动进取的战略趋向。

《史记》卷六《秦始皇本纪》记载，秦始皇三十二年（前215年），"始皇巡北边，从上郡入。燕人卢生使入海还，以鬼神事，因奏录图书，曰'亡秦者胡也'。始皇乃使将军蒙恬发兵三十万人北击胡，略取河南地"⑥。说蒙恬"北击胡"在秦实现统一六年之后。然而《史记》卷八八《蒙恬列传》又明确写道："始皇二十六年，蒙恬因家世得为秦将，攻齐，大破之，拜为内史。秦已并天下，乃使蒙恬将三十万众北逐戎狄，收河南。筑长城，因地形，用制险塞，起临洮，至辽东，延袤万余里。于是渡河，据阳山，逶蛇而北。暴师于外十余年，居上郡。是时蒙恬威振匈奴。"⑦由"暴师于外十余年"可以推知，蒙恬"北逐匈奴"是灭齐之后随即发生的战争行为。也可以说，蒙恬经营"北边"，是秦统一

---

① 《史记》卷六《秦始皇本纪》，第250页。
② 《史记》卷一一〇《匈奴列传》，第2886页。
③ 《史记》，第253页。
④ 《史记》，第2565页。
⑤ 《史记》卷六《秦始皇本纪》，第280页。
⑥ 《史记》，第252页。
⑦ 《史记》，第2565—2566页。

战略的军事主题之一。"暴师于外十余年"是值得重视的时间记录。而作为重要的空间信息,前引贾谊"却匈奴七百余里"应予注意。而《汉书》卷五二《韩安国传》载王恢语:"蒙恬为秦侵胡,辟数千里,以河为竟,累石为城,树榆为塞,匈奴不敢饮马于河,置烽燧然后敢牧马。"①"辟数千里"之说或有夸张,但也可以在认识"北边"形势时参考。

中国古史最早出现"北边"这一政治地理、军事地理与民族地理的概念,见于《史记》卷八一《廉颇蔺相如列传》:"李牧者,赵之北边良将也。常居代雁门,备匈奴。"②又有前引《史记》卷六《秦始皇本纪》"始皇巡北边,从上郡入",以及《史记》卷八八《蒙恬列传》"太史公曰:吾适北边,自直道归,行观蒙恬所为秦筑长城亭障,堑山堙谷,通直道,固轻百姓力矣"③等。"北边"为社会全面关注,是重要的历史文化现象。而"堑山堙谷,通直道"的工程,因司马迁的提示,始为史家所关注。

秦实现统一于东方史和世界史的意义,或许可以通过中原帝国执政者对于"北边"的重视以及随后发生的历史变局予以理解。草原强势军事力量因秦王朝比较积极的战略布局,南下侵扰的行为受到遏制。数十年之后,汉武帝对匈奴的有力抗击改变了汉帝国西北形势。后来匈奴向欧洲迁徙的历史动向,有的学者认为自秦始皇令蒙恬经营"北边"起始,世界民族文化格局因此有所变化。④有的学者更突出强调直道对于这一历史变化的作用。⑤这样的认识是有一定的学术依据的。

---

① 《汉书》,第2401页。
② 《史记》,第2449页。
③ 《史记》,第2570页。
④ 比斯:《长城、匈奴与罗马帝国之覆灭》,载《历史大观园》1985年第3期。
⑤ 参看《徐君峰:秦直道影响了罗马帝国衰亡》,考古中国网(2011-11-16)http://www.kgzg.cn/thread-1196-1-1.html;徐君峰:《秦直道——一条影响了世界历史进程的军事通道》,湫头吧(2012-02-23)https://tieba.baidu.com/p/1425022228?pid=17435888545&cid=0;徐君峰:《秦直道道路走向与文化影响》,载《西安晚报》2015年6月28日第10版。

这样的学术意见，其实很早就有学者提出。陈序经在讨论"公元前3世纪匈奴与中国的关系"时写道："自战国后期以至秦，边于匈奴的国家，一方面要用兵去防胡，一方面又要建筑长城以拒胡。秦始皇统一天下之后，也不过是继续去执行这种政策，不过在秦时，所做的规模比以前较大，劳动人民被征兵以防胡的很多，被抓去修筑长城的更多。此外，秦还迁徙了大量的劳动人民去充实边疆，开辟荒地，从事耕种，这都是巩固边塞的措施。"陈序经还说："欧洲有些学者曾经指出，中国的修筑长城是罗马帝国衰亡的一个主要原因。他们以为中国修筑长城，使匈奴不能向南方发展，后来乃向西方发展。在公元四五世纪的时候，匈奴有一部分人到了欧洲，攻击哥特人，攻击罗马帝国，使罗马帝国趋于衰亡。"论者也发表了自己的判断："我们已经指出，长城的作用，主要用于防御匈奴入侵。匈奴之西徙欧洲是匈奴经不起汉武帝与汉和帝的猛烈攻击，但是中国劳动人民所建筑的长城，象征了秦王朝的强盛和阻止匈奴南下掠夺的决心。长城的主要作用是防守，当然，做好了防守同时也为进攻做好准备。长城不一定是罗马帝国衰亡的一个主因，然长城之于罗马帝国的衰亡，也不能说是完全没有关系的。"①应当指出，秦始皇决策下的蒙恬的事业，并不仅仅是"防胡""拒胡""巩固边塞""防御匈奴入侵""阻止匈奴南下掠夺"，而有主动出击的性质，即《史记》卷六《秦始皇本纪》："西北斥逐匈奴。自榆中并河以东，属之阴山，以为四十四县，城河上为塞。又使蒙恬渡河取高阙、阳山、北假中，筑亭障以逐戎人。徙谪，实之初县。"②又《史记》卷八八《蒙恬列传》："秦已并天下，乃使蒙恬将三十万众北逐戎狄，收河南。筑长城，因地形，用制险塞，起临洮，至辽东，延袤万余里。于是渡河，据阳山，逶蛇而北。暴师于外十余年，居上郡。是时蒙

---

① 陈序经遗著：《匈奴史稿》，天津古籍出版社1989年版，第163—164页；陈序经：《匈奴史稿》，中国人民大学出版社2007年版，第184—185页。
② 《史记》，第253页。

恬威振匈奴。"所谓"斥逐匈奴""逐戎人""北逐戎狄""渡河取高阙、阳山、北假中""渡河,据阳山,逶蛇而北",都强调了对匈奴积极进攻的战略态势。姚大中《古代北西中国》在"匈奴——北亚细亚大风暴"部分分析"匈奴雄长的世界意义"时,指出:"到纪元前三世纪末,终因匈奴旋风式兴起而在亚洲最初出现强力的游牧政权,同时也屹立为世界史上第一个控制力及于广范围的游牧大帝国。""他们的强大,以及旺盛的历史生命力,暨与游牧文化圈诸民族间的连锁活动,更越出了中国历史范围,写下了世界史的辉煌一页。他们在欧亚大陆北方广大游牧天地的世界性潮流中,发挥了带头作用,因其动态而变化世界历史内容的,至少有过两次:匈奴勃兴初期,向西驱逐月氏,月氏再向西驱逐白肤色人种而在中亚细亚成立贵霜王朝,因贵霜王朝与佛教关系的结合,佛教传播运动乃得广范围展开,这是匈奴推动东——西民族连锁移动,而民族移动又推动世界性文化弘布的第一次。第二次则在匈奴东方势力衰落之时,匈奴挡不住来自长城以内的巨大压力,向西转进,而在欧洲掀起空前的大风暴,建立起一个领土东起里海,西至莱茵河,南跨多瑙河、北抵丹麦,兼有欧、亚两洲而支配中心在于欧洲匈牙利草原的征服大帝国,压迫日耳曼诸种族在其兵锋之前连续向西溃退。日耳曼人大移动,又直接导引了西罗马帝国覆亡,但日耳曼诸族本身,以及连带追随移动的斯拉夫诸种族,却也因此得自行建国,脱离'野蛮人'生活而进入文明境地。"匈奴的活动又促进了东西方文明的交往和融汇。"同时,匈奴人狂飙似来往于欧亚大陆北方,以及掌握国际交通线,又拉拢了古代世界相互隔阂的东方与西方文明地带,汉族中国因了他们才认识西方,并跻身世界圈。因此,中国历史上的匈奴,无论其盛或衰,对于古代世界与古代人类文化,都是一件大事,都具有无比重要的贡献,并非仅仅强盛时代加之汉族中国或古代欧洲的军事优势震慑而已。"① 匈奴在世界史中重要地位的形成，自有自身表现为"旋风式兴起"的军事"强力"和机动性以及"掌握国际交通线"等因素的作用，但是"挡不住来自长城以内的巨大压力，向西转进"，确实是决定性的历史契机。而"来自长城以内的巨大压力"的发生，最初是可以追溯到蒙恬时代的。

人们自然都会注意到，就中国史本身而言，"北边"的战略地位，对此后二千余年历代边疆问题与民族问题的处理均有重要意义。

---

① 姚大中：《古代北西中国》，三民书局1981年版，第61、62页。

上编 秦始皇直道的历史地位与文化意义

直道：秦政的纪念

在中国早期交通建设的历史记录中，秦直道的建设，是首屈一指的重要工程。特别是在陆路交通建设中，其规划、选线、设计和施工，显示出空前的技术水准和组织效率。秦直道的开通和应用，在中国古代交通史上具有极其重要的地位。对于军事交通的发展历程而言，秦直道也表现出里程碑式的意义。以文化史考察的视角关注秦直道，也可以获得有意义的发现。

一、"使扶苏北监蒙恬于上郡"的意义

直道是秦始皇时代为加强北边防务，抵御匈奴南犯而开筑的由长城防线上军事重镇九原直通关中执政中枢林光宫的交通大道。

九原故地在今内蒙古包头，林光宫遗址在今陕西淳化。直道直通南北，规模极其宏大。秦代经营的交通大道多利用战国原有道路，只有直道是在秦统一后规划施工，开拓出的可以体现秦帝国行政效率的南北大通道。①

《史记》卷六《秦始皇本纪》还记载，始皇长子扶苏就坑杀方士事件提出直接的批评，于是扶苏被派遣到上郡：

---

① 王子今：《秦汉交通史稿》（增订版），中国人民大学出版社2013年版，第27—28页。

> 侯生卢生相与谋曰："始皇为人，天性刚戾自用，起诸侯，并天下，意得欲从，以为自古莫及己。专任狱吏，狱吏得亲幸。博士虽七十人，特备员弗用。丞相诸大臣皆受成事，倚辨于上。上乐以刑杀为威，天下畏罪持禄，莫敢尽忠。上不闻过而日骄，下慑伏谩欺以取容。秦法，不得兼方不验，辄死。然候星气者至三百人，皆良士，畏忌讳谀，不敢端言其过。天下之事无小大皆决于上，上至以衡石量书，日夜有呈，不中呈不得休息。贪于权势至如此，未可为求仙药。"于是乃亡去。始皇闻亡，乃大怒曰："吾前收天下书不中用者尽去之。悉召文学方术士甚众，欲以兴太平，方士欲练以求奇药。今闻韩众去不报，徐市等费以巨万计，终不得药，徒奸利相告日闻。卢生等吾尊赐之甚厚，今乃诽谤我，以重吾不德也。诸生在咸阳者，吾使人廉问，或为訞言以乱黔首。"于是使御史悉案问诸生，诸生传相告引，乃自除犯禁者四百六十余人，皆坑之咸阳，使天下知之，以惩后。益发谪徙边。始皇长子扶苏谏曰："天下初定，远方黔首未集，诸生皆诵法孔子，今上皆重法绳之，臣恐天下不安。唯上察之。"始皇怒，使扶苏北监蒙恬于上郡。

关于"上郡"，张守节《正义》："《括地志》云：'上郡故城在绥州上县东南五十里，秦之上郡城也。'"[①]

所谓"使扶苏北监蒙恬于上郡"是"始皇怒"引发的处置方式，显然是一种惩罚。但是就秦始皇立政所坚持的"子弟为匹夫"[②]的原则而言，这一举措似乎也反映了秦王朝对"北边"防务和直道工程的特殊重视。

不过，《史记》卷八七《李斯列传》载，秦始皇去世，赵高、李斯策划沙丘之变："于是乃相与谋，诈为受始皇诏丞相，立子

[①]《史记》，第258、259页。
[②] 博士齐人淳于越谏语，《史记》卷六《秦始皇本纪》，第254页；《史记》卷八七《李斯列传》，第2546页。《汉书》卷一四《诸侯王表》："（秦）窃自号为皇帝，而子弟为匹夫"，第393页。

胡亥为太子。更为书赐长子扶苏曰：'朕巡天下，祷祠名山诸神以延寿命。今扶苏与将军蒙恬将师数十万以屯边，十有余年矣，不能进而前，士卒多耗，无尺寸之功，乃反数上书直言诽谤我所为，以不得罢归为太子，日夜怨望。扶苏为人子不孝，其赐剑以自裁！将军恬与扶苏居外，不匡正，宜知其谋。为人臣不忠，其赐死，以兵属裨将王离。'封其书以皇帝玺，遣胡亥客奉书赐扶苏于上郡。"①明确说"今扶苏与将军蒙恬将师数十万以屯边，十有余年矣"，马非百据此以为"使扶苏北监蒙恬于上郡"事，应在"三十五年"之前："《本纪》原文作'始皇怒，使扶苏北监蒙恬于上郡。'按、据上引《蒙恬传》：恬暴师于外十余年，而以扶苏为监。又《李斯传》胡亥为书赐扶苏，亦云：扶苏与蒙恬将师数十万以屯边，十有余年矣云云。则扶苏之监上郡，决非三十五年事。"②如果扶苏"北监蒙恬"确实承担更长久的责任，则他对长城工程的规划和管理亦当有所参与。而直道工程施工启动正在"三十五年"③，扶苏在其政治生涯的最后在"北边"的阶段恰与直道营造同步。这也可能是直道沿线流传颇多扶苏传说的原因之一。④

司马迁在《史记》卷八八《蒙恬列传》中以"太史公曰"的形式说到自己对于直道交通的亲身体验："吾适北边，自直道归，行观蒙恬所为秦筑长城亭障，堑山堙谷，通直道，固轻百姓力矣。"⑤

"固轻百姓力矣"的感叹，说明司马迁经行直道，目睹了这一非凡工程的宏大规模和坚实品质。秦直道工程和长城工程、驰道工程、阿房宫工程以及秦始皇陵工程一样，是当时十分耗费民力的浩大工程，也成为秦王朝灭亡的原因之一。

---

① 《史记》，第2551页。
② 马非百：《秦集史》，中华书局1982年版，第125页。
③ 《史记》卷六《秦始皇本纪》："三十五年，除道，道九原抵云阳，堑山堙谷，直通之。"第256页，事在"使扶苏北监蒙恬于上郡"之前。《史记》卷一五《六国年表》也写道："三十五年，为直道，道九原，通甘泉。"第758页。
④ 王子今、张在明：《秦始皇直道沿线的扶苏传说》，载《民间文学论坛》1992年第2期。
⑤ 《史记》，第2570页。

二、中国古代交通史记录中最伟大的道路工程

比较保守地按长度600公里、平均宽度50米、夯土路基厚50厘米估算，秦直道的夯土土方量大约为1500万立方米[①]，按照汉代算术书《九章算术》中的比率[②]，取土工程量大约为2000万立方米。就是说，秦直道工程取用和移动的土方，耗费的工时十分惊人。

我们曾经推定秦始皇陵复土工程的土方量。所谓"复土"，《史记》卷六《秦始皇本纪》张守节《正义》："谓出土为陵，既成，还复其土，故言复土。"[③] 秦始皇陵复土工程包括向地宫回输土方加以夯实，并在陵上筑起封土，土量不足，当从他处挖掘运送。

《汉书》卷三六《刘向传》记载："秦始皇帝葬于骊山之阿，下锢三泉，上崇山坟，其高五十余丈，周回五里有余"。[④] 以汉尺每尺合今23.1厘米计[⑤]，50丈相当于115.5米。[⑥] 以汉里每里折合

[①] 《史记》卷八八《蒙恬列传》："堑山堙谷，千八百里。道未就。"第2566—2567页。考虑到"堑山堙谷，通直道"的工程形式，实际土方量可能远远超出以夯土路基平均50厘米简单计算的结果。而考虑到"道未就"即可能若干路段没有完成设计指标的因素，则工程土方量的总和又需要折减。

[②] 《九章算术·商功》："穿地四，为壤五，为坚三，为墟四。""以坚求穿，四之。"白尚恕注释：《〈九章算术〉注释》，科学出版社1983年版，第136页。

[③] 《史记》，第269页。

[④] 《汉书》，第1954页。

[⑤] 丘光明编著《中古历代度量衡考》："西汉和新莽每尺平均长为23.2和23.09厘米，二者相差甚微，考虑到数据的一惯性，故厘定为23.1厘米。"科学出版社1992年版，第55页。

[⑥] 关于秦始皇陵封土高度，王学理指出："还是以《汉书》所述为准较为精当。至于《水经注》说的'坟高五丈'，偏之过小，显系'五十丈'之误；而《两京道里记》'陵高一千二百四十尺'的数字又失之过大，晚出而与理不合，当不足为信。"而"五十丈"有可能为"三十丈"之误。王学理：《秦始皇陵研究》，上海人民出版社1994年版，第84页。刘占成认为可能为"十五丈"之误。刘占成：《秦始皇帝陵究竟有多高？》，载《秦陵秦俑研究动态》1998年第4期。段清波认为应关注"两千年来水土流失对封土高度的影响"，又主张"文献上'坟高五十丈'应是一个设计高度，而我们目前测量的高度应是接近于实际的建造高度"。段清波：《秦始皇帝陵园考古研究》，北京大学出版社2011年版，第77—88页。关于现存封土高度，有学者指出由于测高点不同，有43米、46米、51.5米、73米、76米等不同说法。徐卫民、呼林贵：《秦建筑文化》，陕西人民教育出版社1994年版，第104、123页。

今 414 米计①，"五里"相当于 2070 米。"五十余丈"和"五里有余"分别以 120 米和 2100 米计算，可知封土土方量约为 11025000 立方米。秦始皇陵地宫形制尚未探明，根据袁仲一提供的资料，"墓穴，东西长 485 米，南北宽 515 米；面积为 249,775 平方米，边沿部分深 8 米，中心部分深度不明。根据'下及三泉'的文献资料及凤翔秦公一号墓深约 24 米，因而推断始皇的墓穴的最深处不会少于 24 米"②，以平均深度 20 米计，土方量当为 4995500 立方米。按照《九章算术·商功》"穿地四，为壤五，为坚三，为墟四"的比率，复土时完成地宫和封土工程的夯土土方，需分别运输土方 7492500 立方米和 18375000 立方米，共计 25867500 立方米。由于挖掘地宫出土仅 624437500 立方米，因而需由他处挖掘运送土方 19623125 立方米。③

关于秦始皇直道工程的起始时间，《史记》卷六《秦始皇本纪》有这样的记载："三十五年，除道，道九原抵云阳，堑山堙谷，直通之。"④《史记》卷一五《六国年表》记载："（秦始皇）三十五年，为直道，道九原，通甘泉。"又写道："三十七年十月，帝之会稽、琅邪，还至沙丘崩。子胡亥立，为二世皇帝。杀蒙恬。道九原入。"⑤关于所谓"道九原入"，《秦始皇本纪》的记述是："行从直道至咸阳，发丧。太子胡亥袭位，为二世皇帝。"⑥可知直道主体工程的大致完成，工期只有两年左右的时间。

---

① 杨宽：《中国历代尺度考》，商务印书馆 1955 年版。陈梦家指出："汉简所用的汉里，过去学者皆推定为 400 或 414 米。""以 325 米折合的公里，比较合适（用 400 或 414 米折合则太大）"。然而他也注意到："汉简所记道里距离系实际上步量的道路的长度，并不同于我们在地图上的直线距离。"陈梦家：《汉简考述》，见陈梦家：《汉简缀述》，中华书局 1980 年版，第 32 页。
② 袁仲一：《从秦始皇陵的考古资料看秦王朝的徭役》，见中国农民战争史研究汇编：《中国农民战争史研究集刊》第 3 辑，上海人民出版社 1983 年版，第 45 页。
③ 王子今：《秦始皇陵复土工程用工人数论证》，载《文博》1987 年第 1 期，收入《秦俑学研究》，陕西人民教育出版社 1996 年版。
④ 《史记》，第 256 页。
⑤ 《史记》，第 758 页。
⑥ 《史记》，第 265 页。

三、关于"始皇欲游天下,道九原,直抵甘泉"

虽然古人关于直道的修筑,有"始皇欲游天下,道九原,直抵甘泉"的说法。直道修筑的主要动机,却并不仅仅是满足帝王巡游的欲望。司马迁"自直道归,行观蒙恬所为秦筑长城亭障",说明了直道和长城边防的关系。

而《史记》卷一一〇《匈奴列传》又明确写道:"后秦灭六国,而始皇帝使蒙恬将十万之众北击胡,悉收河南地。因河为塞,筑四十四县城临河,徙适戍以充之。而通直道,自九原至云阳,因边山险堑溪谷可缮者治之,起临洮至辽东万余里。又度河据阳山北假中。"关于"直道",司马贞《索隐》:"苏林云:'去长安八千里,正南北相直道也。'"关于"自九原至云阳",司马贞《索隐》:"韦昭云:'九原,县名,属五原也。'"张守节《正义》:"《括地志》云:'胜州连谷县,本秦九原郡,汉武帝更名五原。云阳雍县,秦之林光宫,即汉之甘泉宫在焉。'又云:'秦故道在庆州华池县西四十五里子午山上。自九原至云阳,千八百里。'"关于长城工程,司马贞《索隐》:"韦昭云:'临洮,陇西县。'"张守节《正义》:"《括地志》云:'秦陇西郡临洮县,即今岷州城。本秦长城首,起岷州西十二里,延袤万余里,东入辽水。'"对于所谓"北假",张守节《正义》引《括地志》云:"汉五原郡河目县故城在北假中。北假,地名也,在河北,今属胜州银城县。《汉书·王莽传》云'五原北假,膏壤殖谷'也。"①

显然,蒙恬开通直道的作用,与"塞""戍""据"等长城防务建设以及"膏壤殖谷"的军事屯田规划有关,也与"北击胡"以及"度河"攻伐匈奴的作战行动有关。②

直道工程发起的动机,不宜因所谓"始皇欲游天下"理解为单纯的巡游。对于此处"游天下",应重视对"天下"基于政治军事出发点的实地视察的意义。

---

① 《史记》,第2886、2887页。
② 宋超:《汉匈战争三百年》,华夏出版社1996年版,第10—11页。

四、直道工程与"叛秦"暴动

司马迁在《史记》卷八八《蒙恬列传》中指出,直道是在"秦之初灭诸侯,天下之心未定,痍伤者未瘳"①的背景下完成的工程,对于民力的过度使用,形成了社会的沉重负担。据《史记》卷八七《李斯列传》所说,直道的修筑,甚至直接导致了秦王朝统治的危局:"法令诛罚日益刻深,群臣人人自危,欲畔者众。又作阿房之宫,治直道、驰道,赋敛愈重,戍徭无已。于是楚戍卒陈胜、吴广等乃作乱,起于山东,杰俊相立,自置为侯王,叛秦"②。因"法令诛罚日益刻深",导致"欲畔者众"。而反秦暴动终于发生,在于"又作阿房之宫,治直道、驰道,赋敛愈重,戍徭无已"。直道等工程,促成了比较宽广的社会层面从"欲畔"到"叛"的激变。

按照《李斯列传》的说法,似乎秦直道工程在秦二世专政时期依然继续。

《史记》卷八八《蒙恬列传》说,秦始皇时代直道的建设如"作阿房之宫"一样,确实尚未最终完工:"始皇欲游天下,道九原,直抵甘泉,乃使蒙恬通道,自九原抵甘泉,堑山堙谷,千八百里。道未就。"③所谓"道未就",应理解为工程并未全面完成。

驰道的修筑,是秦交通事业最具时代特色的成就。《史记》卷六《秦始皇本纪》记载,秦始皇二十七年(前220年),"治驰道"④。通过秦始皇和秦二世出巡的路线,可以知道驰道当时已经结成全国陆路交通的基本网络。曾经作为秦王朝中央政权主要决策者之一的左丞相李斯被赵高拘执,在狱中上书自陈,历数重要功绩有七项,其中就包括"治驰道,兴游观,以见主之得意"⑤。而司马迁所谓"治直道、驰道,赋敛愈重,戍徭无已","直道"

---

① 《史记》,第2570页。
② 《史记》,第2553页。
③ 《史记》,第2566—2567页。
④ 《史记》,第241页。
⑤ 《史记》卷八七《李斯列传》,第2561页。

列于"驰道"之前,似乎反映对于"赋敛"和"戍徭"的调用,直道工程也更为沉重。

直道,可以看作秦政的纪念。直道的修筑,使得"赋敛愈重,戍徭无已",民众承受了更深重的苦痛。但是另一方面,又标志着在建筑规划和工程组织、劳动管理和行政效率方面的突出的历史性进步。

从相关历史迹象看,直道工程应当是以军事化的形式组织施工的。① 秦王朝的军事体系和战争机器的完备,通过秦直道的建设也可以得到体现。

五、秦直道的文化史意义与经济史意义

中国古代的佛教石窟,往往依交通干线而设置,往往因交通活动而繁盛。秦直道附近魏晋南北朝时代以及唐宋时代的石窟遗迹,也可以说明这条道路被长期使用的历史事实。②

秦直道沿线广泛的地域中,以传说为主要形式的民间文学自成系统而又显示出共同关注点的现象,也值得我们注意。例如沿线集中发现与扶苏传说有关的文化遗迹,而且若干地点同时被看作"始皇公子扶苏赐死处"。这除了可以说明扶苏故事在民间的广泛影响以外,也应当肯定秦始皇直道作为信息传递系统的作用。通行的方便,大大缩短了沿线各地之间的空间距离,为文化的交汇和同一提供了必要的条件。③

---

① 《史记》卷六《秦始皇本纪》:"(二世)二年冬,陈涉所遣周章等将西至戏,兵数十万。二世大惊,与群臣谋曰:'奈何?'少府章邯曰:'盗已至,众强,今发近县不及矣。郦山徒多,请赦之,授兵以击之。'二世乃大赦天下,使章邯将,击破周章军而走,遂杀章曹阳。二世益遣长史司马欣、董翳佐章邯击盗,杀陈胜城父,破项梁定陶,灭魏咎临济。楚地盗名将已死,章邯乃北渡河,击赵王歇等于巨鹿。"第270页。郦山徒由章邯迅速编集成军队,并具有相当强的战斗力的事实,可以说明秦代大规模徭役劳作的组织形式往往有明显的军事化特点。
② 王子今:《北朝石窟分布的交通地理学考察》,见殷宪主编:《北朝史研究:中国魏晋南北朝史国际学术研讨会论文集》,商务印书馆2004年版。
③ 王子今、张在明:《秦始皇直道沿线的扶苏传说》,载《民间文学论坛》1992年第2期。

子午岭上的秦直道，曾经是通往甘肃、宁夏的贸易通路。"根据康熙《鄜州志》的记载，这条道路不仅是直道的遗迹，而且当时还通行使用。乾隆《正宁县志》也有同样的记载，说是'此路一往康庄，修整之则可通车辙。明时以其直抵银夏，故商贾经行。'"据史念海介绍，"正宁刘家店子林区工人见告：听前辈老人说过，这条道路直向西北，通到定边，平常驴驮马载，络绎不绝。旬邑石门关的同志见告：据当地人们记忆，距今数十年前，由石门关至马栏河的一段子午岭的主脉凤子梁，正是关中棉花向北运输的道路。每当运花时节，梁上路旁的灌木枝上，粘花带絮，一路皆白。解放战争前，石门关就是陕甘宁边区的一部分，为储粮仓库所在地；凤子梁更成为转运粮草的大路。这些事实都说明，直道在秦始皇修筑以后，历代还曾断断续续加以使用"。①

秦直道的许多路段，现在仍然可以通行。陕西、甘肃林业部门循子午岭的南北通路，往往借用秦直道遗存作为林区简易公路的基础。有些路段或作为联系农人居住点与农田的道路。例如，史念海曾经写道："现在由林光宫遗址向北循子午岭主脉直到东华池附近，皆仍有路可通。刘家店子以北，林区有简易公路。""艾蒿店以北，到东华池西南的黄草崾岘，皆可行车，有的地方还可以通行卡车。可是新修的简易公路一般是和旧路平行，并未占用旧路路基。但也并非绝对如此。有些险峻的地方，旧路、新路实际是合在一起的。譬如林光宫的好花疙瘩和其南的一个高地之间的一段深壕，当地人叫做鬼门口，石门关所在地那个垭口，以及雕岭关那个紧转弯和崾岘，不论旧路、新路、人行道、车行道都非从那里经过不可。因为两旁不是高山，便是深谷，没有选择的余地。"②又据考察者记述，"五里墩到午亭子段直道，仍沿子午

---

① 史念海：《秦始皇直道遗迹的探索》，载《陕西师大学报》（哲学社会科学版）1975年第3期，《文物》1975年第10期，收入《河山集》四集，陕西师范大学出版社1991年版。今按："凤子梁"又作"封子梁"，与扶苏传说有关。
② 史念海：《秦始皇直道遗迹的探索》，载《陕西师大学报》（哲学社会科学版）1975年第3期，《文物》1975年第10期，收入《河山集》四集，陕西师范大学出版社1991年版。

岭巅行进"，"此段直道的个别地段现被整修为便道，宽约6米左右"。"直道从午亭子沿子午岭主峰向西北行，经土桥、条囤湾、槐树塬、庙湾、梨树湾、马莲崾岘、余家庄东岭、朱家老湾、冯家梁、娘母子湾、墩台山、油房庄、田家沟掌、熊家岭、涧水坡岭、黄草崾岘、青龙山、桃树庄、木瓜岭、宋家沟脑到华池县的麻子崾岘。这一地区秦直道的部分地段被改造为便道，宽约6米左右"。①

秦汉时期秦直道的经济功用，除戍边部队的军需运输以及对北边移民的物资支持、对匈奴的粮运以外，自南而北的丝织品运输以及自北而南的盐运，也都有讨论的意义。② 其他视角的深入考察，有待今后的工作。

六、秦直道研究的学术史

《汉书》卷二八下《地理志下》"北地郡"条说到直路县："直路，沮水出西，东入洛。"③ 又有除道县："除道，莽曰通道。"④ 史念海说："直道经过北地郡，这两个县的命名应与直道有关。""（直路县）其故城当在今耀县西北柳林镇的西北。""可以说是在直道的南端。故城在子午岭下，其辖境当包括子午岭上。县城以直路为名是名实相符的，也是用不着多所解释和说明的。""直路县既设在直道的南端，除道就可能设置在直道的北端，至少也应该在直道的中段。不论北端和中段都在北地郡之内。子午岭既蜿蜒在北地郡之内，则除道县就应在子午岭的近侧，是不能离得很远的。"⑤

后世有将所修凿的道路命名为"直道"者。《魏书》卷二《太

---

① 甘肃省文物局：《秦直道考察》，兰州大学出版社1996年版，第3—4页。
② 王子今：《直道与丝绸之路交通》，载《历史教学》2016年第4期；王子今：《秦始皇直道的盐运效能》，载《中国矿业大学学报》（社会科学版）2016年第6期。
③ 今按：《史记》卷二《夏本纪》引《禹贡》："漆、沮既从，澧水所同。"司马贞《索隐》引《水经》说到"直路县"："《水经》以泸水出北地直路县，东过冯翊祋祤县入洛。"第65、66页。
④ 《汉书》，第1616页。
⑤ 史念海：《直道和甘泉宫遗迹质疑》，载《中国历史地理论丛》1988年第3辑。

祖道武帝纪》："车驾将北还，发卒万人治直道，自望都铁关凿恒岭至代五百余里。"① 有学者指出："北魏时期开设的这一'直道'，从选址而言，与秦直道并不重合；但是，拓跋珪径自称之为'直道'，似乎可以理解为当年秦直道对北方游牧民族影响深远的一个例证。"② 又《隋书》卷五六《张衡传》："帝上太行，开直道九十里，以抵其宅。"③ 或许也可以引为同例。

秦始皇直道形成了深刻的历史影响。但是长期以来少有以直道为主题的史学论著。

20世纪历史学者对秦直道有所关注，如徐复《秦直道考》。此文作为《秦会要订补》附录，徐复写道：

> 《史记·李斯列传》：作阿房之宫，治直驰道。王念孙《读书杂志》曰：当作直道驰道。直道与驰道不同。今按孙楷著《秦会要》，其二十五卷"驰道"条内有"直道"，未区别言之，其事不显，易致眩惑。作《秦直道考》。

> 秦有直道，见于《六国表》：始皇三十五年，为直道。道九原，通甘泉。因知直道之作，必在九原设郡之后。而九原设郡，据《匈奴列传》云：始皇三十三年，辟河南地四十余县。全祖望言盖即以此四十余县置九原郡。此时匈奴既见斥逐，九原又已置郡，故得自九原通其道直抵甘泉。此于交通固甚利便，而尤要者在资以捍卫国防矣。

> 甘泉所在，据《范睢传》《正义》引《括地志》云：甘泉山在雍州云阳县西北九十里。盖直道之作，原自九原通至甘泉。以道未就，但至云阳耳。《始皇本纪》云：

---

① 《魏书》，中华书局1974年版，第31页。
② 孙家洲：《秦直道研究二题》，"中国·秦直道与草原文化研讨会"论文，鄂尔多斯，2005年7月，收入《秦直道探索与研究》。今按：《汉书》卷一八《外戚恩泽侯表》"曲阳炀侯根"条："建平元年，侯涉嗣，王莽篡位，为直道公，为莽所杀。"第704页。曲阳侯刘涉王莽时改称"直道公"，曲阳大致在望都至代道路上，"直道公"名号，或许与北魏道武帝"发卒万人治直道，自望都铁关凿恒岭至代五百余里"事所见"直道"之称有某种关系。由此说来，"秦直道对北方游牧民族影响深远"之说，或可做拓展式理解。所谓"影响深远"者，似不必限止于"北方游牧民族"。
③ 《隋书》，中华书局1973年版，第1392页。

图1 张在明（右一）介绍秦直道考古收获

三十五年，除道，道九原，抵云阳，堑山堙谷，直通之。可以为证。主其事者，则为将军蒙恬。其传云：始皇欲游天下，道九原，直抵甘泉。乃使蒙恬通道，自九原抵甘泉，堑山堙谷，千八百里，道未就。更证以始皇三十五年，徙五万家云阳，知亦为蒙恬通道时所徙矣。

图2 雕岭关

直道通至甘泉与否，史无记载。唯《始皇本纪》云：三十七年，始皇崩在外，行遂从井陉抵九原，行从直道至咸阳。发丧。余意盖直至始皇归葬之时，而直道始就也。[1]

---

[1] 徐复：《秦直道考》，见徐复：《秦会要订补》附录，群联出版社1955年版，第446页。

这是极少见的关于秦直道的专题论说。其中"始皇三十五年，徙五万家云阳，知亦为蒙恬通道时所徙矣"的意见，值得深思。

秦直道的科学考察，则由考古学者迈开了第一步。

有学者在总结秦汉考古工作收获时指出："1974 年 7 月，内蒙古自治区考古工作者首先在伊克昭盟发现一段秦直道遗迹，从此揭开了秦直道调查的序幕。"① 史念海在对秦直道考察与研究具有先导性意义的著名论文《秦始皇直道遗迹的探索》文末写道："附记：为了探索直道的路线和遗址，最近曾在子午岭上进行考察工作。临行前，得晤北京大学俞伟超同志，承告知内蒙古自治区文物工作训练班伊克昭盟班的同志们于 1974 年 7 月底在伊克昭盟发现一段直道遗迹。随后内蒙古博物馆田广金同志寄示了有关材料和照片。本文第五节就是根据田广金同志寄来材料写成的。谨在此致谢。""又记：此文撰成后，曾先后发表于《陕西师大学报》1975 年第 3 期，及《文物》1975 年第 10 期。广金同志所寄照片，即随文附刊。由于当时未留底版，致不能重印。感念广金同志盛情，谨志于此，聊表衷怀。"②

史念海实地考察秦直道的成果《秦始皇直道遗迹的探索》发表后，引起了历史学界、考古学界、历史地理学界以及交通史志研究者们的普遍重视。此后又有一系列新的考察报告和研究论文发表，尽管对于秦始皇直道具体走向的认识未能完全一致，但热烈的讨论，却表现出学术空气的活跃，也为更接近历史真实的论点的推出准备了必要的条件。

关于秦直道的讨论，可以看作反映中国古代交通史研究生动活泼的学术气氛的实例。③

例如，王开《"秦直道"新探》④，贺清海、王开《毛乌素

---

① 中国社会科学院考古研究所编著：《中国考古学·秦汉卷》，中国社会科学出版社 2010 年版，第 70 页。
② 史念海：《河山集》四集，陕西师范大学出版社 1991 年版，第 454 页。
③ 王子今：《中国交通史研究一百年》，载《历史研究》2002 年第 2 期。
④ 《西北史地》1987 年第 2 期。

上编　秦始皇直道的历史地位与文化意义

图3　1990年8月秦直道考察（右起：王子今、张在明、焦南峰）

图4　1990年8月秦直道考察（右起：焦南峰、张在明、周苏平、王子今）

沙漠中秦汉"直道"遗迹探寻》①，孙相武《秦直道调查记》②，延安地区文物普查队《延安境内秦直道调查报告之一》③等，都是基于现场考古调查收获进行的研究。这些论著对于史念海起初推定的秦始皇直道的走向进行了新的考论。

史念海《直道和甘泉宫遗迹质疑》④，史念海《与

图5　1990年8月秦直道考察（右起：王子今、焦南峰、周苏平）

王北辰先生论古桥门与秦直道书》《再与王北辰先生论古桥门与

---

①　《西北史地》1988年第2期。
②　《文博》1988年第4期。
③　《考古与文物》1989年第1期。
④　《中国历史地理论丛》1988年第3辑，收入《河山集》四集，陕西师范大学出版社1991年版。

秦直道书》①，就不同意见进行了讨论，大致坚持原有判断。吕卓民在《秦直道歧义辨析》②中对于秦直道研究进行了学术动态的分析，其立足点依然肯定史念海说。

　　从考古学与历史学相结合的视角回顾秦始皇直道考察与研究的学术史，显然是必要的。《中国考古学·秦汉卷》进行了比较具体、客观的综述性总结："1974年7月，内蒙古自治区考古工作者首先在伊克昭盟发现一段秦直道遗迹，从此揭开了秦直道调查的序幕。1975年史念海对秦直道子午岭段做了实地考察，并研究和勾画了秦直道的大致走向。③1984年5月，靳之林、孙相武对秦直道进行全程徒步考察，并刊布了考察情况。④1986年6月，陕西省交通史编写办公室对陕西省境内的秦直道遗迹做了为期23天的实地考察，行程1300多公里。⑤1989年8—9月，内蒙古自治区交通厅对鄂尔多斯高原的秦直道遗迹，进行了为期13天的实地考察，取得了一定的成果。⑥此后，伊克昭盟文物工作站对鄂尔多斯境内的秦直道遗迹进行了全程科学调查。20世纪90年代，甘肃省考古工作者又对直道全线进行了专题调查，涉及陕西、甘肃、内蒙古三省区，对直道的具体走向和沿途遗迹状况作了详细记录。⑦从2006年开始，陕西省考古研究院通过对秦直道沿线的踏查和试掘，又取得了新的收获，为秦直道考古工作的深入开展奠定了基础，但调查资料至今未发表。"⑧

---

　　① 二文均载《中国历史地理论丛》1989年第4辑，收入《河山集》四集，陕西师范大学出版社1991年版。
　　② 《中国历史地理论丛》1990年第1辑。
　　③ 原注："史念海：《秦始皇直道遗迹的探索》，《文物》1975年第10期。"
　　④ 原注："孙相武：《秦直道调查记》，《文博》1988年第4期。"
　　⑤ 原注："王开：《"秦直道"新探》，《西北史地》1987年第2期。"
　　⑥ 原注："张洪川：《内蒙古自治区境内秦直道遗迹考察纪实》，《内蒙古公路交通史资料选辑》第14期，1991年；鲍桐：《鄂尔多斯秦直道遗迹的考察与研究》，《包头教育学院学报》1990年第1期。"
　　⑦ 原注："甘肃省文物局：《秦直道考察》，兰州大学出版社，1996年。"
　　⑧ 中国社会科学院考古研究所编著：《中国考古学·秦汉卷》，中国社会科学出版社2010年版，第70页。

直道与子午道

《史记》卷六《秦始皇本纪》记载，秦始皇三十二年（前215年），"巡北边，从上郡入。燕人卢生使入海还，以鬼神事，因奏录图书，曰：'亡秦者胡也。'始皇乃使将军蒙恬发兵三十万人北击胡，略取河南地。"北击匈奴的军事行动的直接动因，竟然是富有神秘主义色彩的一句"亡秦者胡也"的谶言。秦始皇三十三年（前214年）又有"西北斥逐匈奴"的大规模的军事行动，并且积极进行了相应的边地建设："自榆中并河以东，属之阴山，以为四十四县，城河上为塞。又使蒙恬渡河取高阙、阳山、北假中，筑亭障以逐戎人。徙谪，实之初县。"三十四年（前213年），又组织了大规模"筑长城"的工程。在"三十五年，除道，道九原抵云阳，堑山堙谷，直通之"的记载之后，司马迁接着还写道："于是始皇以为咸阳人多，先王之宫廷小，吾闻周文王都丰，武王都镐，丰镐之间，帝王之都也。乃营作朝宫渭南上林苑中。先作前殿阿房，东西五百步，南北五十丈，上可以坐万人，下可以建五丈旗。周驰为阁道，自殿下直抵南山。表南山之颠以为阙。"可见，直道的修筑和咸阳宫殿区的规划建设也有一定的联系。直通"北边"的直道，很可能又与所谓"表南山之颠以为阙"有着相对应的关系。

交通"北边"的道路与交通"南山"的道路的关系，透露出

图6　2013年8月秦直道考察

秦王朝交通规划的宏观思考。

一、直道与子午岭

沿秦直道自秦甘泉宫北行，经过马栏河川道，即登上作为陕西、甘肃省界的子午岭，循岭脊北行。

陕西考古学者指出："直道遗存自淳化北部的秦林光宫北门始，沿旬邑、黄陵的子午岭向北，经富县、甘泉、志丹、安塞、榆林等地延入内蒙古自治区"。[①] 正如辛德勇所指出的，在史念海对秦始皇直道率先进行考察之后，还有一些学者进行了实地考察和考古调查等工作，对直道遗迹的有些看法，与史念海的论述有

[①] 国家文物局主编：《中国文物地图集·陕西分册》（上），西安地图出版社1998年版，第116页。

图7 旬邑子午岭秦直道

所不同。"史念海又相继撰写一组文章,与诸家商榷,并进一步阐释了自己的见解。"相关讨论,"对于阐明秦直道的历史状况,起到了重大作用;特别是对直道南北两端地段的研究,已经比较清楚地复原出这条道路的经行地点。但是,就直道的总体状况而言,其基本走势,目前似乎还不足以做出完全肯定的最终结论"[1]。不过,对于子午岭路段的直道走向,考古学者和历史地理学者的判断没有太大的分歧。

"子午",是确定正南正北的方位基线。"子午"和"直",后者可以理解为前者的快读合音。而"子午"和"直"的方位定义,既是对甘泉而言的,基本上也是对咸阳—长安而言的。

---

[1] 辛德勇:《秦汉直道研究与直道遗迹的历史价值》,见辛德勇:《秦汉政区与边界地理研究》,中华书局2009年版,第286页。

图8 旬邑子午岭秦直道

《中国文物地图集·陕西分册》对于秦直道遗址旬邑段，即主要路段在子午岭上的遗存有如下记述：

48—A$_{48}$ 秦直道遗址旬邑段〔石门、后掌、马栏乡·秦~汉〕南北走向，基本沿山梁分布。南于七里川南岸接淳化县秦直道，向北越七里川，经大草沟、庙沟、石门关、碾子院东、前陡坡，越马栏河谷，经两女寨折向东北，沿子午岭平坦宽阔的山脊，经黑麻湾、破山子、雕灵关、景家台与黄陵县秦直道相连，境内全长约80公里。沿线发现路面和堑山遗迹多处，路面一般宽10～20米。直道沿线及其东侧的马栏河川道等地，发现秦汉时期的建筑、关隘、烽燧等遗址及墓群10余处。采集有砖、瓦、陶器等残片，并出土铜器、陶器等。①

关于黄陵县直道遗址，有如下考察收获：

56—A$_{56}$ 黄陵县秦直道遗址（秦直道遗址黄陵段）〔双龙乡·秦代·省文物保护单位〕秦直道自旬邑县马栏乡

---

① 国家文物局主编：《中国文物地图集·陕西分册》下册，西安地图出版社1998年版，第414—415页。

图9 旬邑子午岭秦直道

图10 旬邑子午岭秦直道

图11 旬邑子午岭秦直道

向北延入本县，沿陕甘交界的子午岭山脊延伸，经艾蒿店、五里墩、东吊庄、老芦保、桂花，至咀源关（兴隆关）折向东，沿蚰蜒岭山脊至三面窑一带折向北，入富县境，境内全长约50公里。一线发现夯筑或堑山路面、土桥及人工开凿的垭口等遗迹10余处，路面一般宽约15米。沿线两侧的高地上发现秦汉烽燧遗址7座，直道东侧的沮河河谷地带，还发现同期遗址5处，出土铜兵器、车马饰、陶器和绳纹瓦等。有学者认为，这些遗址可能是秦直道沿线兵站性质的遗址。①

富县秦直道遗迹南段也沿子午岭分布：

  87—A₈₇　秦直道遗址富县段〔直罗镇、张家湾乡·秦代〕　秦直道由黄陵县三面窑村向北延入本县直罗镇防火门村，经八面窑、油坊台、梨树庄、椿树庄、张家湾乡的松树庄、大麦秸、桦树梁过葫芦河，再经坡根底、牙路梁、水磨坪、松树崾岘、山西沟、烟囱沟、架子梁等地，在墩梁伸入甘泉县。本县境内基本呈南北走向，全长约125公里。一线暴露有夯筑路面及堑山痕迹，路面一般宽30～40米，最宽处达58米。并发现有秦汉城址及烽燧遗址。采集有绳纹筒瓦、板瓦、瓦当及陶器等。②

秦直道现存最典型的路面遗迹，正是在子午岭山脊上。

二、子午道与直河

值得注意的是，秦始皇规划咸阳的建设时，曾经有"周驰为阁道，自（阿房）殿下直抵南山，表南山之颠以为阙"的设想。

"表南山之颠以为阙"这一特别值得重视的构想，说明秦都咸阳有南行的重要通路，也说明当时的建筑蓝图包含有贯通南北，即颜师古"通南北道相当"的意识。《汉书》卷九九上《王莽传上》说到"子午道"，颜师古注："子，北方也。午，南方也。言通南北道相当，故谓之子午耳。"③

子午道是自咸阳、长安向南通往汉中巴蜀的道路。

《史记》卷八《高祖本纪》说，汉王之国，"从杜南入蚀中"。裴骃《集解》："李奇曰：'蚀音力，在杜南。'如淳曰：'蚀，入汉中道川谷名。'"司马贞《索隐》："李奇音力，孟康音食。

---

① 国家文物局主编：《中国文物地图集·陕西分册》下册，西安地图出版社1998年版，第894页。
② 国家文物局主编：《中国文物地图集·陕西分册》下册，西安地图出版社1998年版，第906页。
③ 《汉书》，第4076页。

王劭按：《说文》作'鏀'，器名也。地形似器，故名之。音力也。"①《司隶校尉杨孟文石门颂序》："高祖受命，兴于汉中，道由子午，出散入秦。"②《资治通鉴》卷九"汉高帝元年"："夏，四月，诸侯罢戏下兵，各就国。项王使卒三万人从汉王之国。楚与诸侯之慕从者数万人，从杜南入蚀中。"胡三省注："汉京兆杜县之南也。如淳曰：蚀，入汉中道川谷名。近世有程大昌者著《雍录》曰：以地望求之，关中南面背碍南山，其有微径可达汉中者，唯子午谷在长安正南，其次向西则骆谷。此蚀中，若非骆谷，即是子午谷。李奇：蚀，音力。"③

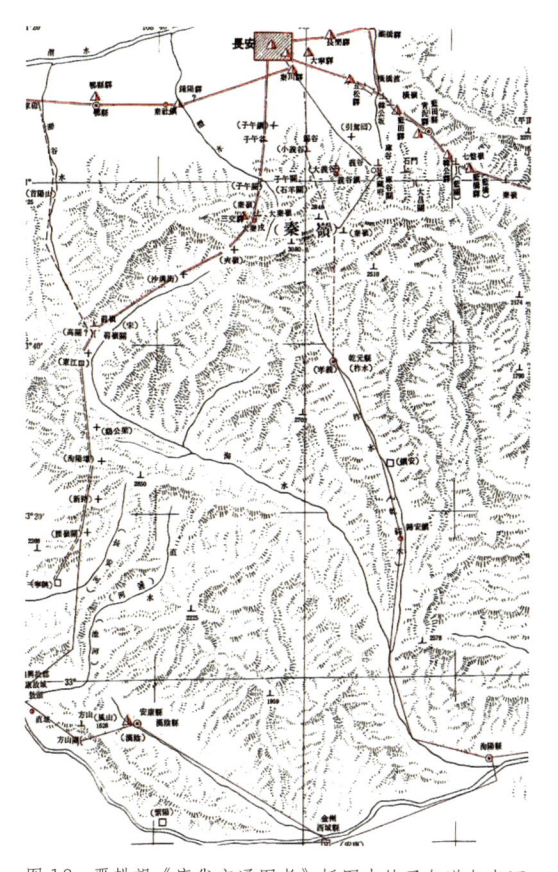

图12 严耕望《唐代交通图考》插图中的子午道与直河

程大昌《雍录》卷五"汉高帝入关"条写道："四月，汉王入蚀中，至南郑。蚀中之名地书皆不载，以地望求之，关中南面皆碍南山，不可直达，其有微径可达汉中者，惟子午关，子午关在长安正南，其次向西则有骆谷关，关之又西则褒斜也。此之蚀中，若非骆谷，即是子午也。若大散关则在汉中西南，不与咸阳对出，非其地矣。"④

---

① 《史记》，第367页。今按：今本《说文·金部》无"鏀"字。
② 〔宋〕洪适：《隶释 隶续》，中华书局1985年版，第49页。
③ 〔宋〕司马光编著，〔元〕胡三省音注：《资治通鉴》，中华书局1956年版，第308页。
④ 〔宋〕程大昌，黄永年点校：《雍录》，中华书局2002年版，第92—93页。

图13 《石门颂》中关于"子午"的文字

《史记会注考证附校补》引胡三省《通鉴》注,又引《通鉴地理今释》云:"子午谷,今陕西西安府长安县。骆谷,今西安府盩厔县。"①汉末历史记录表明,子午道曾经是关中通往汉江流域的最便捷通道。《三国志》卷八《魏书·张鲁传》:"韩遂、马超之乱,关西民从子午谷奔之者数万家。"②《三国志》卷四〇《蜀书·魏延传》:"延每随亮出,辄欲请兵万人,与亮异道会于潼关,如韩信故事,亮制而不许。延常谓亮为怯,叹恨己才用之不尽。"裴松之注引《魏略》:"夏侯楙为安西将军,镇长安。亮于南郑与群下计议,延曰:'闻夏侯楙少,主婿也,怯而无谋。今假延精兵五千,负粮五千,直从褒中出,循秦岭而东,当子午而北,不过十日可到长安。楙闻延奄至,必乘船逃走。长安中惟有御史、京兆太守耳,横门邸阁与散民之谷足周食也。比东方相合聚,尚二十许日,而公从斜谷来,必足以达。如此,则一举而咸阳以西可定矣。'亮以为此县危,不如安从坦道,可以平取陇右,十全必克而无虞,故不用延计。"③直抵长安。由魏延所谓"韩信故事",可知在汉末军事家的意识中,"道由子午,出散入秦"或许是刘邦北定三秦的路线。

看来,子午道在秦汉之际已经通行大致是没有疑义的。④

---

① 〔汉〕司马迁撰,〔日本〕泷川资言考证,〔日本〕水泽利忠校补:《史记会注考证附校补》,上海古籍出版社1986年版,第241页。
② 《三国志》,中华书局1959年版,第264页。
③ 《三国志》,第1003页。
④ "子午道"通行更早的说法,即《史记》卷七〇《张仪列传》:"苴蜀相攻击,各来告急于秦。"张守节《正义》:"《华阳国志》云:'昔蜀王封其弟于汉中,号曰苴侯,因命之邑曰葭萌。苴侯与巴王为好,巴与蜀为雠,故蜀王怒,伐苴。苴奔巴,求救于秦。秦遣张仪从子午道伐蜀。蜀王自葭萌御之,败绩,走至武阳,为秦军所害。

《汉书》卷九九上《王莽传上》又说到交通史上的一个重要事件，竟然与一位后宫女子的生理现象有关："其（元始五年）秋，（王）莽以皇后有子孙瑞，通子午道。子午道从杜陵直绝南山，径汉中。"① 皇后，即汉平帝王皇后。《汉书》卷九七下《外戚传下》："孝平王皇后，安汉公太傅大司马（王）莽女也。平帝即位，年九岁，成帝母太皇太后称制，而莽秉政。莽欲依霍光故事，以女配帝，太后意不欲也。莽设变诈，令女必入，因以自重"，"太后不得已而许之"。② 道路的开通和"皇后有子孙瑞"有什么关系呢？颜师古注引张晏的说法："时年十四，始有妇人之道也。子，水；午，火也。水以天一为牡，火以地二为牝，故火为水妃，今通子午以协之。"颜师古写道：

> 子，北方也。午，南方也。言通南北道相当，故谓之子午耳。今京城直南山有谷通梁、汉道者，名子午谷。又宜州西界，庆州东界，有山名子午岭，计南北直相当。此则北山者是子，南山者是午，共为子午道。③

颜师古将子午岭与子午谷联系起来考虑，以为"共为子午道"的意见，给我们有益的启示。

子午岭或与子午谷存在某种神秘的关系。这一认识为后世学者所承袭。如康熙《陕西通志》卷三《山川·庆阳府合水县》"子午山"条："直南直北，随地异名。南有子午峪，北有子午岭。"④

秦遂灭蜀，因取苴与巴焉。'"第2281—2282页。然而所谓"秦遣张仪从子午道伐蜀"，不见于今本《华阳国志》。《华阳国志》卷一《巴志》记述张仪、司马错兼并巴蜀，未言进军路径："周慎王五年，蜀王伐苴。苴侯奔巴。巴为求救于秦。秦惠文王遣张仪、司马错救苴、巴。遂伐蜀，灭之。仪贪巴、苴之富，因取巴，执王以归。置巴、蜀、及汉中郡。分其地为四十一县。"《华阳国志》言及"子午"的，只有卷二《汉中志》："山水艰阻，有黄金、子午、马骢、建鼓之阻。"又卷七《刘后主志》："（建兴八年）秋，魏大将军司马宣王由西城，征西车骑将军张郃由子午，大司马曹真由斜谷，三道将攻汉中。"〔晋〕常璩撰，任乃强校注：《华阳国志校补图注》，上海古籍出版社1987年版，第11、89、398页。

① 《汉书》，第4076页。
② 《汉书》，第4009页。
③ 《汉书》，第4076页。
④ 〔清〕王功成续纂，韩奕续修：康熙《陕西通志》，清康熙五十年（1711年）刻本。

将子午峪与子午岭的南北对应关系理解为"直南直北"。子午峪就是子午谷；子午岭就是子午山。又道光《鄜州志》卷一《山川》"子午岭"条写道："子午岭。州西二百里，与终南子午谷相对。蜿蜒数百里，跨鄜、庆二境之间。秦直道在此。"①《鄜州志》执笔者谭瑀不仅指出子午岭"与终南子午谷相对"，而且特别强调"秦直道在此"。

黄盛璋考察古代川陕道路时指出："此次开凿或即沿汉高祖由汉中之旧路，但本意并非为交通之便而开。"②《元和郡县图志》卷一《关内道一》"长安县"条："子午关，在县南百里。王莽通子午道，因置此关。魏遣钟会统十万余众，分从斜谷、骆谷、子午谷趋汉中。晋桓温伐秦，命司马勋出子午道。今洋州东二十里曰龙亭，此入子午谷之路，梁将军王神念以旧道缘山避水，桥梁多坏，乃别开乾路，更名子午道，即此路是也。"③看来，王莽"通子午道"，当是修整了通行道路，加强了交通管理。这一行为成为子午道交通史的重要标志。《长安志》卷一二《县二·长安》引《括地志》："《汉书》王莽以皇后有子孙瑞，通子午道，盖以子午为阴阳之王气也。《风土记》云：'王莽以皇后有子，通子午道，从杜陵直抵终南。'"④

子午道作为长安通往汉水流域的道路，因这两个区域地位之重要，其交通作用十分显著。东汉末年，关中流民多由子午道南

---

① 〔清〕吴鸣捷、谭瑀纂：道光《鄜州志》，清道光十三年（1833年）刻本。
② 黄盛璋：《川陕交通的历史发展》，见黄盛璋：《历史地理论集》，人民出版社1982年版。
③ 〔唐〕李吉甫撰，贺次君点校：《元和郡县图志》，中华书局1983年版，第6页。《方舆胜览》卷六八《洋州》引"〔洋〕州东二十里曰龙亭，此入子午谷之路"句后，又说："至谷六百六十里。"又写道："《洋川志》：'杨妃嗜生荔支，诏驿自涪陵由达州取西乡入子午谷，至长安才三日，香色俱未变。'杜甫诗：'百马死山谷，至今耆旧悲。'"〔宋〕祝穆撰，祝洙增订，施和金点校，中华书局2003年版，第1194—1195页。
④ 〔唐〕李泰等著，贺次君辑校：《括地志辑校》，中华书局1980年版，第14页。辛德勇、郎洁点校《长安志》卷一二《县二·长安》"子午关"条作："《括地志》曰：'《汉书》王莽以皇后有子孙瑞，通子午道。盖以子午为阴阳之王气也。'《风土记》曰：'王莽以皇后有子，通子午道，从杜陵直抵终南。'"〔宋〕宋敏求撰，辛德勇、郎洁点校：《长安志·长安志图》，三秦出版社2013年版，第383页。

下汉中。如《三国志》卷八《魏书·张鲁传》："韩遂、马超之乱，关西民从子午谷奔之者数万家。"曹魏军也曾经由子午道伐蜀。①李之勤曾经对子午道的历史变迁进行过全面深入的考证。②我们在对子午道秦岭北段遗迹进行实地考察时，也发现了相当典型的古栈道的遗存。③

颜师古将子午岭和子午道联系起来理解，应当引起我们重视的这位唐代学者的意见，还有将直道所循子午岭和子午道所循子午谷"计南北直相当"联系在一起的说法，即所谓"此则北山者是子，南山者是午，共为子午道"。

确实，如我们在前面所说到的，秦直道循子午岭北行，而"直"正是"子午"的快读合音，由杜陵南行直通梁、汉的子午道也有类似的情形。宋敏求《长安志》卷一一《县一·万年》写道："福水。即交水也。《水经注》曰：'上承樊川御宿诸水，出县南山石壁谷④，南三十里与直谷⑤水合，亦曰子午谷水。'"⑥又《长安志》卷一二《县二·长安》："豹林谷⑦水。出南山，北流三里，有竹谷水自南来会。又北流二里，有子午谷水自东来会。⑧自北以下，

---

① 《三国志》卷九《魏书·曹真传》："（曹）真以八月发长安，从子午道南入。"第282页。《三国志》卷一三《魏书·华歆传》："太和中，遣曹真从子午道伐蜀"。第405页。《三国志》卷二二《魏书·陈群传》："（曹）真复表从子午道。（陈）群又陈其不便，并言军事用度之计。诏以群议下真，真据之遂行。"第635页。《三国志》卷九《魏书·夏侯渊传》注引《魏略》和《三国志》卷二七《魏书·王基传》注引司马彪《战略》都说到"子午之役"。第272、756页。《三国志》卷三三《蜀书·后主传》：建兴八年（230年），"秋，魏使司马懿由西城，张郃由子午，曹真由斜谷，欲攻汉中"。第896页。《三国志》卷二八《魏书·钟会传》记载景元四年（263年）伐蜀之役，也写道："魏兴太守刘钦趣子午谷，诸军数道平行，至汉中。"第787页。
② 李之勤：《历史上的子午道》，载《西北大学学报》（哲学社会科学版）1981年第2期。
③ 王子今、周苏平：《子午道秦岭北段栈道遗迹调查简报》，载《文博》1987年第4期。
④ 今按：亦作石鳖谷，今称石砭峪。
⑤ 今按：今子午谷。
⑥ 据毕沅按语，今本《水经注》无此文。"《太平寰宇记》文与此同，亦不云出《水经注》。"〔宋〕宋敏求撰，辛德勇、郎洁点校：《长安志·长安志图》，三秦出版社2013年版，第365页。
⑦ 今按：今称抱龙峪。
⑧ 今按："自东来会"疑当作"自西来会"。

亦谓之子午谷水。"①"直谷"应当也是"子午谷"的快读合音。②另外，特别值得我们注意的，还有汉魏子午道秦岭南段又曾经沿池河南下汉江川道的情形。③明嘉靖《陕西通志》卷三《土地三·山川中》"石泉县"条则作"迟河"。编者写道："迟河在县东五十里，源自长安县腰竹岭来，至莲花石南入汉江。相传此河易涨难退，故名。"④然而根据当地方言发音特点，我们有理由推测，"池""迟"，或为"直"之音转。也就是说，很可能子午道循行的河道，也曾经被称作"直河""直水"。严耕望《唐代交通图考》第三卷《秦岭仇池区》图十一《唐代秦岭山脉东段诸谷道图》中，这条北方正对子午镇、子午谷、子午关的河流，正是被标注为"直水（迟河）（池河）"的。⑤

严耕望对"直水"的判断自当有据。我们看到，《水经注》卷二七《沔水上》明确著录"直水"：

> 汉水又东合直水，水北出子午谷岩岭下，又南枝分，东注旬水。又南径蓰阁下，山上有戍，置于崇阜之上，下临深渊，张子房烧绝栈阁，示无还也。又东南历直谷，径直城西，而南流注汉。汉水又东径直城南，又东径千渡而至虾蟆颔，……⑥

直水"北出子午谷岩岭下"，暗示"直"与"子午"的关系。而"南径蓰阁下，山上有戍"，以及"下临深渊"之说，体现了古子午道循直水谷道通行的史实。所谓"张子房烧绝栈阁，示无还也"，

---

① 〔宋〕宋敏求撰，辛德勇、郎洁点校：《长安志·长安志图》，三秦出版社2013年版，第388页。
② 《咸宁县志》卷一《南山诸谷图》中，"石鳖峪"旁侧标注"竹"，由此可以推想"竹谷"或许也应从音读的线索考虑与"子午谷"的关系。
③ 池河，见《陕西省地图册》，西安地图出版社1988年版，第88页。
④ 〔明〕赵廷瑞修，马理、吕柟纂，董健桥总校点：《陕西通志》，三秦出版社2006年版，第112页。
⑤ 严耕望：《唐代交通图考》第三卷《秦岭仇池区》，"中央研究院"历史语言研究所专刊之八十三，"中央研究院"历史语言研究所1985年版，第811页后附图十一《唐代秦岭山脉东段诸谷道图》。
⑥ 〔北魏〕郦道元著，陈桥驿校证：《水经注校证》，中华书局2007年版，第649页。

更明确指出此即刘邦入汉中道路。地名"直谷""直城",应当都与直水有关,也与子午谷有关。

三、甘泉宫北阙与阿房宫南阙

与"表南山之颠以为阙"相对应,秦直道的石门,也可以看作甘泉宫的"北山"之"阙"。《元和郡县图志》卷三《关内道三》"三水县"条说:"石门山,在县东五十里。峰岩相对,望之似门。"① 明嘉靖《陕西通志》卷二《土地二·山川上》"淳化县"条写道: "石门山在县北六十里,两山壁立如门。"②

司马相如《上林赋》:"蹷石关,历封峦,过鳷鹊,望露寒"。裴骃《集解》:"骃案:《汉书音义》曰:皆甘泉宫左右观名也。"③《史记》卷一二《孝武本纪》司马贞《索隐》引姚氏按语,言扬雄说"甘泉"形势,有"远则石关、封峦"语。④ "石关"又作"石阙",刘歆《甘泉宫赋》有"封峦为之东序,缘石阙之天梯"⑤的文句。

其实,"石阙"之称,汉代已经使用,都说到甘泉宫的石阙。秦直道石门即石阙。扬雄《甘泉赋》对于甘泉宫有"前熛阙后应门""閌阆阆其寥廓兮,似紫宫之峥嵘"的描写。⑥ "閌阆阆",形容门阙高伟。秦直道石门,可以理解为甘泉宫的北阙。⑦

《三辅黄图》卷五《观》有"石阙观"与"封峦关"条,以为在云阳宫殿区,与石门山有关:"石阙观,封峦观。《云阳宫记》云:'宫东北有石门山,冈峦纠纷,干霄秀出,有石岩容数百人,上起甘泉观。'《甘泉赋》云:'封峦石阙,弭迤乎延属。'"

---

① 〔唐〕李吉甫撰,贺次君点校:《元和郡县图志》,中华书局1983年版,第62页。
② 〔明〕赵廷瑞修,马理、吕柟纂,董健桥总校点:《陕西通志》,三秦出版社2006年版,第82页。
③ 《史记》卷一一七《司马相如列传》,第3037页。
④ 《史记》,第479页。
⑤ 《艺文类聚》卷六二引汉刘歆《甘泉宫赋》,〔唐〕欧阳询撰,汪绍楹校:《艺文类聚》,上海古籍出版社1965年版,第1113页。
⑥ 《汉书》卷八七上《扬雄传上》,第3528页。
⑦ 王子今、焦南峰:《秦直道石门琐议》,见秦始皇兵马俑博物馆编:《秦俑秦文化研究——秦俑学第五届学术讨论会论文集》,陕西人民出版社2000年版。

何清谷说："石阙观可能就是今耀县照金乡的石门关，观利用凹形崖口筑成，今在此发现秦汉瓦当。"①

子午岭—直道，子午道—直河，在咸阳—长安正北正南形成了纵贯千里的轴线。这一现象，应当看作秦汉都城规划的基本构成主题之一。

另一组对应关系，表现为直道的起点—石门—甘泉宫北阙与子午道的起点—"南山之颠"—阿房宫南阙。

这一认识，也是和秦始皇以甘泉宫、咸阳宫、阿房宫共同作为秦宫主体结构的构想相一致的。秦始皇都城建设规划所体现的有关天文地理与人事的关系的观念，也是我们考察和理解秦汉历史文化时，不能不予以充分重视的部分。

神话学者叶舒宪对于长城、直道、阿房宫的营造理念的分析，注意到其"观念原因"。他认为，"修筑长城、直道和阿房宫的国家工程，都是秦始皇的伟大创举"，而"这些建筑工程得以上马的观念原因"，在于"当时秦人的天文神话观"。秦始皇"大兴土木"，与"一个神话原型关键词'天极'"有神秘的关系。他指出："咸阳被选定为秦国都城，从其命名看，就带有十足的华夏传统风水学的宝地意识：古人以山南为阳，以水北为阳，则咸阳北阪以南、渭河以北的中间地带，就得名'咸阳'，意思为山水形势皆为阳。早在秦王嬴政东进兼并六国的战争年代，其吞并天下的宏图中就已经潜含大宇宙小宇宙对应的神话世界观。秦人把天空世界看成宇宙天地的终极原型，把大地视为天界的下方投影：天界的中央即天极，以北极星为标志和轴心，又别称太一、太乙、太极等，为天上至高神太乙所居。神话观认为这个世界是围绕不动的中央天极而转动的。如《论语》所云，'为政以德，譬如北辰，居其所而众星拱之。'北辰就是北极星，美称则叫帝星。围绕着帝星而四季旋转的北斗七星，则按照神话联想而得名'帝车'。"他认为："秦汉帝国的最高统治者们，一方面也要

---

① 何清谷校注：《三辅黄图校注》，三秦出版社1995年版，第318页。

图14 长安石羊关子午道栈道遗存

按照天界原型，模拟性地营造出'居其所而众星拱之'的中央意象；另一方面也喜好用豪华配置的车马为威严的仪仗符号。一旦将'咸阳'和长安确认为大地中央，就将贯穿这个中心点的南北向纵线和东西向横线视为地上世界的坐标轴线，取法天文神话而称作子午线。今陕西省西安市长安区有子午镇、子午道、子午谷等一批地名，当为先秦以来的神话命名之遗留物。如子午谷，位于长安区南的终南山口位置，是关中通汉中的一条谷道，全长300余公里。《战国策》记述张仪为秦连横说赵王，有'今秦发三将军，一军塞午道'①的话。鲍彪注：'长安有子午谷，北山是子，南山是午，午道秦南道也。'"叶舒宪说："如此看来，子午道也好，秦直道也好，不能仅从交通史的实际意义上去解释，而需要还原到秦汉特有的风水神话地理观上去做总体观照和细节解读。"对于秦始皇直道"这样宽阔的纵贯国土南北的大道"，应当分析"其

---

① 原注："刘向集录《战国策》，上海古籍出版社，1985，第651页。"

堪舆学的意蕴"，以"解释"其历史文化意义。

叶舒宪写道："我们从人体小宇宙的太乙穴，回到华夏大地上再看，可以明白秦始皇修筑的长城格局，就相当于一条东西向的人工纬线，它与蔓延千里的秦岭山脉形成大致上平行对应的国土屏障——秦岭是浩瀚雄奇的天然屏障，而长城则是伟大的人工屏障。而秦直道则是南北向的人工经线，其恰好贯通着秦国国土上的两条纬线，即贯通北部的长城与南部秦岭山脉。组合起来看，秦始皇这样的气吞宇宙山河之大手笔，没有天文神话观的知识背景，是难以为凡俗之人知晓的。""秦直道与秦岭山脉——八百里秦川的交午处，恰恰为秦都咸阳的地理位置画出一条中轴线——人工龙脉。它使首都和皇宫（信宫）更加明确地与天庭的轴心位置即天极相对应。第一位自称'始皇帝'的君王，就这样完成了华夏'堪舆'风水学原理一次空前规模的大揭示。斯人已逝，而山河俱在，神话名号依旧。"叶舒宪的论说有可以商榷之处，如秦孝公迁都咸阳是否以"潜含大宇宙小宇宙对应的神话世界观"为意识背景，尚需论证。"东西向横线""取法天文神话而称作子午线"的说法亦不妥。取用《战国策》鲍彪注"午道秦南道也"说，也是错误的。① 但是称秦始皇直道建设为"秦国神话工程"，并关

---

① 《战国策·赵策二》"张仪为秦连横说赵王"条："今秦发三将军，一军塞午道，告齐使兴师度清河，军于邯郸之东；一军军于成皋，驱韩、魏而军于河外；一军军于渑池。"注："鲍本补曰：说见前章。"上海古籍出版社1985年版，第651页。所谓"说见前章"，即《战国策·赵策二》"苏秦从燕至赵始合从"条："秦攻齐，则楚绝其后，韩守成皋，魏塞午道，赵涉河、漳、博关，燕出锐师以佐之。"注："鲍本《王莽传》注：'今京城直南山有谷，通汉、梁道者，名子午谷。又宜州西、庆州东有山名子午岭，南北直相当。此则北山是子，南山是午，共为子午道。'详此，则午道，秦南道也。塞之使不得通。莽所通者因秦也。正曰：《索隐》云，当在赵东齐西。午道，地名也。郑玄云：'一从一横为道，谓交道也。'按下张仪说赵王章亦有。"第641—642页。《史记》卷四〇《楚世家》："朝射东莒，夕发浿丘，夜加即墨，顾据午道"。司马贞《索隐》："顾，反也。午道当在齐西界。一从一横为午道，亦未详其处。"张守节《正义》："刘伯庄云'齐西界'。按：盖在博州之西境也。"第1730、1732页。《史记》卷七〇《张仪列传》："今秦发三将军：其一军塞午道，告齐使兴师渡清河，军于邯郸之东；一军军成皋，驱韩梁军于河外；一军军于渑池。"司马贞《索隐》："此午道当在赵之东，齐之西也。午道，地名也。郑玄云'一纵一横为午'，谓交道也。"第2296页。从《战国策》与《史记》上下文判断，午道确实应在"赵之东，齐之西"，而与秦岭子午道无关。《战

四、关于"南北向超长建筑基线"

有学者指出,以西汉长安为中心,存在着一条"南北向超长建筑基线"。

张在明在一次由陕北往西安咸阳机场飞行的航程中俯瞰地面,发现了一处规模宏大的圆形地坑。1993年11月,陕西省文物保护中心文物调查研究室调查组经实地考察,发现位于陕西三原嵯峨乡天井岸村的圆坑口径260米,深32米,底径170米。经勘测和局部钻探,发现"坑南侧及西侧,发现大量人工堆积土层,其间夹有一些坚硬踏面层,踏面层自人工堆积区通往坑沿,证实此坑确有人工开挖痕迹"。"原坑最大深度可达42米",据当地村民介绍,"原坑形状很圆,且坑壁下缘存有一周台阶,近几十年遭到破坏,台阶多已不存。经观察,仅坑底西北部尚存一段台阶,宽约4米"。坑沿发现的汉代建筑遗存,经与秦建明的合作研究,确认应即《汉书》卷二八上《地理志上》"左冯翊"题下说到的天齐公祠所:"谷口,九嵕山在西。有天齐公、五床山、仙人、五帝祠四所。莽曰谷喙。"② 秦建明、张在明等发现,这一遗址位于西汉都城长安南北中轴线北向延伸段上,向南正对长陵刘邦帝陵与吕雉后陵之间,穿越汉长安城武库位置,南对子午谷。这条建筑基线"总长度达74公里,跨纬度47′07″"。他们指出:"这条基线不仅长度超过一般建筑基线,而且具有极高的直度与精确

国策》鲍本注引郑玄说"一从一横为道,谓交道也",应为"一纵一横为午,谓交道也"。《史记》中华书局1959年标点本作:"郑玄云'一纵一横为午',谓交道也。"2013年点校本二十四史修订本同,第2776页。今按:似应作"郑玄云'一纵一横为午,谓交道也'"比较合理。《资治通鉴》卷三"周报王四年"同一记载,胡三省注引《索隐》的标点形式是:"郑玄云:一纵一横为午,谓交道也。"中华书局1956年版,第97页。

① 叶舒宪:《中华文明探源的神话学研究》,社会科学文献出版社2015年版,第617—619、621—622页。

② 《汉书》,第1545页。

图 15　2013 年 8 月秦直道考察

图 16　2013 年 8 月秦直道考察

的方向性，与真子午线的夹角仅 0.33°。"①

据研究者陈述，这条"南北向超长建筑基线"与我们讨论的子午岭—子午道、直道—直河轴线似有所不同。不过，左冯翊谷口的位置在今陕西淳化南，九嵕山在其西侧，位于陕西礼泉与淳化之间，而与三原嵯峨乡有一定距离。②"谷口"即"莽曰谷喙"者，应在今陕西泾阳的口镇一带。这里现今依然是淳化联系咸阳、西安的交通要隘。口镇距离三原天井岸村东西直线距离 16 公里③，由此可以大致了解我们所特别关注的子午岭—子午道、直道—直河轴线与这条"南北向超长建筑基线"的空间方位关系。

尽管当时人的地理意识和方位观念中的神秘主义内涵今人尚难以完全确知，不过，对于秦直道的修筑，可以进行宏观空间视角的考察，有关这一"南北向超长建筑基线"的发现与研究，给予我们有积极意义的启示。

五、纵贯多个生态区、经济区的宏观交通规划

上文说到，秦惠文王与后来的宣太后夫妇二人先兼并巴蜀，后灭义渠，有上郡之后，秦战略进攻取得关键性的胜利。宣太后时代"秦有陇西、北地、上郡，筑长城以拒胡"，北方和西北方向的成功扩张，使得秦疆土的南北纵向幅度从北纬 39°跨到了北纬 29°。当时东方六国都绝不具有如此规模。"唯秦雄天下"④、"秦地半天下"⑤的局面于是得以形成。

秦执政集团开始初步积累的对于"半天下"的辽阔地域行政管理与经济管理的经验，在包括内蒙古高原草原荒漠畜牧区、黄土高原和渭河谷地粟麦作区、汉江上游和四川盆地稻作区这样的

---

① 秦建明、张在明、杨政：《陕西发现以汉长安城为中心的西汉南北向超长建筑基线》，载《文物》1995 年第 3 期。
② 谭其骧主编：《中国历史地图集》第 2 册，地图出版社 1982 年版，第 15—16 页。
③ 《陕西省地图集》，西安地图出版社 1988 年版，第 32 页。
④ 《史记》卷八三《鲁仲连邹阳列传》，第 2459 页。
⑤ 《史记》卷七〇《张仪列传》，第 2289 页。

生态形势和经营条件十分复杂的地区得以获得综合总结。

《史记》卷一三〇《太史公自序》所谓"昭襄业帝"，或许可以理解为秦昭襄王时代已经为后来统一帝国的全面管理进行了早期演练。①

在这一认识基点上理解我们注意的直道与子午道交通格局之规划与形成的意义，或许能获得有积极价值的可以在某一层次对交通史与政治史之关系有所说明的发现。

六、刘歆《甘泉宫赋》的"北辰""祝融"说

《艺文类聚》卷六二引汉刘歆《甘泉宫赋》有一段文字，说到前引石阙、封峦等甘泉宫诸观：

> 汉刘歆《甘泉宫赋》曰：轶陵阴之地室，过阳谷之秋城。回天门而凤举，蹑黄帝之明庭。冠高山而为居，乘昆仑而为宫。按轩辕之旧处，居北辰之闳中。背共工之幽都，向炎帝之祝融。封峦为之东序，缘石阙之天梯。桂木杂而成行，芳盼向之依依。翡翠孔雀，飞而翱翔，凤皇止而集栖。甘醴涌于中庭兮，激清流之泌泌。黄龙游而蜿蟺兮，神龟沉于玉泥。离宫特观，楼比相连。云起波骇，星布弥山。高峦峻阻，临眺旷衍。深林蒲苇，涌水清泉。芙蓉菡萏，菱荇蘋蘩。豫章杂木，梗松柞械。女贞乌勒，桃李枣檍。②

木种林色，羽族毛群，山形水泉，楼阙宫观，刘歆笔下记述备极华美，有关"蹑黄帝之明庭""按轩辕之旧处"等文字，使人联想到《史记》卷二八《封禅书》记载的汉武帝"北巡朔方，勒兵十余万，还祭黄帝冢桥山，释兵须如"③事迹。而黄帝传说与秦始皇直道的关系，也有其他历史迹象有所表现。④

刘歆《甘泉宫赋》中的文字特别值得我们注意的，是所谓"按

---

① 王子今：《秦史的宣太后时代》，载《光明日报》2016年1月20日14版。
② 〔唐〕欧阳询撰，汪绍楹校：《艺文类聚》，上海古籍出版社1965年版，第1113页。
③ 《史记》，第1396页。
④ 王子今：《甘泉方家河岩画与直道黄帝传说——上古信仰史与生态史的考察》，见陕西历史博物馆编：《陕西历史博物馆馆刊》第21辑，三秦出版社2014年版。

轩辕之旧处,居北辰之闳中。背共工之幽都,向炎帝之祝融"体现的方位意识。

所谓"按轩辕之旧处",如上文所说,可能与黄帝冢及相关黄帝传说有关。但是轩辕这一文化符号在上古时代社会意识中曾经具有的方位标示意义也是不可忽视的。

《史记》卷二七《天官书》:"权,轩辕。轩辕,黄龙体。前大星,女主象;旁小星,御者后宫属。""黄龙体",裴骃《集解》:"孟康曰:'形如腾龙。'"司马贞《索隐》:"《援神契》曰:'轩辕十二星,后宫所居。'石氏《星赞》以轩辕龙体,主后妃也。"张守节《正义》:"轩辕十七星,在七星北,黄龙之体,主雷雨之神,后宫之象也。阴阳交感,激为雷电,和为雨,怒为风,乱为雾,凝为霜,散为露,聚为云气,立为虹蜺,离为背璚,分为抱珥。二十四变,皆轩辕主之。其大星,女主也;次北一星,夫人也;次北一星,妃也;其次诸星皆次妃之属。女主南一小星,女御也;左一星,少民,后宗也;右一星,大民,太后宗也。占:欲其小黄而明,吉;大明,则为后宫争竞;移徙,则国人流迸;东西角大张而振,后族败;水、火、金守轩辕,女主恶也。"① 天权、后宫,皆位在紫微垣。环绕北极和比较靠近头顶天空的星象,称"三垣",分紫微、太微、天市三区。紫微垣是三垣的中垣,居北天中央位置,故称中宫。②

"轩辕之山"在《山海经》中列于《北山经》。③ 所谓"轩辕之国"④、"轩辕之丘"⑤、"轩辕之台"⑥ 均在西北,而更突出

---

① 《史记》,第1299、1301页。
② 陈遵妫:《中国天文学史》,上海人民出版社2006年版,第196—197页。
③ 袁珂校注:《山海经校注》,上海古籍出版社1980年版,第91页。
④ 《山海经·海外西经》:"轩辕之国在此穷山之际,其不寿者八百岁。在女子国北。"《山海经·大荒西经》:"有轩辕之国。江山之南栖为吉。不寿者乃八百岁。"袁珂校注:《山海经校注》,上海古籍出版社1980年版,第221、401页。
⑤ 《山海经·海外西经》:"穷山在其北,不敢西射,畏轩辕之丘。在轩辕国北。"袁珂校注:《山海经校注》,上海古籍出版社1980年版,第222页。
⑥ 《山海经·大荒西经》:"有轩辕之台,射者不敢西向射,畏轩辕之台。"袁珂校注:《山海经校注》,上海古籍出版社1980年版,第399页。

的方位指向是北。

所谓"居北辰之闳中"也强调"居"在北方。而"背共工之幽都，向炎帝之祝融"，则指出由北而南的方向。这正是秦始皇直道的方向。

刘歆《甘泉宫赋》所谓"按轩辕之旧处，居北辰之闳中。背共工之幽都，向炎帝之祝融"，宣示甘泉宫作为秦始皇直道交通线上最重要坐标的意义。"背共工之幽都，向炎帝之祝融"文句体现的正北直南的方向，特别值得秦始皇直道研究者注意。

秦始皇直道的工程史考察

秦始皇直道，因工程量宏大，而工期比较明确，以及现存遗迹丰富，其实可以作为秦代工程史研究的重要标本。

秦帝国的管理方式、行政效率以及当时社会的劳动生产率，可以通过这样的研究得到比较具体真切的认识。

一、"劳神""苦民"：秦经营大型工程的传统

秦人有发起大规模工程的历史传统。

秦穆公时代，就以营建"宫室""积聚"工程之规模使戎王使节震惊。《史记》卷五《秦本纪》：

> 戎王使由余于秦。由余，其先晋人也，亡入戎，能晋言。闻缪公贤，故使由余观秦。秦缪公示以宫室、积聚。由余曰："使鬼为之，则劳神矣。使人为之，亦苦民矣。"①

陕西凤翔南指挥村秦公大墓 M1 即秦景公墓，为"中"字形墓，有东西墓道，总面积达 5000 余平方米，是中国古代君主陵墓中工程土方量仅次于秦始皇陵的墓葬。有分析说，这座墓葬"为已发掘的最大一座先秦墓葬"②。也有学者指出，这座墓葬"是已发现先

---

① 《史记》，第 192 页。
② 中国社会科学院考古研究所编著：《中国考古学·两周卷》，中国社会科学出版社 2004 年版，第 327 页。

秦墓葬最大的"①。

关于统一后的秦营建的大型工程，李学勤写道："谈到秦代，大家自然会想到举世闻名的长城。"他还指出："秦统一后建设的交通道路，有由咸阳通向各地的驰道和专通在今内蒙的九原郡的直道。""在陕西临潼县的秦始皇陵，是秦代的又一项巨大工程。""始皇陵的规模非常宏大，有极多贵重随葬器物，还有许多殉葬人。""秦始皇陵的规模如此宏大，奢侈糜费是空前的，当时投入的劳动人力之多殊难想象。"②

据《史记》卷八七《李斯列传》所说，直道等大型工程的经营，直接导致了秦王朝面临覆灭的政治危局：

> 法令诛罚日益刻深，群臣人人自危，欲畔者众。又作阿房之宫，治直道、驰道，赋敛愈重，戍徭无已。于是楚戍卒陈胜、吴广等乃作乱，起于山东，杰俊相立，自置为侯王，叛秦，……③

因"法令诛罚日益刻深"，导致"欲畔者众"。而反秦暴动的发生，直接原因在于"又作阿房之宫，治直道、驰道，赋敛愈重，戍徭无已"。可以说，直道等工程的营造，最终促成了比较宽广的社会层面从"欲畔"到"叛"的政治态度的急烈变化。

对于秦灭亡的原因，汉代政论家的分析多指责秦王朝当政者因组织大型工程导致的徭役的繁重。例如：

（1）贾谊《过秦论》："（秦二世）重之以无道，坏宗庙与民，更始作阿房宫，繁刑严诛，吏治刻深，赏罚不当，赋敛无度，天下多事，吏弗能纪，百姓困穷而主弗收恤。"④

（2）贾山《至言》："至秦则不然。贵为天子，富有天下，赋敛重数，百姓任罢，赭衣半道，群盗满山，使天下之人戴目而

---

① 论者还指出，凤翔南指挥村附近的8处陵园，计有大墓25座。"经钻探，大墓多发现有青膏泥和积炭，在该种类型墓中也是最早的。"李学勤：《东周与秦代文明》，上海人民出版社2007年版，第140页。
② 李学勤：《东周与秦代文明》，上海人民出版社2007年版，第152、153、157页。
③ 《史记》，第2553页。
④ 《史记》卷六《秦始皇本纪》，第284页。

视,倾耳而听。一夫大呼,天下响应者,陈胜是也。秦非徒如此也,起咸阳而西至雍,离宫三百,钟鼓帷帐,不移而具。又为阿房之殿,殿高数十仞,东西五里,南北千步,从车罗骑,四马骛驰,旌旗不桡。为宫室之丽至于此,使其后世曾不得聚庐而托处焉。为驰道于天下,东穷燕齐,南极吴楚,江湖之上,濒海之观毕至。道广五十步,三丈而树,厚筑其外,隐以金椎,树以青松。为驰道之丽至于此,使其后世曾不得邪径而托足焉。死葬乎骊山,吏徒数十万人,旷日十年。下彻三泉合采金石,冶铜锢其内,漆涂其外,被以珠玉,饰以翡翠,中成观游,上成山林。为葬薶之侈至于此,使其后世曾不得蓬颗蔽冢而托葬焉。"①

（3）贾山《至言》："昔者,秦政力并万国,富有天下,破六国以为郡县,筑长城以为关塞。秦地之固,大小之势,轻重之权,其与一家之富,一夫之强,胡可胜计也!然而兵破于陈涉,地夺于刘氏者,何也?秦王贪狼暴虐,残贼天下,穷困万民,以适其欲也。昔者,周盖千八百国,以九州之民养千八百国之君,用民之力不过岁三日,什一而籍,君有余财,民有余力,而颂声作。秦皇帝以千八百国之民自养,力罢不能胜其役,财尽不能胜其求。一君之身耳,所以自养者驰骋弋猎之娱,天下弗能供也。劳罢者不得休息,饥寒者不得衣食,亡罪而死刑者无所告诉,人与之为怨,家与之为雠,故天下坏也。秦皇帝身在之时,天下已坏矣,而弗自知也。秦皇帝东巡狩,至会稽、琅邪,刻石著其功,自以为过尧舜统;县石铸钟虡,筛土筑阿房之宫,自以为万世有天下也。……秦皇帝计其功德,度其后嗣,世世无穷,然身死才数月耳,天下四面而攻之,宗庙灭绝矣。"②

（4）徐乐："民困而主不恤,下怨而上不知,俗已乱而政不修,此三者陈涉之所以为资也。是之谓土崩。故曰天下之患在于土崩。"③

---

① 《汉书》卷五一《贾山传》,第2327—2328页。
② 《汉书》卷五一《贾山传》,第2331—2332页。
③ 《史记》卷一一二《平津侯主父列传》,第2956页。

（5）伍被："往者秦为无道，残贼天下。兴万乘之驾，作阿房之宫，收太半之赋，发闾左之戍，父不宁子，兄不便弟，政苛刑峻，天下熬然若焦，民皆引领而望，倾耳而听，悲号仰天，叩心而怨上，故陈胜大呼，天下响应。"①

（6）《淮南子·泛论》："秦之时，高为台榭，大为苑囿，远为驰道，铸金人，发適戍，入刍稿，头会箕赋，输于少府，丁壮丈夫，西至临洮、狄道，东至会稽、浮石，南至豫章、桂林，北至飞狐、阳原，道路死人以沟量。当此之时，忠谏者谓之不祥，而道仁义者谓之狂。"②

（7）《淮南子·兵略》："二世皇帝，势为天子，富有天下，人迹所至，舟楫所通，莫不为郡县。然纵耳目之欲，穷侈靡之变，不顾百姓之饥寒穷匮也，兴万乘之驾，而作阿房之宫，发闾左之戍，收太半之赋，百姓之随逮肆刑，挽辂首路死者，一旦不知千万之数，天下熬然若焦热，倾然若苦烈，上下不相宁，吏民不相憀。戍卒陈胜兴于大泽，攘臂袒右，称为大楚，而天下响应。"③

（8）《淮南子·人间》："当此之时，男子不得修农亩，妇人不得剡麻考缕，羸弱服格于道，大夫箕会于衢，病者不得养，死者不得葬。于是陈胜起于大泽，奋臂大呼，天下席卷，而至于戏。刘、项兴义兵随而定，若折槁振落，遂失天下。祸在备胡而利越也。欲知筑修城以备亡，不知筑修城之所以亡也"④。

（9）《盐铁论·散不足》："及秦始皇览怪迂，信祯祥，使卢生求羡门高，徐市等入海求不死之药。当此之时，燕、齐之士，释锄耒，争言神仙。方士于是趣咸阳者以千数，言仙人食金饮珠，然后寿与天地相保。于是数巡狩五岳、滨海之馆，以求神仙蓬莱之属。数幸之郡县，富人以赀佐，贫者筑道旁。其后，小者亡逃，大者藏匿；吏捕索掣顿，不以道理。名宫之旁，庐舍丘落，无生

---

① 《史记》卷一一八《淮南衡山列传》，第3090页。
② 张双棣撰：《淮南子校释》，北京大学出版社1997年版，第1380—1381页。
③ 张双棣撰：《淮南子校释》，北京大学出版社1997年版，第1568页。
④ 张双棣撰：《淮南子校释》，北京大学出版社1997年版，第1907页。

苗立树；百姓离心，怨思者十有半。"①

（10）刘向："秦始皇帝葬于骊山之阿，下锢三泉，上崇山坟，其高五十余丈，周回五里有余；石椁为游馆，人膏为灯烛，水银为江海，黄金为凫雁。珍宝之臧，机械之变，棺椁之丽，宫馆之盛，不可胜原。……天下苦其役而反之，骊山之作未成，而周章百万之师至其下矣。"②

（11）《汉书》卷二四上《食货志上》："至于始皇，遂并天下，内兴功作，外攘夷狄，收泰半之赋，发闾左之戍。男子力耕不足粮饷，女子纺绩不足衣服。竭天下之资财以奉其政，犹未足以澹其欲也。海内愁怨，遂用溃畔。"③

（12）《汉书》卷六三《武五子传赞》："秦始皇即位三十九年，内平六国，外攘四夷，死人如乱麻，暴骨长城之下，头卢相属于道，不一日而无兵。由是山东之难兴，四方溃而逆秦。秦将吏外畔，贼臣内发，乱作萧墙，祸成二世。"④

其中关于秦之"百姓离心"，秦之"土崩"，秦之"溃畔"，秦之"天下坏""失天下"与大型土木工程的关系，（4）只说"民困""下怨"，没有具体指向，（11）所谓"内兴功作，外攘夷狄"，则是多项工程的综合概说。此外，（1）（2）（3）（5）（7）强调阿房宫工程，（9）所谓"名宫之旁，庐舍丘落，无生苗立树"，应当也与大规模的宫殿建设有关；（2）（10）言秦始皇陵工程；（6）（8）（12）说到长城工程；（2）（6）说到以驰道工程为代表的交通建设；而（5）（7）所谓"兴万乘之驾"，（9）所谓"数幸之郡县，富人以赀佐，贫者筑道旁"，也指出了大型交通工程对社会形成的沉重压力。直道工程与秦末政治危局的关系，可以就此有所理解。前引《史记》卷八七《李斯列传》所谓"又作阿房之宫，治直道、驰道，赋敛愈重，戍徭无已"，因而导致"楚戍卒陈胜、吴广等

---

① 王利器校注：《盐铁论校注》（定本），中华书局1992年版，第355—356页。
② 《汉书》卷三六《楚元王传》，第1954页。
③ 《汉书》，第1126页。
④ 《汉书》，第2771页。

乃作乱,起于山东,杰俊相立,自置为侯王,叛秦",是关于李斯事迹记述中直接言及"治直道"与秦王朝灭亡之关系的宝贵史料,特别值得我们重视。

二、关于"堑山堙谷"

《史记》卷六《秦始皇本纪》记录秦始皇直道工程的启动,说到这条道路的施工形式"堑山堙谷":"三十五年,除道,道九原抵云阳,堑山堙谷,直通之。"① 又《史记》卷八八《蒙恬列传》作"堑山堙谷":"始皇欲游天下,道九原,直抵甘泉,乃使蒙恬通道,自九原抵甘泉,堑山堙谷,千八百里。道未就。"②

司马迁有关直道工程基本施工特点的描述,应当是真实的。这是因为他有亲身行历秦始皇直道,进行现场实地考察的认识基础。司马迁关于自己"行观"秦始皇直道的体验,在《史记》卷八八《蒙恬列传》最后写道:"太史公曰:吾适北边,自直道归,行观蒙恬所为秦筑长城亭障,堑山堙谷,通直道,固轻百姓力矣。"③

关于秦岭古道路,后世学者对《史记》相关记述的解说,也使用过"堑山堙谷"的说法。如《史记》卷五五《留侯世家》:"汉元年正月,沛公为汉王,王巴蜀。汉王赐良金百镒,珠二斗,良具以献项伯。汉王亦因令良厚遗项伯,使请汉中地。项王乃许之,遂得汉中地。汉王之国,良送至褒中,遣良归韩。良因说汉王曰:'王何不烧绝所过栈道,示天下无还心,以固项王意。'乃使良还。行,烧绝栈道。"张守节《正义》引《括地志》云:"褒谷在梁州褒城县北五十里南中山。昔秦欲伐蜀,路无由入,乃刻石为牛五头,置金于后,伪言此牛能屎金,以遗蜀。蜀侯贪,信之,乃令五丁共引牛,堑山堙谷,致之成都。秦遂寻道伐之,因号曰'石牛道'。"④

东汉末年,曹操征乌丸战役,也有"堑山堙谷"的军事交通实践。

---

① 《史记》,第256页。
② 《史记》,第2566—2567页。
③ 《史记》,第2570页。
④ 《史记》,第2039页。

《三国志》卷一《魏书·武帝纪》记载建安十二年（207年）事：

> 将北征三郡乌丸，诸将皆曰："袁尚，亡虏耳，夷狄贪而无亲，岂能为尚用？今深入征之，刘备必说刘表以袭许。万一为变，事不可悔。"惟郭嘉策表必不能任备，劝公行。夏五月，至无终。秋七月，大水，傍海道不通，田畴请为乡导，公从之。引军出卢龙塞，塞外道绝不通，乃堑山堙谷五百余里，经白檀，历平冈，涉鲜卑庭，东指柳城。未至二百里，虏乃知之。尚、熙与蹋顿、辽西单于楼班、右北平单于能臣抵之等将数万骑逆军。八月，登白狼山，卒与虏遇，众甚盛。公车重在后，被甲者少，左右皆惧。公登高，望虏陈不整，乃纵兵击之，使张辽为先锋，虏众大崩，斩蹋顿及名王已下，胡、汉降者二十余万口。①

"塞外道绝不通，乃堑山堙谷五百余里，经白檀，历平冈，涉鲜卑庭，东指柳城"，作为军事交通工程，采用了与秦始皇直道建设类同的"堑山堙谷"的施工方式。

《中国考古学·秦汉卷》就"秦直道的修筑技术"，根据考古调查的收获有所说明。其中写道："秦直道长达'千八百里'，沿途经过山岭、河谷等不同的地形环境，因此修建一条如此平直的道路，实现必然经过测量与规划。秦直道的修筑反映了中国古代在大地测绘、建筑规划、工程组织、劳动管理和行政效率等方面的历史性进步。"所谓"堑山堙谷"，被解释为高处"开凿""挖削"，低处"填实""夯打"。"考古调查表明，施工过程中很好地利用了地形特点，做到了因地制宜、因形就势，不同地段使用不同的修筑方法，这一点同秦长城的修筑有共同之处。秦直道南段大多利用了子午岭的山脊稍加平整而成，在山坡地段将坡面挖削成直角直壁，上宽5～6米，壁高达5～10米不等，路基一般宽都在10米以上，最宽达160米。直道北段多数在沙土地上通过，因此路面需要堆土夯打，鄂尔多斯草原地区局部路基的剖面上，

---

① 《三国志》，第29页。

尚可看出夯打的痕迹，道路宽度较南部山区稍宽，一般为 10～50 米不等。"秦直道穿越起伏不平的丘陵地带时，"堑"与"堙"的工程形式交错施行，以求路面坡度的控制。"从伊金霍洛旗的掌岗图四队北至达拉特旗高头窑乡吴四圪堵村东，全长约 90 公里，秦直道沿 15 度左右的方向直线北行，绝无弯道。这一带多属丘陵地区，地势绵延起伏，高差较大，沟壑纵横。为减少道路的起伏高差，凡直道所经的丘陵脊部，绝大多数都进行了不同程度的开凿，豁口的宽度一般为 40～50 米。凡秦直道途经的丘陵间的鞍部，绝大多数都进行了不同程度的填垫，从保留在冲沟断壁上的路基断面可知，填充部分的路基底部最宽者约 60 米，顶部宽 30～40 米，残存最厚的垫土现今仍达 6 米以上。路基垫土多为就地取材，将开凿豁口所得红黏土及砂岩的混合物移至丘脊两侧的低凹处，或将坡脊上端的堆积移至下端逐层填实。部分连续低凹地段，由于开凿丘脊所得土方无法满足路基土方的需求，便从附近的河床内运来沙石填垫路基。路基层层填垫的痕迹清晰可辨，虽未发现夯筑痕迹，但仍十分坚硬。如今秦直道所经之地，凡填充部分，在常年雨水的侵蚀下，绝大部分已被冲刷掉，形成较大的沟壑，但是断壁上却保留着较完整的路基断面。"①

所谓"堑山堙谷"在不同路段上或削凿或夯填的情形是比较普遍的。在陕西黄陵南桂花附近的秦直道遗址，可以看到厚达数十米的夯填的路基，可以看作典型的"堙谷"的工程形式的遗存。有学者见告，此处 214 米的路段，"堙谷"路基夯筑高达 38 米，填方工程量达 17 万立方米。据《中国文物地图集·陕西分册》介绍，陕西甘泉方家河村北的一段秦直道遗迹，也可以看到"暴露夯筑路基厚 30 余米"的路段。②

据考察者记述，这样的道路形制，或说"以路面来说，都是

---

① 中国社会科学院考古研究所编著：《中国考古学·秦汉卷》，中国社会科学出版社 2010 年版，第 74—75 页。
② 国家文物局主编：《中国文物地图集·陕西分册》下册，西安地图出版社 1998 年版，第 921 页。

图17 甘泉方家河秦直道

呈现凹形,近两边路旁的土坎处转高,愈至路中心就愈为低下"[①],或说"槽形豁口很多,古路堑如斧劈刀削,路线走势看得很清楚"[②]。

其实,秦始皇直道还有更为常见的"堑山堙谷"的形式。这就是在同一路段靠近山脊一侧取"堑山"方式,临近山谷一侧取"堙谷"方式。考古工作者经过调查和试掘,在许多路段有这样的发现。探沟解剖路基断面,可以清晰地判定一侧"堑山"、一侧"堙谷"的形式。调查结果的记录往往将"夯筑路面"与"堑山痕迹"并说,如:秦直道遗迹旬邑段,"境内全长约80公里。沿线发现路面和堑山遗迹多处,路面一般宽10~20米"。秦直道遗迹黄陵段,"境内全长约50公里。一线发现夯筑或堑山路面,……路面一般宽约

[①] 史念海:《秦始皇直道遗迹的探索》,载《陕西师大学报》(哲学社会科学版)1975年第3期,《文物》1975年第10期,收入《河山集》四集,陕西师范大学出版社1991年版。

[②] 王开:《"秦直道"新探》,载《西北史地》1987年第2期。

图18 富县车路梁秦直道

15米"。秦直道遗迹富县段,"全长约125公里。一线暴露有夯筑路面及堑山痕迹,路面一般宽30～40米,最宽处达58米"。秦直道遗迹甘泉段,"全长约32公里。道路为堑山或夯筑,平均宽度30米,最宽处58米,最窄处10余米"。秦直道遗迹志丹段,"境内全长约74公里。路基为夯筑或堑山,路面一般宽20～60米"。[1]

"堙谷"的夯筑技术,特别是累积夯层达数十米的高精度高质量的夯筑技术,应以水利工程的筑坝技术为直接渊源。秦人在这方面的经验积累,前有郑国渠的成功。[2] 有研究者指出:"郑国

---

[1] 国家文物局主编:《中国文物地图集·陕西分册》下册,西安地图出版社1998年版,第414、894、906、921、933页。

[2] 《史记》卷二九《河渠书》:"韩闻秦之好兴事,欲罢之,毋令东伐,乃使水工郑国间说秦,令凿泾水自中山西邸瓠口为渠,并北山东注洛三百余里,欲以溉田。中作而觉,秦欲杀郑国。郑国曰:'始臣为间,然渠成亦秦之利也。'秦以为然,卒使就渠。渠就,用注填阏之水,溉泽卤之地四万余顷,收皆亩一钟。于是关中为沃野,无凶年,秦以富强,卒并诸侯,因命曰'郑国渠'。"王子今、郭诗梦:《秦"郑国渠"命名的意义》,载《西安财经学院学报》2011年第3期。

渠坝，……郑国主持建造，用于郑国渠引水，高30m，是世界第一座土石大坝。"①郑国渠坝的施工经验，是可以应用于秦始皇直道"堙谷"工程实践的。

三、关于"道未就"

关于秦始皇直道工程，《史记》卷八八《蒙恬列传》的相关记述有"道未就"的文字：

> 始皇欲游天下，道九原，直抵甘泉，乃使蒙恬通道，自九原抵甘泉，堑山堙谷，千八百里。道未就。

然而同篇记载秦始皇去世之后"丧至咸阳，已葬，太子立为二世皇帝"②。《史记》卷八七《李斯列传》的记载是"至咸阳，发丧，太子立为二世皇帝"③。而司马迁有明确的关于"丧至咸阳"之路线的记录，告知我们秦始皇出巡车队就是由直道回到咸阳的。《史记》卷六《秦始皇本纪》："行从直道至咸阳，发丧。太子胡亥袭位，为二世皇帝。"④也就是说，秦始皇直道已经具备帝王乘舆通行的条件。

然而，所谓"道未就"者，联系前引《史记》卷八七《李斯列传》所指出秦二世执政时期的政治危局："法令诛罚日益刻深，群臣人人自危，欲畔者众。又作阿房之宫，治直道、驰道，赋敛愈重，戍徭无已。于是楚戍卒陈胜、吴广等乃作乱，起于山东，杰俊相立，自置为侯王，叛秦"⑤。秦二世时依然"治直道"，这与"道未就"

---

① 论者指出："中国的古代坝是中国河流文明的一个重要组成部分，其历史与中华民族的文明史一样邈远。在丰富的古代典籍中，有关坝的记载多不胜举。不少古代坝保留至今，甚至使用至今。中国无疑是世界上重要古代坝建造国家之一。中国古代坝与农业灌溉、供水、航运，乃至与军事和社会的发展都有密切的关系。此外，在坝工技术上，与其他科技领域一样，也处于当时世界的前列，而且在有些方面远胜于西方。"关于"郑国渠坝"，论者也有如下说明："郑国渠渠首是否有坝，过去甚至今天仍有争议。"朱诗鳌：《坝工技术史》，水利电力出版社1995年版，第20—21页。
② 《史记》，第2567页。
③ 《史记》，第2552页。
④ 《史记》，第265页。
⑤ 《史记》，第2533页。

之说形成了合理的逻辑关系。

现在发现的秦始皇直道遗迹，不同路段的道路形制有所不同，特别是路面宽度有相当大的差异，或许可以理解为在分段施工的情况下严格意义上"道未就"的表现。

四、工程史视角的比照：秦始皇直道工程与秦始皇陵工程

对于秦始皇直道工程进行工程史的研究，秦始皇陵工程是有一定的历史参照意义的。

我们不妨对秦始皇陵工程进行必要的考察和说明。

上文我们估算了秦始皇陵复土工程的土方量。复土时完成地宫和封土的夯土土方，需分别运输土方 7492500 立方米和 18375000 立方米，共计 25867500 立方米。由于挖掘地宫出土仅 624437500 立方米，因而需由他处挖掘运送土方 19623125 立方米。[①] 而秦始皇陵复土工程的工期也是大体明确的。《史记》卷六《秦始皇本纪》记载，秦始皇三十七年（前 210 年）出巡途中"至沙丘崩"，胡亥即位，"九月，葬始皇郦山"。秦二世元年（前 209 年）四月，二世东巡还至咸阳，宣布："先帝为咸阳朝廷小，故营阿房宫为室堂。未就，会上崩，罢其作者，复土郦山。郦山事大毕，今释阿房宫弗就，则是章先帝举事过也。"[②]

于是"复作阿房宫"。可见秦始皇陵复土工程自起始至"事大毕"，为秦始皇三十七年九月至二世元年四月。秦制以十月为岁首，闰年岁末，谓之后九月。依陈垣《二十史朔闰表》推算，秦始皇三十七年（前 210 年）不置闰。姑且以施工时日满八个月计，不超过 236 日。

云梦睡虎地秦简《徭律》中，可以看到降雨天气可能对于土

[①] 王子今：《秦始皇陵复土工程用工人数论证》，载《文博》1987 年 1 期，收入《秦俑学研究》，陕西人民教育出版社 1996 年版。

[②] 《史记》，第 268—269 页。

方工程的影响:"水雨,除兴。"① 土方工程遇降水则难以施工,特别是无法保证工程质量,因而往往被迫停工。西安地区现代年平均降水日为100.2日,其中10月至5月为57.9日,考虑到降雪对施工无显著影响的因素,除去年平均降雪日13.69日,则影响"土功"的"水雨"日仍有44日。② 秦时气候较现代温暖温润,降水量也偏大③,且忽略此因素,仍以"水雨"44日计,则施工时间当为192日左右。

又云梦睡虎地秦简《日书》甲种可见主题为"土忌"的内容,如:

土忌

土徼正月壬,二月癸,三月甲,四月乙,五月戊,六月己,七月丙,八月丁,九月戊,十月庚,十一月辛,十二月乙,不可为土攻(功)。(一〇四正壹)

正月丑,二月戌,三月未,四月辰,五月丑,六月戌,七月未,八月辰,九月丑,十月戌,十一月未,十二月辰,毋可有为,筑室,坏;尌木,死。(一〇五正壹)

春三月寅,夏巳,秋三月申,冬三月亥,不可兴土攻,必死。

·五月六月不可兴土攻,十一月、十二月不可兴土攻,必或死。申不可兴土攻。(一〇六正)

·凡入月七日及夏丑、秋辰、冬未、春戌,不可坏垣、起之,必有死者。以杀豕,其肉未索必死。(一〇七正壹)

正月丁庚癸,三月四月丙己壬,五月六月乙戊辛,七月八月甲丁庚,九月十月癸己丙,十一月十二月戊辛甲,不可以垣,必死。(一〇八正壹)

正月乙,二月癸,三月戊,四月甲,五月壬,六月己,

---

① 整理小组注释:"除兴,免除本次征发。"整理小组译文:"遇降雨不能动工,可免除本次征发。"睡虎地秦墓竹简整理小组:《睡虎地秦墓竹简》,文物出版社1978年版,第76、78、79页。
② 张家诚、林之光:《中国气候》,上海科学技术出版社1985年版,表4—39(资料年代:1951—1970)。降雪日数采自同书附录"1951—1980三十年平均气候资料表(九)"。
③ 竺可桢:《中国近五千年来气候变迁的初步研究》,载《考古学报》1972年第1期。

> 七月丙，八月丁，九月戊，十月庚，十一月辛，十二月己，
> 不可垣，必死。（一〇九正壹）①

关于"土徹"，刘乐贤按："这是一个以天干记日的凶煞，其日不可为土攻。地徹之名不见于后代的选择通书，当是一个与动土有关的凶煞，其得名之由来尚有待于进一步考证。"②吴小强《秦简日书集释》："土，土地神。徹，巡察。""土徹正月壬……"，其译文写道："土地神巡察的日子是正月壬日……。"③关于"土攻"，整理小组释文作"土攻（功）"。④今按：《书·益稷》："启呱呱而泣，予弗子，惟荒度土功。"⑤《礼记·月令》："（孟夏之月）是月也，继长增高，毋有坏堕，毋起土功，毋发大众，毋伐人树。"⑥"（季夏之月）是月也，树木方盛，乃命虞人，入山行木，毋有斩伐，不可以兴土功，不可以合诸侯，不可以起兵动众。毋举大事，以摇养气。"⑦《礼记·玉藻》："至于八月不雨，君不举。年不顺成，君衣布搢本，关梁不租，山泽列而不赋，土功不兴，大夫不得造车马。"⑧《吕氏春秋·孟夏纪》："是月也，继长增高，无有坏隳。无起土功，无发大众，无伐大树。"⑨又《季夏纪》："是月也，树木方盛，乃命虞人入山行木，无或斩伐。不可以兴土功，不可以合诸侯，不可以起兵动众。无举大事，以摇荡于气。"⑩《上农》强调，农耕关键季节，"当时之务，不兴土功，不作师徒，庶人不冠弁、娶妻、嫁女、享祀，不酒醴聚众，农不上闻，不敢私籍于庸，为害于时也。""若民不力田，

---

① 睡虎地秦墓竹简整理小组编：《睡虎地秦墓竹简》，文物出版社1990年版，释文第196页。
② 刘乐贤：《睡虎地秦简日书研究》，文津出版社1994年版，第139页。
③ 吴小强：《秦简日书集释》，岳麓书社2000年版，第81—82页。
④ 睡虎地秦墓竹简整理小组编：《睡虎地秦墓竹简》，文物出版社1990年版，释文第196页。
⑤ 〔清〕阮元校刻：《十三经注疏》，中华书局1980年版，第1365页。
⑥ 〔清〕阮元校刻：《十三经注疏》，中华书局1980年版，第463页。
⑦ 〔清〕阮元校刻：《十三经注疏》，中华书局1980年版，第1371页。
⑧ 〔清〕阮元校刻：《十三经注疏》，中华书局1980年版，第1475页。
⑨ 许维遹撰，梁运华整理：《吕氏春秋集释》，中华书局2009年版，第86页。
⑩ 许维遹撰，梁运华整理：《吕氏春秋集释》，中华书局2009年版，第131页。

墨乃家畜，国家难治，三疑乃极，是谓背本反则，失毁其国。凡民自七尺以上，属诸三官。农攻粟，工攻器，贾攻货。时事不共，是谓大凶。夺之以土功，是谓稽，不绝忧唯，必丧其粑。"对农事秩序的干扰，除"夺之以土功"外，还有"夺之以水事"，"夺之以兵事"。① 就《上农》篇中所说"土功"，夏纬瑛解释说："'不兴土功'，是不作土木工程的意思。"② 《史记》卷二七《天官书》分析星象，有"其出如浮如沈，其国有土功"，"其见也，不种而获；不有土功，必有大害"，"徒气白。土功气黄"的说法。③ 又《史记》卷三九《晋世家》："梁伯好土功，治城沟，民力罢怨"④。《汉书》卷二六《天文志》："占曰'有土功，胡人死，边城和。'"⑤ 《汉书》卷二七下之上《五行志第七下之上》对"土功过制"有所批评。⑥ 《汉书》卷九九下《王莽传下》："望气为数者多言有土功象"⑦。《后汉书·礼仪志中》"求雨"条刘昭注补引"董仲舒云"两见"毋举土功"。⑧ 《后汉书·天文志上》刘昭注补："《汉史》：'镇星逆行舆鬼，女主贵亲有忧。'巫咸曰：'有土功事。'"⑨ 《天文志中》刘昭注补："《黄帝星经》曰：'木守东井，有土功之事。'""石氏曰：'镇守参，有土功事。'"⑩ 《后汉书·五行志一》刘昭注补引"《管子》曰"："冬作土功，发地藏，则夏多暴雨，秋雨霖不止。"⑪ 又《三国志》卷六一《吴书·陆凯传》裴松之注引陆凯《表》："夫兴土功，高台榭，既致水旱，民又多疾，其不疑也？"⑫ 《三国志》卷六五《吴书·华覈传》："臣省《月令》，

---

① 许维遹撰，梁运华整理：《吕氏春秋集释》，中华书局2009年版，第684—686页。
② 夏纬瑛校释：《吕氏春秋上农等四篇校释》，农业出版社1956年版，第11页。
③ 《史记》，第1316、1335、1337页。
④ 《史记》，第1655页。
⑤ 《汉书》，第1307页。
⑥ 《汉书》，第1434页。
⑦ 《汉书》，第4161页。
⑧ 《后汉书》，中华书局1965年版，第3118—3119页。
⑨ 《后汉书》，第3220页。
⑩ 《后汉书》，第3232、3233页。
⑪ 《后汉书》，第3266页。
⑫ 《三国志》，中华书局1959年版，第1408页。

季夏之月，不可以兴土功，不可以会诸侯，不可以起兵动众，举大事必有大殃。"①

睡虎地秦简《日书》甲种还有另一部分文字也题为"土忌"：

土忌

土良日，癸巳、乙巳、甲戌，凡有土事必果。（一二九背）

土忌日，戊、己及癸酉、癸未、庚申、丁未，凡有土事弗果居。（一三〇背）

正月寅、二月巳、三月未、四月亥、五月卯、六月午、七月酉、八月子、九月辰、十月未，十一月戌，十二月丑，当其地不可起土攻。（一三一背）

正月亥、二月酉、三月未、四月寅、五月子、六月戌、七月巳、八月卯、九月丑、十月申、十一月午、十二月辰，是胃土（一三二背）神，毋起土攻，凶。（一三三背）

春三月戊辰、己巳，夏三月戊申、己未，秋三月戊戌、己亥，冬三月戊寅、己丑，是胃地冲，不可（一三四背）为土攻。（一三五背）

春之乙亥，秋之辛亥，冬之癸亥，是胃牝日，百事不吉。以起土攻，有女丧。（一三六背）

正月乙卯，四月丙午，七月辛酉，十月壬子，是胃召蛊合日，不可垣，凶。（一三七背）

正月申，四月寅，六月巳，十月亥，是胃地杓，神以毁宫，毋起土攻，凶。

月中旬，毋起北南陈垣及（一三八背）矰之，大凶。

四月丙午，是胃召蛊合日，不可垣，凶。

四月酉，以坏垣，凶。入月十七日，以毁垣，其家日减。（一三九背）

春三月毋起东乡室，夏三月毋起南乡室，秋三月毋起西乡室，冬三月毋起北乡室。以（一四〇背）此起室，大凶，必有死者。（一四一背）

---

① 《三国志》，第1466页。

> 冬三月之日，勿以筑室及波地，是胃发蛰。（一四二背）①

关于"土忌"，整理小组注释："'土忌'系标题，'忌'字原在一三〇简背首。"今按："土忌"是相当普及的禁忌迷信。《太平御览》卷九二引《续汉书》曰："帝为太子，四岁避疾，当阿母王圣弟新治，乳母王男、厨监邴吉以为犯土忌，不可御，与江京、樊丰及圣二女永等相是非。圣、永诬谮男、吉，皆物故。太子思恋男等，数为之叹息。圣、永惧有后害，遂与京、丰等共构太子，坐废为王。"②所谓"土良日，癸巳、乙巳、甲戌"，今按：湖北江陵岳山秦墓出土木牍《日书》所见"土良日，癸巳、乙巳、甲戌"（M36：43正面），与睡虎地秦简《日书》甲种相同。③简文所见"凡有土事必果"，今按：《史记》卷二七《天官书》："黄圜和角，有土事，有年。"张守节《正义》："太白星圆，天下和平；若芒角，'有土事'。'有年'谓丰熟也。"《汉书·天文志》："填星所居，国吉。未当居而居之，若已去而复还居之，国得土，不乃得女子。当居不居，既已居之，又东西去之，国失土，不乃失女，不，有土事若女之忧。"关于"土忌日，戊、己及癸酉、癸未、庚申、丁未"，今按：湖北江陵岳山秦墓出土木牍《日书》于"土良日"后，写道："其忌，癸酉、庚申。"（M36：43正面）④其忌日少于睡虎地秦简《日书》甲种。

所谓"当其地不可起土攻"，整理小组释文："当其地不可起土攻（功）。"今按："不可起土功"是古来影响相当广泛的禁忌形式。除前引《礼记·月令》"（孟夏之月）毋起土功"，《吕氏春秋·孟夏纪》"无起土功"外，又可见《开元占经》卷三八

---

① 睡虎地秦墓竹简整理小组编：《睡虎地秦墓竹简》，文物出版社1990年版，释文第225—226页。
② 《太平御览》，中华书局用上海涵芬楼影印宋本1960年版，第439页。
③ 湖北省江陵县文物局、荆州地区博物馆：《江陵岳山秦汉墓》，载《考古学报》2000年第4期。
④ 湖北省江陵县文物局、荆州地区博物馆：《江陵岳山秦汉墓》，载《考古学报》2000年第4期。

《填星占一》"填星行度二"条:"《尚书纬》曰:'气在于季夏,其纪填星,是谓大静。无立兵,立兵命曰犯命。夺人一亩,偿以千里。杀人,不当偿。以长子不可起土功,是谓犯天之常,灭德之光。'"①所谓"起土功",与"立兵""犯命""杀人"同样具有"犯天之常,灭德之光"的性质。

考察睡虎地秦简《日书》中有关"土功"的禁忌,可以帮助我们认识秦时社会意识中涉及土木工程的复杂的神秘主义理念。②理解秦始皇陵工程史,应当注意相关社会文化现象,理解秦直道工程史,同样应当注意相关社会文化现象。从蒙恬"绝地脉"说③的相关意识背景看,有关"土功"的禁忌一定会对秦始皇直道的施工形成一定的影响。

睡虎地秦简《日书》的内容,可以看到"起土攻(功)""兴土攻(功)""为土攻(功)"等文字。所谓"兴土攻(功)",除出现于《土忌》篇外,亦见于《田忌》篇。④"兴土攻(功)"文字与《礼记》《吕氏春秋》的说法相同。

《日书》内容可见"有土事""起土攻(功)""为土攻(功)""兴土攻(功)"的区别。"起土攻(功)""兴土攻(功)"或可理解为土方工程之起始,而"有土事""为土攻(功)"则当指土方工程之进行。《土忌》的内容,应理解为规定了土方工程进行中应避"忌"而停工的日期。我们可大致由如下三种情形推算秦始皇陵复土工程中"土忌"的日数:

---

① 〔唐〕瞿昙悉达编,李克和校点:《开元占经》,岳麓书社1994年版,第433页。
② 王子今:《睡虎地秦简〈日书〉甲种疏证》,湖北教育出版社2003年版,第221—225、495—502页。
③ 《史记》卷八八《蒙恬列传》:"……蒙恬喟然太息曰:'我何罪于天,无过而死乎?'良久,徐曰:'恬罪固当死矣。起临洮属之辽东,城堑万余里,此其中不能无绝地脉哉?此乃恬之罪也。'乃吞药自杀。太史公曰:吾适北边,自直道归,行观蒙恬所为秦筑长城亭障,堑山堙谷,通直道,固轻百姓力矣。夫秦之初灭诸侯,天下之心未定,痍伤者未瘳,而恬为名将,不以此时强谏,振百姓之急,养老存孤,务修众庶之和,而阿意兴功,此其兄弟遇诛,不亦宜乎!何乃罪地脉哉?"第2570页。
④ 如《田忌》题下:"田忌,丁亥、戊戌,不可初田及兴土攻。"(一五〇背)睡虎地秦墓竹简整理小组编:《睡虎地秦墓竹简》,文物出版社1990年版,释文第226页。

（1）简一三〇背中癸酉、癸未、庚申、丁未诸日，在工期236日中当分别出现4次，计16日。

（2）所谓"土忌日戊、己"，大概不会逢戊、己日即停工相避，具体当如简一三一背和简一三二背的内容，每三月逢4忌日，工期八个月约为11日。

（3）简一〇四正壹指明的"土忌"日，每月逢2~3日，以2.5日计，工期八个月为20日。其中"九月戊"可能有1日与（2）的情形重合。如此，此类"土忌"日至少应有19日。

综合以上三种情形，"土忌"日总计在46日以上。假设"水雨"日之中有二分之一与"土忌"日重合，工期中还应扣除"土忌"日24日。减除这两种非工作日，可知秦始皇陵复土工程中可以保证施工的工作日不超过168日。

如此可以推知秦始皇陵复土工程中平均每日直接参加现场施工的人员数额至少为582785人。考虑到以十人中一人为"养"，三十人中一人"作长"计，施工总人数当在669868人以上。

云梦睡虎地秦简《徭律》有关于土木工程质量检验并在检验不合格时予责任人惩处，以及补救方式的规定：

> 兴徒以为邑中之红（功）者，令结（姊）堵卒岁。未卒堵坏，司空将红（功）及君子主堵者有罪，令其徒复垣之，勿计为繇（徭）。县葆禁苑、公马牛苑，兴徒以斩（堑）垣离（篱）散及补缮之，辄以效苑吏，苑吏循之。未卒岁而坏陕（决），令县复兴徒为之，而勿计为繇（徭）。卒岁而或陕（决）坏，过三堵以上，县葆者补缮之；三堵以下，及虽未盈卒岁而或盗陕（决）道出入，令苑辄自补缮之。县所葆禁苑之傅山、远山，其土恶不能雨，夏有坏者，勿稍补缮，至秋毋（无）雨时而以繇（徭）为之。

整理小组译文："征发徒众作城邑的工程，要对所筑的墙担保一年。不满一年而墙坏，主持工程的司空和负责该墙的君子有罪，令原来修墙的徒众重新修筑，不得算入服徭役的时间。县应维修禁苑及牧养官有牛马的苑囿，征发徒众为苑囿建造堑壕、墙垣、藩篱并加补修，修好即上交苑吏，由苑吏加以巡视。不满一年而有毁缺，令该县重新征发徒众建造，而不得算入服徭役的时间。满一年而有毁缺，墙面超过三方丈的，由维修的县补修；不到三方丈，以及虽未满一年而有人私加破坏由之出入的，令该苑即自行补修。县所维修的禁苑，不拘离山远近，如因土质不佳不能耐雨，到夏季有所毁坏，不必逐步补修，要到秋季无雨的时候兴徭役修筑。"① 陵墓复土工程的检验期当然不可能如此之长，但因施工质量不合规格的返工现象，应该是存在的。秦始皇直道工程，自然也会施行相类同的质量检查制度。

分析秦始皇陵工程的管理，还应当注意到，除了上文说到的因素之外，挖土、运土和夯土是相承接的工序，其间人员调度和进度安排也很难做到完全顺遂而不滞误工时。而且，不能不注意到工徒逃亡的事实。黥布"论输丽山"，即"亡之江中为群盗"②，正是典型史例。工徒减员的最主要因素是因劳累伤病以致死亡。《开通褒斜道石刻》中有关于褒斜道施工的记录："永平六年，汉中郡以诏书受广汉、蜀郡、巴郡徒二千六百九十人，开通褒余道。""最凡用功七十六万六千八百余人""九年四月成就"。③ 此处"用功"数，当为所用劳动日的总和。从永平六年到九年四月，工期至少在820日以上，如此则平均每日用徒人数不应超过935人，而碑文称开工时受"徒二千六百九十人"。数字如此悬殊，应有"徒"在工程中大量伤病以致"物故"的因素在内。汉时尚且如此，"轻绝人命"④以至"生蕲工匠"⑤的秦时当益甚之。

秦始皇陵工程用工人数，史载多达数十万：

"隐宫徒刑者七十余万人，乃分作阿房宫，或作丽山。"(《史

---

① 睡虎地秦墓竹简整理小组编：《睡虎地秦墓竹简》，文物出版社1978年版，第76、77、79页。
② 《史记》卷九一《黥布列传》，第2597页。
③ 《金石萃编》卷五，中国书店据1921年扫叶山房本1985年3月影印版，第3—4页。
④ 《汉书》卷四九《晁错传》，第2296页。
⑤ 《汉书》卷三六《刘向传》，第1954页。

记》卷六《秦始皇本纪》)①

"始皇初即位,穿治骊山,及并天下,天下徒送诣七十余万人。"(《史记》卷六《秦始皇本纪》)②

"丽山之徒数十万人。"(《史记》卷九一《黥布列传》)③

"(始皇)死葬乎骊山,吏徒数十万人,旷日十年。"(《汉书》卷五一《贾山传》)④

"当此之时,楚将徇地者甚众,楚兵数千聚党者不可胜数。以吴广为假王,监诸将。以周文为将军,众十余万,西至戏水,盖百二十万矣。秦令将军章邯赦骊山作徒七十万人以击之。"(《汉纪》卷一)⑤

"始皇造陵,……作者七十万人,积年方成。"(《水经注》卷一九《渭水下》)⑥

"始皇即位,治骊山陵,役徒七十万人。今按其陵高大,亦不足役七十万人积年之功,盖以骊山水泉本北流者,陂障使东西流,又此土无石,取大石于渭北诸山,其费功力由此也。"(《元和郡县图志》卷一《关内道一·京兆府》"秦始皇陵"条)⑦

"李斯领徒七十二万人作陵。"(《酉阳杂俎》卷一五《诺皋记下》)⑧

"《古史考》曰:'秦始皇使刑徒七十万人作骊山。'"(《长安志》卷一五《县五·临潼》"秦始皇陵"条)⑨

"使丞相斯将天下刑人徒隶七十二万人作陵。"(《文献通考》

---

① 《史记》,第256页。
② 《史记》,第265页。
③ 《史记》,第2597页。
④ 《汉书》,第2328页。
⑤ 张烈点校:《两汉纪》,中华书局2002年版,第4页。
⑥ 〔北魏〕郦道元著,陈桥驿校证:《水经注校证》,中华书局2007年版,第461页。
⑦ 〔唐〕李吉甫撰,贺次君点校:《元和郡县图志》,中华书局1983年版,第7页。
⑧ 〔唐〕段成式撰,方南生点校:《酉阳杂俎》,中华书局1981年版,第145页。
⑨ 〔宋〕宋敏求撰,辛德勇、郎洁点校:《长安志·长安志图》,三秦出版社2013年版,第463页。

卷一二四《王礼考十九·山陵》引《汉旧仪》）①

这已经是少见的关于古代工程用工人数的记载，然而尚嫌不足以提供其确数。显然，所谓七十余万人"穿治骊山"与"分作阿房宫，或作丽山"二说，人数即相差一倍。而"七十万人"者，也不能判定是同时集中于陵园工地，还是历年累计。有的学者根据陵区面积仅 2 平方公里左右，也怀疑所谓用工七十万人的可信性。

对于秦代土方工程的劳动生产率，以往多因资料缺乏而以为无可确知。袁仲一和杭德州曾经分别著文讨论秦始皇陵工程用工问题，均涉及当时的劳动生产率。然而其都以生产工具之简陋落后为认识基点，推定当时劳动效率低下，甚至以"当前农村基建工程的劳动工率"每日夯筑 0.5~1 方土估算秦时土方工程的工率，惜失之于偏低。②

其实，考察秦代劳役人员从事"土功"即土方工程的劳动生产率，是有文献资料可为参据的，这就是汉代数学名著《九章算术》。《九章算术》中有《商功》一章，多编入土方工程中的应用算题，从中可以看到当时"土功"的劳动定额。《汉书》卷二《惠帝纪》记有营造长安城墙的工期和用工人数③，汉长安城遗址又有考古调查资料以为参证，以此对照《九章算术》中有关内容，可知其中关于土方工程劳动定额的记载大体符合当时实际。云梦睡虎地秦简《徭律》：

> 县为恒事及檝有为殹（也），吏程攻（功），赢员及减员自二日以上，为不察。上之所兴，其程攻（功）而不当者，如县然。度攻（功）必令司空与匠度之，毋独令匠。

---

① 〔元〕马端临撰：《文献通考》，中华书局据万有文库十通本 1986 年 9 月影印版，第 1115 页。
② 袁仲一：《从秦始皇陵的考古资料看秦王朝的徭役》，见《中国农民战争史研究集刊》第 3 辑，上海人民出版社 1983 年版；杭德州：《修建始皇陵的徭役负担》，见《秦俑馆开馆三年文集》（1982 年 10 月）。
③ 《汉书》卷二《惠帝纪》："（元年）春正月，城长安。""三年春，发长安六百里内男女十四万六千人城长安，三十日罢。""六月，发诸侯王、列侯徒隶二万人城长安。""（五年）春正月，复发长安六百里内男女十四万五千人城长安，三十日罢。""九月，长安城成。"第 88—91 页。

其不审，以律论度者，而以其实为繇（徭）徒计。繇（徭）律整理小组译文："县进行经常性的及经呈报批准的工程，由吏估计工程量，如施工时间超过或不足两天以上，以不察论处。县以上的征发，如估计工程量不确，与县同例。估算工程量，必须由司空和匠人一起估算，不得单令匠人估算。如所估不实，对估算者依法论处，再按实际情况计算所需服徭役徒众的数量。"①因工程量核计的施工时间如与实际发生两天以上的误差，主管官员须以"不察"论处，可见当时确有严格遵行的劳动定额。云梦睡虎地秦简有《工人程》，《为吏之道》中又有所谓"徒隶攻丈，作务员程"。②《吕氏春秋·知度》言"人主""任人""用之"与"持社稷立功名之道"："犹大匠之为宫室也，量小大而知材木矣，訾功丈而知人数矣。"所谓"訾功丈而知人数"，说到工程用工预算之严格。高诱注："訾，相功力丈尺，而知用人数多少也。"③《说苑·尊贤》表述同样的意思："……犹大匠之为宫室也，量小大而知材木矣，比功校而知人数矣。"④

《汉书》卷五三《景十三王传·江都易王非》："宫人姬八子有过者……或髡钳以铅杵舂，不中程，辄掠。"颜师古注："程者，作之课也。掠，笞击也。"⑤《汉书》卷六六《陈咸传》："所居以杀伐立威，豪猾吏及大姓犯法，辄论输府，以律程作司空，为地臼木杵，舂不中程，或私解脱钳釱，衣服不如法，辄加罪笞。

---

① 睡虎地秦墓竹简整理小组编：《睡虎地秦墓竹简》，文物出版社1978年版，第77、80页。今按：简文"上之所兴"，整理小组译文为"县以上的征发"，而《效律》："上节〔即〕发委输，百姓或之县就〔僦〕及移输者，以律论之。"同样涉及役的征发中"上"与"县"的关系。整理小组译文："朝廷如征发运输的劳役，百姓有到县里雇车或转交给别人运送的，应依法论处。"第123页。这里"上"被理解为"朝廷"。其实，《徭律》"上之所兴"的"上"，也以解释为"朝廷"或"最高执政机构"为妥。
② 睡虎地秦墓竹简整理小组编：《睡虎地秦墓竹简》，文物出版社1978年版，第73—75、286页。对于"员程"，整理小组注释："员程，见《汉书·尹翁归传》等，《淮南子·说山》作员呈……。"第287页。
③ 许维遹撰，梁运华整理：《吕氏春秋集释》，中华书局2009年版，第459页。
④ 〔汉〕刘向撰，赵善诒疏证：《说苑疏证》，华东师范大学出版社1985年版，第205页。
⑤ 《汉书》，第2416页。

督作剧，不胜痛，自绞死，岁数百千人，久者虫出腐烂，家不得收。"①《汉书》卷七六《尹翁归传》："豪强有论罪，输掌畜官，使斫莝，责以员程，不得取代。不中程，辄笞督，极者至以鈇自刭而死。"颜师古注："员，数也。计其人及日数为功程。""督，责也。"②以上都说到"程"作为法律规定的劳动定额，必须以严厉手段维护。

《九章算术·商功》谓夯土劳作"冬程人功四百四十四尺"③，以汉尺为 23.1 厘米计④，约合 5.47 立方米。挖土劳作"秋程人功三百尺"⑤ 约合 3.69 立方米。⑥ 这些数据，比较国家基本建设委员会 1956 年公布的土方工程劳动生产定额，并无太大差别。《九章算术·商功》题〔二一〕：

> 今有盘池，上广六丈，袤八丈，下广四丈，袤六丈，深二丈。问积几何。
>
> 答曰：七万六百六十六尺太半尺。
>
> 负土往来七十步，其二十步上下棚除。棚除二当平道五，踟蹰之间十加一，载输之间三十步，定一返一百四十步。土笼积一尺六寸，秋程人功行五十九里半。问人到积尺、用徒各几何。
>
> 答曰：人到二百四尺。用徒三百四十六人一百五十三分人之六十二。⑦

以题中登高二丈而上下棚除为二十步，以外又有五十步的比率，则秦始皇陵封土堆筑以平均登高 25 米计，当有 138.6 米上下棚除。"棚除二当平道五"，则相当 346.5 米。又以"踟蹰之间"和"载

---

① 《汉书》，第 2901 页。
② 《汉书》，第 3208—3209 页。
③ 白尚恕注释：《〈九章算术〉注释》，科学出版社 1983 年版，第 138 页。
④ 丘光明编著：《中国历代度量衡考》，科学出版社 1992 年版，第 55 页。
⑤ 白尚恕注释：《〈九章算术〉注释》，科学出版社 1983 年版，第 140 页。
⑥ 《九章算术·商功》中可见挖土定额三例：题〔五〕：沟深五尺，"春程人功七百六十六尺，并出土功五分之一，定六百一十二尺五分尺之四"；题〔六〕：堑深六尺三寸，"夏程人功八百七十一尺。并出土功五分之一，沙砾水石之功作太半，定功二百三十二尺，一十五分尺之四"；题〔七〕：渠深一丈八尺，"秋程人功三百尺"。白尚恕注释：《〈九章算术〉注释》，科学出版社 1983 年版，第 138—140 页。
⑦ 白尚恕注释：《〈九章算术〉注释》，科学出版社 1983 年版，第 170 页。

输之间"折算部分相加,则为422.73米。再加上下棚除之外的行程,总计每输土一次平均行1288.98米。以"秋程人功行五十九里半"计,日均往返十九次。"土笼积一尺六寸",相当于0.019722立方米。由此可知,堆筑陵上封土时运输土方每日定额0.37立方米。又题〔二二〕是关于"载土往来"的算题,谓"载输之间一里","六人共车,车载三十四尺七寸"①,《九章算术·均输》题〔四〕又有平均运输"重车日行五十里,空车日行七十里"的内容②,可靠在母车载土0.4277226立方米,以取土地点鱼池距复土工程现场约2500米计,每日可往返十次,人均运土0.71立方米。地宫回填用土的运输,用与封土相同的方法计算,可知每日人均定额约为0.43立方米。

根据以上估算,又综合考虑几种情形,我们可以认为,秦始皇陵复土工程用工人数超过70万的记载是基本可信的。③

以工程量和工期相比较,直道工程也应当有数十万施工者参与修筑。他们从事劳作的方式,与秦始皇陵工程有相近之处。质量不合格情形下的重新"建造"和"补修",也应当是一致的。

五、"固轻百姓力矣"

前引司马迁感叹长城工程和直道工程的艰巨,言:"固轻百姓力矣。"④此说与由余对秦穆公展示"宫室""积聚"的评价"使鬼为之,则劳神矣。使人为之,亦苦民矣"⑤,可以对照理解。

在《史记》卷八八《蒙恬列传》"固轻百姓力矣"句后,司马迁对蒙恬"罪地脉"的说法有所批评:

> 夫秦之初灭诸侯,天下之心未定,痍伤者未瘳,而恬为名将,不以此时强谏,振百姓之急,养老存孤,务修众

---

① 白尚恕注释:《〈九章算术〉注释》,科学出版社1983年版,第171页。
② 白尚恕注释:《〈九章算术〉注释》,科学出版社1983年版,第195页。
③ 王子今:《秦始皇陵复土工程用工人数论证》,载《文博》1987年第1期,收入《秦俑学研究》,陕西人民教育出版社1996年版。
④ 《史记》,第2570页。
⑤ 《史记》卷五《秦本纪》,第192页。

> 庶之和，而阿意兴功，此其兄弟遇诛，不亦宜乎！何乃罪地脉哉？①

所谓"振百姓之急，养老存孤，务修众庶之和"，体现出司马迁历史思想中浓重的民本理念。而秦始皇、秦二世以及直道工程规划的直接实施者蒙恬，其实都是站在反民本的立场上执政的。

司马迁所谓"固轻百姓力矣"，是对秦始皇长城工程和直道工程的批判，也是对秦政的批判。

在对秦始皇直道遗迹的考察记录中，我们看到有这样的说法："（黄陵县文化局）兰草副局长又说，在富县八卦寺附近，有个名为'杀人庄'（也叫'斩兵庄'）的地方，至今地面上还露出很多没有经过细加工的小石碑，碑上的文字被风雨剥蚀已模糊不清。但埋入土下部分，还看到'刑'、'之'、'墓'等字。据当地人说，这是当年修'直道'时，对一些企图逃跑的筑路工人处斩的地方。'直道'修成后，对行军途中上了年纪的士兵，也在沿途定时、定点问刑处斩，埋葬。埋葬后，随便在山上镶一水条石，刻上本人的名字和所处的罪刑，立于墓前。据说'直道'沿途有很多'斩兵庄'，但兰草只发现这一处。"②这样的"当地人说"全为无稽的传说，我们知道，秦代是不存在"墓前""石碑"的。从秦始皇陵侧赵背户村发现筑陵劳役人员墓地的陶文墓志③，形制绝非这种"小石碑"。不过，"杀人""斩兵"的严酷方式，

---

① 《史记》，第2570页。
② 王开：《"秦直道"新探》，载《西北史地》1987年第2期。
③ 始皇陵秦俑坑考古发掘队：《秦始皇陵西侧赵背户村秦刑徒墓》，载《文物》1982年第3期；袁仲一、程学华：《秦始皇陵西侧刑徒墓地出土的瓦文》，见《中国考古学会第二次年会论文集》（1980），文物出版社1982年版。高炜指出："瓦文所载十九个死者中，有十人系服居赀劳役，其中有爵位的九人，包括公士三人、上造一人、不更五人，分别属于秦爵中的一等爵、二等爵和四等爵。未注明服役性质的九人中，有上造、不更各一人。'居赀'服役有两种情况：一是以服劳役的形式去偿付赀赎的款项（罚款）或赎免所犯的过错；一是用服劳役来抵偿所欠官府的债务。严格地说，'居赀'服役者并不等同于刑徒。但是，这批墓葬中埋有相当多的'居赀'服役者，他们同样被输往骊山筑陵，除了在是否带刑具等待遇上可能与刑徒存在某种差别外，实际上与刑徒的命运是没有什么不同的。所以，笼统地称之为刑徒，并无不可。"《秦始皇陵的勘察与发掘》，见中国社会科学院考古研究所编：《新中国的考古发现与研究》，文物出版社1984年版，第389页。

图19 秦直道遗存（张在明）　　　图20 秦直道遗存（张在明）

图21 秦直道遗存（张在明）　　　图22 秦直道遗存（张在明）

符合民间想象的秦代工役管理手法，也是汉初以来对秦政批判形成的历史意识的长久影响的反映。

史念海则从另一角度分析了"百姓力"对于秦始皇直道这一工程的作用。他说："这是一个巨大的工程。这个工程的修筑始于秦始皇三十五年（公元前212年），到三十七年（公元前210年）九月以前，秦始皇死后的辒辌车就由直道回到咸阳。仅仅在这两年半中，选线、施工等工程就全部完成，这是两千多年以前我国劳动人民创造的历史奇迹！"史念海写道："就在现在，登上子午岭主脉路旁的制高点，极目远望，但见群峰起伏，如条条游龙分趋四方，苍翠松柏与云霞相映。主峰曲折，走向何处，往往不易辨别。两千年前，由甘泉山下直到子午岭巅，一片森林，郁郁葱葱，较今更为繁盛茂密。在这样几百里长的岭上找出一条贯通南北的道路，若非劳动人民辗转出入其间，成功是很难想象的。子午岭头如此，鄂尔多斯高原另有艰难。'天苍苍，野茫茫，风吹草低见牛羊'，北朝诗人的描述，秦始皇时也应是如此。秦代统一这一地区之后一年内外光景，就要辨明地形，选定路线，也确是劳动人民的巨大贡献。选线不易，施工更难。以当时的技术条件，单说在遍地森林的子午岭端剪除丛生在路基上的树木，也非易事！"①

六、直道工程管理形式推想

按照司马迁的记述，秦始皇直道的主体工程是由蒙恬主持的。《史记》卷八八《蒙恬列传》："始皇欲游天下，道九原，直抵甘泉，乃使蒙恬通道，自九原抵甘泉，堑山堙谷，千八百里。道未就。""太史公曰：吾适北边，自直道归，行观蒙恬所为秦筑长城亭障，堑山堙谷，通直道，固轻百姓力矣。"②秦始皇直道工程由名将蒙恬主持规划施工，工程的管理方式很可能有军事化的特征。

秦代大型工程的管理，往往取军事化的形式。例如秦始皇陵工程。《史记》卷六《秦始皇本纪》记述陈胜、吴广起义爆发后的局势：

> （秦二世）二年冬，陈涉所遣周章等将西至戏，兵数十万。二世大惊，与群臣谋曰：'奈何？'少府章邯曰：'盗已至，众强，今发近县不及矣。郦山徒多，请赦之，授兵以击之。'二世乃大赦天下，使章邯将，击破周章军而走，遂杀章曹阳。二世益遣长史司马欣、董翳佐章邯击盗，杀陈胜城父，破项梁定陶，灭魏咎临济。楚地盗名将

---

① 史念海：《秦始皇直道遗迹的探索》，载《陕西师大学报》（哲学社会科学版）1975 年第 3 期，《文物》1975 年第 10 期，收入《河山集》四集，陕西师范大学出版社 1991 年版，见《史念海全集》第 4 卷，人民出版社 2013 年版，第 311 页。

② 《史记》，第 2566—2567、2570 页。

已死，章邯乃北渡河，击赵王歇等于巨鹿。^①

章邯建议组织"骊山徒"，"授兵"，即迅速集结为有相当战斗力的部队。章邯率领的这支部队后来成为秦军主力，不仅击败周章军，杀之于曹阳，又在定陶一战杀项梁，遂长驱击赵。最终在巨鹿决战中败于项羽。"骊山徒"一旦"授兵"即组织成强有力的军队，推想在施工中，他们就是在军事化的管理体制下劳作的。

汉代一些大型土木工程仍然采用军事化管理的模式。如主持陵墓复土工程的长官称"复土将军""复土校尉"。^②《史记》卷一〇《孝文本纪》："郎中令武为复土将军，发近县见卒万六千人，发内史卒万五千人，藏郭穿复土属将军武。"^③《汉书》卷六八《霍光传》："发三河卒穿复土，起冢祠堂。"^④《汉书》卷八一《孔光传》："将作穿复土，可甲卒五百人，起坟如大将军王凤制度。"^⑤以上都明确指出从事陵墓营造"穿复土"工程的是"卒""甲卒"，即正式的军人。

周秦时代交通工程的施工也往往以"卒"作为主要劳作者。据《华阳国志》卷三《蜀志》，"周灭后，秦孝文王以李冰为蜀守"，"乃壅江作堋。穿郫江、捡江，别支流，双过郡下，以行舟船。岷山多梓、柏、大竹，颓随水流，坐致材木，功省用饶"。李冰曾经开通多

---

① 《史记》，第270页。
② 《史记》卷一〇《孝文本纪》："郎中令武为复土将军"。第434页。《史记》卷二二《汉兴以来将相名臣年表》："郎中令张武为复土将军"。第1129页。《汉书》卷一九下《百官公卿表下》："大司农左咸为左冯翊，三年为复土将军。""陈留太守茂陵耿丰为少府，二年为复土将军。""复土将军左咸为大鸿胪。"第847、848—849、852页。《汉书》卷七八《萧由传》："哀帝崩，为复土校尉"。第3291页。《汉书》卷七九《冯奉世传》："建昭中，选为复土校尉。"第3305页。《汉书》卷九二《游侠传·原涉》："文母太后丧时，守复土校尉。"第3717页。《后汉书》卷三二《樊儵传》："帝崩，儵为复土校尉。"第1122页。《三国志》卷三《魏书·明帝纪》裴松之注引《献帝传》："今追谥山阳公曰孝献皇帝，册赠玺绂。命司徒、司空持节吊祭护丧，光禄、大鸿胪为副，将作大匠、复土将军营成陵墓，及置百官群吏，车旗服章丧葬礼仪，一如汉氏故事"。第102页。
③ 《史记》，第434页。
④ 《汉书》，第2948页。
⑤ 《汉书》，第3364页。

处水上航路，于所谓"触山胁溷崖；水脉漂疾，破害舟舡"之处，"发卒凿平溷崖，通正水道"。"冰又作筰通汶井江，径临邛。与蒙溪水、白木江会，至武阳天社山下合江。此其渠皆可行舟。又导洛通山洛水，出瀑口，经什邡、雒，别江会新都大渡。又有绵水，出紫严山，经绵竹入洛。东流过资中，会江江阳。"①这些水上交通线路的开通，是"发卒"完成的。作为有关秦交通史的重要记录，值得我们关注。②《华阳国志》卷三《蜀志》记录的另一传说，反映在李冰之前，已有士兵在水运交通事业的开拓中建立过功勋："僰道有故蜀王兵阑，亦有神，作大滩江中。其崖崭峻，不可凿；乃积薪烧之。故其处悬崖有赤白五色。"③就陆路交通线路的建设而言，秦人和蜀人共同开通的蜀道之著名的"石牛""五丁"故事，也透露出"丁"开拓交通的艰苦劳作："周显王之世，蜀王有褒汉之地。因猎谷中，与秦惠王遇。惠王以金一筒遗蜀王。王报珍玩之物，物化为土。惠王怒。群臣贺曰：'天奉我矣！王将得蜀土地。'惠王喜。乃作石牛五头，朝泻金其后，曰：'牛便金'。有养卒百人。蜀人悦之，使使请石牛，惠王许之。乃遣五丁迎石牛。既不便金，怒遣还之。乃嘲秦人曰：'东方牧犊儿。'秦人笑之，曰：'吾虽牧犊，当得蜀也。'"④《水经注》卷二七《沔水上》引来敏《本蜀论》："秦惠王欲伐蜀而不知道，作五石牛，以金置尾下，言能屎金。蜀王负力，令五丁引之成道。秦使张仪、司马错寻路灭蜀，因曰石牛道。"⑤如果说"五丁"不能判定军人身份，而"有

---

① 〔晋〕常璩撰，任乃强校注：《华阳国志校补图注》，上海古籍出版社1987年版，第132—133页。
② 王子今：《秦统一原因的技术层面考察》，载《社会科学战线》2009年第9期。
③ 〔晋〕常璩撰，任乃强校注：《华阳国志校补图注》，上海古籍出版社1987年版，第133页。
④ 〔晋〕常璩撰，任乃强校注：《华阳国志校补图注》，上海古籍出版社1987年版，第123页。
⑤ 〔北魏〕郦道元著，陈桥驿校证：《水经注校证》，中华书局2007年版，第645页。王子今：《秦人的蜀道经营》，载《咸阳师范学院学报》2012年第1期；王子今、刘林：《咸阳-长安文化重心地位的形成与上古蜀道主线路的移换》，载《长安大学学报》（社会科学版）2012年第1期；王子今：《蜀道文化线路的历史学认知》，载《宝鸡文理学院学报》（社会科学版）2012年第5期。

养卒百人"之说，则是"卒"参与蜀道早期开发的明确例证。

我们还看到汉代以"卒"从事陆路交通开发的史例。《史记》卷三〇《平准书》："汉通西南夷道，作者数万人，千里负担馈粮，率十余钟致一石"①。此"作者数万人"身份并不明确，然而《史记》卷一一七《司马相如列传》又记述："……相如还报。唐蒙已略通夜郎，因通西南夷道，发巴、蜀、广汉卒，作者数万人。治道二岁，道不成，士卒多物故，费以巨万计。蜀民及汉用事者多言其不便。是时邛筰之君长闻南夷与汉通，得赏赐多，多欲愿为内臣妾，请吏，比南夷。"②可知在异常艰辛的情况下"通西南夷道"的"作者数万人"，是"士卒"，是"巴、蜀、广汉卒"。通过"治道二岁，道不成，士卒多物故，费以巨万计"的记载，可以联想到工期同样是大致"二岁"的秦始皇直道工程。《三国志》卷一七《魏书·张郃传》："太祖从散关入汉中，又先遣郃督步卒五千于前通路。"③当然也是"步卒"开通军事交通线路的史例，不过，这是临时的短暂的交通行为，与秦始皇直道及"汉通西南夷道"不同。类似情形还有马援击交阯、九真"缘海而进，随山刊道千余里"④，以及曹操军击乌丸，"引军出卢龙塞，塞外道绝不通，乃堑山堙谷五百余里，经白檀，历平冈，涉鲜卑庭，东指柳城"⑤等。

---

① 《史记》，第1421页。
② 《史记》，第3046页。
③ 《三国志》，第525页。
④ 《后汉书》卷二四《马援传》，第838页。王子今：《马援楼船军击交阯九真与刘秀的南海经略》，载《社会科学战线》2015年第5期。
⑤ 《三国志》，第29页。

直道与丝绸之路交通

秦始皇时代开通的"直道"在西汉时期依然应用于政治、军事、外交以及经济生活,成为汉与匈奴南北沟通的重要渠道。汉王朝经营西北方向由河西往西域地方的交通道路后来有"丝绸之路"之称。其实,"直道"与长城防线上的"北边道"连通,继而通过草原民族活跃的交通实践而实现的中西物质文化与精神文化的交流,也是我们研究丝绸之路历史文化作用时应当注意的交通史现象。汉王朝输送至匈奴的丝绸及丝绸制品数量颇多,不能排除对商业予以特殊重视的匈奴人将满足自身需要之外的剩余中原织品继续向西方转输以谋取贸易收入的可能。而汉地织品北运匈奴,很多利用了"直道"交通便利的条件。由"直道"转"北边道"向西的交通路线较自长安径直西北的道路稍显迂回,但是因"直道"通行条件的优越以及草原交通的便利,很可能可以实现更高的商运效率。

一、"直道"与"北边道"构成的交通体系

秦始皇时代为了抗御匈奴的需要,修筑了从北边长城防线直通关中的战略道路"直道"。《史记》卷六《秦始皇本纪》记载:

"三十五年,除道,道九原抵云阳,堑山堙谷,直通之。"①秦始皇"直道"是中国古代交通史以及中国古代工程史研究均应予以特别关注的研究对象。

《史记》卷八八《蒙恬列传》写道:"始皇欲游天下,道九原,直抵甘泉,乃使蒙恬通道,自九原抵甘泉,堑山堙谷,千八百里。道未就。"这里明确说"直道"是蒙恬主持修筑的。司马迁以"太史公曰"的形式发表感叹:"吾适北边,自直道归,行观蒙恬所为秦筑长城亭障,堑山堙谷,通直道,固轻百姓力矣。"②指出了"堑山堙谷,通直道"与"筑长城亭障"的关系。《史记》卷一一〇《匈奴列传》:"始皇帝使蒙恬将十万之众北击胡,悉收河南地。因河为塞,筑四十四县城临河,徙适戍以充之。而通直道,自九原至云阳,因边山险堑溪谷可缮者治之,起临洮至辽东万余里。又度河据阳山北假中。"也说直道与长城的修建同属一个国防工程体系,都是由蒙恬主持的。对于"直道",司马贞《索隐》:"苏林云:'去长安八千里,正南北相直道也。'"张守节《正义》引《括地志》云:"秦故道在庆州华池县西四十五里子午山上。自九原至云阳,千八百里。"③秦始皇"直道"的许多路段现今仍然保留有形势壮观的路面遗存。④

秦统一后,在战国长城基础上营建新的长城防线。这一军事工程与相关经济文化带,时称"北边"。因施工与布防的需要,"北边"形成了横贯东西的交通大道。《史记》卷六《秦始皇本纪》记载:秦始皇三十二年(前215年)曾经"巡北边"。⑤汉武帝亦曾巡行"北边"。《史记》卷二八《封禅书》:汉武帝元封元年(前110年)"巡

---

① 《史记》,第256页。
② 《史记》,第2566—2567、2570页。
③ 《史记》,第2886、2887页。
④ 史念海:《秦始皇直道遗迹的探索》,载《文物》1975年第10期;王开:《"秦直道"新探》,载《西北史地》1987年第2期;《陕西富县秦直道遗址:秦代的国家级高速公路》,载《光明日报》2010年6月12日。
⑤ 《史记》,第252页。

自辽西，历北边至九原"①。显然，"北边"道路自有可适应浩荡的帝王乘舆车骑队列通过的规模。修筑长城调用工役数以十万计，沿线又常年集结重兵警备戍守，并曾以"北边"各郡为基地出军北击匈奴。西汉后期，据说"北边自敦煌至辽东万一千五百余里"②，与长城防线有重要关系的这条交通道路，可以称为"北边道"。显然，"北边道"必须具备可满足组织施工、调动部队、转运军需物资等种种要求的通行条件。汉顺帝时，乌桓侵扰云中，曾经"遮截道上商贾车牛千余两"③。可见，在向边地多次大规模移民之后，"北边道"又曾成为繁忙的民用运输线。以往讨论秦汉交通，一般未曾重视这条道路的重要作用。关于秦汉时期"北边道"的形制特征及历史意义，应当予以重视。④"北边道"在汉武帝时代河西置郡之后向西延伸，通达西域地方。其最西的路段，实际上与"丝绸之路"重合。

"直道"作为秦及西汉时期中原王朝政治中枢及经济重心地区向北连接匈奴地方的主要通道，又与"北边道"沟通，共同形成了内地交通与草原交通彼此结合的重要交通体系。秦始皇三十二年（前215年），"巡北边，从上郡入"⑤。三十七年（前210年），出巡途中病故，李斯、赵高秘不发丧，棺载辒辌车中，"从井陉抵九原"而后归，特意绕行北边，"行从直道至咸阳"⑥，说明此次出巡的既定路线是巡行北边后回归咸阳。汉武帝元封元年（前110年）"自辽西，历北边至九原"之后，"反至甘泉"⑦。秦皇汉武这些在交通史上有重要影响的行程记录，都体现了"直道"与"北边道"的特殊关系。

"直道"与"北边道"构成的"T"形交通体系，对于抗击

---

① 《史记》，第1398—1399页。
② 《汉书》卷六九《赵充国传》，第2989页。
③ 《后汉书》卷九〇《乌桓传》，第2983页。
④ 王子今：《秦汉长城与北边交通》，载《历史研究》1988年第6期。
⑤ 《史记》，第252页。
⑥ 《史记》卷六《秦始皇本纪》，第264—265页。
⑦ 《史记》卷二八《封禅书》，第1399页。

匈奴军事压力，保障和平生活有重要的作用。这样的道路结构当然也有益于中原农耕区与草原游牧区的经济来往与文化交流。直道与丝绸之路交通的关系，可以通过对呈"┐"形的交通道路结构的认识得以理解。

二、"直道"与汉匈往来

"直道"的修筑，起因在于与匈奴的战争。正如军事学家克劳塞维茨所说："战争是一种人类交往的行为。"① 马克思和恩格斯在回顾"奴隶制"以来的历史时也曾经记载，历史"逐渐发展"的重要因素之一，是"战争和交易这种外部交往的扩大"。② 从秦汉历史来看，与战争同时发生的民族交往形式，有和亲、赂遗，以及关市等。

汉与匈奴之间的"关市"贸易汉初即已出现。《史记》卷一一〇《匈奴列传》："孝景帝复与匈奴和亲，通关市，给遗匈奴，遣公主，如故约。"③ 这是《史记》中我们看到的最早的有关汉与匈奴"通关市"的记录。然而，我们通过"复与匈奴和亲，通关市，给遗匈奴，遣公主，如故约"句式中所谓"复与"与所谓"故约"，可以知道此前"与匈奴和亲""遣公主"的时期，"通关市"早已实现。此后，又有汉武帝时代的历史记录："今帝即位，明和亲约束，厚遇，通关市，饶给之。"④ 林幹指出："从高帝九年（前198年）使刘敬往匈奴结和亲之约开始，至武帝元光二年（前133年）发动对匈奴战争为止，和亲的条款大致可分为三项。"第一，汉王朝出嫁公主，输送财物；第二，"汉朝开放'关市'，准许两族人民交易"；第三，"汉与匈奴结为兄弟，相约以长城为界，

---

① 克劳塞维茨：《战争论》第1卷，中国人民解放军军事科学院译，解放军出版社1964年版，第179页。
② 马克思、恩格斯：《德意志意识形态》第1卷，见《马克思恩格斯选集》，人民出版社2012年版，第148页。
③ 《史记》，第2904页。
④ 《史记》卷一一〇《匈奴列传》，第2904页。

北面'引弓'之区是匈奴的游牧地带,归单于管领;南面'冠盖之室'是汉族耕织的领域,由汉帝统治。"①宋超也采用了和亲政策包括三项内容的说法,其二即"汉朝开放关市,准许汉匈双方物资交流"。又分析说:"和亲的作用并不完全都是消极的,对于汉匈双方也有积极的一面。特别是关市的开通,……对于改变匈奴单一的畜牧业经济结构以及对汉匈经济的发展、文化的交流、民间的往来都有一定益处。"②对于汉景帝以前"关市"的开通,《史记》中不能发现确证。但是"关市"与"和亲"同时实现汉王朝与匈奴的交流的推断,是可以成立的。③有迹象说明,丝绸是匈奴通过"关市"获得的汉地主要物资之一。

自汉武帝时代起,北边"关市"在新的条件下得到了新的发展。前引《史记》卷一〇〇《匈奴列传》"今帝即位,明和亲约束,厚遇,通关市,饶给之"句后,又说:"匈奴自单于以下皆亲汉,往来长城下。"④《汉书》卷九四上《匈奴传上》的记载是:"武帝即位,明和亲约束,厚遇关市,饶给之。匈奴自单于以下皆亲汉,往来长城下。"⑤《史记》"厚遇,通关市",《汉书》作"厚遇关市"。汉与匈奴进入战争状态期间,"关市"依然发挥着经济联系的作用。《史记》卷一〇〇《匈奴列传》:"匈奴绝和亲,攻当路塞,往往入盗于汉边,不可胜数。然匈奴贪,尚乐关市,嗜汉财物,汉亦尚关市不绝以中之。"对于"汉亦尚关市不绝以中之",张守节《正义》引如淳云:"得具以利中伤之。"而《汉书》卷九四上《匈奴传上》同样内容颜师古注的说法可能更为准确:"以关市中其意。"《史记》卷一一〇《匈奴列传》还记载:"自马邑军后五年之秋,汉使四将军各万骑击胡关市下。"可见当时"关

---

① 林幹:《匈奴通史》,人民出版社1986年版,第50—51页。
② 宋超:《汉匈战争三百年》,华夏出版社1996年版,第27—28页。
③ 林幹:《匈奴通史》,人民出版社1986年版,第51页。
④ 《史记》,第2904—2905页。
⑤ 《汉书》,第3765页。

市"对匈奴人的吸引力。①

"关市"应分布于"北边"各郡。而"直道"所对应的"北边"最重要的关塞，因借助"直道"交通便利，又正当匈奴单于庭，可能是"战争和交易这种外部交往"共同密集发生的地方。《史记》卷一二〇《汲郑列传》："匈奴攻当路塞，绝和亲"。《史记》卷二〇《建元以来侯者年表》和《史记》卷一一〇《匈奴列传》均作"匈奴绝和亲，攻当路塞"。司马贞《索隐》："苏林云：'直当道之塞。'"②《汉书》卷九四上《匈奴传上》："匈奴绝和亲，攻当路塞"。颜师古注："塞之当行道处者。"③所谓"路"，所谓"行道"，就道路规格和通行效率而言，无疑皆莫过于"直道"。

汉宣帝甘露元年（前53年），呼韩邪单于决意"事汉"自保，于是"引众南近塞"。春正月，遣子右贤王铢娄渠堂入侍汉。冬，遣弟左贤王朝汉。甘露二年冬十二月，"呼韩邪单于款五原塞，愿朝三年正月。汉遣车骑都尉韩昌迎，发过所七郡郡二千骑，为陈道上。单于正月朝天子于甘泉宫，汉宠以殊礼，位在诸侯王上"。"使使者道单于先行，宿长平。上自甘泉宿池阳宫。上登长平，诏单于毋谒，其左右当户之群臣皆得列观，及诸蛮夷君长王侯数万，咸迎于渭桥下，夹道陈。上登渭桥，咸称万岁。单于就邸，留月余，遣归国。单于自请愿留居光禄塞下，有急保汉受降城。汉遣长乐卫尉高昌侯董忠、车骑都尉韩昌将骑万六千，又发边郡士马以千数，送单于出朔方鸡鹿塞。"由甘泉宫、池阳宫、长平、渭桥等经行地点可以推知，呼韩邪单于应循"直道"南下。由"光禄塞""鸡鹿塞""受降城"地名，也可以了解其路线与"直道"的关系。④关于"发过所七郡郡二千骑，为陈道上"，颜师古注："所过之郡，

---

① 王子今：《汉代河西长城与西北边地贸易》，见《长城国际学术研讨会论文集》，吉林人民出版社1995年版；王子今、李禹阶：《汉代北边的"关市"》，载《中国边疆史地研究》2007年第3期。

② 《史记》，第3109、1027、2905、2906页。

③ 《汉书》，第3765、3766页。

④ 据谭其骧主编《中国历史地图集》第2册，光禄城在今内蒙古固阳西南，鸡鹿塞在今内蒙古杭锦后旗西南，受降城在今内蒙古白云鄂博西。第17—18页。

每为发兵陈列于道，以为宠卫也。"①《资治通鉴》卷二七"汉宣帝甘露二年"记述此事，胡三省注："七郡，谓过五原、朔方、西河、上郡、北地、冯翊而后至长安也。"②林幹据此以为："那七郡就是五原、朔方、西河、上郡、北地、冯翊。而后由冯翊直至国都长安。若以当时各郡治所为准，则所经约今内蒙古的包头市、杭锦旗、东胜县、陕西榆林县、甘肃庆阳县，而至陕西西安市。"③"明年，呼韩邪单于复入朝，礼赐如初，……。以有屯兵，故不复发骑为送。"④所谓"以当时各郡治所为准"的意见，显然不足取。而论者指出呼韩邪南下路线大致沿"直道"走向的判断，无疑是正确的。

《汉书》卷九四下《匈奴传下》记载："元帝初即位，呼韩邪单于复上书，言民众困乏。汉诏云中、五原郡转谷二万斛以给焉。"⑤可知这一时期呼韩邪单于部众活动于"云中、五原郡"以北地方。此次"转谷"运输，应通过直道。时在汉元帝初元元年（前48年）。次年，"汉遣车骑都尉韩昌、光禄大夫张猛送呼韩邪单于侍子"，"昌、猛与单于及大臣俱登匈奴诺水东山，刑白马，单于以径路刀金留犁挠酒，以老上单于所破月氏王头为饮器者共饮血盟"。颜师古注："诺水即今突厥地诺真水也。"⑥对于"诺水"和"诺真水"，史为乐主编《中国历史地名大辞典》的解释都是"今内蒙古达尔罕茂明安联合旗（百灵庙镇）东北之艾不盖河"。⑦"其后呼韩邪竟北归庭，人众稍稍归之，国中遂定。"此后，"竟宁元年，单于复入朝，礼赐如初，加衣服锦帛絮，皆倍于黄龙时。单于自

---

① 《汉书》，第3798、3799页。
② 《资治通鉴》，中华书局1956年版，第886页。
③ 林幹等编著：《昭君与昭君墓》，内蒙古人民出版社1979年版，第4页。林幹《匈奴历史年表》也持此说，然"杭锦旗"改作"乌拉特前旗"。中华书局1984年版，第53页。林幹在《试论王昭君艺术形象的塑造》中又重申了这样的意见，载《内蒙古大学学报》（社会科学版）1986年第3期。
④ 《汉书》卷九四下《匈奴传下》，第3798—3799页。
⑤ 《汉书》，第3800页。
⑥ 《汉书》，第3801、3802页。
⑦ 史为乐主编：《中国历史地名大辞典》，中国社会科学出版社2005年版，第2238页。

言愿婿汉氏以自亲。元帝以后宫良家子王墙字昭君赐单于"。"入朝"的起点和王昭君北上的终点，都已经在单于庭，但是来往道路的走向应当与此前并无大的变化。

前引《资治通鉴》卷二七"汉宣帝甘露二年"胡三省注，以为"发过所七郡郡二千骑，为陈道上"之所谓"七郡"，"谓过五原、朔方、西河、上郡、北地、冯翊而后至长安也"。林幹以此作为分析王昭君出塞路径的参考。林幹认为，王昭君随呼韩邪返回漠北单于庭，首先从长安出发，过左冯翊（长安东北），经北地（今甘肃庆阳）、上郡（今陕西榆林）、西河（今内蒙古东胜市）、朔方（今内蒙古杭锦旗），至五原（今内蒙古包头市），出五原向西至朔方郡临河县（今内蒙古临河市东北），渡北河（今乌加河），向西北出高阙（今石兰计山口），越过长城，便离开了汉地，进入匈奴辖区。最终直达单于庭（今蒙古国首都乌兰巴托附近）。[①]

王昭君经行"直道"之说，林幹较早提出。张文德说，"王昭君出塞的行走路线，虽史无明文"，但林幹的意见循《资治通鉴》胡三省注的思路"予以考证"，"此说有据，可从"。[②] 这一见解，还得到侯广峰、马冀、杨笑寒、崔明德、郝诚之等学者的赞同。[③] 不过，林幹等学者向"长安东北""过左冯翊"的意见，可能基于"过所七郡""以当时各郡治所为准"的误解，应当并不符合史实。[④]

三、汉北输匈奴的丝绸和丝绸制品

所谓"以汉物耗匈奴之财"之"汉物"，丝织品应是大宗。

[①] 林幹、马骥编著：《民族友好使者——王昭君》，内蒙古人民出版社1994年版，第36—38页。

[②] 张文德：《王昭君故事的传承与嬗变》，学林出版社2008年版，第27页。

[③] 侯广峰：《昭君史略》，呼和浩特市文物事业管理处1984年版，第126页；马冀、杨笑寒：《昭君文化研究》，内蒙古人民出版社2004年版，第22页；崔明德：《关于王昭君的几个问题》，见《昭君论文选》，内蒙古人民出版社2004年版，第202页；郝诚之编著：《昭君文化与民族经济》，内蒙古人民出版社2004年版，第93—94页。

[④] 王子今：《关于王昭君北行路线的推定》，载《西北大学学报》（哲学社会科学版）2014年第3期。

所以才会有"齐陶之缣，南汉之布，中国以一端之缦，得匈奴累金之物"的说法。①

作为草原民族的匈奴，受到中原消费风习的影响，所谓"匈奴好汉缯絮"即表现之一。虽然《史记》卷一一〇《匈奴列传》载中行说言："其得汉缯絮，以驰草棘中，衣袴皆裂敝，以示不如旃裘之完善也。"②但这是在"无仰于汉"这种以戒备"动心归汉"为前提的敌意思维背景下抵制"汉物"的说法③，并不一定能客观反映多数匈奴人对于"汉缯絮"即轻柔舒适的丝绸和丝绸制品的真实感觉。

《盐铁论·力耕》载大夫说："汝汉之金，纤微之贡，所以诱外国而钓羌胡之宝也。夫中国一端之缦，得匈奴累金之物，而损敌国之用。"④《说文·糸部》："缦，缯无文也。"段玉裁注："《春秋繁露》：'庶人衣缦。'引申之凡无文皆曰'缦'。《左传》'乘缦'注：'车无文者也。'《汉食货志》'缦田'注：'谓不甽者也。'"⑤《急就篇》："锦绣缦縰离云爵。"颜师古注："缦，无文之帛也"⑥。所谓"纤微"，王利器以为应是麻织品："所谓'纤微'，'指麻言'。"⑦大夫言"纤微之贡"可以"诱外国而钓羌胡之宝"，"一端之缦"可以"得匈奴累金之物，而损敌国之用"，指出汉王朝与"外国"之间以贸易交往为形式的经济竞争中纺织业产品的作用。所谓"夫中国一端之缦，得匈奴累金之物"，说明了匈奴对于中原织品的需求。《太平御览》卷九〇一引《盐铁论》

---

① 《太平御览》，中华书局用上海涵芬楼影印宋本1960年2月复制重印版，第4000页。
② 《史记》，第2899页。
③ 《史记》卷一一〇《匈奴列传》："中行说曰：'匈奴人众不能当汉之一郡，然所以强者，以衣食异，无仰于汉也。今单于变俗好汉物，汉物不过什二，则匈奴尽归于汉矣。'"裴骃《集解》："韦昭曰：'言汉物什中之二入匈奴，匈奴则动心归汉矣。'"第2899页。
④ 王利器校注：《盐铁论校注》（定本），中华书局1992年版，第28页。
⑤ 〔汉〕许慎撰，〔清〕段玉裁注：《说文解字注》，上海古籍出版社据经韵楼藏版1981年10月影印版，第649页。
⑥ 管振邦译注，宙浩审校：《颜注急就篇译释》，南京大学出版社2009年版，第99页。
⑦ 王利器校注：《盐铁论校注》（定本），中华书局1992年版，第34页。

曰:"齐陶之缣,南汉之布,中国以一端之缦,得匈奴累金之物,骡驴駃騠,可使衔尾入塞。"①不言"汝汉之金",更明确地强调了"缣""布""缦"等是汉与匈奴贸易的主体输出货品。

前引《史记》言"和亲"的同时"给遗匈奴",林幹说"输送财物",这是"汉物"流入匈奴的重要形式。《汉书》卷九四下《匈奴传下》回顾与匈奴的交往,言刘邦时代"约结和亲,赂遗单于"。"逮至孝文,与通关市,妻以汉女,增厚其赂,岁以千金"②。班固称之为"卑下以就之"的这种政策,李贤解释:"文帝与匈奴通关市,妻以汉女,增厚其赂也。"③汉武帝时代苏武出使,也有"厚币赂遗单于"的记录。④汉武帝元光二年(前133年),"春,诏问公卿曰:'朕饰子女以配单于,金币文绣赂之甚厚,单于待命加嫚,侵盗亡已。边境被害,朕甚闵之。今欲举兵攻之,何如?'"⑤所谓"金币文绣赂之甚厚",体现出汉对于匈奴"赂"这种物资输出形式中丝绸的意义。

汉王朝以"赐"的形式对于匈奴的物资输送,多有丝绸织品、"絮"以及成衣等。以具有计量统计意义的记载为例,如:

汉宣帝甘露二年(前52年),"呼韩邪单于款五原塞",甘露三年(前51年),"单于正月朝天子于甘泉宫,汉宠以殊礼","赐以冠带衣裳,……衣被七十七袭,锦绣绮縠杂帛八千匹,絮六千斤"。

汉宣帝黄龙元年(前50年),"呼韩邪单于复入朝,礼赐如初,加衣百一十袭,锦帛九千匹,絮八千斤"。

"竟宁元年,单于复入朝,礼赐如初,加衣服锦帛絮,皆倍于黄龙时。"

汉成帝河平三年(前26年),"单于上书愿朝河平四年正月,

---

① 《太平御览》,中华书局用上海涵芬楼影印宋本1960年2月复制重印版,第4000页。
② 《汉书》,第3831页。
③ 《后汉书》卷四〇下《班固传》,第1375页。
④ 《史记》卷一一〇《匈奴列传》,第2917页。
⑤ 《汉书》卷六《武帝纪》,第162页。

遂入朝,加赐锦绣缯帛二万匹,絮二万斤,它如竟宁时"。

"(汉哀帝)元寿二年,单于来朝,……加赐衣三百七十袭,锦绣缯帛三万匹,絮三万斤,它如河平时"。①

自汉宣帝甘露三年(前51年)至汉哀帝元寿二年(前1年)五十年间,多次赐匈奴"锦帛"及"絮",数量逐次增加。仅简单累计,至于"锦绣缯帛"8万匹,"絮"8万斤。②如此惊人的数额,是否仅仅用以满足解决匈奴"民众困乏"③的需要?或许亦可以由另一思路,理解为在汉地亦推行"禄帛""禄布""禄絮"制度的背景下④,有经济作用更值得注意的"赂"的意义。也就是说,丝绸作为一般等价物,在汉与匈奴的经济关系中发挥了作用。可以推想,匈奴得到超出实际消费需要数额的"锦绣缯帛"和"絮",是可以通过转输交易的方式获取更大利益的。

---

① 《汉书》卷九四下《匈奴传下》,第3798、3798—3799、3803、3808、3817页。这一政策王莽时代依然沿承。《汉书》卷九四下《匈奴传下》:"……莽于是大分匈奴为十五单于,遣中郎将蔺苞、副校尉戴级将兵万骑,多赍珍宝至云中塞下,招诱呼韩邪单于诸子,欲以次拜之。使译出塞诱呼右犁汗王咸、咸子登、助三人,至则胁拜咸为孝单于,赐安车鼓车各一,黄金千斤,杂缯千匹,戏戟十;拜助为顺单于,赐黄金五百斤;传送助、登长安。"第3823页。所谓"多赍珍宝",应包括下文所言"杂缯千匹"一类丝绸织品。又如:"天凤二年五月,莽复遣歙与五威将王咸率伏黯、丁业等六人,使送右厨唯姑夕王,因奉归前所斩侍子登及诸贵人从者丧,皆载以常车。至塞下,单于遣云、当子男大且渠奢等至塞迎。咸等至,多遗单于金珍,因谕说改其号,号匈奴曰'恭奴',单于曰'善于',赐印绶。封骨都侯当为后安公,当子男奢为后安侯。单于贪莽金币,故曲听之,然寇盗如故。"第3828页。"金币"即"金帛"。

② 比较汉文帝时所谓"遗单于甚厚",仅不过"服绣袷绮衣、绣袷长襦、锦袷袍各一,……绣十匹,锦三十匹,赤绨、绿缯各四十匹",数量颇为悬殊。《史记》卷一一〇《匈奴列传》,第2897页。

③ 《汉书》卷九四下《匈奴传下》,第3800页。

④ 有学者指出:"汉简中常有官吏数月未能领取俸钱的记录,甚至以实物计价发给官吏替代俸钱。"何德章:《两汉俸禄制度》,见黄惠贤、陈锋主编:《中国俸禄制度史》,武汉大学出版社1996年版,第47—48页。汉简资料可见涉及作为"奉"的"替代"的实物,有"帛""布""絮"。居延汉简中又多见政府用中原织品支付军人俸饷,即应用所谓"奉帛""禄帛""禄用帛""禄布""禄县絮"的情形。《汉书》卷九九中《王莽传中》:"(天凤三年)五月,莽下吏禄制度,曰:'……自公卿以下,一月之禄十缅布二匹,或帛一匹。'"第4142页。参看王子今:《汉代河西市场的织品——出土汉简资料与遗址发掘收获相结合的丝绸之路考察》,载《中国人民大学学报》2015年第5期。

四、匈奴的丝绸贸易

《汉书》卷九六上《西域传上》说到活跃于草原的"塞种":"昔匈奴破大月氏,大月氏西君大夏,而塞王南君罽宾。塞种分散,往往为数国。自疏勒以西北,休循、捐毒之属,皆故塞种也。"① 许多学者认为,《汉书》所见"塞种"就是斯基泰人。② 也有学者认为斯基泰人的概念应更为宽泛,塞人也许只是斯基泰人中的一支。③ 余太山《塞种史研究》更深化了相关认识。④ 有关所谓"斯基泰通道""斯基泰古道""斯基泰商路""斯基泰贸易之路""最早的欧亚贸易之路""欧亚草原之路"交通的意义,许多学者有所论述⑤,并明确提出了"草原之路"的概念,强调了草原民族对于开拓远程交通与文化交流的积极的历史作用。在这样的交通史和文化交流史进程中,匈奴的作用不宜忽视。

《汉书》卷九四下《匈奴传下》记载,匈奴曾经长期向乌桓强征"皮布税",并因此引起流血争端:"汉既班四条,后护乌桓使者告乌桓民,毋得复与匈奴皮布税。匈奴以故事遣使者责乌桓税,匈奴人民妇女欲贾贩者皆随往焉。乌桓距曰:'奉天子诏条,不当予匈奴税。'匈奴使怒,收乌桓酋豪,缚到悬之。酋豪昆弟怒,共杀匈奴使及其官属,收略妇女马牛。单于闻之,遣使发左贤王兵入乌桓责杀使者,因攻击之。乌桓分散,或走上山,或东保塞。匈奴颇杀人民,驱妇女弱小且千人去,置左地,告乌桓曰:'持

---

① 《汉书》,第3884页。
② 杨希枚:《北海僦耳地望与月氏、匈奴、春秋晋人鏖面之俗——有关古饕餮民族考的一些补证》,载《大陆杂志》1969年第1期;王钺、张兰军、张稳刚:《亚欧大陆交流史》,兰州大学出版社2000年版,第50—51页。
③ 赵汝清:《从亚洲腹地到欧洲:丝路西段历史研究》,甘肃人民出版社2005年版,第63页。
④ 余太山:《塞种史研究》,商务印书馆2012年版。
⑤ 黄史鉴:《希罗多德笔下的欧亚草原居民与草原之路的开辟》,见《东西方交流史论稿》,上海古籍出版社1998年版,第9—11页;余太山:《希罗多德关于草原之路的记载》,见《传统中国研究集刊》第4辑,上海人民出版社2008年版,第11—23页;陈天机:《大自然与文化:环境、创造和共同演化的故事》,香港中文大学出版社2004年版,第468—469、471页。

马畜皮布来赎之。'乌桓见略者亲属二千余人持财畜往赎,匈奴受,留不遣。"①匈奴掠走"妇女弱小且千人",令乌桓"持马畜皮布来赎之",乌桓被迫"持财畜往赎",其中的"财",应当即"皮布"。匈奴向乌桓索取"皮布"的故事,可以说明草原部族之间经济关系中纺织品的意义。

林幹曾经指出匈奴在商业交换活动中的活跃,"匈奴族十分重视与汉族互通关市。除汉族外,匈奴与羌族经常发生商业交换;对乌桓族和西域各族也发生过交换"。此说匈奴"和西域各族也发生过交换",在另一处则说,"匈奴还可能和西域各族发生交换"。一说"发生过交换",一说"可能""发生交换",似乎存在矛盾。然而论者可以给我们有益启示的如下判断则是确定的:"(匈奴)并通过西域,间接和希腊人及其他西方各族人民发生交换。"②有学者以为,"匈奴贵族""做着丝绸贸易","匈奴人""进行丝绸贸易",或说"丝绢贸易"。亦有关于"当时匈奴贵族向西方贩运的丝绸的道路"的分析。③

马克思和恩格斯讨论过"生产和交往的分离"与"商人这一特殊阶级的形成",涉及"同邻近地区以外的地区建立贸易联系的可能性"的"产生"。他们指出:"这种可能性之所以变为现实,取决于现有的交通工具的情况,取决于政治关系所决定的沿途社会治安状况(大家知道,整个中世纪,商人都是结成武装商队行动的)以及取决于交往所及地区内相应的文化水平所决定的比较粗陋或比较发达的需求。"④匈奴具有高机动性的交通能力,因军事强势控制了广大草原地方,匈奴曾经奴役西域的历史亦告知我们,他们有激发其他草原民族"比较发

---

① 《汉书》,第3820页。
② 林幹:《匈奴通史》,人民出版社1986年版,第3、146、147页。
③ 苏北海:《汉、唐时期我国北方的草原丝路》,见张志尧主编:《草原丝绸之路与中亚文明》,新疆美术摄影出版社1994年版,第28页。
④ 马克思、恩格斯:《德意志意识形态》,见《马克思恩格斯选集》第1卷,人民出版社2012年版,第187页。

达的需求"的实力。①

五、直道交通在丝绸之路贸易体系中的地位

由"直道"转"北边道"向西的交通路线与自长安径直西北的道路，形成"┐"形示意图显示的关系。前者显然稍显迂回，但是因"直道"通行条件的优越以及草原交通的便利，很可能可以实现更高的效率。

"直道"沿线多处比较宽阔的路面遗存以及秦始皇、汉武帝均曾"自直道归"的交通实践，证明这是一处可以保证很高通行效率的高等级的道路。至于草原交通条件，有必要引录汤因比的论点进行说明。

汤因比在《历史研究》中的一段论述，通过世界史视角的考察，指出了草原交通条件的便利。他指出："草原象'未经耕种的海洋'一样，它虽然不能为定居的人类提供居住条件，但是却比开垦了的土地为旅行和运输提供更大的方便。"汤因比是在讨论"海洋和草原是传播语言的工具"时发表这样的意见的。他指出："海洋和草原的这种相似之处可以从它们作为传播语言的工具的职能来说明。大家都知道航海的人们很容易把他们的语言传播到他们所居住的海洋周围的四岸上去。古代的希腊航海家们曾经一度把希腊语变成地中海全部沿岸地区的流行语言。马来亚的勇敢的航海家们把他们的马来语传播到西至马达加斯加东至菲律宾的广大地方在太平洋上，从斐济群岛到复活节岛、从新西兰到夏威夷，几乎到处都使用一样的波利尼西亚语言，虽然自从波利尼西亚人的独木舟在隔离这些岛屿的广大洋面上定期航行的时候到现在已经过去了许多世代了。此外，由于'英国人统治了海洋'，在近年来英语也就变成世界流行的语言了。"汤因比说："在草原的周围，也有散布着同样语言的现象。""由于草原上游牧民族的

---

① 王子今：《论匈奴僮仆都尉"领西域""赋税诸国"》，载《石家庄学院学报》2012年第4期；《匈奴控制背景下的西域贸易》，载《社会科学》2013年第2期。

传布,在今天还有四种这样的语言:柏伯尔语、阿拉伯语、土耳其语和印欧语。"这几种语言的分布,都与"草原上游牧民族的传布"有重要的关系。汤因比写到,草原的作用,犹如"一大片无水的海洋",成为周边地方"彼此之间交通的天然媒介"。在"波利尼西亚人、爱斯基摩人和游牧民族"一节,汤因比也曾写道:"到处是野草和碎石的草原与可以耕种的大陆相比,倒不如说它和'未经耕犁的海洋'(荷马常常使用的称呼)更为相近。""草原……的广阔面积完全不能为人类提供定居生活的资料。它们对于旅行和交通运输来说都比人类社会所习惯定居的大地表面提供方便得多的条件……。"①在东西文化交流史上确实可以看到这一情形。丝绸之路发生作用也有这样的条件,即"草原地方"作为"无水的海洋"成为不同文化体系"彼此之间交通的天然媒介"。

从汤因比的表述看,他所说的其中有"绿洲"的"草原""到处是野草和碎石",或译作"表面是草地和砂砾的草原"②,应当是包括荒漠戈壁的。中国古籍"草原"一语使用较晚。但是"大漠""瀚海"之说③,似乎也暗示人们对"草原"与"海洋"共同点的联想。

对于草原民族的机动性与交通运行节奏,汉代史家有"其见敌则逐利,如鸟之集;其困败,则瓦解云散矣"④,"至如猋风,去如收电"⑤等表述。这符合匈奴等草原民族的行为风格。正如有

---

① [英]汤因比著,[英]索麦维尔节录:《历史研究》,曹未风等译,上海人民出版社1966年版,第234—235、208页。
② [英]阿诺德·汤因比著,[英]D.C.萨默维尔编:《历史研究》,郭小凌、王皖强、杜庭广、吕厚量、梁洁译,上海人民出版社2010年版,第163页。
③ 《史记》卷一一一《卫将军骠骑列传》:"封狼居胥山,禅于姑衍,登临翰海。"裴骃《集解》:"张晏曰:'登海边山以望海也。'"第2936—2937页。《汉书》卷五五《卫青传》颜师古注:"如淳曰:'翰海,北海名也。'"第2487页。《四库全书》齐召南《前汉书卷五五考证》:"按'翰海'《北史》作'瀚海',即大漠之别名。沙碛四际无涯,故谓之'海'。张晏、如淳直以大海、北海解之,非也。本文明云'去病出代、右北平二千余里',则其地正在大漠,安能及绝远之北海哉?且塞外遇巨泽大湖,通称为'海',如苏武牧羊北海上,窦宪追至私渠北鞮海,皆巨泽大湖,如后世称'阗滦海'之类,非大海也。"文渊阁《四库全书》本。参看王子今:《秦汉人世界意识中的"北海"与"西海"》,载《史学月刊》2015年第3期。
④ 《史记》卷一一〇《匈奴列传》,第2892页。
⑤ 《汉书》卷五二《韩安国传》,第2401页。

的学者所指出的:"游牧国家与绿洲都市群是必然会有的连结。"论者也借用了"海洋"的比喻,以为"绿洲都市""如同浮在大海之岛般存在于干燥地区"。"串连点与点的绿洲之间者,除了由各个绿洲组成的商队外,也不可忽视以面生存的游牧民。这些游牧民被统合在单一政权之下这件事,对绿洲都市来说就代表着安全商圈的出现。在此,游牧民军事权力与绿洲经济力的互补共生关系就成立。"论者还指出:"与以经济供给约定的汉朝'中华'不同,匈奴以与其有着相当紧密相互关系基础之姿,进入到绿洲地域的国家之中。在疆域之中,涵盖接近游牧地区的农、工、商地域这一点,与曾经存在的斯基泰国家具有共通性。"① 在丝绸之路史的早期阶段,匈奴与西域的关系大致正是如此。②

在这样的交通史理念的基点上理解丝绸之路交通由"直道"转"北边道"经草原通路西行的贸易方式,可以发现丝绸之路联系东西文化体系的伟大的历史作用,其实是通过中原农耕民族和草原游牧民族共同努力而实现的。③

---

① [日]杉山正明著:《游牧民的世界史》,黄美蓉译,中华工商联合出版社2014年版,第100页。
② 王子今:《"匈奴西边日逐王"事迹考论》,载《新疆文物》2009年第3—4期;《论匈奴僮仆都尉"领西域""赋税诸国"》,载《石家庄学院学报》2012年第4期;《匈奴"僮仆都尉"考》,载《南都学坛》2012年第4期;《匈奴控制背景下的西域贸易》,载《社会科学》2013年第2期。
③ 王子今:《直道与丝绸之路交通》,载《历史教学》2016年第4期。

秦始皇直道的盐运效能

在秦人早期发展的历史迹象中,已可见对盐产资源和盐运线路的重视。秦始皇直道连通九原与云阳,形成了南北"千八百里直通之"①的交通格局,以实现抗击匈奴的军事支持功用。就交通结构战略设计的出发点而言,在军事意义之外,这条道路其实也有经济联系的作用。除满足军需运输的要求而外,这条交通干线有利于"北边"地方盐产内运的效能,也是秦直道研究者应当予以关注的学术考察主题。以盐产和盐运为视角分析秦始皇直道经济带的意义,应当有益于深化对秦史和秦直道史的认识。而对于秦始皇及其助手们努力维护统一的战略构想与行政操作的意义,我们由此也可以有较深入的理解。

一、西汉水流域盐产资源与早期秦史

回顾秦人早期发展的历史,可以看到重视盐产资源与盐运路线的传统。

在秦文化最初崛起的根据地,曾经占有盐业生产的优势。《水

---

① 《史记》卷八八《蒙恬列传》:"始皇欲游天下,道九原,直抵甘泉,乃使蒙恬通道,自九原抵甘泉,堑山堙谷,千八百里。"第2566页。《史记》卷六《秦始皇本纪》:"三十五年,除道,道九原抵云阳,堑山堙谷,直通之。"第256页。《通志》卷四《秦纪》:"(秦始皇)三十五年,除道,道九原抵云阳,堑山堙谷,千八百里直通之。"〔宋〕郑樵撰:《通志》,中华书局1987年版,第64页。

经注》卷二〇《漾水》可见相关记述:"……西汉水又西南径始昌峡。《晋书·地道记》曰:'天水,始昌县故城西也,亦曰清崖峡。'西汉水又西南径宕备戍南,左则宕备水自东南、西北注之。右则盐官水南入焉。水北有盐官,在蟠冢西五十许里。相承营煮不辍,味与海盐同。故《地理志》云'西县有盐官'①是也。其水东南迳宕备戍西,东南入汉水。"②《元和郡县图志》卷二五《成州·长道县》写道:"西汉水东北自秦州上封县界流入。"随后说到"盐井":"盐井在县东三十里,水与岸齐,盐极甘美,食之破气。"在说到"盐官故城"时,也言及盐产的质量:"盐官故城在县东三十里在蟠冢西四十里相承营煮味与海盐同。"③《太平寰宇记》卷一五〇《陇右道一·秦州》写道:"南岈、北岈二岈,万有余家。《诸葛亮表》言:'祁山县去沮五百里,有人万户,瞻其丘墟,信为殷矣。'即谓此。《周地图记》:'其城汉时所筑也。'盐官水在县北一里,自天水县界流来。"④《明一统志》卷三五《巩昌府·山川》有"盐官水"条:"盐官水,在西和县北,自秦州旧天水县界流入。《汉地理志》陇西亦有盐官。唐因号为盐官镇。"⑤

《嘉庆重修一统志》卷二〇〇《巩昌府·山川》说到"盐官水",引录了《水经注》及《太平寰宇记》文字:"盐官水,在西和县东北。《水经注》:'盐官水在蟠冢西五十许里,相承营煮不辍,味与海盐同。故《地理志》云:西县有盐官是也。其水东南径宕备戍西,东南入汉水。'《寰宇记》:'盐官水,在长道县北一里,自天水县界流来。'《府志》:'在县东北九十里,源出蟠冢山,西南流长道川,入白水江。'"同卷《巩昌府·古迹》又说到"盐川城":"盐川城,在漳县西北。《九域志》:'熙宁六年,置

---

① 《汉书》卷二八下《地理志下》:"陇西郡,秦置。莽曰厌戎。户五万三千九百六十四,口二十三万六千八百二十四。有铁官、盐官。"第1610页。
② 〔北魏〕郦道元著,陈桥驿校证:《水经注校证》,中华书局2007年版,第479页。
③ 文渊阁《四库全书》本。〔唐〕李吉甫撰,贺次君点校:《元和郡县图志》卷二〇《山南道一》"阙",中华书局1983年版,第525页。
④ 文渊阁《四库全书》本。
⑤ 文渊阁《四库全书》本。

盐川寨，在通远军西三十里，后改为镇。开禧二年，金分道来伐，使舒穆尔出盐川。嘉定十三年，安丙分遣王仕信等伐金，自宕昌进克盐川镇。'《金史·地理志》：'定西州领盐川镇。'《明统志》：'元初并盐川镇入陇西县，至元中，置漳县。'按：今漳县，在府南七十里，与《九域志》所纪不同。元以盐川镇地置县，非即镇为县治。旧《志》皆谓盐川寨即县治，误。'舒穆尔'旧作'石抹仲'，今改。"此外，又有"盐官城"："盐官城，在西和县东北九十里。《元和志》：'在长道县东三十里，嶓冢西四十里，相承营煮，味与海盐同。'《唐书·地理志》'成州有静戎军，宝应元年，徙马邑州于盐井城置'即此。"①

齐召南《水道提纲》卷一一《入江巨川一·嘉陵江》有"西汉水"条，其中对"盐官水"的位置与流向有较为具体的记述："西汉水亦曰沔水，即《汉志》误指为《禹贡》之嶓冢导漾者，源出秦川西南之嶓冢山，西南流，曰'漾水'。有小水自东南来会，又西北曲曲流，曰'盐官水'。稍北有横水岭水，南自西和县城东来会。又北有永平水，东北自刑马山来会。折西流至礼县东，有水西北自柏林青阳东，南流经县城东北来注之。又西经县城南，又西折，西南流数十里，曰'长道河'。经西和县西北境折，东南流过仇池山西麓。有岷峨江自西北岷峨山东麓来注之。……"②"盐官水"与"礼县"等地的关系，说明这条河流正是秦人早期活动区域的主要水道。"盐官水"名义，自然与"盐官"密切相关。

清代学者储大文《存研楼文集》卷七《杂著》篇首即"三谷"条，言"秦入蜀汉道，古纪'三谷'"。其中说到"盐官水"川道的交通地位："宋郭思《祁山神庙记》又以县西北四十里屏风峡为正祁山，而宝泉山在北二十里，上有湫池。汉水在县旧长道县南，源亦出嶓冢，与西汉水合，入白水。武侯军垒比比在其间。

---

① 《嘉庆重修一统志》，中华书局1986年版，第12784、12804页，"《唐书·地理志》'成州有静戎军，宝应元年，徙马邑州于盐井城置'即此"句后，文渊阁《四库全书》本又有如下文字："《旧志》：'在今县东北九十里。'"

② 文渊阁《四库全书》本。

夫西汉水者，今盐官水也，在县东北九十里。潞秦州天水界流入汉，白水江在北二里。潞西东流经阶州，会嘉陵江。军垒在汉水西汉水白水之间，是趋天水道也。"①所谓"夫西汉水者，今盐官水也"的意见值得注意。"盐官水"很可能与盐运通道有关。而所谓"武侯军垒比比在其间"，说明诸葛亮六出祁山，可能有与曹魏军争夺盐产资源与盐运路线的战略意图。其实，早在一千多年之前，后人称作"盐官"和"盐官水"的盐产优势，很可能已经为秦人先祖所关注。他们就近控制了这一具有战略意义的地方，除满足人畜用盐需求外，可以面对周边占据显著的优势地位，得以逐步发展，迅速扩张。

西北大学文化遗产学院王建新教授在与笔者谈及秦人在甘肃礼县附近之早期遗存的区域文化意义时，曾提出秦在这里取得生存和发展的优越条件，当与附近的盐业资源有关的判断。此说信是。相信今后的考古工作，可以提供能够说明这一情形的可靠证据。

考古学者对礼县秦早期遗址的调查获得丰富收获。其中对盐官镇附近遗址的考古调查值得重视。《西汉水上游考古调查报告》介绍了98处遗址，而盐官镇相关遗址有多达13处，竟然占总数的13.27%。报告执笔者写道："据说当地在汉代以前还生产池盐，唐代以后才转为生产井盐，而唐代这里产盐的盛况可见于杜甫的相关诗篇。"就遗址地理分布与交通形势进行的分析，关注了盐运与秦文化发展的关系："沿红河、上寺河溯流而上可至天水，进入渭河河谷；顺流而下可到盐官镇。这是一条历史悠久的古道，秦人迁徙亦有可能循此路径。"②

二、秦直道的经济功用

《史记》卷六《秦始皇本纪》记载："三十五年，除道，道

---

① 文渊阁《四库全书》本。
② 甘肃省文物考古研究所、中国国家博物馆、北京大学考古文博学院、陕西省考古研究院、西北大学文博学院：《西汉水上游考古调查报告》，文物出版社2008年版，第32、291页。

九原抵云阳，堑山堙谷，直通之。"①《史记》卷一五《六国年表》："（秦始皇）三十五年，为直道，道九原，通甘泉。"②秦始皇直道是秦王朝营建的重大工程之一，以规模之宏大，意义之重要，以及施工效率之惊人，可以看作秦政的纪念。

秦直道的修筑，当然也是规模宏大的经济行为。关于秦直道的建设动机，《史记》卷八八《蒙恬列传》的记述，强调秦始皇个人的出行需求："始皇欲游天下，道九原③，直抵甘泉④，乃使蒙恬通道，自九原抵甘泉，堑山堙谷，千八百里。道未就。"

李斯为赵高陷构，于狱中上书秦二世，自言七条罪状，实则自陈建国强国之功绩，"幸二世之寤而赦之"。其中说到主持驰道规划建设："治驰道，兴游观，以见主之得意。罪六矣。"⑤也说秦帝国的交通建设事业，目的在于满足秦始皇"游"的需求，炫耀威权，"以见主之得意"。⑥

《资治通鉴》卷七"秦始皇三十五年"的记载引用《蒙恬列传》的内容，然而不取"始皇欲游天下"语："三十五年，使蒙恬除直道，道九原，抵云阳，堑山堙谷千八百里，数年不就。"⑦司马光的取舍，体现出正确的历史判断。显然，秦直道营造的主要出发点，并非仅仅满足"始皇欲游天下"的需要。

从秦直道工程主持者蒙恬的身份可以得知，修筑这条道路的主要意义，基于军事方面的战略思考，即完备抗击匈奴的国防建设。司马迁"自直道归，行观蒙恬所为秦筑长城亭障"⑧，说明了直道

---

① 《史记》，第256页。
② 《史记》，第758页。
③ 张守节《正义》："九原郡，今胜州连谷县是。"
④ 张守节《正义》："宫在雍州。"
⑤ 《史记》，第2561页。
⑥ 秦始皇的交通行为可以"见主之得意"的例证，有《史记》卷七《项羽本纪》："秦始皇帝游会稽，渡浙江，梁与籍俱观。籍曰：'彼可取而代也。'"第296页。《史记》卷八《高祖本纪》："高祖常繇咸阳，纵观，观秦皇帝，喟然太息曰：'嗟乎，大丈夫当如此也！'"第344页。
⑦ 〔宋〕司马光编著，〔元〕胡三省音注，"标点资治通鉴小组"校点：《资治通鉴》，中华书局1956年版，第244页。
⑧ 《史记》卷八八《蒙恬列传》，第2570页。

和长城边防的关系。《史记》卷一一〇《匈奴列传》又明确写道："后秦灭六国,而始皇帝使蒙恬将十万之众北击胡,悉收河南地。因河为塞,筑四十四县城临河,徙適戍以充之。而通直道,自九原至云阳,因边山险堑溪谷可缮者治之,起临洮至辽东万余里。又度河据阳山北假中。"① 开通直道的作用,与"塞""戍""据"等长城防务建设有关,也与"北击胡""度河"攻伐匈奴的作战行动有关。②

其实,从经济史的视角考察秦始皇直道,也可以有所发现。《史记》记载"始皇帝使蒙恬将十万之众北击胡,悉收河南地",蒙恬部队的军需供应,提出了交通运输要求。③ 又"因河为塞,筑四十四县城临河,徙適戍以充之",这些移民的迁入、安置,以及与原居地的经济联系,也是经济史考察面对的问题。我们曾经注意直道北运丝绸的可能性。④ 史念海的秦始皇直道研究,较早已经提示了这条道路的经济功能。⑤ 如果完全否认秦始皇时代直道交

---

① 《史记》,第2886页。
② 宋超:《汉匈战争三百年》,华夏出版社1996年版,第10—11页。
③ 王子今:《秦军事运输略论》,见《秦始皇帝陵博物院2013年》,总3辑,三秦出版社2013年版。
④ 王子今:《直道与丝绸之路交通》,载《历史教学》2016年第4期。
⑤ 史念海《秦始皇直道遗迹的探索》写道:"根据康熙《鄜州志》的记载,这条道路当时不仅是直道的遗迹,而且当时还通行使用。乾隆《正宁县志》也有同样的记载,说是'此路一往康庄,修整之则可通车辙。明时以其直抵银夏,故商贾经行。……'""正宁刘家店子林区工人见告:听前辈老人说过,这条道路直向西北,通到定边,平常驴驮马载,络绎不绝。旬邑石门关的同志见告:据当地人们记忆,距今数十年前,由石门关至马栏河一段子午岭的主脉凤子梁,正是关中棉花向北运输的道路。每当运花时节,梁上路旁的灌木枝上,粘花带絮,一路皆白。解放战争前,石门关就是陕甘宁边区的一部分,为储粮仓库所在地;凤子梁更成为转运粮草的大路。这些事实都说明,直道在秦始皇修筑以后,历代还曾断断续续加以使用,……"载《文物》1975年第10期。以物资"转运"为主题的"使用",以及所谓"商贾经行","驴驮马载,络绎不绝"者,我们看到"秦始皇修筑以后""历代""断断续续"发生的迹象。历史文献的记录,则有《汉书》卷九四下《匈奴传下》记载:"元帝初即位,呼韩邪单于复上书,言民众困乏。汉诏云中、五原郡转谷二万斛以给焉。"第3800页。可知这一时期呼韩邪单于部众活动于"云中、五原郡"以北地方。此次"转谷"运输,应通过直道。时在汉元帝初元元年(前48年)。汉王朝北输匈奴的丝绸和丝绸制品,也应当通过直道运送。王子今:《直道与丝绸之路交通》,载《历史教学》2016年第4期。如果完全否认秦始皇时代直道交通设计和交通经营与经济生活的关系,恐怕是不合情理的。

通设计和交通经营与经济的关系，恐怕是不合情理的。

这一视角的直道史考察，还可以进一步拓宽路径。

三、北边的盐产基地

秦始皇直道联系北边盐产基地的事实，也值得我们关注。

汉武帝时代开始推行严格的盐铁官营制度，盐业生产和运销一律收归官营。"募民自给费，因官器作煮盐，官与牢盆。"对"欲擅管山海之货，以致富羡，役利细民"的"浮食奇民"予以打击，敢私煮盐者，"釱左趾，没入其器物"①。当时于产盐区各置盐业管理机构"盐官"。

西汉"盐官"的设置，据《汉书》卷二八《地理志》记载，各地盐官合计35处，即：

河东郡：安邑；太原郡：晋阳；南郡：巫；巨鹿郡：堂阳；勃海郡：章武；千乘郡；北海郡：都昌，寿光；东莱郡：曲城，东牟，㬎，昌阳，当利；琅邪郡：海曲，计斤，长广；会稽郡：海盐；蜀郡：临邛；犍为郡：南安；益州郡：连然；巴郡：朐忍②；陇西郡；安定郡：三水；北地郡：弋居；上郡：独乐，龟兹；西河郡：富昌；朔方郡：沃壄；五原郡：成宜；雁门郡：楼烦；渔阳郡：泉州；辽西郡：海阳；辽东郡：平郭；南海郡：番禺；苍梧郡：高要。③《地理志》所载录盐官其实并不足全数，严耕望曾考补2处：西河郡：盐官；雁门郡：沃阳。④杨远又考补6处：越嶲郡：定筰；巴郡：临江；朔方郡：朔方，广牧；东平国：无盐；广陵国。又写道："疑琅邪郡赣榆、临淮郡盐渎两地，也当产盐，尤疑东海郡也当产盐，

---

① 《史记》卷三〇《平准书》，第1429页。
② 《汉书》卷二八上《地理志上》，第1550—1551、1566、1575、1579—1580、1583、1585—1586、1591、1598—1599、1601、1603页。
③ 《汉书》卷二八下《地理志下》，第1610、1615—1619、1621、1624—1626、1628—1629页。
④ 严耕望：《中国地方行政制度史》上编"秦汉地方行政制度史"，"中央研究院"历史语言研究所专刊之四十五，1961年版。

姑存疑。"① 亦有文献透露出其他"盐官"的存在。② 如此西汉盐官可知位于30郡国，共43处。

秦汉时期，"北边"成为社会共同关注的区域方向。"北边"当时也是确定的军事地理和民族地理的代表性符号。③《史记》卷三〇《平准书》说，汉武帝时代经营边疆地区的文化扩张，"严助、朱买臣等招来东瓯，事两越，江淮之间萧然烦费矣。唐蒙、司马相如开路西南夷，凿山通道千余里，以广巴蜀，巴蜀之民罢焉。彭吴贾灭朝鲜，置沧海之郡，则燕齐之间靡然发动。及王恢设谋

---

① 杨远：《西汉盐、铁、工官的地理分布》，载《香港中文大学中国文化研究所学报》第9卷，上册，1978年。

② 如西河郡盐官以"盐官"名县。《汉书》卷二八下《地理志下》：雁门郡沃阳，"盐泽在东北，有长丞。西部都尉治"。第1621页。《水经注》卷三《河水三》："沃水又东北流，注盐池。《地理志》曰'盐泽在东北'者也。今盐池西南去沃阳县故城六十五里，池水澄停，渊而不流，东西三十里，南北二十里。池北七里，即凉城郡治。池西有旧城，俗谓之'凉城'也。《地理志》曰'泽有长、丞'。此城即长、丞所治也。"〔北魏〕郦道元著，陈桥驿校证：《水经注校证》，中华书局2007年版，第81页。《汉书》卷二八上《地理志上》：越嶲郡定筰"出盐"。第1600页。《华阳国志》卷三《蜀志》：定筰县"有盐池，积薪以齐水灌，而后焚之，成盐。汉末，夷皆锢之"。张嶷往争，夷帅不肯服，"嶷禽，挞杀之，厚赏赐余类，皆安，官迄有之"。当地富产盐，元置闰盐州，明置盐井卫，清置盐源县。"汉末，夷皆锢之"，西汉时则有可能为官有。《水经注》卷三三《江水一》："江水又东迳临江县南，王莽之盐江县也。《华阳记》曰：'县在枳东四百里，东接朐忍县，有盐官，自县北入盐井溪，有盐井营户。'"《汉书》卷二八下《地理志下》：朔方郡朔方，"金连盐泽、青盐泽皆在南。"第1619页。《水经注·河水三》："县有大盐池，其盐大而青白，名曰青盐，又名戎盐，入药分，汉置典盐官。"《汉书》卷二八下《地理志下》：朔方郡广牧，"东部都尉治。莽曰盐官。"第1619页。东平国无盐，"莽曰有盐亭"。第1637页。《史记》卷一〇六《吴王濞列传》说，吴王刘濞"煮海水为盐"致"国用富饶"，《史记》卷一二九《货殖列传》也说广陵"有海盐之饶"。第2822、3267页。《后汉书》卷二四《马棱传》："章和元年，迁广陵太守。时谷贵民饥，奏罢盐官，以利百姓"。第862页。是广陵也有盐官。

③《史记》卷三〇《平准书》言"匈奴数侵盗北边"，"侵扰北边"，"北边未安"，又记载汉武帝巡行"北边"事："天子北至朔方，东到太山，巡海上，并北边以归。"第1419、1421、1422、1441页。《汉书》卷二四下《食货志下》也写道："天子北至朔方，东封泰山，巡海上，旁北边以归。"第1175页。《汉书》卷二五上《郊祀志上》："上乃遂去，并海上，北至碣石，巡自辽西，历北边至九原。"第1236页。"北边"，已成为汉帝国长城沿线地方的地理代号。"北边"是汉代文献中出现比较频繁的区域称谓。《史记》卷八八《蒙恬列传》："太史公曰：吾适北边，自直道归，行观蒙恬所为秦筑长城亭障，堑山堙谷，通直道，固轻百姓力矣。"第2570页。又《汉书》卷七《昭帝纪》："发军屯西河，左将军桀行北边。"第218页。《汉书》卷六九《赵充国传》说道："北边自敦煌至辽东万一千五百余里，乘塞列隧有吏卒数千人。"第2989页。王子今：《战国秦汉交通格局与区域行政》，中国社会科学出版社2015年版，第142页。

马邑，匈奴绝和亲，侵扰北边，兵连而不解，天下苦其劳，而干戈日滋。行者赍，居者送，中外骚扰而相奉，百姓抏弊以巧法，财赂衰秏而不赡"①。"事两越，江淮之间萧然烦费矣"；"广巴蜀，巴蜀之民罢焉"；"灭朝鲜，置沧海之郡，则燕齐之间靡然发动"。汉文化在这三个方向的扩张，都只是导致局部地方的民众承受了沉重的压力。然而对匈奴的战争，却牵动全国，致使"天下苦其劳"。直道的战略意义，当然与这一形势有关。

西汉时期，有"北边二十二郡"的说法。《汉书》卷八《宣帝纪》："（本始元年）夏四月庚午，地震。诏内郡国举文学高第各一人。"颜师古注引韦昭曰："中国为内郡，缘边有夷狄障塞者为外郡。成帝时，内郡举方正，北边二十二郡举勇猛士。"②所说"成帝时"事，见《汉书》卷一〇《成帝纪》：元延元年秋七月诏："与内郡国举方正能直言极谏者各一人，北边二十二郡举勇猛知兵法者各一人。"③所谓"北边二十二郡"与所谓"内郡国"形成对应关系。④两者人才构成的特点有所区别，我们注意到，"北边二十二郡"中，计有"盐官"12处，即：陇西郡；安定郡：三水；北地郡：弋居；上郡：独乐，龟兹；西河郡：富昌；朔方郡：沃壄；五原郡：成宜；雁门郡：楼烦；渔阳郡：泉州；辽西郡：海阳；辽东郡：平郭。"北边二十二郡"所有"盐官"占全国"盐官"总数的27.9%，比例已经相当可观。

由此可以理解司马迁《史记》卷一二九《货殖列传》所谓"山东食海盐，山西食盐卤，领南、沙北固往往出盐"之"山西""沙北"盐产形式。所谓"盐卤"，张守节《正义》："谓西方咸地也。

---

① 《史记》，第1421页。
② 《汉书》，第241页。
③ 《汉书》，第326页。
④ "内郡国"，可能是西汉后期出现的体现区域意识更为明确的行政地理概念。帝王诏令的使用，见于《汉书》卷八《宣帝纪》、卷九《元帝纪》、卷一〇《成帝纪》。第241、245、249、264页。另《汉书》卷七〇《陈汤传》及卷九九中《王莽传中》也可见"内郡国"。第3024、4131页。

坚且咸，即出石盐及池盐。"①"北边"盐产以"池盐"为主。

特别值得我们注意的是，直道沿途地方有多处"盐官"存在。上文说到的43处西汉"盐官"，其中位于直道沿途以及直道可以联系的"北边"诸郡者，有：

安定郡：三水；

北地郡：弋居；

上郡：独乐，龟兹；

西河郡：富昌；

朔方郡：沃壄；

五原郡：成宜。

这7处"盐官"，在已经考定的43处西汉"盐官"中，数量比例达到16.3%。这些盐产基地的产量以及满足消费需求区域的规模，我们尚无从估计。

而上郡的独乐、龟兹，五原郡的成宜，朔方郡的沃壄，秦始皇直道几乎直接通达。

从历史文献获得的盐业史信息中，我们可以看到秦始皇直道联系数处盐业基地的情形。

四、"朔方"的两处"盐泽"与"新秦中"移民运动

《水经注》卷三《河水三》说到"北河""王莽之盐官"："自高阙以东，夹山带河，阳山以往，皆北假也。《史记》曰'秦使蒙恬将十万人北击胡，度河取高阙，据阳山北假中'是也。北河又南合南河，南河上承西河，东径临戎县故城北。又东径临河县南，又东径广牧县故城北东部都尉治，王莽之盐官也。径流二百许里，东会于河。"随即说到"朔方"的两处"盐泽"："河水又东南径朔方县故城东北。《诗》所谓'城彼朔方'也。汉元朔二年，大将军卫青取河南地为朔方郡，使校尉苏建筑朔方城即此城也。王莽以为武符者也。按《地理志》云'金连盐泽'、'青盐泽'

---

① 《史记》，第3269页。

并在县南矣。又按《魏土地记》曰：'县有大盐池，其盐大而青白，名曰青盐，又名戎盐，入药分。汉置典盐官。池去平城宫千二百里，在新秦之中。'服虔曰：'新秦，地名，在北方千里。'如淳曰：'长安以北，朔方以南也。'薛瓒曰：'秦逐匈奴，收河南地，徙民以实之，谓之新秦也。'"

所谓"'金连盐泽'、'青盐泽'"位于"新秦"或曰"新秦中"，据《魏土地记》，"池去平城宫千二百里"，又言"在新秦之中"。按照汉代学者服虔的说法，"新秦，地名，在北方千里"。此言在关中秦汉文化重心"北方千里"。这正是与以关中地方为基点所见秦始皇直道走向大体一致的方位。如淳提示的空间位置，"长安以北，朔方以南也"，也正指示了秦始皇直道的位置与方向。《水经注》引薛瓒曰"秦逐匈奴，收河南地，徙民以实之，谓之'新秦'也"，同样值得探索直道史的学者关注。相关文字见于《史记》卷三〇《平准书》的记载及其他史家的解说。《史记》卷三〇《平准书》："（汉武帝）徙贫民于关以西，及充朔方以南新秦中，七十余万口，衣食皆仰给县官。数岁，假予产业，使者分部护之，冠盖相望。其费以亿计，不可胜数。"对于"新秦中"，裴骃《集解》："服虔曰：'地名，在北方千里。'如淳曰：'长安已北，朔方已南。'瓒曰：'秦逐匈奴以收河南地，徙民以实之，谓之新秦。今以地空，故复徙民以实之。'"①《水经注》引瓒曰，自"秦逐匈奴以收河南地，徙民以实之，谓之新秦"截断，不取"今以地空，故复徙民以实之"。汉武帝组织的这次移民，"徙贫民于关以西，及充朔方以南新秦中，七十余万口"，规模甚大。而"衣食皆仰给县官"，又引发牵涉面甚广的运输行为。所谓"数岁"，则言这种"衣食"的"给"，持续相当长的时日。而"使者分部护之，冠盖相望"，已经明确提示了"徙民"的交通程式。

联系《平准书》言"朔方""徙民"事及《水经注》"盐泽"位置与秦始皇直道的共同关系，可以进行有关直道盐运可能性的判断。

---

① 《史记》，第1425页。

五、"金连盐泽"和"青盐泽"等盐产由秦直道南运的可能性推想

《汉书》卷二八下《地理志下》"朔方郡"条明确记载了两处"池盐"产地"金连盐泽"和"青盐泽"之所在："朔方郡，……朔方，金连盐泽、青盐泽皆在南。莽曰武符。"①

《读史方舆纪要》卷六一《陕西十·榆林镇》"胡落池"条写道："《汉志》朔方县南有金连盐泽及青盐泽，今堙废。"②清齐召南《水道提纲》卷五说："套中产盐池以喀喇莽凡为大，即古郡南金连盐泽及青盐泽，唐时名胡洛盐池者。"③《旧唐书》卷四八《食货志上》："胡落池在丰州界，河东供军使收管。每年采盐约一万四千余石，供振武、天德两军及营田水运官健。自大中四年党项叛扰，馈运不通，供军使请权市河东白池盐供食。"④王先谦《汉书补注》"朔方"条也写道："《魏土地记》云：县有大盐池，其盐大而青白，名曰青盐，又名戎盐，入药分，汉置典盐官。池在新秦之中。薛瓒云：秦逐匈奴，收河南地，徙民以实之，谓之新秦也。……陈澧云：今蒙古鄂尔多斯右翼南境有喀喇莽尼池、乌蓝池，即此二泽。其孰为金连盐泽，孰为青盐泽，未详。"⑤王先谦《后汉书集解》"朔方"条也引《魏土地记》云："县有大盐池，在新秦之中。"注："《一统志》：盐池今名喀剌莽泊。"又引薛瓒云："秦逐匈奴，收河南地，徙民以实之，谓之新秦也。"还写道："《晋志》无。《一统志》：故城在今河套内鄂尔多斯右翼后旗境。"注："董祐诚云：《汉志》谓盐泽在县南，则故

---

① 《汉书》，第1619页。
② 〔清〕顾祖禹：《读史方舆纪要》，清稿本。
③ 文渊阁《四库全书》本。
④ 《旧唐书》，中华书局1975年版，第2110页。《新唐书》卷五四《食货志四》："安北都护府有胡落池，岁得盐万四千斛，以给振武、天德。"中华书局1975年版，第1377页。
⑤ 王先谦撰：《汉书补注》，中华书局据清光绪二十六年虚受堂刊本1983年9月影印版，第806页。

城在喀剌莽泊之北。"①

其实，史念海在发表于1975年的著名论文《秦始皇直道遗迹的探索》中，已经说到直道沿线"金连盐泽"和"青盐泽"等盐湖。他在讨论直道选线的考虑时，说到湖泊存在的作用："东胜县西南在秦汉时是有湖泊分布的。直道在这里经过，自会绕道而行。"于是推断"伊克昭盟东胜县城西南九十里，在漫赖公社海子湾大队以东的二顷半生产队之南约二百米的地方"发现的"百米左右，残宽约二十二米"的"路面"遗迹，"可以认为是直道的一段"。有关论说涉及"金连盐泽"和"青盐泽"等盐湖。史念海写道："在这条直线的两旁，虽无险峻的高山，却散布着许多淖尔沼泽。汉代记载，在这河南地区域里，有金连盐泽和青盐泽。青盐泽可能就是今杭锦旗北部的盐海子，蒙语称胡布莽淖，迄今仍产结晶颗粒较大的青盐，为伊盟主要盐产地。这个盐海子原来很大，现在大部干涸，看来已很小。今鄂尔多斯草原的湖泊以东胜县西南的巴汗淖和合同察汗淖为最大，其形成时期似不会晚于盐海子。但这两个湖泊虽大，水却是带苦味的。古代未见记载，可能是这个缘故。"②

其他盐湖"古代未见记载"的原因，可能在于规模小于"金连盐泽"和"青盐泽"，经济意义次于"金连盐泽"和"青盐泽"，未必一定因为水质"带苦味"。也可能由于"原来很大，现在大部干涸，看来已很小"，原先并非盐湖。这种可能性是存在的。我们在就额济纳汉简"居延盐"简文的讨论中，注意到因气候变迁导致的内蒙古"盐湖"的生成与演变。③所谓"居延海""居延泽"，《内蒙古盐业史》说，"原本为一湖"，"后世湖面随着

---

① 王先谦撰：《后汉书集解》，中华书局据1915年虚受堂刊本1984年2月影印版，第1296页。
② 史念海：《秦始皇直道遗迹的探索》，载《文物》1975年第10期。关于"金连盐泽和青盐泽"，原注："《汉书》二八《地理志》。"
③ 王子今：《"居延盐"的发现——兼说内蒙古盐湖的演化与气候环境史考察》，载《盐业史研究》2006年第2期，收入《额济纳汉简释文校本》，文物出版社2007年版。

额济纳河下游的改道而时有移动，且逐步淤塞分为二海，东海称为苏古诺尔，西海称为嘎顺诺尔"，书中《阿拉善盟盐湖分布图》，嘎顺诺尔和苏古诺尔均被标示为盐湖。① 而《内蒙古盐湖》书中《内蒙古自治区水系分布图》，苏古诺尔的图标则为"湖泊"，与"盐湖"有别。但是同书《内蒙古自治区地貌区划及主要盐湖分布示意图》中，该湖却又被标示为"盐湖"。② 董正钧《居延海》一书也说，今日之居延海有东海、西海之分，蒙古语分称索果诺尔、戛顺淖尔，其水质一咸一淡。③ 据实地考察，这一又被译作"索果诺尔"的湖为"盐碱水质"④，"距离湖岸边尚远"的地面，"有白色的盐碱遗迹"，"由此可知索果诺尔已较以往缩小"。⑤ 古今地理条件多有变易，然而"金连盐泽"和"青盐泽"中的"青盐泽可能就是今杭锦旗北部的盐海子，蒙语称胡布荞淖，迄今仍产结晶颗粒较大的青盐，为伊盟主要盐产地"的情形值得注意。史念海指出："这个盐海子原来很大，现在大部干涸，看来已很小。"直道联系地区当时分布更多具有一定规模的"盐湖"的可能性是存在的。而这些盐业产品主要以关中地区为方向的外运，当时的经营者不会想不到利用直道这样便利的交通条件。

《中国自然地理图集》中的《中国外生矿藏和变质矿藏图》所标注的沉积盐外生矿床，直道西侧有北大池、花马池。⑥ 由于古今年代相距久远，这样的信息，在考察秦汉时期食盐生产、食盐运销和食盐消费时当然只能作为参考。不过，应当考虑到，在现今对陕西关中食盐消费提供最主要支持的吉兰泰盐产资源尚未能

---

① 牧寒编著：《内蒙古盐业史》，内蒙古人民出版社1987年版，第37、38、36页。
② 郑喜玉等：《内蒙古盐湖》，科学出版社1992年版，第12、4页。
③ 董正钧：《居延海》，1951年影印手抄本。转见马先醒：《汉居延志长编》，鼎文书局2001年版，第36页。
④ 斯文·赫定：《亚洲腹地探险八年1927—1935》，徐十周等译，新疆人民出版社1992年版，第130—131页。
⑤ 罗仕杰：《1996年台北简牍学会汉代居延遗址考察日志》，见《汉代居延遗迹调查与卫星遥测研究》，台湾古籍出版有限公司2003年版，第8—9页。
⑥ 西北师范学院地理系、地图出版社主编：《中国自然地理图集》，地图出版社1984年版，第38页。

为秦汉帝国直接控制的情况下，这些盐业资源当时如果得以发现，有所开发，无疑可以为咸阳、长安附近政治文化重心地带提供盐业产品。而最便捷的盐运路径，显然是秦始皇直道。

六、直道经济带：以盐产盐运为视角

秦始皇直道沿线见于历史文献的比较明确的盐池，历代多有记录。有些记载与"汉时""盐泽"相联系。

《嘉庆重修一统志》卷五四三《鄂尔多斯·山川》说到"长盐池"、"红盐池"以及"锅底池"：

> 长盐池在右翼前旗南三十五里，蒙古名达布苏图。
>
> 红盐池在右翼前旗西南三百里，蒙古名五楞池。明成化中总督王越败套寇于红盐池，即此。《延绥志》：榆林东有长盐池、红盐池，西有西红盐池、锅底池，俱僻在境外。《榆林卫志》：红盐池在卫西北三百五十里。
>
> 锅底池在右翼后旗西九十里，周围二十余里，产盐。兔河、赤沙河二水注入其中，即汉时朔方县盐泽，唐时名胡落盐池者也。今土人名喀喇莽奈脑儿。《汉书·地理志》：朔方郡朔方，金连盐泽、青盐泽皆在南。《水经注》：《魏土地记》曰：朔方县有大盐池，其盐大而青白色，名曰青盐，又名戎盐，入药分，汉置典官盐池，去平地宫千二百里，在新秦之中。《唐书·食货志》：安北都护府有胡洛池，岁得盐万四千斛，以给镇武、天德。《元和志》：胡洛盐池，在长泽县北五百里，周回三十里，亦谓之独乐池。声相近也。汉有盐官。按汉时朔方盐泽有二，至后魏时止言一池，即唐长泽县北五百里之胡洛盐池，今喀喇莽奈大盐池也。但汉时金连盐泽今不可考。[①]

《新唐书》卷四四《食货志四》："唐有盐池十八……。""盐州五原有乌池、白池、瓦池、细项池……。"[②]则"盐州"一州占唐王朝"盐

---

① 《四部丛刊》续编景旧钞本。
② 《新唐书》，第1377页。

池十八"总数的 22.2％。《旧唐书》卷四八《食货志上》说到列于首位的"乌池"的规模："乌池在盐州，旧置榷税使。长庆元年三月，勅乌池每年粜盐收博榷米，以一十五万石为定额。"①

据吉成名考察，直道沿线区域汉代池盐产地有：北地弋居（治所在今甘肃宁县南）；上郡独乐（治所在今陕西米脂县马湖峪）、龟兹（治所在今陕西榆林市北）二县；西河郡富昌（治所在今陕西府谷县古城乡）、盐官二县；朔方郡朔方（治所在今内蒙古杭锦旗什拉召附近）、沃壄（治所在今内蒙古磴口县河拐子古城）、广牧（治所在今内蒙古五原县西土城子古城）三县；五原郡成宜（治所在今内蒙古乌拉特前旗白彦花镇）。论者指出，西河郡有盐官县（今地不详），"县名之所以取名'盐官'，可能与该县设有盐官有关，据此推测该县产盐"。朔方郡广牧县，"莽曰盐官"。新莽时期之所以将广牧县取名为"盐官县"，"很可能与该县设有盐官有关。据此推测该县产盐"②。

魏晋南北朝时期直道沿线地方的池盐产地，有新平郡"三水县（治所在今陕西旬邑县西二十八里）"，"朔方郡广牧、朔方二县"。关于"金连盐泽"和"青盐泽"，论者指出："金连盐泽，今内蒙古杭锦旗哈日芒乃淖尔（盐海子），青盐泽今地名不详"。"史为乐主编《中国历史地名大辞典》将金连盐泽和青盐泽均释为今内蒙古杭锦旗哈日芒乃淖尔（分别见该书第1602页和第1454页），其中应有一误。"池盐产地，论者又标列"五原郡"："晋郭义恭《广志》卷上曰：'五原有紫盐。'这里所说的'五原'很可能指五原郡（治所即今陕西定边县）。"唐代则有"威州温池县（治所在今宁夏盐池县惠安堡）"，"会州会宁县（治所在今甘肃靖远县）"，"盐州五原县（治所在今陕西定边县）"，"夏州朔方县（治所在今陕西靖边县白城子）"，"德静县（治所在今陕西榆林市西）"，

---

① 《旧唐书》，第2110页。
② 吉成名：《中国古代食盐产地分布和变迁研究》，中国书籍出版社2013年版，第28—29页。

"宥州长泽县（治所在今内蒙古鄂托克旗东南城川古城）"。①

虽然自然环境的变迁可能影响盐业的开发，而历史文献记载的缺失也造成考察的困难，然而由直道通过地带后世盐产资源的分布，仍然可以大体推知秦汉时期这一地区的盐业生产也应当有一定的密度和规模。盐业产品，也曾经是直道运输业务的主题之一。从这一视角认识秦始皇直道的经济作用，应当是有益的。②

---

① 吉成名：《中国古代食盐产地分布和变迁研究》，中国书籍出版社 2013 年版，第 40—41、72—73 页。

② 王子今：《直道与丝绸之路交通》，载《历史教学》2016 年第 4 期；《秦始皇直道的盐运效能》，载《中国矿业大学学报》（哲学社会科学版）2016 年第 6 期。

直道与匈奴"祭天金人"

《史记》有北上远征的汉王朝骑兵军团缴获休屠王"祭天金人"的记载，《史记》注家以为匈奴"祭天"地点曾经在甘泉宫左近，如此则直道线路应与匈奴在一定历史时段的南北交通实践有关。进行相关考察，有助于全面认识直道选线缘由以及其交通作用之沟通与交汇不同民族文化的特殊意义。被看作"匈奴祭天处"的"径路神祠"，所谓"径路"与"直道"的语言对应关系或许也有值得交通史和民族史学者关注的价值。对直道连通区域若干具有神秘主义色彩历史遗存的关注，应当可以深化直道史的研究。"匈奴祭天处"与匈奴"祭天金人"的移动，也可能与直道交通有关。而对于秦汉交通史、区域文化史和民族关系的总体认识，也可以因此获得由以推进的条件。

一、《史记》《汉书》所见霍去病战利品：匈奴"祭天金人"

《史记》卷一一一《卫将军骠骑列传》记载霍去病北征大漠的战绩，战利品中包括匈奴礼祀的偶像：

> 冠军侯去病既侯三岁，元狩二年春，以冠军侯去病为骠骑将军，将万骑出陇西，有功。天子曰："骠骑将军率

戎士隃乌盭，讨邀濮，涉狐奴，历五王国，辎重人众慑慴者弗取，冀获单于子。转战六日，过焉支山千有余里，合短兵，杀折兰王，斩卢胡王，诛全甲，执浑邪王子及相国、都尉，首虏八千余级，收休屠祭天金人，益封去病二千户。"

关于"休屠祭天金人"语，出自"天子曰"。可知"收休屠祭天金人"的捷报，得到汉武帝的认可，并以为"益封"之据。所谓"休屠祭天金人"，裴骃《集解》："如淳曰：'祭天为主。'"司马贞《索隐》："案：张婴云'佛徒祠金人也'。如淳云'祭天以金人为主也'。屠音储。"①《汉书》卷五五《霍去病传》："去病侯三岁，元狩二年春为票骑将军，将万骑出陇西，有功。上曰：'票骑将军率戎士隃乌盭，讨遬濮，涉狐奴，历五王国，辎重人众摄詟者弗取，几获单于子。转战六日，过焉支山千有余里，合短兵，鏖皋兰下，杀折兰王，斩卢侯王，锐悍者诛，全甲获丑，执浑邪王子及相国、都尉，捷首虏八千九百六十级，收休屠祭天金人，师率减什七，益封去病二千二百户。'"颜师古注："如淳曰：'祭天以金人为主也。'张晏曰：'佛徒祠金人也。'师古曰：'今之佛像是也。休音许虬反。屠音储。'"②又《汉书》卷五五《金日磾传》："武帝元狩中，票骑将军霍去病将兵击匈奴右地，多斩首，虏获休屠王祭天金人。"③《汉书》卷九四上《匈奴传上》："（元狩二年）春，汉使票骑将军去病将万骑出陇西，过焉耆山千余里，得胡首虏八千余级，得休屠王祭天金人。"④

对于"收休屠祭天金人"，《史记》卷一一〇《匈奴列传》写作"破得休屠王祭天金人"：

其明年春，汉使骠骑将军去病将万骑出陇西，过焉支山千余里，击匈奴，得胡首虏万八千余级，破得休屠王祭天金人。

---

① 《史记》，第2929—2930页。
② 《汉书》，第2479、2480页。
③ 《汉书》，第2959页。
④ 《汉书》，第3769页。

匈奴"祭天金人"进入汉文历史典籍，但是对于其名义和性质的理解却有不同。这应当是民族文化存在隔阂而信仰世界有所区别的缘故。

二、"匈奴祭天处本在云阳甘泉山下"

几位权威《史记》注家的解说，均注意到与"祭天金人"相关的匈奴"祭天"地点。裴骃《集解》："《汉书音义》曰：'匈奴祭天处本在云阳甘泉山下，秦夺其地，后徙之休屠王右地，故休屠有祭天金人，象祭天人也。'"司马贞《索隐》："韦昭云：'作金人以为祭天主。'崔浩云：'胡祭以金人为主，今浮图金人是也。'又《汉书音义》称'金人祭天，本在云阳甘泉山下，秦夺其地，徙之于休屠王右地，故休屠有祭天金人，象祭天人也'。事恐不然。案：得休屠金人，后置之于甘泉也。"张守节《正义》："《括地志》云：'径路神祠在雍州、云阳县西北九十里甘泉山下，本匈奴祭天处，秦夺其地，后徙休屠右地。'按：金人即今佛像，是其遗法，立以为祭天主也。"[①]所谓"云阳""甘泉山"的指向，使得匈奴游牧人群介入中原农耕文化的历史动向呈示出一个值得重视的观察点。

《汉书音义》所谓"匈奴祭天处本在云阳甘泉山下，秦夺其地"，"金人祭天，本在云阳甘泉山下，秦夺其地"，《括地志》所谓"径路神祠在雍州、云阳县西北九十里甘泉山下，本匈奴祭天处，秦夺其地"，都强调"甘泉山下"。而"甘泉"，据《史记》记述，是秦始皇直道的终点。《史记》卷一五《六国年表》："（秦始皇）三十五年，为直道，道九原，通甘泉。"[②]《史记》卷八八《蒙恬列传》："始皇欲游天下，道九原，直抵甘泉，乃使蒙恬通道，自九原抵甘泉，堑山堙谷，千八百里。道未就。"[③]所谓"甘

---

① 《史记》，第2909页。
② 《史记》，第758页。
③ 《史记》，第2566—2567页。

泉山下，本匈奴祭天处"，暗示秦直道南端"甘泉"的神秘背景。相关历史迹象体现直道线路应与匈奴在一定历史时段的南北交通实践有关。

前引《史记》诸注说，或言"匈奴祭天处本在云阳甘泉山下，秦夺其地，后徙之休屠王右地，故休屠有祭天金人"，或否定此说，言"事恐不然"，以为"得休屠金人，后置之于甘泉也"。无论何种说法更接近历史真实，"匈奴祭天处"与匈奴"祭天金人"的南北移动，都很可能与直道交通条件有关。

《汉书》卷六四下《严安传》载严安以故丞相史上书，说到汉武帝时代的军事扩张，包括对匈奴进取的战争局势："今徇南夷，朝夜郎，降羌僰，略薉州，建城邑，深入匈奴，燔其龙城，议者美之。此人臣之利，非天下之长策也。"关于"龙城"，颜师古注："龙城，匈奴祭天处。"①

《汉书》卷六《武帝纪》："（元光六年春）匈奴入上谷，杀略吏民。遣车骑将军卫青出上谷，骑将军公孙敖出代，轻车将军公孙贺出云中，骁骑将军李广出雁门。青至龙城，获首虏七百级。广、敖失师而还。"关于"龙城"，颜师古注："应劭曰：'匈奴单于祭天，大会诸国，名其处为龙城。'"②

"龙城，匈奴祭天处"与"徙之于休屠王右地"的"金人祭天"地点的关系可以讨论。但"龙城"当在更北的远地，也与秦始皇直道自"甘泉"北上的大方向一致。

三、"甘泉山下"的"径路神祠"

《匈奴列传》张守节《正义》引《括地志》云："径路神祠在雍州、云阳县西北九十里甘泉山下，本匈奴祭天处，秦夺其地，……。"说"匈奴祭天处"即"径路神祠"。

《汉书》卷二五下《郊祀志下》的说法则不同，指出"径路

---

① 《汉书》，第2813页。
② 《汉书》，第165页。

神祠"的祭祀对象是"休屠王"："京师近县……云阳有径路神祠，祭休屠王也。"颜师古注："休屠，匈奴王号也。径路神，本匈奴之祠也。"①

值得我们特别注意的是，匈奴的另一神祠的空间位置也在"云阳"这一与关中重心地方咸阳—长安所在存在特殊关系的亦被称作"都"的地点。②而所谓"径路神祠，祭休屠王也"与前引"秦夺其地，徙之于休屠王右地，故休屠有祭天金人"的说法都指示"休屠王"事，也特别值得重视。

前引张守节《正义》引《括地志》云："径路神祠在雍州、云阳县西北九十里甘泉山下，本匈奴祭天处，秦夺其地，后徙休屠右地"说"径路神祠""本匈奴祭天处"，与"径路神祠，祭休屠王也"之说异。

《汉书》卷二八上《地理志上》"左冯翊"条也说到"云阳"的祀所，可见分说"休屠""金人""径路神祠"："云阳。有休屠、金人及径路神祠三所，越巫䄠䣄祠三所。"③

这里明确区分"休屠""金人""径路神祠"为"三所"，或可读作"休屠""金人""径路"，为"神祠三所"。这样的理解，或可澄清"云阳有径路神祠，祭休屠王也"说法可能产生的误识。

四、"义渠"等"戎翟"的"甘泉"故事

《史记》卷一一〇《匈奴列传》追述匈奴种族和文化渊源，说到春秋时期中国北方诸"戎翟"，涉及活动于"岐、梁山、泾、漆之北"地方的"义渠"：

> 当是之时，秦晋为强国。晋文公攘戎翟，居于河西圁、洛之间，号曰赤翟、白翟。秦穆公得由余，西戎八国服于秦，故自陇以西有绵诸、绲戎、翟、獂之戎，岐、梁山、泾、漆之北有义渠、大荔、乌氏、朐衍之戎。而晋北有林胡、

---
① 《汉书》，第1250页。
② 王子今：《"云阳都"考论》，载《唐都学坛》2015年第5期。
③ 《汉书》，第1545页。

楼烦之戎，燕北有东胡、山戎。各分散居溪谷，自有君长，往往而聚者百有余戎，然莫能相一。

"义渠"活动的地域，可能包括"云阳""甘泉"。司马贞《索隐》："韦昭云：'义渠本西戎国，有王，秦灭之。今在北地郡。'"张守节《正义》："《括地志》云：'宁州、庆州，西戎，即刘拘邑城，时为义渠戎国，秦为北地郡也。'"①

《急就篇》卷二："宪义渠"。颜师古注："宪氏之先，本为周之布宪，司寇之属官也。其后以为姓焉。义渠，国名也。后为县，在北地。以县为名也。"②可知汉代民间意识，也以为"义渠"在"北地"。

司马迁在《匈奴列传》中对于战国时期"义渠"活动区域的表述，显示民族关系史和战争史的记忆中，"义渠"的势力并不囿于"北地"：

自是之后百有余年，晋悼公使魏绛和戎翟，戎翟朝晋。后百有余年，赵襄子踰句注而破并代以临胡貉。其后既与韩魏共灭智伯，分晋地而有之，则赵有代、句注之北，魏有河西、上郡，以与戎界边。其后义渠之戎筑城郭以自守，而秦稍蚕食，至于惠王，遂拔义渠二十五城。惠王击魏，魏尽入西河及上郡于秦。秦昭王时，义渠戎王与宣太后乱，有二子。宣太后诈而杀义渠戎王于甘泉，遂起兵伐残义渠。于是秦有陇西、北地、上郡，筑长城以拒胡。③

这里说到"上郡"，而"义渠之戎筑城郭以自守"，秦惠文王"拔义渠二十五"等记载，显示"义渠"在这里的行政控制曾经是相对稳定的。

"秦昭王时，义渠戎王与宣太后乱，有二子。宣太后诈而杀义渠戎王于甘泉，遂起兵伐残义渠。"这一故事除了体现秦宣太

---

① 《史记》，第2884页。
② 管振邦译注，宙浩审校：《颜注急就篇译释》，南京大学出版社2009年版，第82页。
③ 《史记》，第2885页。

后时代行政、情感与民族关系的特殊情形之外①,也提示了有关历史民族地理的一则重要信息,即"义渠之戎"活动的重心地带包括"甘泉"。

《匈奴列传》裴骃《集解》引《汉书音义》曰:"匈奴祭天处本在云阳甘泉山下,秦夺其地,……",司马贞《索隐》引《汉书音义》称:"金人祭天,本在云阳甘泉山下,秦夺其地,……",张守节《正义》引《括地志》云:"径路神祠在雍州、云阳县西北九十里甘泉山下,本匈奴祭天处,秦夺其地,……。"所谓"云阳甘泉山下","云阳县西北九十里甘泉山下",或许与"义渠戎王"居于"甘泉"的史实有关。《匈奴列传》毕竟是把"义渠"故事置于匈奴史的记述之中的。

司马贞《索隐》发表质疑此说的意见:"事恐不然。案:得休屠金人,后置之于甘泉也。"②看来似未可信从。

五、直道交通线上的祀所与神秘主义纪念地点

《汉书》卷二五下《郊祀志下》记述了位于汉王朝中枢地方即所谓"京师近县"的特殊祠祀重心:"京师近县鄠,则有劳谷、五床山、日月、五帝、仙人、玉女祠。云阳有径路神祠,祭休屠王也。又立五龙山仙人祠及黄帝、天神、帝原水,凡四祠于肤施。"③

位于"云阳"的"径路神祠"与位于"肤施"的"四祠":"五龙山仙人祠及黄帝、天神、帝原水",应当置于直道交通文化带这一体系中观察和理解。而"云阳有……祠,又立……四祠于肤施"句式,体现了"云阳""径路神祠"与"肤施""黄帝"等"四祠"的内在关系。

---

① 王子今:《秦国上层社会礼俗的性别关系考察——以秦史中两位太后的事迹为例》,载《秦陵秦俑研究动态》2002 年第 4 期;《秦国女权的演变》,载《光明日报》2002 年 8 月 20 日;《古史性别关系考察试习——从秦国两位太后说起》,见《历史、史学与性别》,江苏人民出版社 2002 年版;《秦史的宣太后时代》,载《光明日报》2016 年 1 月 20 日。

② 《史记》,第 2909 页。

③ 《汉书》,第 1250 页。

据说黄帝葬于桥山，汉武帝曾经在这里祭祀黄帝。或说桥山在秦始皇直道经过的子午山。① 这一信息，也值得研究者注意。

而陕西甘泉方家河直道遗存左近发现的凿刻年代可能属于新石器时代的岩画，与发现于河南新郑，一些学者认为与黄帝传说密切相关的具茨山岩画② 形制之相近，也可以帮助我们考察和理解直道沿线的黄帝纪念遗存的历史文化意义。③

直道交通带的扶苏、蒙恬纪念遗存④，以及佛教石窟遗存⑤，也应当以这一理念为基点有所认识和说明。

六、"径路""直道"联想

关于前引《汉书》卷二五下《郊祀志下》"径路神祠"，颜师古注："休屠，匈奴王号也。径路神，本匈奴之祠也。"猜想所谓"径路"二字，不排除匈奴语音译的可能。然而汉字"径路"，字面意义则使人得出或与交通道路相关的理解，甚至可能联想到与"直道"语义之相近。这使人疑心"径路"或许由匈奴语义译汉语的可能性。

《说文·彳部》中，除对"彳"的解说外，"德"字列为第一，"径"字列为第二："径，步道也。从彳。巠声。"段玉裁注："《周礼》：夫间有遂，遂上有径。郑曰：径容牛马，畛容大车，涂容乘车一轨，

---

① 《史记》卷一《五帝本纪》："黄帝崩，葬桥山。"裴骃《集解》："《皇览》曰：'黄帝冢在上郡桥山。'"司马贞《索隐》："《地理志》：桥山在上郡阳周县，山有黄帝冢也。"张守节《正义》："《括地志》云：'黄帝陵在宁州罗川县东八十里子午山。《地理志》云上郡阳周县桥山南有黄帝冢。'案：阳周，隋改为罗川。《尔雅》云山锐而高曰桥也。"第10—11页。

② 刘五一编著：《具茨山岩画》，中州古籍出版社2010年版；汤惠生：《具茨山岩画具有重要的学术价值》，见刘五一编著：《中原岩画》，中州古籍出版社2012年版，第159页。

③ 王子今：《甘泉方家河岩画与直道黄帝传说——上古信仰史与生态史的考察》，见《陕西历史博物馆馆刊》第21辑，三秦出版社2014年版。

④ 王子今、张在明：《秦始皇直道沿线的扶苏传说》，载《民间文学论坛》1992年第2期；王子今：《秦直道与公子扶苏被赐死的背后》，载《国家人文地理》2009年第5期。

⑤ 王子今：《北朝石窟分布的交通地理学考察》，见《北朝史研究：中国魏晋南北朝史国际学术研讨会论文集》，商务印书馆2004年版。

道容二轨,路容三轨。此云步道,谓人及牛马可步行而不容车也。居正切。十一部。按《辵部》'道'、《足部》'路'皆厕部末,此厕部首。不同者,错见之意。"①"径""畛""涂""道""路"中,"径"作为"步道",是等级最低的较简易的交通道路,但同时也可以理解为最捷近的道路,最方便的道路。明代学者曹学佺《周易可说》卷七《艮》解释"艮为山为径路":"径路者,高山之上成蹊,非如平地之大涂也。"②清代学者顾祖禹《读史方舆纪要》卷五九《阶州》:"若其制两川之命,为入蜀径路者,则曰阴平道,入蜀之间道也。"③

汉代语言习惯有以"径路"言交通者。见于历史文献者如《后汉书》卷四七《班勇传》载班勇上议:"旧敦煌郡有营兵三百人,今宜复之,复置护西域副校尉,居于敦煌,如永元故事。又宜遣西域长史将五百人屯楼兰,西当焉耆、龟兹径路,南强鄯善、于寘心胆,北扞匈奴,东近敦煌。如此诚便。"④其中有"西当焉耆、龟兹径路"语。又《后汉书》卷四八《霍谞传》:"光衣冠子孙,径路平易"⑤,《三国志》卷二一《魏书·阮籍传》裴松之注:"时率意独驾,不由径路,车迹所穷,辄恸哭而反。"⑥《三国志》卷四七《吴书·吴主传》:"陆逊别取宜都,获秭归、枝江、夷道,还屯夷陵,守峡口以备蜀。关羽还当阳,西保麦城。权使诱之。羽伪降,立幡旗为象人于城上,因遁走,兵皆解散,尚十余骑。权先使朱然、潘璋断其径路。十二月,璋司马马忠获羽及其子平、都督赵累等于章乡,遂定荆州。"⑦裴松之注引《吴录》:"是冬魏文帝至广陵,临江观兵,兵有十余万,旌旗弥数百里,有渡江之志。

---

① 〔汉〕许慎撰,〔清〕段玉裁注:《说文解字注》,上海古籍出版社据经韵楼藏版1981年10月影印版,第76页。
② 〔明〕曹学佺:《周易可说》,明崇祯刻本。
③ 〔清〕顾祖禹:《读史方舆纪要》,清稿本。
④ 《后汉书》,第1587—1588页。
⑤ 《后汉书》,第1616页。
⑥ 《三国志》,第605页。
⑦ 《三国志》,第1121页。

权严设固守。时大寒冰，舟不得入江。帝见波涛汹涌，叹曰：'嗟乎！固天所以隔南北也！'遂归。孙韶又遣将高寿等率敢死之士五百人于径路夜要之，帝大惊，寿等获副车羽盖以还。"①《三国志》卷四七《吴书·鲁肃传》："权使朱然、潘璋断其径路，即父子俱获，荆州遂定。"②《三国志》卷六〇《吴书·贺全传》："林历山四面壁立，高数十丈，径路危狭，不容刀楯，贼临高下石，不可得攻。"③《说郛》卷五九下孙盛《魏春秋》写道："阮籍常率意独驾，不由径路，车迹所穷，辄恸哭而反。"④以上也都说到"径路"与交通行为的关系。

言"断其径路"，"于径路夜要之"者，所谓"径路"明确与交通条件有关。

然而，匈奴又有"径路刀"，名号竟与"径路神""径路神祠"同。《汉书》卷九四下《匈奴传下》记载，汉元帝时，"汉遣车骑都尉韩昌、光禄大夫张猛送呼韩邪单于侍子"，韩昌、张猛与呼韩邪单于盟约：

> 昌、猛见单于民众益盛，塞下禽兽尽，单于足以自卫，不畏郅支。闻其大臣多劝单于北归者，恐北去后难约束，昌、猛即与为盟约曰："自今以来，汉与匈奴合为一家，世世毋得相诈相攻。有窃盗者，相报，行其诛，偿其物；有寇，发兵相助。汉与匈奴敢先背约者，受天不祥。令其世世子孙尽如盟。"昌、猛与单于及大臣俱登匈奴诺水东山，刑白马，单于以径路刀金留犁挠酒，以老上单于所破月氏王头为饮器者共饮血盟。

对于"盟约"外交仪式的重要道具"径路刀金留犁"及其使用，颜师古注："应劭曰：'径路，匈奴宝刀也。金，契金也。留犁，饭匕也。挠，和也。契金著酒中，挠搅饮之。'师古曰：'契，刻；

---

① 《三国志》，第1132页。
② 《三国志》，第1279页。
③ 《三国志》，第1378页。
④ 文渊阁《四库全书》本。

挠，搅也，音呼高反。'"①

应劭的解说"径路，匈奴宝刀也"，并没有提示"径路"一词的由来。"径路刀"与"径路神祠"之"径路"当有一定关系。②在具备可以确切说明这一关系的条件之前，有关"径路"或与"直道"意义相近的假想，似乎还仅仅只是假想。

宋代学者王观国《学林》卷四"饮器"条讨论了韩昌、张猛与呼韩邪单于盟约仪式上另一重要用器"以老上单于所破月氏王头为饮器者"，这件"饮器"的制作见《史记》卷一二三《大宛列传》："匈奴破月氏王，以其头为饮器"③。"至匈奴老上单于，杀月氏王，以其头为饮器"④。王观国写道："以此知所谓'饮器'者，饮酒器也。虽为饮酒器，然非宾主常用饮酒之器，若有盟会之事，则以其器贮血盟之酒，以示盛礼也。"⑤所谓"径路，匈奴宝刀也"，也应因其贵重神圣"以示盛礼"。也许"径路刀"与"径路神祠"之"径路"语，只是取其"神"性，而"径路"之神圣意义自有由来。

"径路刀"与"径路神祠"当来自匈奴语。匈奴语言史料进入汉语文献，多有音译而来者，特别是作为名号使用情形。但是也有据意译者，如"左贤王""右贤王""僮仆都尉"等。⑥"径路刀"与"径路神祠"如据意译，则"径路"可能与"直道"的联系，仍然有思考和探索的意义。

---

① 《汉书》，第3801—3802页。
② 王先谦《汉书补注》写道："休屠王祭天金人、径路刀见《匈奴传》，又《郊祀志》'云阳有径路神祠，祭休屠王也。'则'径路'是休屠王名，没而为神，故匈奴祠而汉因之，非祠宝刀也。其神遗有宝刀，因名。"〔汉〕许慎撰，〔清〕段玉裁注：《说文解字注》，上海古籍出版社据经韵楼藏版1981年10月影印版，第1582页。
③ 《史记》，第3157页。
④ 《史记》，第3162页。
⑤ 〔宋〕王观国撰，田瑞娟点校：《学林》，中华书局1988年版，第125—126页。今按：对于以头骨为"饮器"的现象，可以进行有特别意义的文化人类学考察。王子今：《猎头与头骨作器的远古风习》，载《化石》1984年第4期。
⑥ 王子今：《匈奴"僮仆都尉"考》，载《南都学坛》2012年第4期；《论匈奴僮仆都尉"领西域""赋税诸国"》，载《石家庄学院学报》2012年第4期。

上郡"龟兹"考论
——以直道史研究为视角

汉与匈奴对西域控制权的争夺,是汉代西北方向军事外交的主题之一。匈奴对西域的经营,包括武功与文治、军事威慑与外交合作,经济掠夺与产业开发。在汉王朝与匈奴争夺西域的竞争中,龟兹曾经表现出突出的作用。分析龟兹贵族在复杂情势下采取的外交形式,对于认识汉代边疆史、民族关系史和西域开发史,以及新疆地方史的演进,都有重要的意义。上郡"龟兹"置县,是汉与龟兹关系史上的重要情节。上郡"龟兹",是目前所见用西域国名命名汉地县的唯一一例,在地名学史上成为值得重视的信息。以"属国"形式控制"降附"龟兹人,也是考察汉代边疆与民族问题应予关注的重要现象。据《汉书》卷二八《地理志》,上郡龟兹"有盐官",当时盐运可能利用秦始皇直道。研究秦直道在汉代的交通功能,有必要讨论并说明上郡"龟兹"存在的意义。

一、汉匈西域争夺与"龟兹"外交

在汉文化全面影响西域之前,匈奴曾经控制这一地方。《汉书》卷九六上《西域传上》记述:"西域诸国大率土著,有城郭田畜,与匈奴、乌孙异俗,故皆役属匈奴。匈奴西边日逐王置僮仆都尉,使领西域,常居焉耆、危须、尉黎间,赋税诸国,取富给焉。"

所谓"役属匈奴",颜师古注:"服属于匈奴,为其所役使也。"①

汉文化向西域的扩张,表现于汉武帝时代全面据有河西之后:"汉兴至于孝武,事征四夷,广威德,而张骞始开西域之迹。其后骠骑将军击破匈奴右地,降浑邪、休屠王,遂空其地,始筑令居以西,初置酒泉郡,后稍发徙民充实之,分置武威、张掖、敦煌,列四郡,据两关焉。"而后又直接出军西域。"自贰师将军伐大宛之后,西域震惧,多遣使来贡献,汉使西域者益得职。于是自敦煌西至盐泽,往往起亭,而轮台、渠犁皆有田卒数百人,置使者校尉领护,以给使外国者。"②龟兹外交史正是在这样的形势下发生了变化。

汉宣帝时代,汉以空前的强势基本排除了匈奴对西域的控制。然而这一情形又曾经出现反复。据汉文史籍记载,龟兹人曾经"杀汉使者",随后"服罪"③;又曾"杀校尉赖丹"④,"神爵中,匈奴乖乱,日逐王先贤掸欲降汉,……吉发渠黎、龟兹诸国五万人迎日逐王"⑤,龟兹武装成为汉军事力量的附属。据《汉书》卷九六下《西域传下》,渠黎"胜兵百五十人",龟兹"胜兵二万一千七十六人"。⑥可知郑吉调发的"渠黎、龟兹诸国五万人"中,龟兹部队应是主力。

西汉晚期,龟兹与汉王朝保持着较密切的关系。"成、哀帝时往来尤数,汉遇之亦甚亲密。"⑦汉成帝阳朔年间任西域都护的段会宗,曾经在龟兹接受西域贵族往谒。龟兹一时成为汉帝国控制西域的重要据点。⑧两汉之际,中原王朝在西域地方的文化影响

---

① 《汉书》,第3872页。
② 《汉书》,第3873页。《史记》卷一二三《大宛列传》:"敦煌置酒泉都尉;西至盐水,往往有亭。而仑头有田卒数百人,因置使者护田积粟,以给使外国者。"第3179页。
③ 《汉书》卷七〇《傅介子传》,第3001页。
④ 《汉书》卷七〇《常惠传》,第3004页。
⑤ 《汉书》卷七〇《郑吉传》,第3005页。
⑥ 《汉书》,第3911页。《后汉书》卷二《明帝纪》:"(永平十八年六月)焉耆、龟兹攻西域都护陈睦,悉没其众。北匈奴及车师后王围戊己校尉耿恭。"第123页。
⑦ 《汉书》卷九六下《西域传下》,第3917页。
⑧ 《汉书》卷七〇《段会宗传》:"会宗既出。诸国遣子弟郊迎。小昆弥安日前为会宗所立,德之,欲往谒,诸翕侯止不听,遂至龟兹谒。城郭甚亲附。"所谓"城郭甚亲附",颜师古注:"谓城郭诸国。"第3030页。

又出现历史性的转折。王莽时代,西域外交形势恶化,中原军官李崇在极其被动的情况下,"收余士,还保龟兹"。数年后新莽败亡,李崇消失在政治舞台,"西域因绝。"①龟兹成为中原王朝控制西域的最后据点。

东汉时期,曾经有从龟兹"攻没都护"到都护班超"居龟兹"的历史转折。②《后汉书》卷八八《西域传》说:"永平中,北虏乃胁诸国共寇河西郡县,城门昼闭。"汉明帝策动了远征匈奴的战事,"(永平)十六年,明帝乃命将帅,北征匈奴,取伊吾卢地,置宜禾都尉以屯田,遂通西域,于寘诸国皆遣子入侍。西域自绝六十五载,乃复通焉。明年,始置都护、戊己校尉。"然而,随着汉明帝执政时期的结束,汉帝国对西域的控制权再次被否定,而以军事形式挑战汉人的就有龟兹贵族。"及明帝崩,焉耆、龟兹攻没都护陈睦,悉覆其众,匈奴、车师围戊己校尉。"③

据《后汉书》卷八八《西域传》记载,"(和帝永元三年),班超遂定西域,因以超为都护,居龟兹。复置戊己校尉,领兵五百人,居车师前部高昌壁,又置戊部候,居车师后部候城,相去五百里。六年,班超复击破焉耆,于是五十余国悉纳质内属。"④所谓班超"遂定西域",以"都护"身份"居龟兹",显现出龟兹在汉王朝西域控制战略中的重要地位。龟兹再次成为汉王朝控制西域的重心所在。龟兹军人也被班超编入自己指挥的军事力量之中。而龟兹军人的作用,影响了"西域五十余国"对东汉王朝的态度。

面对匈奴和汉王朝处于敌对状态的特殊背景和复杂情境,在大国夹缝之中,龟兹贵族在维护国家利益的原则下,往往取较灵活的策略。《汉书》卷九六上《匈奴传上》所见楼兰王就汉王朝

---

① 《汉书》卷九六下《西域传下》:"天凤三年,乃遣五威将王骏、西域都护李崇将戊己校尉出西域,诸国皆郊迎,送兵谷。焉耆诈降而聚兵自备。骏等将莎车、龟兹兵七千余人,分为数部入焉耆,焉耆伏兵要遮骏。及姑墨、尉黎、危须国兵为反间,还共袭击骏等,皆杀之。唯戊己校尉郭钦别将兵,后至焉耆。焉耆兵未还,钦击杀其老弱,引兵还。莽封钦为剡胡子。李崇收余士,还保龟兹。数年莽死,崇遂没,西域因绝。"第 3927 页。
② 《后汉书》卷四七《班超传》,第 1574、1581 页。
③ 《后汉书》,第 2909 页。
④ 《后汉书》,第 2910 页。

责难的对答，所谓"小国在大国间，不两属无以自安"①，说明了这种态度的合理性。对于相关历史现象，我们也许应当予以基于"温情"的理解。②

以《汉书》卷七〇《傅介子传》记载："先是龟兹、楼兰皆尝杀汉使者"，"至元凤中，介子以骏马监求使大宛，因诏令责楼兰、龟兹国"。他到达楼兰，"责其王教匈奴遮杀汉使"，"王谢服"。"介子至龟兹，复责其王，王亦服罪。介子从大宛还到龟兹，龟兹言'匈奴使从乌孙还，在此。'介子因率其吏士共诛斩匈奴使者。还奏事，诏拜介子为中郎，迁平乐监。"傅介子"诛斩匈奴使者"立功，是因为得到了龟兹人的配合。他又主动提出愿刺杀龟兹王，"介子谓大将军霍光曰：'楼兰、龟兹数反复而不诛，无所惩艾。介子过龟兹时，其王近就人，易得也，愿往刺之，以威示诸国。'大将军曰：'龟兹道远，且验之于楼兰。'于是白遣之。"傅介子竟以外交使节身份刺杀楼兰王，封为义阳侯。③

《汉书》卷七〇《常惠传》记载，常惠对龟兹实行了军事惩罚："惠与吏士五百人俱至乌孙，还过，发西国兵二万人，令副使发龟兹东国二万人，乌孙兵七千人，从三面攻龟兹，兵未合，先遣人责其王以前杀汉使状。王谢曰：'乃我先王时为贵人姑翼所误耳，我无罪。'惠曰：'即如此，缚姑翼来，吾置王。'王执姑翼诣惠，惠斩之而还。"④从常惠奏请击龟兹时所谓"龟兹国尝杀校尉赖丹"及"遣人责其王以前杀汉使状"，"责以前杀校尉赖丹"情形，可知其"数反复"的表现，与楼兰王"尝为匈奴间，候遮汉使者，发兵杀略卫司马安乐、光禄大夫忠、期门郎遂成等三辈，及安息、大宛使，盗取节印献物"，其实还是有所不同的。赖丹本西域人，曾经以杆弥太子的身份为质于龟兹。但是被杀害时，已经具有汉

---

① 《汉书》，第3877页。
② 钱穆说："对其本国已往历史略有所知者，尤必附随一种对其本国已往历史之温情与敬意。"《国史大纲》（修订本），商务印书馆1994年版，第1页。
③ 《汉书》，第3001—3002页。
④ 《汉书》，第3004页。同一史事，《汉书》卷九六下《西域传下》记载："宣帝时，长罗侯常惠使乌孙还，便宜发诸国兵，合五万人攻龟兹，责以前杀校尉赖丹。龟兹王谢曰：'乃我先王时为贵人姑翼所误，我无罪。'执姑翼诣惠，惠斩之。"第3916页。

王朝校尉将军的身份。①

《汉书》卷九六下《西域传下》记载，龟兹王绛宾娶乌孙领袖翁归靡女儿为妻。而这位龟兹王后的母亲，就是"楚主解忧"。②这位女子，是在"来至京师学鼓琴"回程中被龟兹王截留，并得到解忧公主认可的。"会女过龟兹，龟兹王留不遣，复使使报公主，主许之。后公主上书，愿令女比宗室入朝，而龟兹王绛宾亦爱其夫人，上书言得尚汉外孙为昆弟，愿与公主女俱入朝。元康元年，遂来朝贺。王及夫人皆赐印绶。夫人号称公主，赐以车骑旗鼓，歌吹数十人，绮绣杂缯琦珍凡数千万。留且一年，厚赠送之。后数来朝贺，乐汉衣服制度，归其国，治宫室，作徼道周卫，出入传呼，撞钟鼓，如汉家仪。外国胡人皆曰：'驴非驴，马非马，若龟兹王，所谓骡也。'"③"龟兹王绛宾"所爱女子有一半汉家血统，曾在长安接受高等级的音乐教育。因这位具有"比宗室"身份，"号称公主"的女子的特殊作用，龟兹贵族社会当时受到汉文化的深刻影响，对汉礼仪制度曾全面模仿复制。所谓"驴非驴，马非马，若龟兹王，所谓骡也"，体现龟兹文化面貌因汉文化的熏陶有明显改观。④

二、上郡"龟兹"："龟兹国人来降附者，处之于此"

有历史迹象表明，龟兹国人有入汉地定居者。其数量甚至相

---

① 龟兹杀校尉赖丹事，见《汉书》卷九六下《西域传下》："初，贰师将军李广利击大宛，还过扜弥，扜弥遣太子赖丹为质于龟兹。广利责龟兹曰：'外国皆臣属于汉，龟兹何以得受扜弥质？'即将赖丹入至京师。昭帝乃用桑弘羊前议，以扜弥太子赖丹为校尉将军，田轮台，轮台与渠犁地皆相连也。龟兹贵人姑翼谓其王曰：'赖丹本臣属吾国，今佩汉印绶来，迫吾国而田，必为害。'王即杀赖丹，而上书谢汉，汉未能征。"第3916页。悬泉置简有关于常惠往来西域的资料，可参看胡平生、张德芳：《敦煌悬泉汉简释粹》，上海古籍出版社2001年版。

② 《汉书》卷九六下《西域传下》："翁归靡既立，号肥王，复尚楚主解忧，生三男两女：长男曰元贵靡；次曰万年，为莎车王；次曰大乐，为左大将；长女弟史为龟兹王绛宾妻；小女素光为若呼翕侯妻。"颜师古注："弟史、素光皆女名。"第3904页。余太山《〈汉书·西域传下〉要注》："万年为莎车王、弟史为龟兹王，可见乌孙对于邻国影响之一斑。"《两汉魏晋南北朝正史西域传要注》，中华书局2005年版，第159页。今按："弟史为龟兹王"，应为"弟史为龟兹王妻"。

③ 《汉书》，第3916—3917页。

④ 王子今：《汉匈西域争夺背景下的龟兹外交》，见《龟兹学研究》第5辑，新疆大学出版社2012年版。

当可观。据《汉书》卷二八下《地理志下》，上郡属县有名"龟兹"者："龟兹，属国都尉治。有盐官。"颜师古注："龟兹国人来降附者，处之于此，故以名云。"①

就是说，"龟兹国人来降附"汉王朝者被安置于此，于是移用"龟兹"国号，形成了新的县级行政设置。王先谦《汉书补注》：

> 先谦曰："上郡属国归义降胡见《冯奉世传》。有盐池为民利见《后书·西羌传》。《续志》：后汉因。《一统志》：故城今榆林县北。"②

所谓"上郡属国归义降胡见《冯奉世传》"，指《汉书》卷七九《冯奉世传》的如下记载：

> 元帝即位，为执金吾。上郡属国归义降胡万余人反去。初，昭帝末，西河属国胡伊酋若王亦将众数千人畔，奉世辄持节将兵追击。右将军典属国常惠薨，奉世代为右将军典属国，加诸吏之号。数岁，为光禄勋。③

其实，这一事件《汉书》卷九《元帝纪》已有记载，并且标示发生的时间在"秋八月"："（初元元年）秋八月，上郡属国降胡万余人亡入匈奴。"④

"上郡属国降胡""上郡属国归义降胡"，按照王先谦的理解，就是颜师古注所谓"龟兹国人来降附者，处之于此"。

《汉书》卷七〇《郑吉传》记载神爵年间一起西域战事："神爵中，匈奴乖乱，日逐王先贤掸欲降汉，使人与吉相闻。吉发渠黎、龟兹诸国五万人迎日逐王，口万二千人、小王将十二人随吉至河曲，颇有亡者，吉追斩之，遂将诣京师。汉封日逐王为归德侯。"⑤所谓"渠黎、龟兹诸国五万人"的集结和调用，有押解或说押送匈奴降人的作用。似未可排除此次接纳匈奴日逐王降众的军事行动中，龟兹等国被借用的军事力量也辗转来到内地，并得

---

① 《汉书》，第1617、1618页。
② 王先谦：《汉书补注》，中华书局1983年版，第804页。
③ 《汉书》，第3295—3296页。
④ 《汉书》，第280页。
⑤ 《汉书》，第3005—3006页。《郑吉传》所谓日逐王部"口万二千人"，《汉书》卷八《宣帝纪》作"匈奴日逐王先贤掸将人众万余来降"。第262页。

以安置的可能。而为"渠黎、龟兹诸国五万人"参与监护的匈奴降众,也有可能部分"处之于此"。

如果"渠黎、龟兹诸国五万人"均为郑吉"将诣京师",来到内地,则"上郡属国降胡""上郡属国归义降胡"体现的内附西域人,应不仅仅是"龟兹国人来降附者"。《汉书》有关"上郡属国降胡""上郡属国归义降胡"叛降匈奴的两则记载,都说其众"万余人"。据《汉书》卷二八下《地理志下》,上郡有"户十万三千六百八十三,口六十万六千六百五十八。县二十三"。① 如简单平均,县均户4508,口26376。于此安置"龟兹国人来降附者",这样的人口数已经相当可观。估计不大可能全数都是"龟兹国人来降附者"。据《汉书》卷九六下《西域传下》,龟兹"户六千九百七十,口八万一千三百一十七,胜兵二万一千七十六人"②,即使龟兹军队大部被调发受降,并全数远行内地"来降附",也不能充实我们估算的上郡龟兹县人口。看来,"上郡属国降胡万余人""上郡属国归义降胡万余人",有可能是"渠黎、龟兹诸国""来降附者"。

《后汉书》卷四《和帝纪》记载东汉又重新恢复"上郡属国"管理少数民族的制度:"(永元二年二月)己亥,复置西河、上郡属国都尉官。"李贤的注文说到西汉"上郡龟兹县"曾经设置"属国都尉"的历史:"《前书》西河郡美稷县、上郡龟兹县并有属国都尉,其秩比二千石。《十三州志》曰:'典属国,武帝置,掌纳匈奴降者也,哀帝省并大鸿胪。'故今复置之。"③ 这里说"掌纳匈奴降者",应是西河美稷、上郡龟兹并说。而《后汉书·郡国志五》称上郡"龟兹属国":"上郡秦置。十城,户五千一百六十九,口二万八千五百九十九。肤施 白土 漆垣 奢延 雕阴 桢林 定阳 高奴 龟兹属国 候官"④。

《水经注》卷三《河水三》则明确说到上郡"龟兹县"因收

---

① 《汉书》,第1617页。
② 《汉书》,第3911页。
③ 《后汉书》,第170页。
④ 《后汉书》,第3523页。

容安置"龟兹降胡"而"著称":

> (诸次之水)东迳榆林塞,世又谓之榆林山,即《汉书》所谓榆溪旧塞者也。自溪西去,悉榆柳之薮矣。缘历沙陵,届龟兹县西北,故谓广长榆也。……
>
> 奢延水又东合交兰水。水出龟兹县交兰谷,东南流注奢延水。……帝原水西北出龟兹县,东南流。县因处龟兹降胡著称。①

谭其骧主编《中国历史地图集》标示,上郡龟兹的位置大致在今陕西榆林北,县治在帝原水(今无定河上游榆林河)东侧。②

上郡"龟兹"是目前所见用西域国名命名汉地县的唯一一例,可以看作地名学史上值得思索的现象。这也说明上郡"龟兹"的人口构成和文化地理定位,是尚待进一步探索的重要课题。工作的深入,可能需更多地依赖考古工作的新收获,包括发掘和人类学的鉴定。

《汉书》卷二八下《地理志下》上郡"龟兹"与《后汉书·郡国志五》上郡"龟兹属国"的文化地理内涵尚不十分明确,但是仍可以作为说明龟兹与内地文化联系的一项重要的补充证据。

三、关于龟兹"有盐官"

前引《汉书》卷二八下《地理志下》上郡"龟兹,属国都尉治。有盐官",所谓"有盐官",记录了龟兹的盐产资源优势。王先谦《汉书补注》称"有盐池为民利"。

西汉"盐官"的设置,据《汉书》卷二八《地理志》记载,各地盐官合计35处,即:河东郡:安邑;太原郡:晋阳;南郡:巫;巨鹿郡:堂阳;勃海郡:章武;千乘郡;北海郡:都昌,寿光;东莱郡:曲城,东牟,㬵,昌阳,当利;琅邪郡:海曲,计斤,长广;会稽郡:海盐;蜀郡:临邛;犍为郡:南安;益州郡:连然;巴郡:

---

① 〔北魏〕郦道元著,陈桥驿校证:《水经注校证》,中华书局2007年版,第83、86页。
② 谭其骧主编:《中国历史地图集》第2册,地图出版社1982年版,第17—18页。

胸忍①；陇西郡；安定郡：三水；北地郡：弋居；上郡：独乐，龟兹；西河郡：富昌；朔方郡：沃壄；五原郡：成宜；雁门郡：楼烦；渔阳郡：泉州；辽西郡：海阳；辽东郡：平郭；南海郡：番禺；苍梧郡：高要。②

据研究，其实《地理志》所载录盐官并不足全数，严耕望曾考补2处，即：西河郡：盐官；雁门郡：沃阳。③杨远又考补6处，即：越巂郡：定莋；巴郡：临江；朔方郡：朔方，广牧；东平国：无盐；广陵国。又写道："疑琅邪郡赣榆、临淮郡盐渎两地，也当产盐，尤疑东海郡也当产盐，姑存疑。"④亦有文献透露出其他"盐官"的存在。⑤

----

① 《汉书》卷二八上《地理志上》，第1550—1551、1566、1575、1579—1580、1583、1585—1586、1591、1598—1599、1601、1603页。

② 《汉书》卷二八下《地理志下》，第1610、1615—1619、1621、1624—1626、1628—1629页。

③ 严耕望：《中国地方行政制度史》上编"秦汉地方行政制度史"，"中央研究院"历史语言研究所专刊之四十五，1961年版。

④ 杨远：《西汉盐、铁、工官的地理分布》，见《香港中文大学中国文化研究所学报》第9卷，上册，1978年。

⑤ 如西河郡盐官以"盐官"名县。《汉书》卷二八下《地理志下》：雁门郡沃阳，"盐泽在东北，有长丞。西部都尉治"。第1621页。《水经注·河水三》："沃水又东北流，注盐池。《地理志》曰'盐泽在东北'者也。""池西有旧城，俗谓之'凉城'也。""《地理志》曰'泽有长、丞'，此城即长、丞所治也。"〔北魏〕郦道元著，陈桥驿校证：《水经注校证》，中华书局2007年版，第81页。《汉书》卷二八上《地理志上》：越巂郡定莋"出盐"。第1600页。《华阳国志·蜀志》："〔定筰县〕有盐池，积薪，以齐水灌而后焚之，成盐。汉末，夷皆锢之。张嶷往争，夷帅狼岑，槃木王舅，不肯服，嶷禽，挞杀之。厚赏赐，余类皆安，官迄今有之。"〔晋〕常璩撰，任乃强校注：《华阳国志校补图注》，上海古籍出版社1987年版，第210页。当地富产盐，元置闰盐州，明置盐井卫，清置盐源县。虽然"汉末，夷皆锢之"，西汉时则有可能曾经官有。《水经注·江水一》："江水又东迳临江县南，王莽之监江县也。《华阳记》曰：'县在枳东四百里，东接朐忍县，有盐官，自县北入盐井溪，有盐井营户。'"〔北魏〕郦道元著，陈桥驿校证：《水经注校证》，第774页。《汉书》卷二八下《地理志下》：朔方郡朔方，"金连盐泽、青盐泽皆在南"。第1619页。《水经注·河水三》："按《地理志》云：'金连盐泽、青盐泽并在县南矣。'又按《魏土地记》曰：'县有大盐池，其盐大而青白，名曰青盐，又名戎盐，入药分，汉置典盐官。地去平城宫千二百里，在新秦之中。'"〔北魏〕郦道元著，陈桥驿校证：《水经注校证》，中华书局2007年版，第76页。《汉书》卷二八下《地理志下》：朔方郡广牧，"东部都尉治，莽曰盐官"。第1619页。东平国无盐，"莽曰有盐亭"。第1637页。《史记》卷一〇六《吴王濞列传》说，吴王刘濞"煮海水为盐"致"国用富饶"，《史记》卷一二九《货殖列传》也说广陵"有海盐之饶"。第2822、3267页。《后汉书》卷二四《马棱传》："章和元年，迁广陵太守。时谷贵民饥，奏罢盐官，以利百姓"。第862页。是广陵也有盐官。

如此可知西汉盐官位于 30 郡国，共 43 处。①

四、"北边"盐官与直道盐运通道的作用

秦汉时期，"北边"是确定的军事地理和民族地理的代表性符号②，"北边"也长期成为社会共同关注的区域方向。《史记》卷三〇《平准书》说，汉武帝时代经营边疆地区的文化扩张，"严助、朱买臣等招来东瓯，事两越，江淮之间萧然烦费矣。唐蒙、司马相如开路西南夷，凿山通道千余里，以广巴蜀，巴蜀之民罢焉。彭吴贾灭朝鲜，置沧海之郡，则燕齐之间靡然发动。及王恢设谋马邑，匈奴绝和亲，侵扰北边，兵连而不解，天下苦其劳，而干戈日滋。行者赍，居者送，中外骚扰而相奉，百姓抏弊以巧法，财赂衰耗而不赡。"③"事两越，江淮之间萧然烦费矣"；"广巴蜀，巴蜀之民罢焉"；"灭朝鲜，置沧海之郡，则燕齐之间靡然发动"。汉文化在这三个方向的扩张，都只是导致局部地方的民众承受了沉重的压力。然而对匈奴的战争，却牵动全国，致使"天下苦其劳"。

与这一形势有关，直道的战略意义显然是重要的。

西汉时期，有"北边二十二郡"的说法。《汉书》卷八《宣帝纪》："（本始元年）夏四月庚午，地震。诏内郡国举文学高第各一人。"颜师古注引韦昭曰："中国为内郡，缘边有夷狄障塞者为外郡。成帝时，内郡举方正，北边二十二郡举勇猛士。"④所说"成帝时"

---

① 王子今：《两汉盐产与盐运》，载《盐业史研究》1993 年第 3 期。
② 《史记》卷三〇《平准书》言"匈奴数侵盗北边"，"侵扰北边"，"北边未安"，又记载汉武帝巡行"北边"事："天子北至朔方，东到太山，巡海上，并北边以归。"第 1419、1421—1422、1441 页。《汉书》卷二四下《食货志下》也写道："天子北至朔方，东封泰山，巡海上，旁北边以归。"第 1175 页。《汉书》卷二五上《郊祀志上》："上乃遂去，并海上，北至碣石，巡自辽西，历北边至九原。"第 1236 页。"北边"，已成为汉帝国长城沿线地方的地理代号。"北边"是汉代文献中出现比较频繁的区域称谓。《史记》卷八八《蒙恬列传》："太史公曰：吾适北边，自直道归，行观蒙恬所为秦筑长城亭障，堑山堙谷，通直道，固轻百姓力矣。"第 2570 页。又《汉书》卷七《昭帝纪》："发军屯西河，左将军桀行北边。"第 218 页。《汉书》卷六九《赵充国传》说道："北边自敦煌至辽东万一千五百余里，乘塞列隧有吏卒数千人。"第 2989 页。王子今：《战国秦汉交通格局与区域行政》，中国社会科学出版社 2015 年版，第 142 页。
③ 《史记》，第 1421 页。
④ 《汉书》，第 241 页。

事，见《汉书》卷一〇《成帝纪》：元延元年秋七月诏："与内郡国举方正能直言极谏者各一人，北边二十二郡举勇猛知兵法者各一人。"①所谓"北边二十二郡"与所谓"内郡国"形成对应关系。②两者人才构成的特点因环境条件有所区别。

我们注意到，"北边二十二郡"中，计有"盐官"12处，即：陇西郡；安定郡：三水；北地郡：弋居；上郡：独乐，龟兹；西河郡：富昌；朔方郡：沃壄；五原郡：成宜；雁门郡：楼烦；渔阳郡：泉州；辽西郡：海阳；辽东郡：平郭。"北边二十二郡"所有"盐官"占全国"盐官"总数的27.9%，比例已经相当可观。由此可以理解司马迁《史记》卷一二九《货殖列传》所谓"山东食海盐，山西食盐卤，领南、沙北固往往出盐"之"山西""沙北"盐产形式。所谓"盐卤"，张守节《正义》："谓西方咸地也。坚且咸，即出石盐及池盐。"③"北边"盐产以"池盐"为主。

特别值得我们注意的是，直道沿途地方有多处"盐官"存在。上文说到的43处西汉"盐官"，其中位于直道途径以及直道可以联系的"北边"诸郡者，有：安定郡：三水；北地郡：弋居；上郡：独乐，龟兹；西河郡：富昌；朔方郡：沃壄；五原郡：成宜。这7处"盐官"，在已经考定的43处西汉"盐官"中，数量比例达到16.3%。这些盐产基地的产量以及满足消费需求区域的规模，我们目前虽无从估计，但是直道作为盐运通道的作用是大致可以推知的。④

五、"龟兹"空间位置确定的意义

"龟兹"作为上郡属县，在《汉书》卷二八下《地理志下》著录之前，似乎并没有文献记录。这是一个与"北边"防务有重

---

① 《汉书》，第326页。
② "内郡国"，可能是西汉后期出现的体现区域意识更为明确的行政地理概念。帝王诏令的使用，见于《汉书》卷八《宣帝纪》、卷九《元帝纪》、卷一〇《成帝纪》。第241、245、249、264页。另《汉书》卷七〇《陈汤传》及卷九九中《王莽传中》也可见"内郡国"。第3024、4131页。
③ 《史记》，第3269页。
④ 王子今：《秦始皇直道的盐运效能》，载《中国矿业大学学报》（社会科学版）2016年第6期。

要战略关系的新置的县。"龟兹"地理定位，体现出其区域政治与区域军事的意义。作为以"属国"形式控制"降附"龟兹人的行政单位，亦应从边疆史与民族史的视角认识其设定的动机。

汉武帝时代面对复杂的边疆民族问题，在边地推行"属国"的制度。《史记》卷一一一《卫将军骠骑列传》："乃分徙降者边五郡故塞外，而皆在河南，因其故俗，为属国。"张守节《正义》："以降来之民徙置五郡，各依本国之俗而属于汉，故言'属国'也。"①《汉书》卷六《武帝纪》："（元狩二年）秋，匈奴昆邪王杀休屠王，并将其众合四万余人来降，置五属国以处之。"颜师古注："凡言属国者，存其国号而属汉朝，故曰属国。"②又《史记》卷一一一《卫将军骠骑列传》："骠骑将军自四年军后三年，元狩六年而卒。天子悼之，发属国玄甲军，陈自长安至茂陵，为冢象祁连山。"关于"属国玄甲"，张守节《正义》："属国即上分置边五郡者也。玄甲，铁甲也。"③

所谓"属国"，可能继承了秦时制度。《汉书》卷七《昭帝纪》："（始元六年二月）移中监苏武前使匈奴，留单于庭十九岁乃还，奉使全节，以武为典属国，赐钱百万。"颜师古注："如淳曰：'以其久在外国，知边事，故令典主诸属国。'师古曰：'典属国，本秦官，汉因之，掌归义蛮夷，属官有九译令。后省，并大鸿胪。'"④所谓"典属国，本秦官"的说法，出自《汉书》卷一九上《百官公卿表上》："典属国，秦官，掌蛮夷降者。"⑤看来，以专门行政设置处理少数民族归附人口，是秦的政治发明。

前引《汉书》卷六《武帝纪》："（元狩二年）秋，匈奴昆邪王杀休屠王，并将其众合四万余人来降，置五属国以处之。"⑥《汉书》卷八《宣帝纪》："（神爵二年）夏五月，羌虏降服，斩其首恶大豪杨玉、酋非首。置金城属国以处降羌。""（五凤三年）

---

① 《史记》，第2934页。
② 《汉书》，第176页。
③ 《史记》，第2939—2940页。
④ 《汉书》，第223—224页。
⑤ 《汉书》，第735页。
⑥ 《汉书》，第176页。

置西河、北地属国以处匈奴降者。"①前引《汉书》卷九《元帝纪》："（初元元年）秋八月，上郡属国降胡万余人亡入匈奴。"《汉书》卷一七《景武昭宣元功臣表》："延和三年，以五原属国都尉与贰师将军俱击匈奴，没。""成安严侯郭忠以张掖属国都尉匈奴入寇与战，斩黎汗王，侯，七百二十四户。"②

据《汉书》卷一九上《百官公卿表上》，"属国都尉"为"武帝初置"。《汉书》卷二八下《地理志下》记载，置"属国都尉"的有：天水郡，"属国都尉治满福"。安定郡，"三水，属国都尉治"。上郡，"龟兹，属国都尉治"。西河郡，"美稷，属国都尉治"。五原郡，"蒲泽，属国都尉治"③。又《汉书》卷三六《刘歆传》"安定属国都尉"，《汉书》卷五九《张延寿传》"天水属国都尉"，前引《汉书》卷七九《冯立传》"五原属国都尉"，《汉书》卷八六《何武传》"西河属国都尉"，《汉书》卷九四上《匈奴传上》"张掖太守属国都尉"，《汉书》卷一〇〇上《叙传上》"西河属国都尉"等。④"属国都尉"设置均在北边，可以看到侧重西北的态势。上郡龟兹虽并非位置居中，但是正与统治中枢长安方向南北对应，对照上郡武库的特殊战略意义，不难理解其地位的重要。

《后汉书》卷七《桓帝纪》李贤注引《汉官仪》曰："秦郡有尉一人，典兵禁，捕盗贼，景帝更名都尉，建武六年省，唯边郡往往置都尉及属国都尉。"⑤《后汉书·百官志五》："（武帝）边郡置农都尉，主屯田殖谷。又置属国都尉，主蛮夷降者。中兴建武六年，省诸郡都尉，并职太守，无都试之役。省关都尉，唯边郡往往置都尉及属国都尉，稍有分县，治民比郡。"⑥东汉"置属国都尉"的"边郡"已经不限于北边，对西南方向的重视引人注目。蜀郡、广汉、犍为均有属国都尉。而就北边而言，上郡属

---

① 《汉书》，第262、267页。《汉书》卷六九《赵充国传》："初置金城属国以处降羌。"第2993页。
② 《汉书》，第648—649、668页。
③ 《汉书》，第1612、1615、1617、1618页。
④ 《汉书》，第1972、2656、3305、3486、3783、4203页。
⑤ 《后汉书》，第301页。
⑥ 《后汉书》，第3621页。

国都尉的地位依然显著。东汉辽东属国都尉的设置引人注目。《后汉书》卷四《和帝纪》："（十六年）十二月，复置辽东西部都尉官。"李贤注："西部都尉，安帝时以为属国都尉，在辽东郡昌黎城也。"①《后汉书》卷五《安帝纪》："（建光元年夏四月）甲戌，辽东属国都尉庞奋，承伪玺书杀玄菟太守姚光。"②属国都尉设置，西起张掖属国都尉，东至辽东属国都尉，从这一格局看，上郡属国都尉空间位置居中的情形值得注意。③

两汉上郡属国都尉所在龟兹的位置，在今陕西榆林北。西汉上郡龟兹东北有桢林、白土，西北有北部都尉所在高望，东汉上郡龟兹东北仍有桢林、白土，面对匈奴方向，均不在前敌位置。④然而因控制中路，特别是临直道交通线，居于特殊的地位。胡渭《禹贡锥指》卷一三上："（榆林）卫本汉上郡龟兹县地。"⑤雍正《陕西通志》卷三《建置·汉·上郡》"龟兹"条："榆林卫，本汉上郡龟兹县地，北至边墙十里。其外皆战国云中、九原地也。"⑥所谓"其外"，即秦昭襄王长城之"外"。所谓"汉上郡龟兹县地"大致位于秦昭襄王长城与秦始皇直道交叉点上⑦，其战略意义因空间定位得以显现。清人所谓"边墙"，即明代沿用战国长城之边防线。⑧

六、张奂"据龟兹"平南匈奴叛故事

《后汉书》卷七《桓帝纪》记载："（永寿元年）南匈奴左

---

① 《后汉书》，第193页。
② 中华书局标点本校勘记："《通鉴考异》谓姚光实以延光元年被杀，纪误以'延'为'建'。《考异》又云，'延光元年四月无甲戌。'"《后汉书》，第233、247页。
③ 王子今：《西汉上郡武库与秦始皇直道交通》，见《秦汉研究》第10辑，陕西人民出版社2016年版。
④ 谭其骧主编：《中国历史地图集》第2册，地图出版社1982年版，第17—18、59—60页。
⑤ 〔清〕胡渭著，邹逸麟整理：《禹贡锥指》，上海古籍出版社1995年版，第420页。
⑥ 〔清〕查郎阿修，沈青崖纂：雍正《敕修陕西通志》，清雍正十三年序本。
⑦ 国家文物局主编：《中国文物地图集·陕西分册》，西安地图出版社1998年版，第62—63页，《陕西省秦汉遗存图》。
⑧ 国家文物局主编：《中国文物地图集·陕西分册》（上），第60—61页，《陕西省春秋战国遗存图》；第70—71页，《陕西省长城遗存图》，西安地图出版社1998年版。

奠鞬台耆、且渠伯德等叛,寇美稷,安定属国都尉张奂讨除之。"①
《后汉书》卷六五《张奂传》有比较具体的记述:"永寿元年,迁安定属国都尉。初到职,而南匈奴左奠鞬台耆、且渠伯德等七千余人寇美稷,东羌复举种应之,而奂壁唯有二百许人,闻即勒兵而出。军吏以为力不敌,叩头争止之。奂不听,遂进屯长城,收集兵士,遣将王卫招诱东羌,因据龟兹,使南匈奴不得交通东羌。诸豪遂相率与奂和亲,共击奠鞬等,连战破之。伯德惶恐,将其众降,郡界以宁。"李贤注:"龟兹音丘慈,县名,属上郡。《前书音义》曰'龟兹国人来降之,因以名县'也。"②

《后汉书》卷八九《南匈奴传》:"至永寿元年,匈奴左奠鞬台耆、且渠伯德等复畔,寇钞美稷、安定,属国都尉张奂击破降之。事已具《奂传》。"③

张奂在"南匈奴左奠鞬台耆、且渠伯德等七千余人寇美稷,东羌复举种应之"而敌强我弱的危急情势下,"进屯长城,收集兵士,遣将王卫招诱东羌,因据龟兹,使南匈奴不得交通东羌",以龟兹为据点,成功隔绝南匈奴与东羌,使其不能呼应联系,于是"击破降之"。龟兹战略地位之重要由此可知。南匈奴之叛,"寇钞美稷、安定",美稷属西河,而张奂是以安定属国都尉身份"据龟兹",在所部"唯有二百许人",面对南匈奴"七千余人",且"东羌复举种应之"这种敌我力量对比甚为悬殊的形势下而最终控制了局面的。可知龟兹以地位之重要,可以扼控安定、上郡、西河相当广阔的空间。其战略优势的形成,应当有靠近直道的因素。

---

① 《后汉书》,第302页。
② 《后汉书》,第2138页。
③ 《后汉书》,第2963页。

中编 秦始皇直道的路线走向与形制特征

关于秦始皇直道的起点

秦始皇直道的开通，是中国古代交通建设历程中最重要的工程记录。秦直道的开通和应用，在中国古代交通史上具有极其重要的地位。对于军事交通的发展历程而言，秦直道也表现出里程碑式的意义。① 关于秦始皇直道的起点，史家曾经发表不同的意见。多数学者认定云阳是秦直道的起点，或说起点为甘泉宫或咸阳。这一认识的基础，是以为秦帝国的交通道路网以"咸阳"为中心的成见。其实，按照司马迁《史记》的明确记述，直道是以九原为起点，而以云阳、甘泉为终点的，即所谓"道九原，抵云阳""道九原，通甘泉"。澄清对于秦始皇直道起点的误识，有益于还原秦交通史的真实，也有益于理解秦帝国交通规划格局的实际意义。秦代社会的方位意识和方向意识中"北"似有特殊地位，因直道起点的讨论，可以得到就此进行深入考察和说明的基本条件。

一、直道起点"云阳""甘泉"说

史念海发表于1975年的学术论文《秦始皇直道遗迹的探索》，是第一次予秦始皇直道以真正的学术重视，并提出了重要的学术判断，其中若干意见对于秦交通史、秦代历史地理的研究有重要

---

① 王子今：《秦直道的历史文化观照》，载《人文杂志》2005年第5期。

的学术启示。作为秦始皇直道研究的创始之作,开启了这一研究主题的学术门径。其创新意义、进取意义和引领意义,都非常显著。

但是,史念海论文中提出的意见,并非不可以讨论。其中有的论点,其实可以通过新的考察和研究有所充实,有所修正,有所更新。比如,史念海对于"直道以云阳为起点"的说法,似乎就有进一步讨论的必要。

史念海论文《秦始皇直道遗迹的探索》的第二部分即考论"直道的起点"。作者这样写道:直道以云阳为起点。原因距咸阳不远,其间道路良好,来往方便。云阳县北有甘泉山,山高气爽,是避暑胜地。山上有林光宫,秦始皇经常到那里去。远在战国时期,甘泉和谷口(今陕西泾阳县西北)就以险要著称,起着屏蔽咸阳的作用。秦始皇经常住在甘泉山上,并不是为了避暑,而是兼有为抗击匈奴而坐镇的政治意义。[1] 他在《略论秦直道》一文中也写道:"秦直道,即南起云阳(今陕西淳化县)北抵九原(今内蒙古自治区包头市西)的交通大道","直道的南端在云阳甘泉山(林光宫),北面终点在九原郡九原县。""直道是一项国防工程,意在从云阳直抵九原"。[2]

所谓"直道以云阳为起点",提出了十分明确的学术判断。其他秦直道考察者也多持此观点。王开在《"秦直道"初探》中写道:"秦直道的起点确实在甘泉宫,终点在九原县。"[3] 李进《秦直道考查记》也认为:"直道起点在古云阳附近。"[4] 甘肃省文物局《秦直道考察》也写道:"秦直道,南起云阳林光宫,北抵九

---

[1] 史念海:《秦始皇直道遗迹的探索》,载《陕西师大学报》(哲学社会科学版)1975年第3期,《文物》1975年第10期,收入《河山集》四集,陕西师范大学出版社1991年版。
[2] 史念海、吴宏岐:《略论秦直道》,见《秦文化论丛》第5辑,西北大学出版社1997年版,第13、14、15页。
[3] 王开:《"秦直道"初探》,载《西北史地》1987年第2期。
[4] 李进:《秦直道考查记》,载《陕西交通史志通讯》1986年第5期。

原郡，长达约 900 余公里。"① 有的比较权威的考古学论著也持同样的意见。《中国考古学·秦汉卷》的执笔者写道："秦直道是秦始皇统一全国以后，于秦始皇三十五年（公元前 212 年）令蒙恬率三十万大军兴建的，由于直道南起云阳（今陕西淳化县北），北至九原（今内蒙古包头市西），全长'千八百里'（合 742.5 公里），'直通之'，故名。它是连接中原与北方草原地区惟一的一条交通纽带，也是支援北方长城沿线地带军事防务的交通线，与长城共同构成秦朝北疆的防御体系。"又有具体的"起迄点"介绍："秦直道的南、北起迄点分别位于陕西省淳化县北梁武帝村的秦林光宫和内蒙古自治区包头市南的麻池古城，……"并且说："对此学术界基本无异议。南、北起迄点的确定，为探索秦直道的走向确定了基点。"按照这一思路，论者又说明了直道的线路："陕西省有关学者在对直道作了进一步的调查与考证后认为，陕西境内的秦直道由淳化，经旬邑、黄陵、富县、甘泉、志丹、安塞、靖边至榆林，由神木县西北角的昌鸡兔进入内蒙古自治区的伊金霍洛旗。"又经东胜、达拉特旗，"直道大致在黄河南岸昭君坟附近过河，终止于秦九原郡治所在地，即今包头市西南麻池古城"②。

许多学者虽然并没有以秦始皇直道作为学术主题发布专门论著，但是在说到这条重要道路时，也不免涉及起点、终点和方向问题。相当多的意见，沿袭史念海的论说。如傅筑夫、王毓瑚编《中国经济史资料·秦汉三国编》第二章"交通及运输"的"绪言"中，这样概括直道在当时"交通布局"中的作用："自关中而北，直达塞外的九原，为北路干线；……"③ 笔者有关秦始皇直道的讨论，也曾经采用"由林光宫向北……"，"从甘泉宫北行……"，"由

---

① 甘肃省文物局：《秦直道考察》，兰州大学出版社 1996 年版，第 1 页。
② 中国社会科学院考古研究所著：《中国考古学·秦汉卷》，中国社会科学出版社 2010 年版，第 70—71 页。
③ 傅筑夫、王毓瑚编：《中国经济史资料·秦汉三国编》，中国社会科学出版社 1982 年版，第 33 页。

甘泉向北……"的说法。①

有的新出秦汉史论著也采用类似的表述方式。如："秦始皇三十五年，秦始皇下令修建一条从云阳（今陕西省淳化县）到九原（今内蒙古自治区包头市）的道路。这条道路途经陕西、甘肃、内蒙古，包括了黄土高原、山地、沙漠等地理环境，修筑技术难度很高。"②

有的学者甚至确定了秦直道起点的具体位置："秦直道肇始于汉甘泉宫城北门遗址附近。起点今为一小沟道，宽约 25 米。"③又说："秦直道自秦汉云阳县甘泉山至九原郡。起点甘泉山。""秦直道发端于汉甘泉宫北城门"。④

二、直道起点"咸阳"说

关于秦始皇直道的起点，还有一种表述方式，以为直道起点为"咸阳"。这种意见也曾经有显著的影响。

何兹全《秦汉史略》在记述秦始皇派将军蒙恬发兵北击匈奴，

---

① 如王子今、张在明：《秦始皇直道沿线的扶苏传说》，载《民间文学论坛》1992 年第 2 期；王子今、焦南峰：《秦直道石门琐议》，见《秦俑秦文化研究——秦俑学第五届学术讨论会论文集》，陕西人民出版社 2000 年版；王子今：《秦汉交通史稿》增订版，中共中央党校出版社 1994 年版，中国人民大学出版社 2013 年版；王子今：《秦汉史：帝国的成立》，三民书局 2009 年版。有的论著则注意遵循司马迁的方向表述。如王子今：《秦"北边"交通格局与九原的地位》，见《2012·中国"秦汉时期的九原"学术论坛专家论文集》，内蒙古人民出版社 2012 年版；王子今：《秦直道九原"度河"方式探讨》，见《2012·中国"秦汉时期的九原"学术论坛专家论文集》，内蒙古人民出版社 2012 年版，另见《史念海先生百年诞辰纪念学术论文集》，陕西师范大学出版总社有限公司 2012 年版；王子今：《直道与丝绸之路交通》，载《历史教学》2016 年第 4 期；王子今、方光华：《中国历史·秦汉魏晋南北朝卷》，高等教育出版社 2001 年版；王子今、方光华：《秦汉魏晋南北朝史》，五南图书出版股份有限公司 2002 年版。

② 论者还写道："为了确保这条道路能够更快捷地通往北方边塞，秦始皇提出了很高的技术要求。据《史记》记载，这条道路采取的修建方法是'堑山堙谷'，即削平山头、填塞谷底，这样可以使道路更为平整。通过考古工作者的实地调查和发掘，基本验证了《史记》记载的正确性。由于这条道路相对平直，故被称作'直道'。'直道'是当时一条修建标准极高的军事高速公路，很多路段直到今天还在使用。"马孟龙：《秦汉史》，上海人民出版社 2015 年版，第 16 页。

③ 姚生民编著：《甘泉宫志》，三秦出版社 2003 年版，第 107 页。

④ 姚生民：《秦直道起点及相关问题》，载《咸阳师范学院学报》2002 年第 1 期。

又"整补"长城之后,这样写道:"秦始皇又从咸阳往北到黄河修筑了一条笔直的大道,边地有警,秦帝国的军队可以迅速的开过去。这样,就大大的巩固了秦帝国北方的国防,保卫了秦帝国人民的生命财产。"①林剑鸣《秦史稿》也写道:"公元前二一二年(秦始皇三十五年),秦始皇又令人修了一条由咸阳直向北伸的'直道',……这条'直道'从咸阳以北不远的云阳出发,经过今陕西淳化县北梁武帝村秦林光宫遗址北行,至子午岭上,循主脉北行,直到定边县南,再由此东北行,进入鄂尔多斯草原,过乌审旗北,经东胜县西南,在昭君坟附近渡黄河,到达包头市西南秦九原郡治所。这条路全长一千八百里(约合今一千四百里)是从秦朝首都咸阳至秦北方九原郡最捷近的道路。"论者认为,秦始皇直道"是从秦朝首都咸阳至秦北方九原郡最捷近的道路","如果匈奴再次进攻,秦军即可循这条'直道'由首都直达九原,迅速给以反击"。②此说既言"由咸阳直向北伸",又说"从咸阳以北不远的云阳出发"。对咸阳至云阳之间虽说"不远"但是十分重要的交通线路,采取了模糊化处理的方式。林剑鸣著《秦汉史》也取用了大致同样的说法。③李学勤《东周与秦代文明》写道:"秦统一后建设的交通道路,有由咸阳通向各地的驰道和专通在今内蒙的九原郡的直道。"④所谓"专通""九原郡"的"直道",也可以理解为直道的起点在咸阳。张分田《秦始皇传》说:"秦始皇三十五年(公元前212年),秦始皇为了便于对匈奴用兵,又下令修筑'九原直道'。它由咸阳经上郡、云阳,达九原,沿途开山凿岩,夷平险阻,用时两年半。这条大道'堑山堙谷,千八百里',自咸阳直通九原郡治所(今内蒙包头市西南)故名

---

① 何兹全:《秦汉史略》,上海人民出版社1955年版,第16页。
② 林剑鸣:《秦史稿》,上海人民出版社1981年版,第380—381页;中国人民大学出版社2009年版,第305页。
③ 林剑鸣:《秦汉史》,上海人民出版社2003年版,第142—143页;又《新编秦汉史》,五南图书出版有限公司1992年版,第199页。
④ 李学勤:《东周与秦代文明》,上海人民出版社2007年版,第153页。

'直道'。"①

另一种意见，如马非百《秦集史》称"长安至九原直道"②。此"长安"，或许可以参考《史记》卷九三《韩信卢绾列传》所谓"长安，故咸阳也"③予以理解。

田余庆为《中国大百科全书·中国历史》撰写的辞条"秦"，有这样的文字："为了加强北方的防务，秦始皇三十五年（前212），又修筑由咸阳经过云阳（今陕西淳化西北），直达九原（今内蒙古包头西）的直道，堑山堙谷千八百里。"④这是权威性的意见。而有的具有教科书性质的论著，使得这种意见形成普遍的影响。张帆《中国古代简史》说，"直道"是"由咸阳向北直达河套地区"的"一条交通干线"。⑤安作璋主编《中国史简编·古代卷》在总结秦王朝交通建设史时也写道："秦始皇统一六国后不久，就下令把原来东方六国设立的城郭、关卡、要塞全部拆毁，以京师咸阳为中心修筑了东达燕齐（今河北、山东），南通吴楚（今江苏、湖南），北至九原（今内蒙古河套地区）的几条驰道。"⑥所谓"北至九原"的"驰道"，应当就是直道。孙相武绘制的《秦直道考察路线图》所见"秦直道"，亦图示从咸阳宫至九原郡宫。⑦

三、关于直道起点亦南亦北的表述

关于秦始皇直道的起点，我们还看到一些似乎自相矛盾的表

---

① 张分田：《秦始皇传》，人民出版社2003年版，第496页。其中"由咸阳经上郡、云阳，达九原"，"上郡、云阳"序次错误。所谓"沿途""凿岩"无据。而"夷平险阻"，近于《史记》卷六《秦始皇本纪》载秦始皇三十二年（前215年）碣石刻石"夷去险阻"，《史记》，第252页。究其文意，应是指人为"险阻"。"夷平险阻"用在这里似乎是不大合适的。
② 马非百：《秦集史》，中华书局1982年版，第695页。
③ 张守节《正义》："秦咸阳在渭北，长安在渭南，萧何起未央宫处也。"《史记》，第2637页。
④ 中国大百科全书总编辑委员会《中国历史》编辑委员会、中国大百科全书出版社编辑部编：《中国大百科全书·中国历史·秦》，中国大百科全书出版社1992年版，第786页。
⑤ 张帆：《中国古代简史》，北京大学出版社2001年版，第76页。
⑥ 安作璋主编：《中国史简编·古代卷》，高等教育出版社2014年版，第109页。
⑦ 孙相武：《秦直道考察记》，载《文博》1988年第4期。

述。有的论著中云阳说和九原说两种意见同时出现。

何汉《秦史述评》关于直道的线路的表述，曾取用"从云阳至九原"说："这条交通线是秦始皇三十五年下令大将蒙恬率卒修建的。""这条干线从云阳（今陕西淳化西）向北至九原"。但是另一处又写道："三十五年，秦始皇令大将蒙恬专门修筑一条从九原直达云阳的战略要道"①。"从云阳至九原"与"从九原直达云阳"两说并见。

又如白寿彝总主编《中国通史》秦汉时期部分有关"国内外交通"的内容中，高敏写道："驰道之外，秦始皇还修建了直达咸阳的'直道'。"又说到"九原至甘泉宫的直道"，其方向自北而南。不过，同一段文字中，论者又有这样的表述："始皇之所以修快车道单从甘泉直达九原，大约与北备胡的战略构思有关。"②同一作者在一篇文字中采用了"九原至甘泉宫""直达咸阳"和"从甘泉直达九原"两种完全相反的说法。

四、司马迁的明确记载："道九原，抵云阳""道九原，通甘泉"

其实，作为亲历直道的严肃的历史学家，司马迁对于秦始皇直道的起点，有非常明确的记载。就这样的记载，理解不应存在异议。《史记》写道：

"（秦始皇）三十五年，除道，道九原抵云阳，堑山堙谷，直通之。"（卷六《秦始皇本纪》）③

"（秦始皇）三十五年，为直道，道九原，通甘泉。"（卷一五《六国年表》）④

"始皇欲游天下，道九原，直抵甘泉，乃使蒙恬通道，自九

---

① 何汉：《秦史述评》，黄山书社1986年版，第204、203页。
② 高敏、安作璋主编：《中国通史》第四卷《中古时代·秦汉时期》，上海人民出版社1995年版，第669页。
③ 《史记》，第256页。
④ 《史记》，第758页。

原抵甘泉,堑山堙谷,千八百里。道未就。"(卷八八《蒙恬列传》)①

"秦灭六国,而始皇帝使蒙恬将十万之众北击胡,悉收河南地。因河为塞,筑四十四县城临河,徙適戍以充之。而通直道,自九原至云阳,因边山险堑溪谷可缮者治之,起临洮至辽东万余里。又度河据阳山北假中。"(卷一一〇《匈奴列传》)②

所谓"道九原抵云阳","道九原,通甘泉","道九原,直抵甘泉","自九原抵甘泉","自九原至云阳",起讫方向的表述,是一致的。"自九原"之说,言直道起点,语义尤其明确。

有的论著对秦直道起点的说法,是以司马迁《史记》的记录为据的。

翦伯赞《秦汉史》关于秦帝国的交通建设的总结,说到直道工程。道路方向的描述遵照《史记》记述:"从九原(今内蒙古包头市西)道甘泉(今陕西淳化西北)一千八百里的山岭之间,到处都是堑山堙谷的工人。"③漆侠等《秦汉农民战争史》称直道为"经'堑山堙谷'而成的九原至云阳的驰道"。④吴慧为《中国大百科全书·中国历史》条目选辑《秦汉史》撰写的"交通运输"条亦坚持了正确的见解:"……还修建了由九原郡(今内蒙古五原县一带),经云阳(今陕西淳化西北),直达咸阳,'堑山堙谷,千八百里'的'直道',是加强北方边防的一条重要交通线,秦时始筑,至汉全通。"⑤田昌五、安作璋主编《秦汉史》谓秦"修筑了从九原抵达甘泉的一条直道"。⑥王云度、张文立主编《秦帝国史》关于直道的起止,也说"从九原(今内蒙包头西)至咸阳

---

① 《史记》,第2566—2567页。
② 《史记》,第2886页。
③ 翦伯赞:《秦汉史》,北京大学出版社1983年版,第63页。
④ 漆侠等:《秦汉农民战争史》,三联书店1962年版。
⑤ 中国大百科全书总编辑委员会《中国历史》编辑委员会秦汉史编写组、中国大百科全书出版社编辑部:《中国大百科全书·中国历史·秦汉史》,中国大百科全书出版社1986年版,第86页。
⑥ 田昌五、安作璋主编:《秦汉史》,人民出版社1993年版,第50页。

以北的云阳（今陕西淳化县）"。①韩复智等编著《秦汉史》也写道："修筑直道：从九原郡（内蒙古包头市西）直到咸阳西北百余里的云阳（陕西淳化县西北），长一千八百里，从云阳到咸阳有泾水可通。"②

按照司马迁《史记》"自九原"的明确记述论定秦始皇直道的起点，无疑是正确的。

五、历史成见：秦帝国交通网"以咸阳为中心"

以为直道起点在"咸阳"或曰"云阳""甘泉"的看法，与秦帝国交通网的营建"以咸阳为中心"的成见有关。

《史记》卷六《秦始皇本纪》记载：秦始皇二十七年（前220），"治驰道"。③《史记》卷一五《六国年表》则说秦始皇二十八年（前219）"治驰道"。④驰道的修筑，是秦汉交通建设事业中最具时代特色的成就。通过秦始皇和秦二世出巡的路线，可以知道驰道当时已经结成全国陆路交通网的基本要络。曾经作为秦中央政权主要决策者之一的左丞相李斯被赵高拘执，在狱中上书自陈，以"罪一也""罪二也"直至"罪七也"的反语，历数功绩凡七项，其中包括"治驰道，兴游观，以见主之得意"。⑤可见修治驰道是统治短暂的秦王朝行政活动的主要内容之一。对于秦帝国交通建设的成就，史家往往予以重视。不过，对秦交通格局的形势，认识未必切近历史真实。

比如，全国交通道路的规划和营建，多以为"从咸阳出发"。

张荫麟《中国史纲》写道："（灭六国）次年，始皇开始一件空前的大工程：建筑脉通全国的'驰道'，分两条干线，皆从咸阳出发，其一东达燕、齐，其一南遂吴、楚。……这宏大的工程，

---

① 王云度、张文立主编：《秦帝国史》，陕西人民教育出版社1997年版，第102页。
② 韩复智、叶达雄、邵台新、陈文豪编著：《秦汉史》（增订本），里仁书局2007年版，第49页。
③ 《史记》，第241页。
④ 《史记》，第757页。
⑤ 《史记》卷八七《李斯列传》，第2561页。

乃是始皇的军事计划的一部分。他灭六国后防死灰复燃,当然不让各国余剩的军队留存。但偌大的疆土若把秦国原有的军队处处分派驻守,则分不胜分。而且若分得薄,一旦事变猝起,还是不够应付;若分得厚,寖假会造成外重内轻的局面。始皇不但不肯采用重兵驻防的政策。并且把旧有六国的边城,除燕、赵北边的外,统统拆毁了。他让秦国原有的军队,依旧集中在秦国的本部,少数的地方兵只是警察的性质。驰道的修筑,为的是任何地方若有叛乱,中央军可以迅速赶到去平定。历来创业之主的军事布置没有比始皇更精明的了。(1896年李鸿章聘使欧洲,过德国,问军事于俾斯麦,他的劝告有云:'练兵更有一事须知:一国的军队不必分驻,宜驻中权,扼要地,无论何时何地,有需兵力,闻令即行,但行军的道路,当首先筹及。'这正是秦始皇所采的政策。)"① 秦帝国的版图不宜与19世纪的德国比较。"一国的军队不必分驻,宜驻中权,扼要地"的做法,并不适合当时秦王朝的国情。而秦始皇二十八年(前219年)东巡琅琊,"立石刻,颂秦德,明得意",有"东抚东土,以省卒士。事已大毕,乃临于海"的文字,明确指出"东土"当时是驻扎"卒士"的。② 秦二世元年(前209年),陈胜、吴广发起反秦暴动,"二年冬,陈涉所遣周章等将西至戏,兵数十万。二世大惊,与群臣谋曰:'奈何?'少府章邯曰:'盗已至,众强,今发近县不及矣。郦山徒多,请赦之,授兵以击之。'二世乃大赦天下,使章邯将,击破周章军而走,遂杀章曹阳"③。这里说到的"今发近县不及矣",说明即使在交通条件比较完备的地方,"发近县不及"的严重危机确曾发生。"中央军可以迅速赶到去平定"的设想即使"在秦国的本部"也没有实现。

张荫麟"(驰道)分两条干线,皆从咸阳出发,其一东达燕、齐,其一南遂吴、楚"的说法,应据《汉书》卷五一《贾山传》记述

---

① 张荫麟:《中国史纲》,上海古籍出版社1999年版,第147页。
② 《史记》卷六《秦始皇本纪》,第244、245页。
③ 《史记》卷六《秦始皇本纪》,第270页。

贾山对驰道制度的追忆："为驰道于天下，东穷燕齐，南极吴楚，江湖之上，濒海之观毕至。道广五十步，三丈而树，厚筑其外，隐以金椎，树以青松。为驰道之丽至于此，使其后世曾不得邪径而托足焉。"①所谓"东穷燕齐，南极吴楚"是以咸阳为中心坐标的，于是被理解为"（驰道）分两条干线，皆从咸阳出发，其一东达燕、齐，其一南遂吴、楚"。劳榦《秦汉史》也取用驰道"从咸阳出发"说："开始作贯通天下的驰道,从咸阳出发,东穷燕齐,南极吴楚……。"②所谓"东穷燕齐，南极吴楚"，沿用《贾山传》原文。

以为驰道"从咸阳出发"的认识，有的论著表达为"以咸阳为中心"。

范文澜《中国通史》有分析秦"促进共同的经济生活——'车同轨'"的内容，其中说到秦始皇"意义极为重大"的经济措施，其中第一条就是驰道工程："修驰道——以秦京咸阳为中心，全国修筑驰道（行车大路）。""驰道的修成，对陆路交通有很大的便利。"驰道与海上及内河"水路"，"构成相当发达的交通网"。③何兹全《秦汉史略》说："（秦）以国都咸阳为中心，修治了通往全国各重要地区的驰道。主要的干线'东穷燕齐，南极吴楚，江湖之上，滨海之观毕至'。驰道很宽、很坚固，这和罗马帝国以罗马为中心，修筑通往各地的大道有同样的历史意义，便利了皇帝对各地方政府和各地人民的统治。"④林剑鸣《秦史稿》也写道："公元前二二〇年（秦始皇二十七年），修建以首都咸阳为中心的驰

---

① 《汉书》，中华书局1962年版，第2328页。对于"厚筑其外，隐以金椎"的理解，张荫麟以为"路身筑得坚而且厚，遇着容易崩坏的地段，并且打下铜桩"。《中国史纲》，第147页。此说误。"厚筑其外"，指路基构筑务求坚实，两侧形成宽缓的路坡。所谓"隐以金椎"，王先谦《汉书补注》："周寿昌曰：'隐'即'稳'字，以金椎筑之使坚稳也。"陈直《汉书新证》又举《全后汉文》卷九八《开通褒斜道石刻》中"益州东至京师，去就安隐"句借稳为隐，证实周说不误。敦煌汉简可见"诸子途中皆安隐"简文（161），亦可以为补证。参看王子今：《秦汉交通史稿》（增订本），中国人民大学出版社2013年版，第33页。

② 劳榦：《秦汉史》，中国文化学院出版部1980年版，第8页。

③ 范文澜：《中国通史》第二册，人民出版社1978年版，第9—10页。

④ 何兹全：《秦汉史略》，上海人民出版社1955年版，第10页。

道。秦国驰道主要干线有两条：一条向东直通过去的齐、燕地区；一条向南直达过去的吴、楚地区。"① 他的《秦汉史》也采用同样的说法。② 何汉《秦史述评》介绍秦始皇"开辟"的"全国性的交通网"，主要叙述了"以咸阳为中心的几条重要路线"。③ 傅筑夫、王毓瑚编《中国经济史资料·秦汉三国编》第二章"交通及运输"的"绪言"中写道："就其整个交通布局来看，大体上是这样：以京师所在的关中为中心，以干线数条，向四面辐射，以遍达全国。"④ 田昌五、安作璋《秦汉史》如此评价秦帝国的交通规划："这个交通网以咸阳为中心伸向四面八方。"⑤ 邹纪万《秦汉史》也写道："以首都为中心，建筑贯通全国的'驰道'。"⑥ 白寿彝总主编《中国通史》秦汉时期"国内外交通"部分，高敏在介绍秦代"直道、驰道的修建"时写道："这时已形成从咸阳向西、向北、向东、向东南和正南的驰道网。"⑦ 王云度、张文立主编《秦帝国史》也说："秦统一初期所筑驰道是以咸阳为起点，向东、南伸展，遍及原六国各地"，这样的交通建设，"不仅便利了咸阳通往各地的交通，使秦中央能加强对地方的控制，而且亦有利于各地经济文化的交流，对维护国家的统一起着纽带作用"。⑧ 尚钺主编《中国历史纲要》也说："为了便于控制新征服的地区，又于秦始皇二十七年（公元前二二〇年）修驰道，以咸阳为中心，东通燕、齐，南至吴、楚。"⑨ 前引李学勤《东周与秦代文明》"秦统一后建设的交通道路，

---

① 林剑鸣：《秦史稿》，上海人民出版社1981年版，第380页；中国人民大学出版社2009年版，第304页。
② 林剑鸣：《秦汉史》，上海人民出版社2003年版，第142页；又《新编秦汉史》，五南图书出版有限公司1992年版，第198页。
③ 何汉：《秦史述评》，黄山书社1986年版，第202—205页。
④ 傅筑夫、王毓瑚编：《中国经济史资料·秦汉三国编》，中国社会科学出版社1982年版，第33页。
⑤ 田昌五、安作璋：《秦汉史》，人民出版社1993年版，第49页。
⑥ 邹纪万：《秦汉史》，众文图书股份有限公司1994年版，第19页。
⑦ 高敏、安作璋主编：《中国通史》第四卷《中古时代·秦汉时期》，上海人民出版社1995年版，第669页。
⑧ 王云度、张文立主编：《秦帝国史》，陕西人民教育出版社1997年版，第102页。
⑨ 尚钺主编：《中国历史纲要》，人民出版社1955年版，第40页。

有由咸阳通向各地的驰道"的说法①，也体现了以咸阳为中心的交通格局认识。

若干具有权威性的论著，使得这种观点形成很大的影响。《中国大百科全书·中国历史》的条目选辑《秦汉史》中，吴慧撰写的"交通运输"条是这样表述的："秦始皇时以首都咸阳为中心，修筑了东通燕齐、南连吴楚的两条'驰道'（专供帝王出巡时行驶车马的道路，即御道），'道广五十步，三丈而树，厚筑其外，隐以金椎，植以青松②'。规模宏伟，不次于罗马帝国的国道。"③《中国大百科全书·中国历史》"秦"条，田余庆写道："……秦始皇还修建由首都咸阳通到全国各地的驰道，东穷燕齐，南极吴楚。"④

作为教材的论著使得相关观点更为普及。张帆《中国古代简史》写道："为控制辽阔的国土，秦始皇下令修建了以首都咸阳为中心的道路交通工程。由咸阳'东穷燕、齐，南及吴、楚'⑤，向东和东南分别修成两条交通干线，称为'驰道'。……其规模被后人叹为观止。"⑥安作璋主编《中国史简编·古代卷》在总结秦王朝交通建设史时同样立足"以京师咸阳为中心"的认识："秦始皇统一六国后不久，就下令把原来东方六国设立的城郭、关卡、要塞全部拆毁，以京师咸阳为中心修筑了东达燕齐（今河北、山东），南通吴楚（今江苏、湖南），北至九原（今内蒙古河套地区）的几条驰道。"⑦韩复智等编著《秦汉史》也写道："（秦始皇）为了防止六国的后裔死灰复燃，因此修筑了脉通全国的'驰道'。

---

① 李学勤：《东周与秦代文明》，上海人民出版社2007年版，第153页。
② 今按："植以青松"，应作"树以青松"。
③ 中国大百科全书总编辑委员会《中国历史》编辑委员会秦汉史编写组、中国大百科全书出版社编：《中国大百科全书·中国历史·秦汉史》，中国大百科全书出版社1986年版，第86页。
④ 中国大百科全书总编辑委员会《中国历史》编辑委员会、中国大百科全书出版社编辑部编：《中国大百科全书·中国历史·秦》，中国大百科全书出版社1992年版，第786页。
⑤ 《汉书》卷五一《贾山传》："东穷燕齐，南极吴楚，……。"第2328页。
⑥ 张帆：《中国古代简史》，北京大学出版社2001年版，第76页。
⑦ 安作璋主编：《中国史简编·古代卷》，高等教育出版社2014年版，第109页。

这驰道分为两条干线，都以咸阳为中心，向东方面可以达到燕、齐；向南方面可以达到吴、楚。"①

研究秦汉交通的论著大多持与此类同的见解，一些国外学者也持这一观点，例如汤因比《历史研究》一书中就写道："古代中国统一国家的革命的建立者秦始皇帝，就是由他的京城向四面八方辐射出去的公路的建造者。"②《剑桥中国秦汉史》也写道："从公元前220年开始，建造了以咸阳为中心呈一巨大弧形向北面、东北、东面和东南辐射的一批称为驰道的帝国公路；……。"③

其实，"以咸阳为中心""以咸阳为起点"的说法，是不符合秦交通史的实际的。秦统一后，在战国长城基础上营建新的长城防线。因施工与布防的需要，沿长城出现了横贯东西的交通大道。我们可以称之为"北边道"。《史记》卷六《秦始皇本纪》：秦始皇三十二年（前215年），"巡北边，从上郡入"④。三十七年（前210年），出巡途中病故，李斯、赵高秘不发丧，棺载辒辌车中，"从井陉抵九原"⑤而后归，特意绕行北边，说明此次出巡的既定路线是巡行北边后回归咸阳。⑥《史记》卷六《秦始皇本纪》记载，秦始皇统一天下后凡五次出巡，其中四次行至海滨，往往并海而行。显然，沿渤海、黄海海滨，当时有一条交通大道。这条道路，可以称为"并海道"。"并海道"，东汉时曾经称"傍海道"。⑦"北边道"和"并海道"，显然都并非"以咸阳为中心"，"以咸阳

---

① 韩复智、叶达雄、邵台新、陈文豪编著：《秦汉史》（增订本），里仁书局2007年版，第46页。
② 汤因比：《历史研究》下册，曹未风等译节录本，上海人民出版社1966年版，第25—26页。
③ ［英］崔瑞德、鲁惟一编：《剑桥中国秦汉史》，杨品泉等译，中国社会科学出版社1992年版，第57—58页。台湾译本作："在西元前220年初期，一连串的道路，就是我们所知道的驰道，以咸阳为中心向北、东北、东及东南等方向修筑的；……"Denis; Twitchett, Michael Loewe 编：《剑桥中国史》第一册《秦汉编（前221—220）》，韩复智主译，南天书局有限公司1996年版，第92页。
④ 《史记》，第252页。
⑤ 《史记》，第264页。
⑥ 王子今：《秦汉长城与北边交通》，载《历史研究》1988年第6期。
⑦ 《三国志》卷一《魏书·武帝纪》，第29页。王子今：《秦汉时代的并海道》，载《中国历史地理论丛》1988年第2辑。

为起点"的道路。

六、直道工程与秦直道方向的关系

秦始皇直道工程与秦始皇长城工程实为一体，由秦帝国北边军事统帅蒙恬统一规划实施。关于蒙恬对于北边的军事经营，在《史记》卷六《秦始皇本纪》中有明确的表述：秦始皇三十二年（前215年），"始皇巡北边，从上郡入。燕人卢生使入海还，以鬼神事，因奏录图书，曰'亡秦者胡也'。始皇乃使将军蒙恬发兵三十万人北击胡，略取河南地。"① 使蒙恬北击胡，与"始皇巡北边，从上郡入"的交通实践有关。随后，三十三年（前214年），"西北斥逐匈奴。自榆中并河以东，属之阴山，以为四十四县，城河上为塞。又使蒙恬渡河取高阙、阳山、北假中，筑亭障以逐戎人。徙谪，实之初县"。"三十四年，適治狱吏不直者，筑长城……。"②《史记》卷八八《蒙恬列传》也记载："秦已并天下，乃使蒙恬将三十万众北逐戎狄，收河南。筑长城，因地形，用制险塞，起临洮，至辽东，延袤万余里。于是渡河，据阳山，逶蛇而北。暴师于外十余年，居上郡。"司马迁以"太史公曰"的方式结合亲身考察长城与直道工程现场的感受所发表的评价，更为明确地指出了直道工程与长城工程一体性的事实："太史公曰：吾适北边，自直道归，行观蒙恬所为秦筑长城亭障，堑山堙谷，通直道，固轻百姓力矣。夫秦之初灭诸侯，天下之心未定，痍伤者未瘳，而恬为名将，不以此时强谏，振百姓之急，养老存孤，务修众庶之和，而阿意兴功，此其兄弟遇诛，不亦宜乎！何乃罪地脉哉？"这里明白指出"筑长城亭障，堑山堙谷，通直道"是蒙恬"兴功"成就。

在蒙恬人生悲剧的终点，有言及"地脉"的感叹："蒙恬喟然太息曰：'我何罪于天，无过而死乎？'良久，徐曰：'恬罪固当死矣。起临洮属之辽东，城堑万余里，此其中不能无绝地脉哉？

---

① 《史记》，第252页。
② 《史记》，第253页。

此乃恬之罪也。'乃吞药自杀。"司马迁则否定蒙恬"罪固当死"应归于"地脉"的认识,以为"长城"工程与"直道"工程构成"其兄弟遇诛,不亦宜乎"的罪责。① 就蒙恬悲剧故事与有关"地脉"的文化意识的关系,可以另文讨论。② 而蒙恬"筑长城亭障,堑山堙谷,通直道"事迹的记述,提示我们直道建设的规划与施工,应当由蒙恬位于北边的军事指挥中心启动。

七、"北上"交通理念与上古方位意识

秦帝国交通格局"以咸阳为中心"说,或许来自集权政治高度维护权力中心的认识。秦执政者在规划交通格局时,是否有明确的"以咸阳为中心"的设计动机呢?其实,交通地理条件十分复杂,如果忽略山川地貌等具体因素以及六国原有道路形势,而简单生硬地迁就行政中心"秦京咸阳""首都咸阳""京师咸阳",恐不合于秦人讲究实用的传统。③ 而即使考虑"以咸阳为中心"的交通结构理念,亦未必在表述交通道路方向时坚持以咸阳为"起点"。例如《史记》卷六《秦始皇本纪》记载,就在开始直道工程的这一年,咸阳以南也启动了交通建设:"表南山之颠以为阙。为复道,自阿房渡渭,属之咸阳,以象天极阁道绝汉抵营室也。"④ 南山—阿房—咸阳的复道交通,可以理解为"以咸阳为中心",但是自"南山""为复道,自阿房渡渭,属之咸阳"这一完全相反的方向表述,也是《史记》的确切记载,在当时无疑是合理的。

真切认识秦交通建设的总体格局,应当以对主要道路规划施工的全面考察为基础。对秦直道的研究,这无疑也是非常重要的认识基点。考虑秦始皇直道的起点和终点,或许应当将"直道—

---

① 《史记》,第2570页。
② 王子今:《蒙恬悲剧与大一统初期的"地脉"意识》,载《首都师范大学学报》2016年第4期。
③ 王子今:《秦文化的实用之风》,载《光明日报》2013年7月15日。
④ 《史记》,第256页。

子午岭""子午道—直河"看作一个交通体系。①

上古方位意识中可能存在的以"北"为上的理念，也许亦应在考察秦始皇直道起点时予以注意。就此进行的思考，应有益于秦帝国交通史的重建。

以所谓"众星"拱卫"北辰"的天文现象规范人文秩序的理念，可以帮助我们理解上古政治思想的方位观。《论语·为政》："子曰：'为政以德，譬如北辰，居其所而众星共之。'"②秦始皇用心经营秦帝国行政中心时表现的政治地理意识，也有以人文对应天文的重要原则。《史记》卷六《秦始皇本纪》就在"（秦始皇）三十五年，除道，道九原抵云阳，堑山堙谷，直通之"句后，司马迁写道："于是始皇以为咸阳人多，先王之宫廷小，吾闻周文

---

① 王子今：《秦直道的历史文化观照》，载《人文杂志》2005年第5期。宋敏求《长安志》卷一一《县一·万年》引《水经注》说到"直谷水""亦曰子午谷水"。据毕沅案语，今本《水经注》无此文。"《太平寰宇记》文与此同，亦不云出《水经注》。"〔宋〕宋敏求撰，辛德勇、郎洁点校：《长安志·长安志图》，三秦出版社2013年版，第365页。"直谷"应当也是"子午谷"的快读合音。特别值得我们注意的，还有汉魏子午道秦岭南段又曾经沿池河南下汉江川道的情形。"池河"，见《陕西省地图册》，西安地图出版社1988年版，第88页。明嘉靖《陕西通志》卷三《土地三·山川中》"石泉县"条则又作"迟河"。编者写道："迟河在县东五十里，源自长安县腰竹岭来，至莲花石南入汉江。相传此河易涨难退，故名。"〔明〕赵廷瑞修，马理、吕柟纂，董健桥总校点：《陕西通志》，三秦出版社2006年版，第112页。然而根据当地方言发音特点，我们有理由推测，"池""迟"，或为"直"之音转。也就是说，很可能子午道循行的河道，也曾经被称作"直河""直水"。严耕望《唐代交通图考》第三卷《秦陵仇池区》图十一《唐代秦岭山脉东段诸谷道图》中，这条北方正对"子午镇""子午谷""子午关"的河流，正是被标注为"直水〔迟河〕〔池河〕"的。严耕望：《唐代交通图考》第三卷《秦岭仇池区》，"中央研究院"历史语言研究所专刊之八十三，"中央研究院"历史语言研究所1985年版，第811页后附图十一《唐代秦岭山脉东段诸谷道图》。严耕望对"直水"的判断自当有据。我们看到，《水经注》卷二七《沔水上》明确著录"直水"："……汉水又东合直水，水北出子午谷岩岭下，又南枝分，东注旬水。又南迳䧹阁下，山上有戍，置于崇阜之上，下临深渊，张子房烧绝栈阁，示无还也。又东南历直谷，迳直城西，而南流注汉。汉水又东迳直城南，又东迳千渡而至虾蟇颐。"〔北魏〕郦道元著，陈桥驿校证：《水经注校证》，中华书局2007年版，第649页。所谓"直水""北出子午谷岩岭下"，暗示"直"与"子午"的关系。而"南迳䧹阁下，山上有戍"，以及"下临深渊"之说，体现了古子午道循"直水"谷道通行的史实。所谓"张子房烧绝栈阁，示无还也"，更明确指出此即刘邦入汉中道路。"直谷""直城"地名，应当都与"直水"有关，也与"子午谷"有关。

② 杨树达：《论语疏证》，上海古籍出版社1986年版，第35页。

王都丰，武王都镐，丰镐之间，帝王之都也。乃营作朝宫渭南上林苑中。先作前殿阿房，东西五百步，南北五十丈，上可以坐万人，下可以建五丈旗。周驰为阁道，自殿下直抵南山。表南山之颠以为阙。为复道，自阿房渡渭，属之咸阳，以象天极阁道绝汉抵营室也。"①所谓"为复道，自阿房渡渭，属之咸阳"，就是向北取"抵营室"意义的交通规划。"天极"，是天界上应"帝王"权位的象征。《史记》卷二七《天官书》："中宫天极星，其一明者，太一常居也"②。"北斗七星，所谓'旋、玑、玉衡以齐七政'。""斗为帝车，运于中央，临制四乡。分阴阳，建四时，均五行，移节度，定诸纪，皆系于斗。"③

以"北"为上的意识似乎曾经于农耕生活获得的自然经验中有所透露。《史记》卷二七《天官书》记载："汉魏鲜集腊明正月旦决八风。风从南方来，大旱；西南，小旱；西方，有兵；西北，戎菽为，小雨，趣兵；北方，为中岁；东北，为上岁；东方，大水；东南，民有疾疫，岁恶。"所谓"戎菽为"，裴骃《集解》："孟康曰：'戎菽，胡豆也。为，成也。'"司马贞《索隐》："戎叔为。韦昭云'戎叔，大豆也。为，成也'。"所谓"上岁"，裴骃《集解》："韦昭曰：'岁大穰。'"④可见风从"西北""北方"和"东北"来，大致都是有利于农耕"成""穰"的。

秦始皇时代，似乎又有对于"北"方的神圣地位进一步正式

---

① 《史记》，第256页。
② 关于"天极星"，司马贞《索隐》："案：《尔雅》'北极谓之北辰'。又《春秋合诚图》云'北辰，其星五，在紫微中'。杨泉《物理论》云'北极，天之中，阳气之北极也'。"关于"太一常居"，司马贞《索隐》："案：《春秋合诚图》云'紫微，大帝室，太一之精也'。"张守节《正义》："泰一，天帝之别名也。刘伯庄云：'泰一，天神之最尊贵者也'。"《史记》，第1289—1290页。
③ 关于"七政"，司马贞《索隐》："案：《尚书大传》云'七政，谓春、秋、冬、夏、天文、地理、人道，所以为政也。人道政而万事顺成'。又马融注《尚书》云'七政者，北斗七星，各有所主：第一曰正日；第二曰主月法；第三曰命火，谓荧惑也；第四曰煞土，谓填星也；第五曰伐水，谓辰星也；第六曰危木，谓岁星也；第七曰剽金，谓太白也。日、月、五星各异，故曰七政'。"关于"斗为帝车，运于中央"，司马贞《索隐》："姚氏案：宋均曰'言是大帝乘车巡狩，故无所不纪也'。"《史记》，第1291—1293页。
④ 《史记》，第1340—1341页。

予以神化的做法。"始皇帝"名号确定之后，曾有基于"五行"理论的关于国体、政体之象征的公示："始皇推终始五德之传，以为周得火德，秦代周德，从所不胜。方今水德之始，改年始，朝贺皆自十月朔。衣服旄旌节旗皆上黑。数以六为纪，符、法冠皆六寸，而舆六尺，六尺为步，乘六马。更名河曰德水，以为水德之始。刚毅戾深，事皆决于法，刻削毋仁恩和义，然后合五德之数。于是急法，久者不赦。"张守节《正义》："以水德属北方，故上黑。"裴骃《集解》："张晏曰：'水，北方，黑，终数六，故以六寸为符，六尺为步。'"①

所谓"水，北方"，"以水德属北方"的理解，值得考察秦人方位观时予以特别注意。而对真实的直道史的理解，显然应当以当时人的意识为基点。或许有理由推想，直道自北向南的规划，很可能有"方今水德之始"的政治意识基础。而"水，北方"，"以水德属北方"的人文地理观或说政治地理观，应当在某种程度上影响着秦直道的建设理念。

还应当注意到，在交通方向表述中有传统的"北上""南下"的说法。所谓"北上"，较早见于《三国志》卷三八《蜀书·许靖传》：

> 靖与曹公书曰："……便与袁沛、邓子孝等浮涉沧海，南至交州。……知足下忠义奋发，整饬元戎，西迎大驾，巡省中岳。承此休问，且悲且喜，即与袁沛及徐元贤复共严装，欲北上荆州。"②

涉及行走方向时言"北上"这种语言习惯，也许最初出现还要更早。秦始皇、汉武帝东巡，傍海北行，往往称"并海上"，或许可以作为相关例证。如：《史记》卷六《秦始皇本纪》：秦始皇三十七年（前210年），"还过吴，从江乘渡。并海上，北至琅邪"③。《史记》卷八七《李斯列传》："始皇三十七年十月，

---

① 《史记》卷六《秦始皇本纪》，第237—238页。
② 《三国志》，第964页。
③ 《史记》，第263页。

行出游会稽，并海上，北抵琅邪。"①《史记》卷八八《蒙恬列传》："始皇三十七年冬，行出游会稽，并海上，北走琅邪。"②

"并海上"与"北至琅邪""北抵琅邪""北走琅邪"连说，显然"上"就是"北"行。又《史记》卷二八《封禅书》："始皇南至湘山，遂登会稽，并海上，冀遇海中三神山之奇药。不得，还至沙丘崩。"③

所谓"并海上"，也是"并海"北行。《封禅书》又言汉武帝事："天子既已封泰山，无风雨灾，而方士更言蓬莱诸神若将可得，于是上欣然庶几遇之，乃复东至海上望，冀遇蓬莱焉。奉车子侯暴病，一日死。上乃遂去，并海上，北至碣石，巡自辽西，历北边至九原。"④由"并海上，北至碣石"，亦可知"上"即"北"行。又如："上巡南郡，至江陵而东。登礼灊之天柱山，号曰南岳。浮江，自寻阳出枞阳，过彭蠡，礼其名山川。北至琅邪，并海上。四月中，至奉高修封焉。"⑤所谓"并海上"，也可以理解为"并海""北"行。又如《史记》卷三〇《平准书》："天子北至朔方，东到太山，巡海上，并北边以归。"⑥此所谓"上"，也说向"北"行进。

关注秦汉帝王滨海巡行的历史记述，我们还看到，"并海"反方向行进，则绝不言"上"，而称作"并海南"。《史记》卷二八《封禅书》："二世元年，东巡碣石，并海南，历泰山，至会稽，皆礼祠之，而刻勒始皇所立石书旁，以章始皇之功德。"⑦

由这些迹象考察秦汉社会的方位意识，并进而理解秦始皇直道的方向，也许是有意义的。

---

① 《史记》，第2547页。
② 《史记》，第2567页。
③ 《史记》，第1370页。
④ 《史记》，第1398—1399页。
⑤ 《史记》，第1400—1401页。
⑥ 《史记》，第1441页。
⑦ 《史记》，第1370页。

秦汉"北边"交通格局与九原的地位

秦汉时期,"北边"是重要的政治地理、军事地理、民族地理和经济地理概念,也是重要的交通地理概念。[①]"北边"交通对于国防建设、战争进退与民族交往意义显著,因而成为当时全国交通结构建设的重心。北边道和直道在九原交叉,使得这一地方成为重要的交通枢纽。而所谓"当路塞"的构筑,也是九原防务值得注意的特征。九原不仅是军事重镇、政治焦点、交通关键,也是民族交往的重要通道。

一、"北边"的文化定义

秦汉帝国实现了规模空前的统一。面对严重的边疆与民族问题,当时政治地理语汇出现了所谓"西边""南边"等说法。如《汉书》卷四八《贾谊传》载贾谊《陈政事疏》:"今西边北边之郡,虽有长爵不轻得复,五尺以上不轻得息,斥候望烽燧不得卧,将吏被介胄而睡"[②]。《汉书》卷五《景帝纪》颜师古注引如淳曰:

[①] 王子今:《秦汉区域文化研究》,四川人民出版社1998年版,第132—157页。
[②] 《汉书》,第2240页。

"《汉仪注》：'太仆牧师诸苑三十六所，分布北边、西边。'"①又《汉书》卷九四下《匈奴传下》记载"莽将严尤"谏言，有"今天下遭阳九之阸，比年饥馑，西北边尤甚"②语，也说到"西北边"。《汉书》卷七八《萧望之传》载萧望之与少府李彊议张敞因"西羌反"，提出入谷"陇西以北，安定以西""八郡"建议的上书，说道："今有西边之役，民失作业，虽户赋口敛以赡其困乏，古之通义，百姓莫以为非。"③《后汉书·五行志六》："夷狄并为寇害，西边诸郡皆至虚空。"④《史记》卷一七《汉兴以来诸侯王年表》："……吴、淮南、长沙无南边郡"⑤。《史记》卷一一三《南越列传》："因立佗为南越王，与剖符通使，和集百越，毋为南边患害，与长沙接境。"⑥《汉书》卷八五《南粤传》："毋为南边害"⑦。《后汉书》卷八六《西南夷列传·邛都》："刘尚击益州夷，路由越巂。长贵闻之，疑尚既定南边，威法必行，己不得自放纵，即聚兵起营台，……"⑧

秦汉史籍中出现更频繁的是"北边"。《史记》卷六《秦始皇本纪》："始皇巡北边，从上郡入。"⑨秦史涉及"北边"的记录，又有《汉书》卷二七下之上《五行志下之上》："秦大用民力转输，起负海至北边。"⑩汉世习言"北边"之例，有《史记》卷一七《汉兴以来诸侯王年表》："燕、代无北边郡"⑪。《史记》卷二八《封

---

① 《汉书》，第150页。《汉书》卷一九上《百官公卿表上》颜师古注："《汉官仪》云牧师诸苑三十六所，分置北边、西边，分养马三十万头。"第729页。
② 《汉书》，第3824页。《汉书》卷四《和帝纪》："诏有司省减内外厩及凉州诸苑马。"李贤注引《汉官仪》："牧师诸苑三十六所，分置西北边，分养马三十万头。"第175页。也说"西北边"。
③ 《汉书》，第3276页。
④ 《后汉书》，第3363页。
⑤ 《史记》，第803页。《汉书》卷一四《诸侯王表》："长沙、燕、代虽有旧名，皆亡南北边矣。"第395页。
⑥ 《史记》，第2967—2968页。
⑦ 《汉书》，第3848页。
⑧ 《后汉书》，第2853页。
⑨ 《史记》，第252页。
⑩ 《汉书》，第1454页。
⑪ 《史记》，第803页。《汉书》卷一四《诸侯王表》："长沙、燕、代虽有旧名，皆亡南北边矣。"第395页。

禅书》说汉武帝行迹："上乃遂去，并海上，北至碣石，巡自辽西，历北边至九原。五月，反至甘泉。"①《史记》卷三〇《平准书》写道："于是天子北至朔方，东到太山，巡海上，并北边以归。"又记载"匈奴数侵盗北边"，汉武帝感慨："北边未安，朕甚悼之。"②又《史记》卷八八《蒙恬列传》："太史公曰：'吾适北边，自直道归，行观蒙恬所为秦筑长城亭障，堑山堙谷，通直道，固轻百姓力矣。'"③《史记》卷九九《刘敬叔孙通列传》："冒顿为单于，兵强，控弦三十万，数苦北边。"④《史记》卷一二二《酷吏列传》："孝文帝欲事匈奴，北边萧然苦兵矣。"⑤《汉书》卷六《武帝纪》："（元朔六年）六月，诏曰：'……今中国一统而北边未安，朕甚悼之。'"又："自辽西历北边九原，归于甘泉。""（后元元年）二月，诏曰：'朕郊见上帝，巡于北边，见群鹤留止，以不罗罔，靡所获献。荐于泰畤，光景并见。其赦天下。'"⑥《汉书》卷八《宣帝纪》五凤三年三月诏曰："北边晏然，靡有兵革之事。"四年，"大司农中丞耿寿昌奏设常平仓，以给北边，省转漕"。"单于居幕南，保光禄城。诏北边振谷食。"⑦《汉书》卷一〇《成帝纪》："（元延元年秋七月）诏曰：'乃者，日蚀星陨，谪见于天，大异重仍。在位默然，罕有忠言。今孛星见于东井，朕甚惧焉。公卿大夫、博士、议郎其各悉心，惟思变意，明以经对，无有所讳；与内郡国举方正能直言极谏者各一人，北边二十二郡举勇猛知兵法者各一人。'"⑧又如《汉书》卷二四上《食货志上》："募发天下囚徒丁男甲卒转委输兵器，自负海

---

① 《史记》，第1398—1399页。《汉书》卷二五上《郊祀志上》："北至碣石，巡自辽西，历北边至九原。"第1236页。
② 《史记》，第1441、1419、1422页。
③ 《史记》，第2570页。
④ 《史记》，第2719页。
⑤ 《史记》，第3141页。
⑥ 《汉书》，第173、192、211页。
⑦ 《汉书》，第266、268、271页。《汉书》卷九九中《王莽传中》："募天下囚徒、丁男、甲卒三十万人，转众郡委输五大夫衣裘、兵器、粮食，长吏送自负海江淮至北边，使者驰传督趣，以军兴法从事。"第4121页。
⑧ 《汉书》，第326页。

江淮而至北边"①。"北边"战事记录,又有《汉书》卷二七上《五行志上》:"匈奴愈骄,侵犯北边,杀略多至万余人,汉连发军征讨戍边。"②《汉书》卷二九《沟洫志》:"……如此,关东长无水灾,北边不扰匈奴,可以省堤防备塞,士卒转输,胡寇侵盗,覆军杀将,暴骨原野之患。"③《后汉书》卷二四《马援传》:"援曰:'方今匈奴、乌桓尚扰北边,欲自请击之。男儿要当死于边野,以马革裹尸还葬耳,何能卧床上在儿女子手中邪?'"④

"北边"的说法很可能在战国时期就因北方诸国和匈奴的战争关系而出现。《史记》卷八一《廉颇蔺相如列传》:"李牧者,赵之北边良将也。常居代雁门,备匈奴。"⑤当然,这里所谓"北边",也可能只是汉代史家使用当时语汇记述以往的历史。

《汉书》卷二四上《食货志上》说王莽末年局势,有"北边及青徐地人相食,雒阳以东米石二千"⑥语。可知"北边"是被作为一个总体的区域代号的。同样的情形又见于《汉书》卷二七下之上《五行志下之上》:"绥和二年九月丙辰,地震,自京师至北边郡国三十余坏城郭,凡杀四百一十五人。"⑦又如前引《成帝纪》"北边二十二郡"与"内郡国"形成对应关系。居延汉简"北边郡"简文⑧,也是同样的例证。

汉武帝时代推行"算缗"政策,据《史记》卷三〇《平准书》

---

① 《汉书》,第1143页。
② 《汉书》,第1346页。
③ 《汉书》,第1686页。又如《汉书》卷四三《郦食其传》:"冒顿单于兵强,控弦四十万骑,数苦北边。"第2122页。《汉书》卷五九《张汤传》:"及文帝欲事匈奴,北边萧然苦兵。"第2641页。《汉书》卷七二《贡禹传》:"令代关东戍卒,乘北边亭塞候望。"第3076页。
④ 《后汉书》,第841页。
⑤ 《史记》,第2449页。
⑥ 《汉书》,第1145页。
⑦ 又如《汉书》卷九四下《匈奴传下》:"初,北边自宣帝以来,数世不见烟火之警,人民炽盛,牛马布野。及莽挠乱匈奴,与之构难,边民死亡系获,又十二部兵久屯而不出,吏士罢弊,数年之间,北边虚空,野有暴骨矣。""匈奴愈怒,并入北边,北边由是坏败。"第3813、3829页。《汉书》卷九六下《西域传下》:"匈奴大击北边"。第3927页。
⑧ 例如:"垦田以铁器为本北边郡毋铁官印器内郡令以时博卖予细民毋令豪富吏民得多取贩卖细民"(E.P.T52:15)。"北边郡"与"内郡"形成对应关系。

记载，包括"非吏比者三老、北边骑士，轺车以一算"的规定。裴骃《集解》："如淳曰：'非吏而得与吏比者，官谓三老、北边骑士也。'"①《汉书》卷二四下《食货志下》有同样的记述，颜师古注："比，例也。身非为吏之例，非为三老，非为北边骑士，而有轺车，皆令出一算。"②可知"北边骑士"成为一种特殊身份，其优遇显然与所生活的"北边"地理条件相关。又居延汉简可见"北边絜令"简文③（10.28及562.19），也证明"北边"概念已经进入法令条文。④

"北边"首先由于其军事地理意义的重要而受到社会上下的普遍关注。

《汉书》卷六九《赵充国传》可见有关"北边"防备的建议："窃见北边自敦煌至辽东万一千五百余里，乘塞列隧有吏卒数千人，虏数大众攻之而不能害。今留步士万人屯田，地势平易，多高山远望之便，部曲相保，为堑垒木樵，校联不绝，便兵弩，饬斗具。烽火幸通，势及并力，以逸待劳，兵之利者也。"⑤赵充国的陈述比较简要地说明了"北边"的军事作用，包括塞、隧、堑垒木樵、兵弩、斗具、烽火一系列防卫设施，构成了"虏数大众攻之而不能害"的强固防线，其形势"自敦煌至辽东万一千五百余里"。

然而"北边"又有生态地理和经济地理区界的意义。

分析经济生活的形式，有学者曾经指出，战国至于西汉时期，"长城基本上成为塞北游牧区和塞南农耕区的分界线"，"长城的基本走向，同中国科学院地理研究所的同志们所划定的农作物复种区的北界大致是平行的，而稍稍靠北一些。复种区的北界以北，可以理解为种植区发展的自然条件比较差的地带。因此从农业的

---

① 《史记》，第1430页。
② 《汉书》，第1166页。
③ 如："●北边絜令第四候长候☐史日迹及将军吏劳二日皆当三日"（10.28），"●北边絜令第四候长候☐"（198.7），"北边挈令第四北边候候史迹二日当三日"（562.19）。
④ 关于秦汉"北边"的认识，可参看王海：《秦汉时期北边略说》，载《史学月刊》2010年第6期。
⑤ 《汉书》，第2989页。

角度来说,古代修筑长城时,显然也考虑到了发展和巩固耕种业的自然条件。筑起长城,把原来黄河流域的农耕区以及自然条件较差而还比较适于发展种植业的沿边一带圈到里面,靠着长城的保障向北推展耕种区,就会更容易一些。而只有沿着与草原田比邻的地带变成了农耕区,边防才能更有保证"。①

这样的分析,是符合秦汉时期的历史真实的。②

二、"天下苦其劳":"北边"经营导致的军事交通压力

汉武帝时代,汉文化有突破四境扩张的趋势。在汉民族的立场上称述,当时人有"四夷服"③、"四夷尽服"④的自豪。《史记》卷三〇《平准书》:"严助、朱买臣等招来东瓯,事两越,江淮之间萧然烦费矣。唐蒙、司马相如开路西南夷,凿山通道千余里,以广巴蜀,巴蜀之民罢焉。彭吴贾灭朝鲜,置沧海之郡,则燕齐之间靡然发动。及王恢设谋马邑,匈奴绝和亲,侵扰北边,兵连而不解,天下苦其劳,而干戈日滋。行者赍,居者送,中外骚扰而相奉,百姓抏弊以巧法,财赂衰耗而不赡。入物者补官,出货者除罪,选举陵迟,廉耻相冒,武力进用,法严令具。兴利

---

① 王敏瑚:《我国历史上农耕区的向北扩展》,见《中国历史地理论丛》第1辑,陕西人民出版社1981年版。
② "北边"以外地方,汉代西北边地因特殊的植被条件,或称"流沙"(《史记》卷二四《乐书》),或称"沙漠"(《盐铁论·备胡》),或称"沙幕"(《汉书》卷五四《李陵传》),或称"积沙之地"(《盐铁论·通有》)。《盐铁论·轻重》说:"边郡山居谷处,阴阳不和,寒冻裂地,冲风飘卤,沙石凝积,地势无所宜。"《汉书》卷九四下《匈奴传下》也说:"幕北地平,少草木,多大沙。""胡地沙卤,多乏水草。"《后汉书》卷八四《列女传·董祀妻》记述很可能出入塞经由九原地方的蔡文姬故事,引录其诗,有"沙漠壅兮尘冥冥,有草木兮春不荣"句。传蔡文姬作《胡笳十八拍》中"烟尘蔽野"以及"疾风千里兮扬尘沙""风浩浩兮暗塞昏营"等辞句(《乐府诗集》卷五九《琴曲歌辞》)也形象地记述了当地的自然景观。参看王子今:《秦汉长城的生态史考察》,见《中国(香港)长城历史文化研讨会论文集》,长城(香港)文化出版公司2002年版,收入《秦汉时期生态环境研究》,北京大学出版社2007年版。
③ 《史记》卷二四《乐书》:"歌诗曰:'天马来兮从西极,经万里兮归有德。承灵威兮降外国,涉流沙兮四夷服。'"第1178页。
④ 内蒙古包头召湾出土汉瓦当。林幹等:《内蒙古历史与文化》,内蒙古人民出版社2000年版,第392页。

之臣自此始也。"① 这里说到两越、西南夷、朝鲜、北边四个方向的积极进取。汉武帝时代的"北边"经营②，不仅仅如汉文帝"事匈奴"时所谓"北边萧然苦兵矣"，也不是汉武帝"事两越，江淮之间萧然烦费矣""开路西南夷""巴蜀之民罢焉""灭朝鲜""燕齐之间靡然发动"这样的局部地方的疲敝，而是"天下苦其劳"，战事牵动全局，导致了对全国全社会的全面影响。对正常经济秩序的"骚扰"甚至最终导致了政治形势的败坏。同一语意，《汉书》的表述是"天下共其劳"。颜师古解释说："共犹同。"③《汉书》卷七七《盖宽饶传》："身为司隶，子常步行自戍北边"。颜师古注："苏林曰：'子自行戍，不取代。'"④ 这则从阶级层次方面反映了"北边"经营对社会的全面牵动。《汉书》卷九九中《王莽传中》："募天下囚徒、丁男、甲卒三十万人，转众郡委输五大夫衣裘、兵器、粮食，长吏送自负海江淮至北边，使者驰传督趣，以军兴法从事，天下骚动。"⑤ 也记录了同样的情景。

这样的情形其实自秦代即已出现。《汉书》卷二七下之上《五行志下之上》记载："秦大用民力转输，起负海至北边，天下叛之。"⑥《汉书》卷九四下《匈奴传下》"莽将严尤"谏语"秦始皇不忍小耻而轻民力，筑长城之固，延袤万里，转输之行，起于负海，疆境既完，中国内竭，以丧社稷，是为无策"⑦，也是同样的意思。

---

① 《史记》，第1420—1421页。
② 应主要是军防营造和战争谋划。如《汉书》卷五八《卜式传》所谓"北边有兴"。颜师古注："兴谓发军。"第2627页。
③ 《汉书》卷二四下《食货志下》："武帝因文、景之畜，忿胡、粤之害，即位数年，严助、朱买臣等招徕东瓯，事两粤，江淮之间萧然烦费矣。唐蒙、司马相如始开西南夷，凿山通道千余里，以广巴蜀，巴蜀之民罢焉。彭吴穿秽貊、朝鲜，置沧海郡，则燕齐之间靡然发动。及王恢谋马邑，匈奴绝和亲，侵扰北边，兵连而不解，天下共其劳。干戈日滋，行者赍，居者送，中外骚扰相奉，百姓抏敝以巧法，财赂衰耗而不澹。入物者补官，出货者除罪，选举陵夷，廉耻相冒，武力进用，法严令具，兴利之臣自此而始。"第1157—1158页。
④ 《汉书》，第3245—3246页。
⑤ 《汉书》，第4121页。
⑥ 《汉书》，第1447页。
⑦ 《汉书》，第3824页。

前引《汉书》卷二四上《食货志上》记载王莽"募发天下囚徒丁男甲卒转委输兵器,自负海江淮而至北边"事,缘由在于王莽"遣使易单于印,贬钩町王为侯",于是对方"始怨,侵犯边境"。战事遂挑起,"莽遂兴师,发三十万众,欲同时十道并出,一举灭匈奴"。而"募发天下囚徒丁男甲卒转委输兵器,自负海江淮而至北边"句后,言"使者驰传督趣,海内扰矣"。① 所谓"海内扰矣",可与前引《王莽传中》"天下骚动"对照理解,都记录了王莽时代"北边"战事破坏全国社会秩序的情形。

秦汉时期"北边"经营导致"天下骚动""海内扰矣"的危害,主要因"转输""转委输""行者赍,居者送,中外骚扰而相奉"等军事交通对社会的沉重压力造成。这一情形,值得研究者注意。

三、从九原郡到五原郡

秦九原郡,西汉称五原郡。对于其承继关系,却有不同的理解。《史记》卷一一〇《匈奴列传》记元朔二年(前127年)事:"卫青复出云中以西至陇西,击胡之楼烦、白羊王于河南,得胡首虏数千,牛羊百余万。于是汉遂取河南地,筑朔方,复缮故秦时蒙恬所为塞,因河为固。"② 又《史记》卷一一一《卫将军骠骑列传》:"匈奴入杀辽西太守,虏略渔阳二千余人,败韩将军军。汉令将军李息击之,出代;令车骑将军青出云中以西至高阙。遂略河南地,至于陇西,捕首虏数千,畜数十万,走白羊、楼烦王。遂以河南地为朔方郡。"只言朔方郡,下文"天子曰"有"今车骑将军青度西河至高阙,获首虏二千三百级,车辎畜产毕收为卤,已封为列侯,遂西定河南地"语,却不言"九原""五原"。又记载:"最大将军青,凡七出击匈奴,斩捕首虏五万余级。一与单于战,收河南地,遂置朔方郡。"这样看来,秦九原郡建置在元朔二年之前得以维持。然而《汉书》卷六《武帝纪》记载:"(元朔二年)

---

① 《汉书》,第1143页。
② 《史记》,第2906页。

匈奴入上谷、渔阳，杀略吏民千余人。遣将军卫青、李息出云中，至高阙，遂西至符离，获首虏数千级。收河南地，置朔方、五原郡。"①清代学者钱大昕《廿二史考异》卷二就《史记·汉兴以来诸侯年表》如下内容有所分析："汉独有三河、东郡、颍川、南阳，自江陵以西至蜀北，自云中至陇西与内史，凡十五郡。"钱大昕认为："'十五郡'谓河东、河南、河内、东郡、颍川、南阳、南郡（即江陵）、汉中、巴郡、蜀郡、陇西、北地、上郡、云中，并内史也。五原郡元朔二年始置，故不数。"②于是历史地理学者或以为五原郡新置，此前九原郡已不存在。③《汉书》卷二八下《地理志下》有关于五原郡行政建置的文字：

> 五原郡，秦九原郡，武帝元朔二年更名。东部都尉治稒阳。莽曰获降。属并州。户三万九千三百二十二，口二十三万一千三百二十八。县十六：九原，莽曰成平。固陵，莽曰固调。五原，莽曰填河亭。临沃，莽曰振武。文国，莽曰繁聚。河阴，蒲泽，属国都尉治。南兴，莽曰南利。武都，莽曰桓都。宜梁，曼柏，莽曰延柏。成宜，中部都尉治原高，西部都尉治田辟。有盐官。莽曰艾虏。稒阳，北出石门障得光禄城，又西北得支就城，又西北得头曼城，又西北得虖河城，又西得宿虏城。莽曰固阴。莫黑，西安阳，莽曰鄣安。河目。④

据《地理志》《武帝纪》所谓元朔二年置五原郡，只是"元朔二年更名"。辛德勇参据张家山汉简《二年律令》认真考论，认为汉初"很可能一直保持九原郡的既有建置"。这一论点大致可信，然而所谓"很可能"，似乎尚有待于确证的坚强支持。《史记》卷一一○《匈奴列传》："汉孝文皇帝十四年，匈奴单于十四万

---

① 《汉书》，第170页。
② 〔清〕钱大昕撰，陈文和、张连生、曹明升校点：《廿二史考异》，凤凰出版社2008年版，第12页。
③ 谭其骧：《西汉地理杂考》上册，见《长水集》，人民出版社1987年版，第96—97页；周振鹤：《西汉政区地理》下篇，第三章第一节《朔方、五原二郡沿革》，人民出版社1987年版，第155—157页。
④ 《汉书》，第1619—1620页。

骑入朝那、萧关，杀北地都尉卬，虏人民畜产甚多"。应是由西北方向突入北地郡。汉王朝的反击，则包括西北方向和正北方向，"拜昌侯卢卿为上郡将军，宁侯魏遫为北地将军，隆虑侯周灶为陇西将军，东阳侯张相如为大将军，成侯董赤为前将军，大发车骑往击胡"①。从"击胡"将军名号看，应调集了上郡、北地、陇西兵力，上郡应为主攻方向。假设九原郡存在，则正中隔于上郡与匈奴之间。"上郡将军"的任命可能不合情理。《史记》卷一〇《孝文本纪》："后六年冬，匈奴三万人入上郡，三万人入云中。"②《匈奴列传》也记载："军臣单于立四岁，匈奴复绝和亲，大入上郡、云中各三万骑，所杀略甚众而去。"③如有九原郡存在，似乎匈奴骑兵不大可能直接"入上郡""大入上郡"。前引卫青"出云中以西""出云中西"等记载，其实也涉及"九原"地方而不言"九原"，同样使人心生疑惑。也许对于汉初是否"一直保持九原郡的既有建置"，还可以继续讨论。

辛德勇明确指出，"秦末退守阴山一线以后，九原郡大部分疆域被弃置塞外，只剩有阴山南侧一小部分领土，面积大幅度缩减"④。有学者引用此文，说辛德勇"推测秦九原郡与汉五原郡界址几无区别"⑤，显然是误解。

史念海曾经指出，九原本来是赵国旧有边郡。⑥这一意见得到有些研究者的支持。⑦辛德勇也指出："史氏所说，信而有征，可

---

① 《史记》，第2901页。
② 《史记》，第431页。
③ 《史记》，第2904页。又《史记》卷二二《汉兴以来将相名臣年表》："匈奴大入上郡。"第1126页。《史记》卷一〇九《李将军列传》："匈奴大入上郡"。第2868页。
④ 辛德勇：《张家山汉简所示汉初西北隅边境解析——附论秦昭襄王长城北端走向与九原云中两郡战略地位》，载《历史研究》2006年第1期，收入《秦汉政区与边界地理研究》，中华书局2009年版，第265—268页。
⑤ 后晓荣：《秦代政区地理》，社会科学文献出版社2009年版，第180页。论者大概只是注意到辛文"摘要"中"《二年律令·秩律》胪列的汉初县道名，还反映出秦九原郡一直延续到西汉初年"的说法，没有认真关注文中的具体论证。
⑥ 史念海：《论秦九原郡始置的年代》，《河山集》七集，陕西师范大学出版社1999年版，第376—384页。
⑦ 陈仓：《战国赵九原郡补说》，载《中国历史地理论丛》1994年第2辑。

以信从。九原是赵国西北角上的边郡。"①也就是说,九原,可以看作早期长城建设体系中赵长城西端的重镇。而秦昭襄王长城和后来秦统一后蒙恬经营的长城,也都依此为防卫基础。这里即汉初匈奴"稍度河南与中国界于故塞"②,卫青"定河南地,按榆溪旧塞"③之所谓"故塞""旧塞"。可知其军事效用沿袭久远。

四、九原:"北边"的中心和重心

与前引《成帝纪》所谓"北边二十二郡"不同,《汉书》卷七《昭帝纪》:"(后元二年)冬,匈奴入朔方,杀略吏民。发军屯西河,左将军桀行北边。""(元凤三年)冬,辽东乌桓反,以中郎将范明友为度辽将军,将北边七郡郡二千骑击之。"④这里所谓"北边七郡",应是指"北边"东段各郡。《汉书》卷六九《赵充国传》说汉昭帝本始年间,"匈奴大发十余万骑,南旁塞,至符奚庐山,欲入为寇。亡者题除渠堂降汉言之,遣充国将四万骑屯缘边九郡。单于闻之,引去"⑤。对于所谓"缘边九郡",颜师古注:"文颖曰:'五原、朔方之属也。'师古曰:'九郡者,五原、朔方、云中、代郡、雁门、定襄、北平、上谷、渔阳也。四万骑分屯之,而充国总统领之。'"⑥文颖说首列"九原",颜师古注持同样的意见。当时军事形势,正如辛德勇所说,"九原始终保持着独立建置,没有同云中郡合并,这应当与其重要的战略位置,具有密切关系"。九原"具有非同寻常的军事地理地位","出于防御外患的需要",这里"一

---

① 辛德勇:《张家山汉简所示汉初西北隅边境解析——附论秦昭襄王长城北端走向与九原云中两郡战略地位》,载《历史研究》2006年第1期,收入《秦汉政区与边界地理研究》,第267页。
② 《史记》卷一一〇《匈奴列传》,第2887—2888页。
③ 《史记》卷一一一《卫将军骠骑列传》,第2934页。
④ 《汉书》,第218、229页。
⑤ 《汉书》,2972页。《汉书》卷九四上《匈奴传上》也记载:"遣后将军赵充国将兵四万余骑屯缘边九郡备虏。"第3789页。
⑥ 《汉书》,第2972页。

向是朝廷重兵所在的地方"。① 与《汉书》卷六九《赵充国传》及《汉书》卷九四上《匈奴传上》所见"缘边九郡"② 相类同，《后汉书》也有"缘边八郡"③、"缘边九郡"④、"缘边十郡"⑤、"缘边十二郡"⑥ 的说法。"缘边"诸郡所指大多未能明确。而《后汉书》卷四七《梁慬传》："（永初）三年冬，南单于与乌桓大人俱反。以大司农何熙行车骑将军事，中郎将庞雄为副，将羽林五校营士，及发缘边十郡兵二万余人，又辽东太守耿夔率将鲜卑种众共击之，诏慬行度辽将军事。"对于所谓"缘边十郡兵"，李贤注："缘边十郡谓五原、云中、定襄、雁门、朔方、代郡、上谷、渔阳、辽西、右北平。"⑦ "九原"也位列最先。从战事的记录看，亦曾经以九原为主战场。⑧ 可知东汉边疆形势发生重大变化之后，九原的地位依然非常重要。

在"北边"，即前引《赵充国传》所谓"北边自敦煌至辽东万一千五百余里"的防务体系中，五原郡大致在其中心位置。前引《成帝纪》"北边二十二郡"的说法，应即敦煌、酒泉、张掖、

---

① 辛德勇：《张家山汉简所示汉初西北隅边境解析——附论秦昭襄王长城北端走向与九原云中两郡战略地位》，载《历史研究》2006 年第 1 期，收入《秦汉政区与边界地理研究》，第 278、281 页。
② 《汉书》，第 3789 页。
③ 《后汉书》卷八九《南匈奴列传》，第 2945 页。
④ 《后汉书》卷七《桓帝纪》，第 3789 页；《后汉书》卷六五《张奂传》，第 2139 页；《后汉书》卷八九《南匈奴列传》，第 2963 页；《后汉书》卷九〇《乌桓传》，第 2983 页；《后汉书》卷九〇《鲜卑传》，第 2989 页。
⑤ 《后汉书》卷四七《梁慬传》，第 1592 页。
⑥ 《后汉书》卷二三《窦宪传》，第 814 页。
⑦ 《后汉书》卷四七《梁慬传》，第 1592—1593 页。
⑧ 《后汉书》卷四七《梁慬传》说，决定性的战役发生在五原，"明年正月，慬将八千余人驰往赴之，至属国故城，与匈奴左将军、乌桓大人战，破斩其梁帅，杀三千余人，虏其妻子，获财物甚众。单于复自将七八千骑迎攻，围慬。慬被甲奔击，所向皆破，虏遂引还虎泽。三月，何熙军到五原曼柏，暴疾，不能进，遣庞雄与慬及耿种步骑万六千人攻虎泽。连营稍前，单于惶怖，遣左奥鞬日逐王诣慬乞降，慬乃大陈兵受之。单于脱帽徒跣，面缚稽颡，纳质。会熙卒于师，即拜慬度辽将军"，第 1592—1593 页。《后汉书》卷九〇《乌桓传》的记载是："秋，雁门乌桓率众王无何，与鲜卑大人丘伦等，及南匈奴骨都侯，合七千骑寇五原，与太守战于九原高梁谷，汉兵大败，杀郡长吏。乃遣车骑将军何熙、度辽将军梁慬等击，大破之。无何乞降，鲜卑走还塞外。"第 2983 页。

武威、金城、陇西、天水、安定、北地、朔方、五原、上郡、西河、云中、定襄、雁门、代郡、上谷、渔阳、右北平、辽西、辽东。考虑到上郡和五原方位大致南北对应，则五原在"北边二十二郡"中基本居于中心的位置，是可以明确的。

西汉五原郡于"北边"地理位置的特殊，可以通过东海郡对于沿海地方的战略地位得到参考性的认识。东海郡大致位于汉帝国海岸线的中点。汉景帝二年（前155年）将楚国的东海郡收归中央所有①，是特别值得重视的一项政治举措。秦始皇"立石东海上朐界中，以为秦东门"②的地方，曾置东海郡，治郯（今山东郯城）。楚汉之际曾经称郯郡。汉初则属楚国，高帝五年（前202年）又曾归于中央，后来仍属楚国。汉景帝二年"以过削"③，使得汉帝国重新据有了"东门"，开启了直通东海的口岸。又以此为据点，楔入吴楚之间，与亲中央的梁国东西彼此对应，实现了北方诸侯和南方诸侯的隔离。④东海郡地位之重要，还可以从尹湾出土汉简数据得以体现。⑤尹湾汉简提供的数据告知我们若干重要的政治地理信息。例如东海郡所具有的特殊的政治地位，是我们以往未曾认识的。尹湾六号汉墓出土六号木牍，题《武库永始四年兵车器集簿》。令人惊异的是"库存量大"。以可知数量的常见兵器为例，弩的总数达537707件，矛的总数达52555件，有方数达78392件。⑥

---

① 《史记》卷五〇《楚元王世家》："王戊立二十年，冬，坐为薄太后服私奸，削东海郡。"第1988页。《史记》卷一〇六《吴王濞列传》："三年冬，楚王朝，晁错因言楚王戊往年为薄太后服，私奸服舍，请诛之。诏赦，罚削东海郡。"第2825页。《汉书》卷三六《楚元王传》："王戊稍淫暴，二十年，为薄太后服私奸，削东海、薛郡。"第1924页。

② 《史记》卷六《秦始皇本纪》，第256页。

③ 《汉书》卷二八上《地理志上》"东海郡"条："高帝置。"颜师古注引应劭曰："秦郯郡。"第1588页。王先谦《汉书补注》："全祖望曰：'故秦郡，楚汉之际改名郯郡，属楚国。高帝五年属汉，复故，仍属楚国。景帝二年复故。'以过削。"中华书局1983年版，第746页。

④ 周振鹤：《西汉政区地理》，人民出版社1987年版，第14页，《景帝三年初吴楚七国叛乱前形势图》。

⑤ 王子今：《秦汉帝国执政集团的海洋意识与沿海区域控制》，载《白沙历史地理学报》2007年第3期。

⑥ 连云港市博物馆、中国社会科学院简帛研究中心、东海县博物馆、中国文物研究所编：《尹湾汉墓简牍》，中华书局1997年版，释文第103—109页。

李均明指出:"仅这几项所见,足可装备五十万人以上的军队,远远超出一郡武装所需。""其供应范围必超出东海郡范围,亦受朝廷直接管辖,因此它有可能是汉朝设于东南地区的大武库。"①为什么东海郡设有如此规模的"受朝廷直接管辖"的"大武库"?推想或许是因为这里是帝国的"东门",同时更大的可能,是因为东海郡的位置正大致在汉王朝控制的海岸线的中点。

五原郡大致在"北边二十二郡"的中点。其重要地位也可以用武库的设置作为说明。《汉书》卷一〇《成帝纪》:"(建始元年春正月)立故河间王弟上郡库令良为王。"颜师古注:"如淳曰:'《汉官》北边郡库,官之兵器所藏,故置令。'"②《汉书》卷五三《景十三王传·河间献王德》也记载:"成帝建始元年,复立元弟上郡库令良,是为河间惠王。"颜师古注:"如淳曰:《汉官》北边郡库,官兵之所藏,故置令。'"③如淳引《汉官》的说法略异,一说"官之兵器所藏",一说"官兵之所藏",都指明这里是"北边郡"的武库,一如东海郡的武库同样重要。收藏兵器的"北边郡库""上郡库"设在五原郡以南不远的地方,体现出五原郡重要的战略地位。之所以没有设置在五原,可能是那里过于临近边防前沿,而由于直道的通行效率,上郡与五原郡之间运输比较方便的缘故。④

五、九原:直道与北边道的枢纽

"北边"长城防线的构筑和完善,有交通建设以为支持。

---

① 李均明:《尹湾汉墓出土"武库永始四年兵车器集簿"初探》,见连云港市博物馆、中国文物研究所编:《尹湾汉墓简牍综论》,科学出版社1999年版,第95页。
② 《汉书》,第303页。
③ 《汉书》,第2412页。
④ 这一判断,可以统领北边防务的蒙恬"居上郡"故事以为旁证。《史记》卷八八《蒙恬列传》:"秦已并天下,乃使蒙恬将三十万众北逐戎狄,收河南。筑长城,因地形,用制险塞,起临洮,至辽东,延袤万余里。于是渡河,据阳山,逶蛇而北。暴师于外十余年,居上郡。"第2565—2566页。《史记》卷六《秦始皇本纪》记载,扶苏对秦始皇迫害"诸生"提出不同意见,"始皇怒,使扶苏北监蒙恬于上郡",第258页。也说蒙恬的指挥机构设在上郡。

在秦汉长城的防务体系中，交通道路对于北边军事局势具有决定性的意义。秦汉帝国致力于却敌开边的决策者对此无不予以特别的重视。

出于战争的需要，北边交通系统具有更完备的结构，不仅有与长城并行横亘万里的主要干线，也包括出塞道路和与内地联系的许多条大道，以及保证北边新经济区正常生产与流通的疏密相间的道路网。对于这样的交通构成，可以称之为北边道。北边道是秦汉全国交通网的重要构成。一些前辈学者研究秦汉主要交通道路的分布与规模，做了大量细致的工作，然而往往过多强调咸阳和长安作为全国交通网的中心的地位，将全国交通都归入自咸阳或长安向远方辐射这样的定式，对于北边交通道路有所忽略。① 然而北边道又确实与咸阳、长安保持着高效率的直接沟通，实现这一功用的交通结构，就是直道。

秦九原郡、汉五原郡处于"北边"的中点，应当也处于北边道的中点。特别值得我们注意的是，秦始皇指令蒙恬主持修建的直道，正是在九原与北边道相交叉。② 九原既是北边道的中点，也是直道的终点。直道与北边道在九原地方的衔接，构成了特殊的

---

① 例如，何兹全《秦汉史略》说："以国都咸阳为中心，修治了通往全国各重要地区的驰道。"上海人民出版社1955年版，第10页。劳榦《秦汉史》写道："开始作贯通天下的驰道，从咸阳出发，东穷燕齐，南极吴楚……"，中国文化学院出版部1980年版，第8页。傅筑夫、王毓瑚编《中国经济史资料·秦汉三国编》第二章"交通与运输"的"绪言"中写道："就其整个交通布局来看，大体上是这样：以京师所在的关中为中心，以干线数条，向四面辐射，以遍达全国。"人民出版社1982年版，第33页。林剑鸣《秦汉史》也说："修建以首都咸阳为中心的驰道。"上海人民出版社1989年版，第151页。田昌五、安作璋《秦汉史》："这个交通网以咸阳为中心伸向四面八方。"人民出版社1993年版，第49页。邹纪万《秦汉史》写道："以首都为中心，建筑贯通全国的'驰道'。"众文图书股份有限公司1994年版，第19页。王子今：《秦汉长城与北边交通》，载《历史研究》1988年第6期，收入《秦汉边疆与民族问题》，中国人民大学出版社2011年版。"以国都咸阳为中心"，"从咸阳出发"的认识，也影响了对直道走向的表述。

② 关于直道研究，可参看史念海：《秦始皇直道遗迹的探索》，载《陕西师大学报》1975年第3期，《文物》1975年第10期，收入《河山集》四集，陕西师范大学出版社1991年版；王子今：《秦直道的历史文化观照》，载《人文杂志》2005年第5期；辛德勇：《秦汉直道研究与直道遗迹的历史价值》，载《中国历史地理论丛》2006年第1辑，收入《秦汉政区与边界地理研究》，中华书局2009年版。

"丁"形交通结构。

前引《史记》卷六《秦始皇本纪》"三十五年，除道，道九原抵云阳，堑山堙谷，直通之"，及《史记》卷一五《六国年表》"（秦始皇）三十五年，为直道，道九原，通甘泉"，"三十七年十月，帝之会稽、琅邪，还至沙丘崩。子胡亥立，为二世皇帝。杀蒙恬。道九原入。"都明确指出九原是直道的北端。关于所谓"道九原入"，《秦始皇本纪》的记载是："行从直道至咸阳，发丧。太子胡亥袭位，为二世皇帝。"① 《史记》卷八八《蒙恬列传》："太史公曰：吾适北边，自直道归，行观蒙恬所为秦筑长城亭障，堑山堙谷，通直道，固轻百姓力矣。"② 司马迁所谓"蒙恬所为秦筑长城亭障，堑山堙谷，通直道"，指出直道工程和长城工程属于一个军事建设项目，设计策划和施工组织，也都显示出一体性。《史记》卷一一〇《匈奴列传》也强调了九原于直道工程的意义："后秦灭六国，而始皇帝使蒙恬将十万之众北击胡，悉收河南地。因河为塞，筑四十四县城临河，徙适戍以充之。而通直道，自九原至云阳，因边山险堑溪谷可缮者治之，起临洮至辽东万余里。又度河据阳山北假中。"③ 开通直道的直接作用，与"塞""戍""据"等长城防务建设有关，也与"北击胡""度河"攻伐匈奴的作战行动有关。④

所谓"除道，道九原抵云阳"与"通直道，自九原至云阳"，与《史记》卷一五《六国年表》"为直道，道九原，通甘泉"，《史记》卷八八《蒙恬列传》"道九原，直抵甘泉"，"自九原抵甘泉"等记述，都同一些秦汉史研究者关于秦汉交通的论述中有关直道起点与终点之方向的叙说有所不同。⑤ 这是值得我们重视的。以为

---

① 《史记》，第265页。
② 《史记》，第2570页。
③ 《史记》，第2886页。
④ 宋超：《汉匈战争三百年》，华夏出版社1996年版，第10—11页。
⑤ 如傅筑夫、王毓瑚编《中国经济史资料·秦汉三国编》第二章"交通及运输"的"绪言"中，这样概括直道在当时"交通布局"中的作用："自关中而北，直达塞外的九原，为北路干线；……"中国社会科学出版社1982年版，第33页。林剑鸣《秦汉史》写道：

直道从云阳出发、从咸阳出发、从关中出发的意见，应与当时全国交通网营建以都城为中心的成见有关。然而在当时人的意识中，可能九原对于直道的营造和通行，较云阳、甘泉有更重要的意义。而《史记》卷八八《蒙恬列传》："太史公曰：吾适北边，自直道归，行观蒙恬所为秦筑长城亭障，堑山堙谷，通直道，固轻百姓力矣。"将直道和长城工程视为一体。而规划的设计，施工的组织，防卫的指挥，都由"始皇甚尊宠"，"信任贤之"，当时"居上郡"的将军蒙恬决策。

前引《平准书》："于是天子北至朔方，东到太山，巡海上，并北边以归。"《封禅书》明确说到"九原"在行程中的地位："上乃遂去，并海上，北至碣石，巡自辽西，历北边至九原。五月，反至甘泉。"①《汉书》卷二四下《食货志下》写道："天子北至朔方，东封泰山，巡海上，旁北边以归。"②《汉书》卷二五上《郊祀志上》有更具体的记述："天子既已封泰山，无风雨，而方士更言蓬莱诸神若将可得，于是上欣然庶几遇之，复东至海上望焉。奉车子侯暴病，一日死。上乃遂去，并海上，北至碣石，巡自辽西，历北边至九原。五月，乃至甘泉，周万八千里云。"③这次行程"周万八千里"的视察，包括礼祀海上诸神，也包括对"北边"国防线的巡察。也许司马迁说"吾适北边，自直道归"，就是指这一次随汉武帝巡行的经历。而"至九原"后，汉武帝以为"历北边"即巡视"北边"的任务已经大体完成，随后即由直道"反至甘泉"。由此也可以体会九原于"北边"的重要作用以及在北边道与直道构成的交通结构中的重要作用。

"修了一条由咸阳向北伸的'直道'。这条'直道'从咸阳以北不远的云阳出发，……到达包头市西南秦九原郡治所。"上海人民出版社1989年版，第151页。然而亦有漆侠等《秦汉农民战争史》和田昌五、安作璋《秦汉史》的记述尊重秦汉史籍的记载。前者称之为"经'堑山堙谷'而成的九原至云阳的驰道"，三联书店1962年版。后者谓"修筑了从九原抵达甘泉的一条直道"，人民出版社1993年版，第50页。

① 《史记》，第1398—1399页。
② 《汉书》，第1175页。
③ 《汉书》，第1236页。

事在汉武帝元封元年（前110年）。然而值得特别重视的一个事实，就是汉武帝在东巡归来"并海上，北至碣石，巡自辽西，历北边至九原"这一交通行为之前，曾经有亲率18万骑兵巡行北边，向匈奴炫耀武力的举动。《史记》卷一一〇《匈奴列传》："是时天子巡边，至朔方，勒兵十八万骑以见武节，而使郭吉风告单于。"①《史记》卷二八《封禅书》："其来年冬，上议曰：'古者先振兵泽旅，然后封禅。'乃遂北巡朔方，勒兵十余万，还祭黄帝冢桥山，释兵须如。……既至甘泉，为且用事泰山，先类祠太一。"②《汉书》卷六《武帝纪》比较具体地说明了行历地方："元封元年冬十月，诏曰：'南越、东瓯咸伏其辜，西蛮北夷颇未辑睦，朕将巡边垂，择兵振旅，躬秉武节，置十二部将军，亲帅师焉。'行自云阳，北历上郡、西河、五原，出长城，北登单于台，至朔方，临北河。勒兵十八万骑，旌旗径千余里，威震匈奴。遣使者告单于曰：'南越王头已县于汉北阙矣。单于能战，天子自将待边；不能，亟来臣服。何但亡匿幕北寒苦之地为！'匈奴詟焉。还，祠黄帝于桥山，乃归甘泉。"③汉武帝"巡边垂，择兵振旅"，"行自云阳，北历上郡"，经行"五原"，出入长城，又"归甘泉"。可知汉武帝的车列在一年之内竟然三次经过五原地区。

据《汉书》卷九九中《王莽传中》记载：始建国三年（11年），"遣尚书大夫赵并使劳北边，还言五原北假膏壤殖谷，异时常置田官。乃以并为田禾将军，发戍卒屯田北假，以助军粮。"④这一史实告诉我们，在西汉晚期，五原地方长期有"田官"设置，存在着"膏壤殖谷""以助军粮"的军垦基地。"屯田"建设的坚持，是维护五原重要战略地位的需要，也确实强化了这一战略要地的经济与军事实力。

---

① 《史记》，第2912页。
② 《史记》，第1396页。
③ 《汉书》，第189页。
④ 《汉书》，第4125页。

六、九原：民族交往通道

《史记》卷一一〇《匈奴列传》："汉孝文皇帝十四年，匈奴单于十四万骑入朝那、萧关，……候骑至雍甘泉。"①《汉书》卷九四上《匈奴传上》有关于"候骑至雍甘泉"的同样记载。②又《汉书》卷九四下《匈奴传下》载扬雄上书："及孝文时，匈奴侵暴北边，候骑至雍甘泉，京师大骇，发三将军屯细柳、棘门、霸上以备之，数月乃罢。"③匈奴南下所谓"候骑至雍甘泉"，不排除局部利用直道交通条件的可能。

在"汉孝文皇帝十四年"冲突之后，汉王朝与匈奴双方"复言和亲事"。《史记》卷一一〇《匈奴列传》记载汉文帝致匈奴书所谓"诏吏遗单于秫糵金帛丝絮佗物岁有数"④，应有极大可能通过九原北运。此后，匈奴又入边，"烽火通于甘泉、长安"⑤，直道通信系统依然发挥了效力。⑥"孝景帝复与匈奴和亲，通关市，给遗匈奴，遣公主，如故约。"汉武帝即位初，"明和亲约束，厚遇，通关市，饶给之。匈奴自单于以下皆亲汉，往来长城下"⑦。汉武帝征和四年（前89年），单于遣使遗汉书云："……欲与汉大关⑧，取汉女为妻，岁给遗我糵酒万石，稷米五千斛，杂缯万匹，它如故约，则边不相盗矣。"⑨这些物资，也以通过直道北运的可能性最大。双方的战与和，交替发生在民族关系史进程中。关市的作用，甚至在战时依然持续发生。"匈奴绝和亲，攻当路塞，往往入盗于汉边，不可胜数。然匈奴贪，尚乐关市，嗜汉财物，汉亦尚关市不绝以中之。"对于"汉亦尚关市不绝以中之"，

---

① 《史记》，第2901页。
② 《汉书》，第3761页。
③ 《汉书》，第3813页。
④ 《史记》，第2903页。
⑤ 《史记》，第2904页。
⑥ 王子今：《试说秦烽燧——以直道军事通信系统为中心》，载《文博》2004年第2期。
⑦ 《史记》，第2904页。
⑧ 林幹《匈奴历史年表》以为"即通关市"。中华书局1984年版，第39页。
⑨ 《汉书》卷九四上《匈奴传上》，第3780页。

张守节《正义》引如淳云："得具以利中伤之。"①而《汉书》卷九四上《匈奴传上》同样内容颜师古注的说法可能更为准确："以关市中其意。"②我们今天已经很难找到直接说明九原关市的史料，但是自九原至甘泉的直道当时所承担的作为民族交往通道的作用，可以通过历史文献中的宝贵信息得以反映。

甘泉宫在直道的南端。《宋书》卷二二《乐志四》载《汉鼓吹铙歌十八曲》，陈直以为："综合推测，有属于军乐者，有属于宴饮乐者，亦有属于赏赐诸侯王乐者。类型既杂，时代又不一致，但最迟者，不出于西汉宣元之际。"其中《上之回曲》："上之回，所中益。夏将至，行将北。以承甘泉宫，寒暑德。游石关，望诸国，月支臣，匈奴服。令从百官疾驱驰，千秋万岁乐无极。"③说到"甘泉宫"，也说到"石关"。陈直参考崔豹《古今注》、智匠《古今乐录》，读作："上之回所中，益夏将至，将北以承甘泉宫。寒暑德，游石关，望诸国，月支臣，匈奴服，合从百官疾驱驰，千秋万岁乐无极。"又以汉武帝元封四年"通回中道，遂北出萧关"事解释"上之回所中"。陈直还写道："益夏将至。闻氏云：益夏，疑谓盛夏，《广雅·释诂》云：'溢，盛也。'"对于"游石关"，陈直也有解说："游石关。直按：司马相如《上林赋》云：'蹶石关，历封峦'是也。"④可知作为直道终点的甘泉宫有"望诸国，月支臣，匈奴服"的军事外交的意义。前引《汉书》卷六《武帝纪》"（太始）三年春正月，行幸甘泉宫，飨外国客"的记载，应与所谓"望诸国，月支臣，匈奴服"有关。据前引《汉书》卷九四下《匈奴传下》的记载，汉宣帝时，"呼韩邪单于款五原塞，愿朝三年正月。汉遣车骑都尉韩昌迎，发过所七郡郡二千骑，为陈道上。单于正月朝天子于甘泉宫"。关于所谓"发过所七郡郡二千骑，为陈道上"，

---

① 《史记》，第 2905—2906 页。
② 《汉书》，第 3766 页。王子今、李禹阶：《汉代北边的"关市"》，载《中国边疆史地研究》2007 年第 3 期，收入《秦汉边疆与民族问题》，中国人民大学出版社 2011 年版。
③ 《宋书》，中华书局 1974 年版，第 640 页。
④ 陈直：《汉铙歌十八曲新解》，见《文史考古论丛》，天津古籍出版社 1988 年版，第 69、74 页。

颜师古注："所过之郡，每为发兵陈列于道，以为宠卫也。"① 王先谦《汉书补注》："《通鉴》胡注：'七郡'，谓过五原、朔方、西河、上郡、北地、冯翊，而后至长安者也。"② 看来，汉王朝护迎匈奴呼韩邪单于调发骑兵"为陈道上"的"道上"，应包括直道。"五原塞"，也就是秦的九原在民族关系史上的地位，因此得以显现。

《汉书》卷二五下《郊祀志下》还记载，汉宣帝晚年，曾经在甘泉宫会见匈奴单于："上郊泰畤，因朝单于于甘泉宫。后间岁，改元为黄龙。正月，复幸甘泉，郊泰畤，又朝单于于甘泉宫。"而甘泉宫在外交史中的地位，与直道的军事交通作用有密切的关系。单于来到"甘泉宫"，很可能是从九原经直道南下。

班固的祖父班穉兄弟三人，长兄班伯"少受《诗》于师丹。大将军王凤荐伯宜劝学，召见宴昵殿，容貌甚丽，诵说有法，拜为中常侍"，后"迁奉车都尉"。《汉书》卷一〇〇上《叙传上》又记述了班伯事迹中一个特殊情节："家本北边，志节忼慨，数求使匈奴。河平中，单于来朝，上使伯持节迎于塞下。会定襄大姓石、李群辈报怨，杀追捕吏，伯上状，因自请愿试守期月。上遣侍中中郎将王舜驰传代伯护单于，并奉玺书印绶，即拜伯为定襄太守。"③ 汉成帝河平年间"单于来朝"，班伯受命"持节迎于塞下"，因有志安定定襄郡局势，"上状"请命，成帝于是派王舜"代伯护单于"，并且携带任命凭信，"拜伯为定襄太守"。由王舜"驰传"北上，同时"并奉玺书印绶"，可知班伯已经在"塞下"，部分完成了迎单于的任务，只是"护单于""来朝"的下一步程序，移交王舜负责。我们有理由推想，班伯"持节迎于塞下"之"塞下"，应当就是"五原塞"。考虑到连接出塞道路的因素，秦九原郡、汉五原郡地方的交通地理结构，形成了由"T"状格局的向北延伸，呈现"十"状的形势。④

---

① 《汉书》，第 3798—3799 页。
② 王先谦：《汉书补注》，中华书局 1983 年版，第 1581 页。
③ 《汉书》，第 4199 页。
④ 王子今：《秦汉"北边"交通格局与九原的地位》，见《2012·中国"秦汉时期的九原"学术论坛专家论文集》，内蒙古人民出版社 2012 年版。

秦始皇直道九原"度河"方式

《史记》卷六《秦始皇本纪》写道:"三十五年,除道,道九原抵云阳,堑山堙谷,直通之。"《史记》卷一五《六国年表》记载:"(秦始皇)三十五年,为直道,道九原,通甘泉。""三十七年十月,帝之会稽、琅邪,还至沙丘崩。子胡亥立,为二世皇帝。杀蒙恬。道九原入。"司马迁在《史记》卷八八《蒙恬列传》中写道:"吾适北边,自直道归,行观蒙恬所为秦筑长城亭障,堑山堙谷,通直道,固轻百姓力矣。"在中国早期交通建设的历史记录中,秦直道是首屈一指的重要工程。其规划、选线、设计和施工,显示出空前的技术水准和组织效率。秦直道的开通和应用,在中国古代交通史上具有极其重要的地位。对于军事交通的发展历程而言,秦直道也表现出里程碑式的意义。这条重要陆路干线"道九原抵云阳"而"直通之"的交通功能和文化意义,已经受到历史地理学者和交通史学者的重视。[①] 然而直道的形制和作用,还有诸多问题等待研究和说明。例如于九原地方"度河"的方式,就需要认真探讨。

[①] 关于直道研究,可参看史念海:《秦始皇直道遗迹的探索》,载《陕西师大学报》1975年第3期,《文物》1975年第10期,收入《河山集》四集,陕西师范大学出版社1991年版;王子今:《秦直道的历史文化观照》,载《人文杂志》2005年第5期;辛德勇:《秦汉直道研究与直道遗迹的历史价值》,载《中国历史地理论丛》2006年第1辑,收入《秦汉政区与边界地理研究》,中华书局2009年版。

秦直道通过黄河的方式，尚缺乏直接的资料可以说明。以交通史的视角考察秦的桥梁建造技术，可以推知当时应当已经有黄河浮桥沟通南北，而使得九原与云阳实现高效率的交通连接。汉武帝诏称卫青"梁北河"，这一记录在交通史上有重要的意义。可以说明当时北边因军事需要"度河"，已经有常设的梁桥以为便捷的条件。即使卫青"梁北河"如一些学者判断，确实在朔方地区，那么，有理由推想，九原服务于直道的河桥营造，应体现更典型的国家级交通设施的标准。王莽时代更改地名，五原郡五原县改称"填河亭"，也有可能与"度河"方式有关。汉五原郡"宜梁"县名的意义，也值得关注。

一、"秦直道沿途所经最大的一条河流"

作为《中国考古学》（九卷本）中的一卷，《中国考古学·秦汉卷》是一部成功的总结秦汉考古成就和考古方法的论著。其工作的目的，论者明确地指出，是使得"秦汉考古""在秦汉社会历史和秦汉文明的全面揭示和深入研究中作出应有的贡献"（第17页）。全书贯彻这一宗旨，体现出秦汉考古研究与秦汉史研究相结合的学术成功。在许多方面有所创新，推进了对秦汉历史文化的认识。例如，直道是秦始皇时代为加强北边防务、抵御匈奴南犯而开筑的连通长城防线上军事重镇九原与行政中心甘泉的交通大道。秦代经营的交通大道多利用战国原有道路，只有直道是在秦统一后规划施工，开拓出可以体现秦帝国行政效率的南北大通道。对于秦直道的走向，学界认识未能完全一致，讨论得十分热烈，表现出学术空气的活跃，也为更接近历史真实的论点的推出，准备了必要的条件。《中国考古学·秦汉卷》对于秦直道的重视，超过了以往同类著作。撰写者对争议各方的意见分别有所介绍，而最终的取舍，倾向多数考古学者基于文物资料的判断。① 这种尊重一线考古工作收获的态度，是正确的。在这部书定稿之后的考

---

① 中国社会科学院考古研究所编著：《中国考古学·秦汉卷》，中国社会科学出版社2010年版，第72页。

古发掘，使得这一认识的学术基础更为坚实可靠。

由于对秦汉考古进行全面论说涉及面广阔，工作难度非常大，又因集体操作，协调不易，难免千虑一失，《中国考古学·秦汉卷》亦存在微瑕。如"秦直道"一节关于"秦直道的修筑技术"，撰写者提出了这样的问题："乌兰木伦河是秦直道沿途所经最大的一条河流，河床宽达100米，深20米，秦直道在此惟一的通过方式是架桥，当时是用什么方式、什么材料来架桥的？这些问题都有待于今后的考古工作来解答。"① 提出"秦直道通过河流的方式"这样的问题有重要意义，不过，上文已经写道："（秦直道）北至九原（今内蒙古包头市西）"，"直道大致在黄河南岸昭君坟附近过河，终止于秦九原郡治所在地，即今包头市西南麻池古城"。② 此处所谓"过河"自然是过黄河。

事实上，"秦直道沿途所经最大的一条河流"是黄河，而并非"乌兰木伦河"。秦直道过黄河的方式，值得研究者关注。

陕西考古学者对于秦直道调查和发掘的收获，提供了直道通过洛河（陕西甘泉）和葫芦河（陕西富县）方式的信息，对于我们认识直道通行条件和工程质量有重要的意义。相关信息也有益于研究直道通过黄河的方式时参考。

二、周穆王"沈璧于河"

对于直道线路经过黄河的河段，其实很早就为政治家、军事家注意。

《穆天子传》记载周穆王率领有关官员和七萃之士，驾乘八骏，由最出色的驭手造父等御车，由伯夭担任向导，从处于河洛之地的宗周出发，经由河宗、阳纡之山、西夏氏、河首、群玉山等地，西行来到西王母的邦国，与西王母互致友好之辞，宴饮唱和，并

---

① 中国社会科学院考古研究所编著：《中国考古学·秦汉卷》，中国社会科学出版社2010年版，第75页。
② 中国社会科学院考古研究所编著：《中国考古学·秦汉卷》，中国社会科学出版社2010年版，第70—71页。

一同登山刻石纪念，又继续向西北行进，在大旷原围猎，然后千里驰行，返回宗周的事迹。许多研究者认为，周穆王西巡行程的终极，按照这部书的记述，大致已经到达中亚吉尔吉斯斯坦的草原地区。有的学者甚至认为，穆天子西行可能已经在欧洲中部留下了足迹。① 现在看来，把《穆天子传》看作"最早记录中原与西域交往的史诗"②的观点，大致是可以成立的。

关于《穆天子传》的性质，历来存在不同的认识。有人把它归入"起居注类"，有人则把它列为"别史类"，或者"传记类"，但大致一般都将其看作史书。然而清人编纂的《四库全书》却又将其改隶"小说家类"，并陈述其根据："案《穆天子传》旧皆入'起居注类'，徒以编年纪月，叙述西游之事，体近乎起居注耳。实则恍惚无征，又非《逸周书》之比。以为古书而存之可也，以为信史而录之，则史体杂、史例破矣。今退置于'小说家'，义求其当，无庸以变古为嫌也。"③ 不过，许多学者注意到《穆天子传》中记录的名物制度一般都与古代礼书的内容大致相合，其中记事记言，形式颇"与后世皇帝之《起居注》及《实录》相当"，因此认为"此等记录，殆无可疑"。④ 可能正是出于这样的考虑，《四部丛刊》和《四部备要》仍然把《穆天子传》归入"史部"之中。有的学者不仅并不把它看作小说，甚至视其为一部"其叙简而法，其谣雅而风，其事侈而核"⑤的历史典籍。事实上，周穆王西行事迹，在其他史学经典中是有踪迹可察的。《左传·昭公十二年》

---

① 顾实《穆天子传西征讲疏》："六师毕至于旷原，即至于西北大旷原也。况西王母之邦在今波斯西北。更欲自西王母之邦至于旷原之野，则非自今波斯而北至欧洲大平原也，将焉至哉！故推定旷原者，包有今南俄大平原，及更北而欧洲大平原亦在内，万无可疑矣。"所谓"羽陵"，"当在今波兰 Poland 华沙 Warsaw 之间乎？"中国书店 1990 年版，第 174—175 页。
② 鲁南：《最早记录中原与西域交往的史诗〈穆天子传〉》，载《新疆日报》1982 年 10 月 9 日。
③ 《四库全书总目》卷一四二《子部五十二·小说家类三》。
④ [日]小川琢治：《〈穆天子传〉考》，见《先秦经籍考》下册，江侠庵编译，商务印书馆 1931 年版，第 93、242 页。
⑤ 〔明〕胡应麟：《少室山房笔丛·三坟补逸》。

说到周穆王"周行天下"的事迹。与《穆天子传》同出于汲冢的《竹书纪年》也有周穆王西征的明确记载。① 司马迁在《史记》卷五《秦本纪》和卷四三《赵世家》中，也记述了造父为周穆王驾车西行巡狩，见西王母，乐而忘归的故事。②

《穆天子传》卷一记述周穆王与河宗柏夭相会的情形，又有祭祀行为："天子授河宗璧。河宗柏夭受璧，西向沈璧于河，再拜稽首。祝沈马牛豕羊。"③ 周穆王在河宗柏夭配合下"沈璧于河"的所在，正是在今内蒙古包头地方。《史记》卷四三《赵世家》："奄有河宗。"张守节《正义》："《穆天子传》云：'河宗之子孙獬柏絮。'按：盖在龙门河之上流，岚、胜二州之地也。"《穆天子传》卷一会河宗之前"于䣙邦之南"，"行于阳纡之山"。或以为与"阳山"有关。又引《水经注》曰："高阙以东，夹山带河，阳山以往，皆北假也。"④《史记》卷一一〇《匈奴列传》曾经说到九原、直道与"阳山北假"的关系："后秦灭六国，而始皇帝使蒙恬将十万之众北击胡，悉收河南地。因河为塞，筑四十四县城临河，徙適戍以充之。而通直道，自九原至云阳，因边山险堑溪谷可缮者治之，起临洮至辽东万余里。又度河据阳山北假中。"《汉书》卷九九中《王莽传中》记载：始建国三年（11年），"遣尚书大夫赵并使劳北边，还言五原北假膏壤殖谷，异时常置田官。乃以并为田禾将军，发戍卒屯田北假，以助军粮"，也说明了同样的事实。

周穆王西行并没有在"河宗氏"地方渡河。但是对这一地区的特殊关注，对这里黄河河道的倾心崇敬，值得我们注意。

对于《穆天子传》的成书年代，不少学者推定为文化空前活跃的战国时期。顾颉刚则认为，"《穆天子传》的著作背景即是

---

① 王子今：《20世纪中国历史文献研究》，清华大学出版社2002年版，第343—348页。
② 王子今：《穆天子神话和早期中西交通》，载《学习时报》2001年6月11日。
③ 文渊阁《四库全书》本。
④ 顾实：《穆天子传西征讲疏》，中国书店1990年版，第23页。

赵武灵王的西北略地"。①

三、赵武灵王经营北河与"直南袭秦"计划

据《战国策·赵策二》记载,赵武灵王与臣下肥义商议国是,表示了继承先祖事业的决心,最初提出了"胡服"的设想。随后,"王北略中山之地,至于房子,遂之代,北至无穷,西至河,登黄华之上"。赵武灵王"胡服骑射"这一具有"革政"意义的变法运动的成功,使得赵国强盛一时,"攘地北至燕、代,西至云中、九原"。《史记》卷四三《赵世家》还记载:"武灵王自号为主父。主父欲令子主治国,而身胡服将士大夫西北略胡地,而欲从云中、九原直南袭秦,于是诈自为使者入秦。秦昭王不知,已而怪其状甚伟,非人臣之度,使人逐之,而主父驰已脱关矣。审问之,乃主父也。秦人大惊。主父所以入秦者,欲自略地形,因观秦王之为人也。"

刘师培《九鑫集》卷五《秦四十郡考》"附秦郡建置沿革考"说,九原郡"秦得之赵"。②史念海指出,九原本来是赵国旧有边郡。③这一意见有学者支持。④辛德勇指出:"史氏所说,信而有征,可以信从。九原是赵国西北角上的边郡。"⑤又说,据《史记》卷四三《赵世家》,"'云中'与'九原'并列,依此,似乎应该把'九原',理解成为与'云中'同一等级的郡名,即赵武灵王时战国已经设立九原郡。""秦九原郡应当是直接承袭战国赵九原郡而来。既然如此,赵国的西北边境,就很有可能与秦朝一样,抵达狼山山脉一带。"⑥这样的分析给予我们有意义的启示。考古

---

① 顾颉刚:《〈穆天子传〉及其著作时代》,《文史哲》第1卷第2期,1951年7月。
② 《刘师培全集》第3册,中共中央党校出版社1997年版,第60页。
③ 史念海:《论秦九原郡始置的年代》,见《河山集》七集,陕西师范大学出版社1999年版,第376—384页。
④ 陈仓:《战国赵九原郡补说》,载《中国历史地理论丛》1994年第2辑。
⑤ 辛德勇:《张家山汉简所示汉初西北隅边境解析——附论秦昭襄王长城北端走向与九原云中两郡战略地位》,载《历史研究》2006年第1期,收入《秦汉政区与边界地理研究》,第267页。
⑥ 辛德勇:《阴山高阙与阳山高阙辨析》,载《文史》2005年第3期,收入《秦汉政区与边界地理研究》,第187页。

学者对阴山南麓赵长城的考察，证实了《水经注》卷三《河水三》的记录："芒干水又西南径白道南谷口，有城在右，萦带长城……。顾瞻左右，山椒之上，有垣若颓基焉。沿溪亘岭，东西无极，疑赵武灵王之所筑也。"① 也就是说，赵武灵王时代已经将势力扩展到北河地区，其九原行政，既享有"河"之水利对农耕发展的恩惠，同时也不得不面对"河"之天险对交通进步的阻障。

赵武灵王曾经亲自来到九原地区，又有"欲从云中、九原直南袭秦"的战略谋划。赵武灵王从九原南向袭击秦国的路线和所谓"诈自为使者入秦"的路线，应当与后来的秦直道走向大体一致。赵武灵王"诈自为使者入秦"的特殊行为，应当有南渡黄河的实践经历。而他"欲从云中、九原直南袭秦"的预想，也必然有关于远征军渡河方式的设计。

四、战国策士关于"秦下甲云中、九原"的设想

与赵武灵王"欲从云中、九原直南袭秦"的思路相同，秦人似乎也有"直北"利用九原战略地位的设想。② 而这样的军事行动，同样需要经历在九原"度河"的行动。

《战国策·燕策一》记载："苏秦将为从，北说燕文侯曰：'燕东有朝鲜、辽东，北有林胡、楼烦，西有云中、九原，南有呼沱、易水。地方二千余里，带甲数十万，车七百乘，骑六千匹，粟支十年。南有碣石、雁门之饶，北有枣粟之利，民虽不由田作，枣粟之实，足食于民矣。此所谓天府也。'"燕国"西有云中、九原"，应主要是指黄河以北地区。苏秦又有秦军控制"云中、九原"继续东进的假想："秦之攻燕也，踰云中、九原，过代、上谷，弥地踵道数千里。"③ 秦"攻燕"远征军"踰云中、九原"，当有"度河"

---

① 盖山林、陆思贤：《阴山南麓的赵长城》，见《中国长城遗迹调查报告集》，文物出版社1981年版，第21—24页。
② 由赵武灵王"直南袭秦"战略和有关秦军相反方向运动即"直北"的设想，或可推想"直道"定名"直"与这种空间意识有关的可能。
③ 〔西汉〕刘向集录：《战国策》，上海古籍出版社1985年版，第1039页。

行动。

而"张仪为秦破从连横",威胁燕王,也有"大王不事秦,秦下甲云中、九原,驱赵而攻燕,则易水、长城非王之有也"的恐吓。这样的威胁果然奏效,据说,"燕王曰:'寡人蛮夷辟处,虽大男子,裁如婴儿,言不足以求正,谋不足以决事。今大客幸而教之,请奉社稷西面而事秦,献常山之尾五城。'"①看来,张仪"秦下甲云中、九原"之说,并不是全无根据的虚言。而秦人用兵云中、九原,必定需要在九原"度河"。

五、"河"与蒙恬九原军事建设

《史记》卷八八《蒙恬列传》说蒙恬经营北边:"秦已并天下,乃使蒙恬将三十万众北逐戎狄,收河南。筑长城,因地形,用制险塞,起临洮,至辽东,延袤万余里。于是渡河,据阳山,逶蛇而北。"②其中"渡河"的记录值得特别注意。《史记》卷一一〇《匈奴列传》记载:"后秦灭六国,而始皇帝使蒙恬将十万之众北击胡,悉收河南地。因河为塞,筑四十四县城临河,徙適戍以充之。而通直道,自九原至云阳,因边山险堑溪谷可缮者治之,起临洮至辽东万余里。又度河据阳山北假中。"③所谓"因河为塞"与"临河""渡河""度河"的记录,体现了蒙恬对北边的辛苦经营,对于"河"可以阻遏敌骑,同时又对自己的军事行动亦不免有所限制的作用,是予以重视的。

辛德勇指出:"就在秦始皇三十三年建构起黄河—阴山防线的当年,始皇帝嬴政便把寻求垦殖基地的目光,投向河套地区④,指令蒙恬,'渡河,据阳山'⑤,并在山上'筑亭障以逐戎人'⑥。阳山即今狼山山脉,其西段正围绕着河套平原的西部和北部。早

---

① 〔西汉〕刘向集录:《战国策》,上海古籍出版社1985年版,第1052页。
② 《史记》,第2566页。
③ 《史记》,第2886页。
④ 原注:"《史记》卷一二《平津侯主父列传》。"
⑤ 原注:"《史记》卷八八《蒙恬列传》。"
⑥ 原注:"《史记》卷六《秦始皇本纪》。"

在20世纪70年代,唐晓峰即以考察探明,在今狼山山脉及其迤西的乌拉后山北坡,残存有明显的秦长城。"①"这道阳山长城的作用,主要是防护河套垦区不受匈奴的侵害。"② 有学者考论秦代政区地理,以为"秦九原郡置县可证者有武都、河阴、九原、南舆、曼柏、莫黑、西安阳、稒阳,共8县"。又说:"其中秦九原郡所属县武都、河阴、九原、南舆、曼柏、莫黑、西安阳、稒阳等县,传统文献多认为是西汉所设县,现在考证可知均为秦县,同时将这些地方设县的时间上推之秦,甚至战国时,可补史料之缺轶。"按照论者的意见,武都"故址大致在托克托县县西,具体地望无考"、河阴"故址在今包头市西"、九原故址即"内蒙古包头市南郊麻池古城"、南舆"故址帝王在今内蒙古自治区准格尔旗东南"、曼柏"故址地望在今内蒙古自治区东胜市东北"、莫黑"地望无考"、西安阳"故址在今内蒙古自治区五原县东南"、稒阳"即今内蒙古自治区固阳县"。③ 关于秦九原郡辖县故址的推定多论证不足,而当时九原郡下的一些县应非"西汉所设县"的意见可以参考。

显然,秦九原郡是跨河而治的特殊的行政区域。这一情形,一如西汉时期的西河郡。④ 这种比较少见的行政区域划分形式,必然是以方便的"度河"方式为重要条件的。

六、直道"度河"的可能形式

《史记》卷六《秦始皇本纪》记载:"三十五年,除道,道九原抵云阳,堑山堙谷,直通之。"⑤《史记》卷一五《六国年表》也写道:"(秦始皇)三十五年,为直道,道九原,通甘泉。""三十七

---

① 原注:"唐晓峰:《内蒙古西北部秦汉长城调查记》,《文物》1977年5期;李逸友:《中国北方长城考述》,《内蒙古文物考古》,2004年1期。"
② 辛德勇:《张家山汉简所示汉初西北隅边境解析——附论秦昭襄王长城北端走向与九原云中两郡战略地位》,载《历史研究》2006年第1期,收入《秦汉政区与边界地理研究》,第263页。
③ 后晓荣:《秦代政区地理》,社会科学文献出版社2009年版,第180—182页。
④ 王子今:《西河郡建置与汉代山陕交通》,载《晋阳学刊》1990年第6期。
⑤ 《史记》,第256页。

年十月,帝之会稽、琅邪,还至沙丘崩。子胡亥立,为二世皇帝。杀蒙恬。道九原入。"①九原作为直道的北端,是明确无疑的。而直道的畅通,必然有便捷的"度河"形式。

秦代明确的高等级的"度河"记录,如《史记》卷六《秦始皇本纪》关于秦始皇二十八年(前219年)"渡淮水"及著名的至湘山祠"几不得渡"的故事:"始皇还,过彭城,……乃西南渡淮水,之衡山、南郡。浮江,至湘山祠。逢大风,几不得渡。上问博士曰:'湘君何神?'博士对曰:'闻之,尧女,舜之妻,而葬此。'于是始皇大怒,使刑徒三千人皆伐湘山树,赭其山。上自南郡由武关归。"又秦始皇三十七年(前210年),"十一月,行至云梦,望祀虞舜于九疑山。浮江下,观籍柯,渡海渚。过丹阳,至钱唐。临浙江,水波恶,乃西百二十里从狭中渡"②。这些关于秦始皇车队"渡"的记载,应当都是利用舟船的济渡。

秦穆公时代在殽之战惨败后伐晋复仇,是秦史中著名的战事,《左传·文公三年》:"秦伯伐晋,济河焚舟,取王官,及郊。晋人不出,遂自茅津济,封殽尸而还。"秦军进入晋地,两次"济河",使用的都是舟船。"济河焚舟",《史记》卷五《秦本纪》作"渡河焚船":"(秦穆公)三十六年,缪公复益厚孟明等,使将兵伐晋,渡河焚船,大败晋人,取王官及鄗,以报殽之役。晋人皆城守不敢出。于是缪公乃自茅津渡河,封殽中尸,为发丧,哭之三日。"所谓"济河焚舟"故事发生在被看作英雄主义典范的项羽破釜沉舟事416年之前。③而我们更为注意的,是秦人征战中通常的"济河""渡河"方式是使用舟船。

然而当时以架设浮桥作为"度河"的交通方式,已经有比较成熟的技术保证。殷商时代已经有架设浮桥记录。卜辞可见月)、

---

① 《史记》,第758页。
② 《史记》,第248、260页。
③ 《史记》卷八《项羽本纪》:"项羽已杀卿子冠军,威震楚国,名闻诸侯。乃遣当阳君、蒲将军将卒二万渡河,救巨鹿。战少利,陈余复请兵。项羽乃悉引兵渡河,皆沈船,破釜甑,烧庐舍,持三日粮,以示士卒必死,无一还心。"第307页。

⺼等字，郭沫若《金文丛考》均释为"造"，即一出舟船并靠连接构成浮桥。卜辞可见"⺼川于之（兹）"（《人》2146），即谓于此地造设舟桥以济川。《诗·大雅·大明》记述大约发生于公元前12世纪的周文王娶亲史事，有"文定厥祥，亲迎于渭；造舟为梁，不显其光"语。毛亨《传》："其受命之宜王基乃始于是也。天子造舟，诸侯维舟，大夫方舟，士特舟。造舟，然后可以显其光辉。"《说文·辵部》："造，就也。从辵，告声。""艁，古文造，从舟。"陆德明《经典释文》卷七《毛诗音义下》对"造"的解释说："《广雅》音'艁'，音同。"朱骏声《说文通训定声》卷六则以为"又为'桥'"，是"造"字假借之义之一。《说文·非部》："靠，相韦也。从非，告声。"段玉裁注作这样的解释："相韦者，相背也。故从非。今俗谓相依曰靠，古人谓相背曰靠，其义一也。犹分之合之皆曰离。"实际上，"造舟"之"造"以及"艁"，都可以从"靠"字发现其原始之义。所谓"造舟"或"艁舟"，其实就是以舟船比靠联并构成浮桥。《方言》卷九："艁舟，谓之浮梁。"郭璞注："即今浮桥。"张衡《东京赋》："造舟清池，惟水泱泱。"薛综也解释说："造舟，以舟相比次为桥也。"①《尔雅·释水》郭璞注：造舟，"比舫为桥"。邢昺疏："言造舟者，比舫于水，加版于上，即今之浮桥。"

秦直道"度河"，会不会采用利用浮桥的形式呢？根据我们对秦人交通开发的积极性和交通技术的成熟程度的了解，可以推想这一可能性是相当大的。

秦人有重视交通的传统。秦国之所以能够实现统一，与交通方面的优势有重要关系。②回顾秦交通史，可以看到，春秋时期，秦晋之间的黄河水面曾架设临时的浮桥。秦后子鍼"享晋侯，造舟于河，十里舍车，自雍及绛。归取酬币，终事八反"。事载《左传·昭公元年》。《史记》卷五《秦本纪》：秦景公三十六年（前541年）"景

---

① 王子今：《"造舟为梁"及早期浮桥史探考》，载《文博》1998年第4期。
② 王子今：《秦国交通的发展与秦的统一》，载《史林》1989年第4期；《秦统一原因的技术层面考察》，载《社会科学战线》2009年第9期。

公母弟后子鍼有宠,景公母弟富,或谮之,恐诛,乃奔晋,车重千乘"。所谓"车重千乘",可能是"造舟于河",架设浮桥的原因。据《元和郡县图志·关内道二》:"(朝邑县)河桥,本秦后子奔晋,造舟于河,通秦、晋之道。"黄河历史上第一座常设的浮桥,也是秦国修建,即《史记》卷五《秦本纪》所见秦昭襄王五十年(前257年)"初作河桥"。张守节《正义》:"此桥在同州临晋县东,渡河至蒲州,今蒲津桥也。"①

秦人建造这两座黄河浮桥的年代与蒙恬经营北河时比较,秦昭襄王"初作河桥"事在36年前②,后子鍼"造舟于河"事则在320年前。蒙恬时代的桥梁建造技术应当更为成熟。而包头河段的黄河水量远逊于大荔、华阴、潼关与永济间河段。秦人在九原"造舟于河",不应有太大的困难。考虑到直道的战略地位和通行等级,"度河"方式或许已经有常设的浮桥即秦昭襄王"初作河桥"的"河桥"。

七、卫青"梁北河"

汉武帝元朔二年(前127年)汉政府回击匈奴对辽西、渔阳的侵犯,组织了向匈奴的全面进攻,取得了空前的胜利。《史记》卷一一一《卫将军骠骑列传》记载:"汉令将军李息击之,出代;令车骑将军青出云中以西至高阙。遂略河南地,至于陇西,捕首虏数千,畜数十万,走白羊、楼烦王。遂以河南地为朔方郡。以三千八百户封青为长平侯。青校尉苏建有功,以千一百户封建为平陵侯。使建筑朔方城。青校尉张次公有功,封为岸头侯。"③汉武帝宣布了对卫青的奖励:"今车骑将军青度西河至高阙,获首虏二千三百级,车辎畜产毕收为卤,已封为列侯,遂西定河南地,按榆溪旧塞,绝梓领,梁北河,讨蒲泥,破符离,斩轻锐之卒,捕伏

---

① 《史记》,第214—218页。〔明〕丘濬:《大学衍义补》卷九九《治国平天下之要·备规制·道涂之备》:"《史记》:秦昭襄王五十年十二月,初作河桥。盖桥作于河也。然是时秦未有孟津之地,而所作之桥不在此尔。"文渊阁《四库全书》本。

② 《艺文类聚》卷九引《史记》:"秦昭王四十九年,初作河桥。"〔宋〕祝穆《古今事文类聚》续集卷一〇《居处部·桥》引文同。则又更早一年。

③ 《史记》,第2923页。

听者三千七十一级,执讯获丑,驱马牛羊百有余万,全甲兵而还,益封青三千户。"所谓"梁北河",用以表彰卫青的突出功绩。曹丕《汉武帝论》写道:"自元光以迄征和四十五载之间,征匈奴四十余举。踰广漠,绝梓岭,封狼居胥,禅姑衍,梁北河,观兵瀚海。刈单于之旗,剿阏氏之首,探符离之窟,扫五王之庭,纳休屠昆耶之附,获祭天金人之宝。轵名王以十数,馘首虏以万计。既穷追其败亡,又摧破其积聚。"①"梁北河",成为赞美汉武帝武功的颂辞。

所谓"梁北河",裴骃《集解》引录如淳的解释:"为北河作桥梁。"《汉书》卷五五《卫青传》颜师古注引如淳曰:"为北河作桥梁也。"这里所说的"为北河作桥梁",很可能是常设的浮桥,亦不排除架构梁桥的可能。

《史记》卷一一一《卫将军骠骑列传》张守节《正义》:"'梁北河',在灵州界也。"《太平寰宇记》卷三六《关西道·灵州》:"《水经》云:河西溢于窳浑泽。《汉书》卫青'绝梓岭,梁北河',谓此处也。"按照《水经注》卷三《河水三》的记述,则"梁北河"的方位大概还要偏东一些:"河水又屈而东流为北河。汉武帝元朔二年大将军卫青'绝梓岭,梁北河'是也。东径高阙南。《史记》:赵武灵王既袭胡服,自代并阴山下,至高阙为塞。山下有长城,长城之际,连山刺天,其山中断,两岸双阙,善能云举,望若阙焉。即状表目,故有'高阙'之名也。自阙北出荒中,阙口有城,跨山结局,谓之'高阙戍'。自古迄今,常置重捍,以防塞道。汉元朔四年,卫青将十万人败右贤王于高阙。即此处也。"

卫青于朔方"梁北河",分析道路规划的可能走向的,很可能是对应高阙的交通建设。其实,直道"度河",应当有更高等级的桥梁。辛德勇在分析"九原、云中两郡在西汉政治与军事地理格局中的地位"时强调:"云中、九原两郡南部的东流黄河河段,流速舒缓,岸线平坦,是展开大规模渡河军事行动的理想地点,九原、云中两郡,便是控制这一战略要津的桥头堡。"又说,"这

---

① 〔明〕张溥辑:《汉魏六朝百三家集》卷二四《魏文帝集·论》,文渊阁《四库全书》本。《艺文类聚》卷一二及《太平御览》卷八八引《典论》均作"轵名王以千数"。

两个郡……其位居交通要津,控制着东出'关东'以及北出塞外的渡口,……九原、云中一带,一向是朝廷重兵所在的地方","九原和云中,具有非同寻常的军事地理地位,特别是九原,不仅控制着黄河渡口,同时还控制着重要的战略通道直道,地位尤其重要"。① 显然,对于北边军事道路"度河"的交通规划来说,九原自有最重要的战略地位和最优越的总体条件。难以想象当时思考对匈奴战略的军事家会考虑在九原以外的其他地方组织最高等级的"度河"工程的建设。即使卫青"梁北河"如一些学者判断,确实在朔方地区,那么,有理由推想,九原服务于直道的河桥营造,应体现更典型的国家级交通设施的标准。

八、王莽"填河亭"地名

《汉书》卷二八下《地理志下》关于五原郡行政建置的文字,县名"河阴""河目"之定义或许与"河"有某种关系:

> 五原郡,秦九原郡,武帝元朔二年更名。东部都尉治稒阳。莽曰获降。属并州。户三万九千三百二十二,口二十三万一千三百二十八。县十六:九原,莽曰成平。固陵,莽曰固调。五原,莽曰填河亭。临沃,莽曰振武。文国,莽曰繁聚。河阴,蒱泽,属国都尉治。南兴,莽曰南利。武都,莽曰桓都。宜梁,曼柏,莽曰延柏。成宜,中部都尉治原高,西部都尉治田辟。有盐官。莽曰艾虏。稒阳,北出石门障得光禄城,又西北得支就城,又西北得头曼城,又西北得虖河城,又西得宿虏城。莽曰固阴。莫黑,西安阳,莽曰鄣安。河目。②

特别是其中的"五原"县,王莽改称"填河亭"。"填河",可以理解为"镇河",即维护水文条件的稳定以避免水害。王莽使

---

① 辛德勇:《张家山汉简所示汉初西北隅边境解析——附论秦昭襄王长城北端走向与九原云中两郡战略地位》,载《历史研究》2006年第1期,收入《秦汉政区与边界地理研究》,第278、281页。
② 《汉书》,第1619—1620页。

用的这一新地名，看来有可能与"度河"地点有关。不过，谭其骧主编《中国历史地图集》标示远在"九原"县西北的"五原"县位置，与"河"之间的直线距离大约在 10 公里以上。①

《水经注》卷三《河水三》："（河水）又东径九原县故城南，秦始皇置九原郡，治此。汉武帝元朔二年，更名五原也。王莽之获降郡、成平县矣。西北接对一城，盖五原县之故城也，王莽之填河亭也。《竹书纪年》，魏襄王十七年，邯郸命吏大夫奴迁于九原，又命将军大夫适子戍吏，皆貉服矣。其城南面长河，北背连山。秦始皇逐匈奴，并河以东，属之阴山，筑亭障为河上塞。徐广《史记音义》曰：阴山在五原北。即此山也。始皇三十三年，起自临洮，东暨辽海，西并阴山，筑长城及开南越地，昼警夜作，民劳怨苦。故杨泉《物理论》曰：秦始皇使蒙恬筑长城，死者相属。民歌曰：生男慎勿举，生女哺用餔，不见长城下，尸骸相支拄。其冤痛如此矣。蒙恬临死曰：夫起临洮，属辽东，城堑万余里，不能不绝地脉，此固当死也。"说"五原县之故城也，王莽之填河亭也"，"其城南面长河，北背连山"，在此意义上理解"填河"，应即"筑亭障为河上塞"。然而雍正《陕西通志》卷三《建置第二》"汉朔方郡·五原"条引《水经注》："九原县西北接对一城，盖五原县故城，王莽填河亭也。其城南面长河，北背连山。"然而又写道："按：五原在神木北河北岸。"则似可看作仍以为五原县即"填河亭"临河。

"填河"的另一种理解，是"河"上"成桥"。《白孔六帖》卷九五《鹊》"填河"条："《淮南子》：乌鹊填河成桥，渡织女。"牛郎织女传说在汉代已经普遍流行。鹊桥神话如果确实出自《淮南子》，应是最早的线索。然而今本《淮南子》已不见此文。《四库全书总目》卷一一七《淮南子》："晁公武《读书志》称《崇文总目》亡三篇。李淑《邯郸图书志》亡二篇。其家本惟存十七篇，亡其四篇。高似孙《子略》称读《淮南》二十篇。是在宋已鲜完本。

---

① 谭其骧主编：《中国历史地图集》第 2 册，地图出版社 1982 年版，第 17—18 页。

惟洪迈《容斋随笔》称今所存者二十一卷，与今本同。然白居易《六帖》引乌鹊填河事，云出《淮南子》而今本无之，则尚有脱文也。"①人们似乎还相信"乌鹊填河事"确实出自《淮南子》。宋人王观国《学林》卷四"牛女"条写道："世传织女嫁牵牛渡河相会。观国案：《史记》汉晋《天文书》，河鼓星随织女星、牵牛星之间。世俗因傅会为渡河之说。渫渎上象，无所根据。惟《淮南子》云乌鹊填河成桥而渡女，其说怪诞不足信。"虽指出俗说"怪诞"，却相信事出《淮南子》。将"填河"理解为"成桥"，也是相当普遍的认识。《古今注》卷下"鹊"条："俗云七月填河成桥。"《山堂肆考》卷二《天文》"鹊桥"条："《淮南子》曰：乌鹊七月七夕填河而度织女。"卷二一四《羽虫》"填河"条："《淮南子》曰：乌鹊填河成桥而渡织女。"如果以"成桥"理解"填河"，则王莽"填河亭"之五原命名，自然可以作为我们讨论直道在这一地方"度河"方式的参考信息。

九、"宜梁"县名的意义

《汉书》卷二八下《地理志下》"五原郡""县十六"中，在九原、固陵、五原、临沃、文国、河阴、蒲泽、南兴、武都之后列"宜梁"县。②

《水经注》卷三《河水三》："河水又东径宜梁县之故城南。阚骃曰：五原西南六十里，今世谓之石崖城。"胡渭《禹贡锥指》卷一三上："今在废丰州东。"雍正《陕西通志》卷三《建置第二·汉·五原郡》"宜梁"条："按：宜梁在榆林府北河北岸。"同卷《建置第二·后汉·五原郡》"宜梁"条据《水经注》，谓"宜梁在五原西南六十里"。按语称："宜梁在榆林府西北河北岸。"同书卷一三《山川六·边外·黄河》："宜梁县在五原西南六十里废丰州东，今榆林府北。"《嘉庆重修一统志》卷四〇八《乌喇忒·古迹》："宜梁故城，在故九原城西。汉置，属五原郡，

---

① 〔清〕永瑢等：《四库全书总目》上册，中华书局1965年版，第1009页。
② 《汉书》，第1619页。《后汉书·郡国志五》亦作"宜梁"，《后汉书》，第3523页。

后汉末省。"①

对于汉"宜梁"县地望，雍正《陕西通志》或云"榆林府北"，或云"榆林府西北"，方位并不一致。则或以为在九原附近，或以为偏西。《嘉庆重修一统志》所谓"宜梁故城，在故九原城西"，以"故九原城"作为说明"宜梁故城"位置的坐标，相互距离应当不会太远。《水经注》引阚骃"五原西南六十里"之说，则显然偏西。然而阚骃又说："今世谓之石崖城。""石崖城"或与"石崖山"有某种关联。嘉靖《陕西通志》卷一〇《土地十·河套山川》："石崖山山文有战马之状。"②似可理解为岩画史料。而相应方位乌拉山岩画发现，西在今乌拉特前旗有哈拉盖山口岩画③，东在今包头九原西南"昭君渡"正北有包尔汉图岩画④，后者特别引起我们的注意。然而以"石崖山山文"作为判定"石崖城"及"宜梁"县位置的参考，也依然不能提出确证。

对汉五原郡宜梁县所在的认识或有分歧，然而位于"河北岸"大致没有疑义。"宜梁"命名应与架设"度河"桥梁的条件有关，大概是合理的推定。

如果"宜梁"位置确实与"九原"有一定距离，则可说明汉代"北河"的"梁"可能有多处。这当然是汉五原郡能够成功实现跨"河"治理的基本条件。我们在思考秦直道九原"度河"方式时，也应当注意到这一史实。⑤

---

① 雍正《陕西通志》卷三《建置第二·后汉·五原郡》"宜梁"条："建安中省。"
② 嘉靖《陕西通志》，三秦出版社2006年版，第470页。
③ 国家文物局主编：《中国文物地图集·内蒙古自治区分册》上册，西安地图出版社2003年版，第270—271页。
④ 国家文物局主编：《中国文物地图集·内蒙古自治区分册》上册，西安地图出版社2003年版，第126—127页。
⑤ 王子今：《秦直道九原"度河"方式探讨》，见《2012·中国"秦汉时期的九原"学术论坛专家论文集》，内蒙古人民出版社2012年版，《史念海先生百年诞辰纪念学术论文集》，陕西师范大学出版总社有限公司2012年版。

关于"上郡地恶":秦直道资源条件考察

关于秦始皇直道的走向存在不同意见。无论按照哪一种认识,直道全程的主要路段均在上郡辖区之内。张家山汉简《二年律令》可见"上郡地恶"文字,考察相关历史现象,可以深化对于秦直道通行条件的认识。

一、《二年律令》"上郡地恶"简文

张家山汉简《二年律令》中的《田律》有规定关于"入刍稾"的内容,其中以下内容值得注意:

> 入顷刍稾顷入刍三石上郡地恶顷入二石稾皆二石令
> 各入其岁所有毋入陈不从令者罚黄金四两收(二四〇)
> 入刍稾县各度一岁用刍稾足其县用其余令顷入
> 五十五钱以当刍稾婚刍一石当十五钱稾一石当五钱
> (二四一)
> 刍稾节贵于律以入刍稾时平贾入钱(二四二)

整理小组释文写作:

> 入顷刍稾,顷入刍三石;上郡地恶,顷入二石;稾皆二石。令各入其岁所有,毋入陈,不从令者罚黄金四两。

收（二四〇）

入刍稾，县各度一岁用刍稾，足其县用，其余令顷
入五十五钱以当刍稾。刍一石当十五钱，稾一石当五钱。
（二四一）

刍稾节贵于律，以入刍稾时平贾（价）入钱。（二四二）

简二四一"以当刍稾"句后的符号"婼"，释文未能体现。我们看到，简文说到因"上郡地恶"，刍稾征收的定额有所减少。其他地方"顷入刍三石"，上郡则"顷入二石"，而"稾皆二石"，即稾的征收均为二石。关于"收入刍稾"的总量，律文要求县的行政主管部门应当准确估计每年需用刍稾的数额，留足用量之后，其余部分"令顷入五十五钱"以折合刍稾。刍一石折合十五钱，稾一石折合五钱。如果刍稾时价高于这一价位，则以征收刍稾时的平价收钱。按照"刍一石当十五钱，稾一石当五钱"的价格定位，则"上郡"因"地恶"，顷入刍二石、入稾二石，合计顷入四十钱。如此，就刍稾税一项而言，上郡所入，只相当于"令顷入五十五钱以当刍稾"之常例的72.73%。

二、上郡"入刍稾"制度分析

有学者在解释这条律文时说："西汉初期每顷地缴纳刍税三石与稾税二石时，有土地好恶不同而刍税有多少之别，即恶地每顷只出刍税二石。""刍税的征收数量视土地好坏不同而不同"。[①] 看来是将"上郡地恶"理解为具有普遍意义的一般的土地"恶"、土地"坏"，忽略了"上郡"二字，似乎并不符合律文原意。

对于"刍稾"的理解，整理小组注释："刍，饲草。稾，禾秆。参看《睡虎地秦墓竹简·秦律十八种》之《田律》'入顷刍稾'条。"这样的解说是有一定根据的。《国语·周语中》："司马陈刍。"《玉篇·艹部》："刍，茭草。"《汉书·五行志下之上》："哀

---

① 高敏：《论西汉前期刍、稾税制度的变化发展——读〈张家山汉墓竹简〉札记之二》，载《郑州大学学报》2002年第4期。

帝建平四年正月，民惊走，持稾或棷一枚，传相付与，曰行诏筹。"颜师古注："稾，禾秆也。"《汉书·萧何传》："上林中多空地，弃，愿令民得入田，毋收稾为兽食。"颜师古注也说："稾，禾秆也。"如果按照刍即"饲草"，稾即"禾秆"的解释，则"上郡地恶"征收"禾秆"的数额与其他地方同样，而征收"饲草"的数额较其他地方为少。

睡虎地秦简《田律》中的有关内容，开篇也称"入顷刍稾"，与张家山汉简《田律》完全相同。① 其征收数额的总体要求也与张家山汉简《田律》一致，只是没有说到对于上郡的特殊优待。而对于"刍"，又有较为具体的说明："入顷刍稾'以其受田之数'无豤不豤，顷入刍三石、稾二石。刍自黄䅶及苈束以上皆受之。入刍稾相"（简八）"输度可殹田律"（简九）。整理小组释文："入顷刍稾，以其受田之数，无豤（垦）不豤（垦），顷入刍三石、稾二石。刍自黄䅶及苈束以上皆受之。入刍稾，相输度，可殹（也）。田律"。整理小组注释："䅶，应即稣字，《说文》：'把取禾若也。'黄稣指干叶。苈，疑读为历，《大戴礼记·子张问入官》注：'乱也。'此处疑指乱草。一说苈读为蓠，王念孙《广雅疏证》认为蓠就是蒹，是一种喂牛用的水草。"对于这段话，整理小组译文写道："每顷田地应缴的刍稾，按照所受田地的数量缴纳，不论垦种与否，每顷缴纳刍三石、稾二石。刍从干叶和乱草够一束以上均收。缴纳刍稾时，可以运来称量。"②

所谓"刍自黄䅶及苈束以上皆受之"，应当有助于我们对"刍"的理解。

其实，"䅶"，整理小组以为即"稣"，又引《说文·禾部》："稣，把取禾若也。"段玉裁注将"把"改定为"杷"。按其字义，似可写为"耙"。然而，以"杷（耙）取"的"干叶"缴纳税草，

---

① 这或许也可以看作体现汉律与秦律沿承关系的例证。
② 睡虎地秦墓竹简整理小组编：《睡虎地秦墓竹简》，文物出版社1978年版，第27—28页；睡虎地秦墓竹简整理小组编：《睡虎地秦墓竹简》，文物出版社1990年版，图版第15页，释文第21页。

其实更为劳累而收聚有限，不合农家实际生产与生活情状。"黏"，应即黍。"黄黏"，就是黄黍。《古今注》卷下："禾之黏者为'黍'，亦谓之'穄'，亦曰'黄黍'。"

"蘑"，应当就是"蘼"，即"荔"。《广雅》卷一〇《释草》："狗荠，大室荔也。"《通志》卷七五《昆虫草木略·草类》："甘遂，曰甘藁，曰陵藁，曰陵泽，曰重，泽曰主田，曰葶苈，曰丁苈，曰蕈蒿，曰狗荠，曰大室，曰大适。《尔雅》：'蕈，亭历。'"看来，释"荔"为"乱草"，不如释为"杂草"近是。

"刍"和"藁"，在秦汉时期向民众征收实物税的相关法令文字中有严格的区分。参照近代征收税草的法令，可知可以将其理解为"杂草"和"谷草"。而在"杂草"之中，也是包括庄稼秸秆的。

《陕甘宁边区政府三十年度征收公草办法》（民国三十年十一月二十五日公布）中的第四条有这样的内容：

> 第四条 杂草折合谷草之折合率：
> 苜蓿一斤折合谷草一斤。
> 麦草、糜草一斤半折合谷草一斤（关中陇东等地区可按规定之折合率折合以麦草为征收本位）。
> 芦草、白草二斤折合谷草一斤。
> 茅草、梭草（驴尾巴草）、冰草、昔杞草二斤半折合谷草一斤，其他牲口不吃之草一概不收。
> 马兰草一斤折合谷草一斤，但只限于延安、甘泉、安塞、安定四县征收。①

这里出现了"征收本位"的概念。秦汉刍藁征收的"征收本位"应当也是谷草，即粟的秸秆。

这样看来，"刍"是指"糜草"以及各种杂草，"藁"是指谷草。

说到这里，我们又面对一个新的问题。这里引用的近代有关"征

---

① 甘肃省社会科学院历史研究室编：《陕甘宁革命根据地史料选辑》第二辑，甘肃人民出版社1983年版，第287页。

收公草"的资料中,"苜蓿一斤折合谷草一斤","麦草、糜草一斤半折合谷草一斤","芦草、白草二斤折合谷草一斤","茅草、梭草(驴尾巴草)、冰草、昔杞草二斤半折合谷草一斤","马兰草一斤折合谷草一斤"。"麦草、糜草"以及各种杂草折合谷草的比例,最多与谷草相当,大多价值都低于谷草。然而张家山汉简《田律》中所见情形却恰恰相反,"刍一石当十五钱,稾一石当五钱","刍"的价格高于"稾"①,甚至竟然相当于"稾"的三倍。

为什么张家山汉简《田律》所规定"刍"与"稾"的价格比率竟然如此之高呢?

考虑到"稾"作为田产农作物秸秆,已是自然产出,农家只要按照规定捆束上缴即可,而"刍"如果作为杂草理解,则需要另外刈割收集,从而形成新的劳作负担,这样的价格比是可以理解的。江陵凤凰山10号汉墓出土6号木牍有关于征收刍稾税的文字,其中说道:"平里户刍……凡卅一石三斗七升,……六石当稾,……刍为稾十二石。""稿上户刍……凡十四石六斗六升,……一石当稾,……刍为稾二石。"正如高敏正确地指出的:"牍文中的'刍为稾十二石'与'刍为稾二石',恰恰都可以与'六石当稾'及'一石当稾'相对应,其刍与稿折纳率为1∶2,即刍1石可折合稿2石。"②"刍"和"稾"的实际价值比是1∶2,而并非前引张家山汉简《田律》中所见1∶3,这可能是稻作地区征收稻草和北方粟产地征收谷草有所差别的缘故。至于近代"征收公草"的规定中"麦草、糜草"以及各种杂草折合谷草的比例与此完全不同,至少两者相当,甚至前者高而后者低,这是因为这一制度

---

① 高敏称此为"刍税质量优于稾税质量","刍税质量明显优于稾税质量"。《漫谈〈张家山汉墓竹简〉的主要价值与作用》,载《郑州大学学报》2002年3期;高敏:《论西汉前期刍、稾税制度的变化发展——读〈张家山汉墓竹简〉札记之二》,载《郑州大学学报》(哲学社会科学版)2002年第4期。

② 高敏:《从江陵凤凰山10号汉墓出土简牍看西汉前期刍、稿税制度的变化及其意义》,见《秦汉史探讨》,中州古籍出版社1998年版,第283页。

并不对"刍"和"稾"予以区分,而统一收缴,于是杂草和谷草只能以实际应用价值形成价格差别。

也就是说,"刍稾"的"刍",解释为"饲草"是可以的,《说文·艸部》:"刍,刈艸也。象包束艸之形。"段玉裁注:"谓可飤牛马者。"但是对"刍"即"饲草"不宜作偏执的理解。"刍"有时也包括"禾秆"。如《小尔雅·广物》:"稾谓之秆,秆谓之刍。"《礼记·祭统》有"士执刍"句,郑玄解释说:"'刍'谓'稾'也。"

就我们现在的认识,"刍"应是专作"饲草"的杂草和秸秆,"牲口不吃之草一概不收";"稾",则是纳税者所经营的农田作物秸秆,其用途,可以作饲草,也可以作燃料。这应当也是"刍"与"稾"价格差异形成的原因之一。

上郡所入刍稾,只相当于"令顷入五十五钱以当刍稾"之常例的72.73%。其直接原因似乎在于"上郡地恶"。

三、秦刍稾转输制度

在以牛马等畜力为主要运输动力的时代,军事调动和其他运输活动的组织,都提出了对"刍稾"的需求。从现有资料看来,秦可能是最早施行征用"刍稾"制度的。[①] 除了睡虎地秦简《田律》提供的资料外,正史的记载,有《史记》卷六《秦始皇本纪》所说秦二世元年(前209年)四月事:

> 复作阿房宫。外抚四夷,如始皇计。尽征其材士五万人为屯卫咸阳,令教射狗马禽兽。当食者多,度不足,下调郡县转输菽粟刍稾,皆令自赍粮食,咸阳三百里内不得食其谷。[②]

秦时因组织长城工程和对匈奴的战争,有"使天下蜚刍輓粟,起

[①] 高敏据睡虎地秦简资料推定:"征收刍、稾税制度,商鞅变法后的秦国即已有之。"《从江陵凤凰山10号汉墓出土简牍看西汉前期刍、稾税制度的变化及其意义》,见《秦汉史探讨》,中州古籍出版社1998年版,第280页。

[②] 《史记》,第269页。

于黄、腄、琅邪负海之郡,转输北河"①,即长途运送刍稾的情形。②汉初减省上郡刍稾的征收,可以与秦时形势相互比较。

四、释"地恶"

关于"地恶"的说法,亦见于《史记》卷八九《张耳陈余列传》:"陈余乃使夏说说田荣曰:'项羽为天下宰不平,尽王诸将善地,徙故王王恶地'③。这是就区域经济的总体评价而言,"恶地"与"善地"对应,是指经济落后的贫瘠之地。《焦氏易林》卷四《革·萃》:"求麋嘉乡,恶地不行。道止中返,复还其床。"④这里的"恶地",是与"嘉乡"相对的。所谓"恶地不行"与"道止中返"提示的"恶地"与交通条件与交通行为"行""道"的关系,也是发人深思的。

此外,也有注重直接以自然地理条件言土地"善""恶"的。如《汉书》卷二九《沟洫志》:"严熊言'临晋民愿穿洛以溉重泉以东万余顷故恶地。诚即得水,可令亩十石。'于是为发卒万人穿渠,自征引洛水至商颜下。"⑤这里所谓"恶地",应是指干旱不得灌溉的土地。

《七国考》卷一一《韩兵制》写道:"苏秦合从,匿短举长。张仪连衡,匿长举短。苏秦知韩地恶,不言食货。张仪知韩兵劲,不论弓弩。"所谓"韩地恶",《战国策·韩策一》写作"韩地险恶":"张仪为秦连横说韩王曰:'韩地险恶,山居,五谷所生,非麦而豆;民之所食,大抵豆饭藿羹;一岁不收,民不餍糟糠;地方不满九百里,无二岁之所食。"⑥

---

① 《史记》卷一一二《平津侯主父列传》,第2954页。
② 按照历代税草的通常情形,刍稾应是就近征收。如《建炎以来系年要录》卷一六二所谓"剑州税草,自祖宗时,止输本州"。文渊阁《四库全书》本。
③ 《史记》,第2581页。
④ 文渊阁《四库全书》本。
⑤ 《汉书》,第1681页。
⑥ 《史记》卷七〇《张仪列传》:"张仪去楚,因遂之韩,说韩王曰:'韩地险恶山居,五谷所生,非菽而麦,民之食大抵菽饭藿羹。一岁不收,民不餍糟糠。地不过九百里,无二岁之食……'"第2293页。

以张仪"韩地险恶"之说,理解张家山汉简《田律》所谓"上郡地恶",可能是适宜的。就是说,其地"山居",因地形与气候等诸方面条件的限制,也不利于农耕经济的发展。所说贫困情状或许可与上郡相比况。而《汉书》卷二九《沟洫志》所谓"恶地"不"得水"的情形,应当也是大体符合上郡当时的自然地理条件的。不过,就"地恶"的程度而言,"韩地"和"重泉以东万余顷"地方,可能尚不如"上郡"严重。

在法律条文中明确写到某地"地恶"因而享有经济方面的优遇,是十分特殊的情形。张家山汉简《田律》关于"上郡地恶"的信息,对于我们认识当时经济史的形势和生态史的背景,都是有意义的。

五、上郡行政地理及其交通史意义

张家山汉简《二年律令》中的《秩律》,有关于地方行政长官秩级的规定,可以看作反映汉初地方行政管理制度的宝贵史料。[①] 其中有关上郡县道设置的内容,可以作为研究汉初上郡地位时的参考。

《汉书》卷二八下《地理志下》"上郡"条写道:

> 上郡,秦置,高帝元年更为翟国,七月复故。匈归都尉治塞外匈归障。属并州。户十万三千六百八十三,口六十万六千六百五十八。县二十三:肤施,有五龙山、帝、原水、黄帝祠四所。独乐,有盐官。阳周,桥山在南,有黄帝冢。莽曰上陵畤。木禾,平都,浅水,莽曰广信。京室,莽曰积粟。洛都,莽曰卑顺。白土,圜水出西,东入河。莽曰黄土。襄洛,莽曰上党亭。原都,漆垣,莽曰漆墙。奢延,莽曰奢节。雕阴,推邪,莽曰排邪。桢林,莽曰桢干。高望,北部都尉治。莽曰坚甯。雕阴道,龟兹,属国都尉治。有盐官。定阳,高奴,有洧水,可㸐。

---

① 王子今、马振智:《张家山汉简〈二年律令·秩律〉所见巴蜀县道设置》,载《四川文物》2003年第2期。

莽曰利平。望松，北部都尉治。宜都。莽曰坚宁小邑。[①]
所列23县道，其中10县道见于张家山汉简《二年律令》中的《秩律》，即列于"秩各八百石"之中的高奴（简四四九），以及列于"秩各六百石"之中的雕阴、洛都、漆垣、定阳、阳周、原都、平都、高望（简四五二）、雕阴道（简四五九）。又有1县尚可存疑，即《秩律》中列于"雕阴、洛都"和"漆垣、定阳"之间的"襄城"，整理小组注释："襄城，疑为襄洛之误，属上郡。颍川郡有襄城县。"而"襄城"确实又见于下文同一等次县道列名（简四五八）。此外，列于"秩各八百石"之中的"圜阳"（简四四八），整理小组注释："圜阳，秦属上郡，汉初因之。汉武帝元朔四年归西河郡。"[②]

由张家山汉简《秩律》中提供的有关信息，可以得知汉初上郡县道设置的状况。上列12县道中，只有高奴、圜阳两县列入秩八百石等级之中，其余皆为秩六百石。在《秩律》"秩各八百石"列名县中，可见内史10县，北地1县，巴郡2县，蜀郡1县，广汉郡4县，汉中郡3县，南阳郡4县，河内郡3县，河东郡4县，九原郡2县，云中郡3县，汝南郡1县，南郡2县，上党郡1县，陇西郡1县，颍川郡1县，沛郡2县，东郡1县。另有巫县地望不详。可知上郡属县的等级，在以"大关中"为视界的地域中[③]，也是偏低的。这或许也与"上郡地恶"有关。

据《汉书》卷二八下《地理志下》，上郡郡治应在肤施，而张家山汉简《秩律》中未见肤施县名，因此我们不能确知当时上郡郡治所在。谭其骧主编《中国历史地图集》第二册《秦·西汉·东汉时期》中西汉"并州、朔方刺史部"图中，上郡无考县名有：木禾、京室、洛都、原都、推邪、望松、宜都。其中洛都、原都，已见

[①]《汉书》，第1617页。
[②] 张家山二四七号汉墓竹简整理小组：《张家山汉墓竹简〔二四七号墓〕》，文物出版社2001年版，第195—198页。
[③] 王子今：《秦汉区域地理学的"大关中"概念》，载《人文杂志》2003年第1期；王子今、刘华祝：《说张家山汉简〈二年律令·津关令〉所见五关》，载《中国历史文物》2003年第1期。

于张家山汉简《秩律》。《中国历史地图集》第二册《秦·西汉·东汉时期》西汉"并州、朔方刺史部"图中上郡平都、雕阴道、襄洛、浅水等县,县治也未能确定。① 而《汉志》西河郡黄河以西地方,汉初仍属上郡。② 据考古调查收获,属于汉初上郡地区的明确的秦汉时期古城遗址,仅今陕西境内就有13处之多③,绝大多数未能确定当时地名。对于直道规划史、直道工程史和直道交通史来说,相关考论意义十分重要。结合文献记载和考古资料,推进秦汉时期上郡历史地理的研究,是秦汉史研究者和陕西地方史研究者共同的任务。

葛剑雄曾经利用《中国历史地图集》和《汉志》测定元始二年(2年)各郡国人口密度。上郡一栏数据如下④:

郡国	人口	占总人口比例(%)	面积(平方公里)	占总面积比例(%)	人口密度(人/平方公里)
上郡	606658	1.05	63025	1.60	9.63

虽然元始二年上郡人口密度仍然低于各郡国平均水平,但是相关数据由于上郡地域缩小的因素和人口数量增益的因素,与汉初实际状况可能距离甚远。地域的变化,我们知道上郡"汉初以河水与代国太原郡为邻",汉武帝时代分东部及北部诸县置西河郡。⑤ 人口的变化,最为显著的现象是汉武帝时代出于政治军事动机,政府组织的向新秦中地方的大规模移民。据说上郡有7县无考,即与"这些县的人口基本上由移民构成,人口流动性大,存在时间有限"有关。⑥ 由于这样的因素,汉初上郡人口密度,显然应当重新进行估算。而上郡人口的分布,无疑与"上郡地恶"的自然地理条件有密切的关系。

---

① 谭其骧主编:《中国历史地图集》第2册,地图出版社1982年版,第17—18、19页。
② 周振鹤:《西汉政区地理》,人民出版社1987年版,第136—137页。
③ 国家文物局主编:《中国文物地图集·陕西分册》,西安地图出版社1998年版,第68—69页,《陕西省古城址图》。
④ 葛剑雄:《西汉人口地理》,人民出版社1986年版,第99页。
⑤ 周振鹤:《西汉政区地理》,人民出版社1987年版,第136—137页。
⑥ 葛剑雄:《中国移民史》第2卷,福建人民出版社1997年版,第149—151页。

六、直道上郡路段

关于秦始皇直道的走向存在着不同的意见。有人根据主要分歧,归纳为"西线说"和"东线说"。

史念海指出的直道路径,"由陕西淳化县北梁武帝村秦林光宫遗址北行,至子午岭上,循主脉北行,直到定边县南,再由此东北行,进入鄂尔多斯草原,过乌审旗北,经东胜县西南,在昭君坟附近渡过黄河,到达包头市西南秦九原郡治所"①。王开认定的直道路线,中段有所不同,"直道经过陕西淳化、旬邑、黄陵、富县、甘泉、志丹、安塞、子洲、榆林等县境至内蒙古包头市,大体南北相直"②。

依所谓"西线说","直道有一半在子午岭上"。"子午岭位于陕北与陇东之间,作南北走向,为泾、洛两河的分水岭"③。子午岭也大致是秦时上郡与北地两郡的分界。④

依所谓"东线说",则直道的大部分经行区域均在上郡。

无论按照哪一种认识,直道全程的主要路段均在上郡辖区之内。

考察秦直道的规划、修筑和管理、控制,有一个重要的地名值得注意,这就是阳周。阳周是上郡军事重心所在。

赵高、胡亥和李斯策动沙丘政变,"于是乃相与谋,诈为受始皇诏丞相,立子胡亥为太子。更为书赐长子扶苏曰:'朕巡天下,祷祠名山诸神以延寿命。今扶苏与将军蒙恬将师数十万以屯边,十有余年矣,不能进而前,士卒多耗,无尺寸之功,乃反数上书直言诽谤我所为,以不得罢归为太子,日夜怨望。扶苏为人子不孝,其赐剑以自裁!将军恬与扶苏居外,不匡正,宜知其谋。

---

① 史念海:《秦始皇直道遗迹的探索》,载《陕西师大学报》(哲学社会科学版) 1975 年第 3 期,《文物》1975 年第 10 期。
② 王开:《"秦直道"新探》,载《西北史地》1987 年第 2 期。
③ 史念海:《秦始皇直道遗迹的探索》,载《陕西师大学报》(哲学社会科学版) 1975 年第 3 期,《文物》1975 年第 10 期。
④ 谭其骧主编:《中国历史地图集》第 2 册,地图出版社 1982 年版,第 5—6 页。

图23 安塞镰刀湾秦直道填土遗迹（据王富春《榆林境内秦直道调查》，载《文博》2005年第3期）

为人臣不忠，其赐死，以兵属裨将王离。'封其书以皇帝玺，遣胡亥客奉书赐扶苏于上郡。"当时扶苏与蒙恬均在上郡。"使者至，发书，扶苏泣，入内舍，欲自杀。蒙恬止扶苏曰：'陛下居外，未立太子，使臣将三十万众守边，公子为监，此天下重任也。今一使者来，即自杀，安知其非诈？请复请，复请而后死，未暮也。'使者数趣之。扶苏为人仁，谓蒙恬曰：'父而赐子死，尚安复请！'即自杀。蒙恬不肯死，使者即以属吏，系于阳周。"[1]据《史记》卷八八《蒙恬列传》记载，杀害蒙毅之后，蒙恬被逼死于阳周："二世又遣使者之阳周，令蒙恬曰：'君之过多矣，而卿弟毅有大罪，法及内史。'"蒙恬自辩无效，"使者曰：'臣受诏行法于将军，不敢以将军言闻于上也。'"蒙恬被迫"吞药自杀"。[2]

七、关于上郡"卅里一邮"

张家山汉简《行书律》又可见有关置邮即规划设立邮递系统的内容。据整理小组释文：

---

[1] 《史记》卷八七《李斯列传》，第2551页。
[2] 《史记》，第2569—2570页。

十里置一邮。南郡江水以南，至索（？）南水，廿里
一邮。（二六四）
　　……北地、上、陇西，卅里一邮；地险陕不可邮者，
（二六六）
　　得进退就便处。……（二六七）

通常"十里置一邮""廿里一邮"，而北地郡、上郡、陇西郡，则"卅里一邮"。"邮"设置的密度，或许反映了常规驿行方式如步递、水驿以及使用传马的不同，然而也很自然地使人联想到可能与人口的密度有密切关系。上郡"卅里一邮"，且颇有"地险陕不可邮者"，居民的稀少和交通的"险陕"，或许也可以看作"上郡地恶"说的注脚。①

不过，从另一视角考察，应当注意到"南郡江水以南，至索（？）南水，廿里一邮"较"十里置一邮"因开发水运形成的交通条件的优越，"邮"的效率提高了。那么，"……北地、上、陇西，卅里一邮"，会不会体现了邮驿在用马作为交通动力的情况下，传递速度的显著提升呢？当然，在直道作为优越道路条件的情况下，更有利于实现信息传递的高速度。

"北地、上、陇西"地方作为临近与匈奴、羌战争的前沿地带，交通条件的改善受到国家行政中心的充分重视。典型的例证有《史记》卷三〇《平准书》记载的重要交通史事件："天子始巡郡国。……行西踰陇，陇西守以行往卒，天子从官不得食，陇西守自杀。于是上北出萧关，从数万骑，猎新秦中，以勒边兵而归。新秦中或千里无亭徼，于是诛北地太守以下，而令民得畜牧边县，官假马母，三岁而归，及息什一，以除告缗，用充仞新秦中。"关于"千里无亭徼"，裴骃《集解》："瓒曰：'先是，新秦中千里无民，畏寇不敢畜牧，令设亭徼，故民得畜牧也。'"②

---

① 王子今：《说"上郡地恶"——张家山汉简〈二年律令〉研读札记》，见《陕西历史博物馆馆刊》第10辑，三秦出版社2003年版，收入《张家山汉简〈二年律令〉研究文集》，广西师范大学出版社2007年版。

② 《史记》，第1438页。本节撰写，得到北京大学历史系刘聪的帮助，谨此致谢。

西汉上郡武库与秦始皇直道交通

西汉北边军事防御体系中，上郡武库具有重要的战略地位。上郡武库令有特殊身份，体现其职任有值得重视的作用。这一情形，应与上郡在北边防线中居于中点的空间位置相关。可资对照的，是尹湾汉简所见东海郡武库足以武装数十万军队之惊人容量的事实。有所不同的，是东海郡武库有支持滨海郡治安的作用，而上郡武库的主要作用应为服务于对匈奴用兵。还应当注意到，东海郡武库更为临边，而上郡武库与真正的北边前沿有一定距离。其作用的实现，应借助秦始皇直道的交通能力。由此理解秦始皇时代蒙恬经营北边与直道相结合的国防体系的战略考虑，应当可以获得新的认识。

一、"上郡库令良"身份

《汉书》卷一〇《成帝纪》有关于"上郡库令"刘良继承其兄王位，被立为河间王的记载："（建始元年春正月）立故河间王弟上郡库令良为王。"颜师古解释说："如淳曰：'《汉官》北边郡库，官之兵器所藏，故置令。'"[①]

《汉书》卷五三《景十三王传·河间献王德》也可以看到关

---

① 《汉书》，第303页。

于这一史事的记载："成帝建始元年，复立元帝上郡库令良，是为河间惠王。"颜师古注："如淳曰：'《汉官》北边郡库，官兵之所藏，故置令。'"①

如淳的说法，一谓"北边郡库，官之兵器所藏"，一谓"北边郡库，官兵之所藏"，语义并没有太大的差异，都指明刘良曾经任"库令"的"上郡库"，是"北边郡"的武库。

上郡库令刘良是河间王刘元的弟弟，后来刘元有罪被废②，刘良成为河间王。这可能是身份最高的武库长官了。

《汉书》卷一下《高帝纪下》记载萧何起初经营长安城规划建设受到刘邦责难，予以解说，得到谅解的情形："萧何治未央宫，立东阙、北阙、前殿、武库、大仓。上见其壮丽，甚怒，谓何曰：'天下匈匈，劳苦数岁，成败未可知，是何治宫室过度也！'何曰：'天下方未定，故可因以就宫室。且夫天子以四海为家，非令壮丽亡以重威，且亡令后世有以加也。'上说。"③《太平御览》卷一九一引《汉书》："立武库以藏禁兵。"④此说萧何所"立"长安"武库"之国家级"武库"的性质是大体明确的。⑤这是汉王朝最重要的兵械储备机构。⑥而当时亦应有等级稍低的"武库"。

《汉书》卷一上《高帝纪上》："（汉王四年）八月，初为算赋。"颜师古注："如淳曰：《汉仪注》：民年十五以上至五十六出赋

---

① 《汉书》，第2412页。《资治通鉴》卷三〇"汉成帝建始元年"："立故河间王元弟上郡库令良为河间王。"胡三省注：元废事见上卷元帝建昭元年。如淳曰：汉北边郡库，官兵器之所藏，故置令。"中华书局1956年版，第955页。

② 《汉书》卷九《元帝纪》："（建昭元年）冬，河间王元有罪，废迁房陵。"第294页。

③ 《汉书》，第64页。

④ 〔宋〕李昉等撰：《太平御览》，中华书局用上海涵芬楼影印宋本1960年2月复制重印版，第922页。

⑤ 〔明〕丘濬《大学衍义补》卷一二二言："高祖时，萧何治未央宫，立武库，以藏兵器。臣按：《汉志》：中尉属中，有武库令。则是时既立武库，以藏兵器，而设令以司之，属之中尉。其后光武置武库令，主兵器，则以属执金吾。考工令主作兵器弓弩之属，成则传金吾入武库。魏晋一遵其制，盖始于此也。"文渊阁《四库全书》本。

⑥ 《史记》卷一〇七《魏其武安侯列传》："当是时，丞相入奏事，坐语移日，所言皆听。荐人或起家至二千石，权移主上。上乃曰：'君除吏已尽未？吾亦欲除吏。'尝请考工地益宅，上怒曰：'君何不遂取武库！'是后乃退。"第2844页。

钱，人百二十为一算，为治库兵车马。"①明人丘浚于是言："汉高祖四年，初为算赋。注：民年十五以上至五十六，出赋钱，人百二十为一算，为治库兵车马。臣按此汉以后赋民治兵之始。考史：成帝建始元年立故河间王弟上郡库令良为王。注：谓北边郡库，官之兵器所藏，故置令。则前此边郡各有库，库有令，以掌兵器。旧矣。然《地理志》于南阳郡宛下，注有工官、铁官，则不独边郡有武库，而内地亦有之矣。"②因南阳郡宛"有工官、铁官"即以为"不独边郡有武库，而内地亦有之矣"的误解，应当由自史籍或见"武库工官"并说的情形。如《史记》卷三〇《平准书》的如下记载："其明年，南越反，西羌侵边为桀。于是天子为山东不赡，赦天下囚，因南方楼船卒二十余万人击南越，数万人发三河以西骑击西羌，又数万人度河筑令居。初置张掖、酒泉郡，而上郡、朔方、西河、河西开田官，斥塞卒六十万人戍田之。中国缮道馈粮，远者三千，近者千余里，皆仰给大农。边兵不足，乃发武库工官兵器以赡之。车骑马乏绝，县官钱少，买马难得，乃著令，令封君以下至三百石以上吏，以差出牝马天下亭，亭有畜牸马，岁课息。"③

其实，虽然"南阳郡宛"武库的存在似并不能得到史证，但是"不独边郡有武库，而内地亦有之矣"未必是谬说。内郡"有武库"的判断，可以因如下史例得到支持：

《史记》卷六〇《三王世家》褚少孙补述："王夫人者，赵人也，与卫夫人并幸武帝，而生子闳。闳且立为王时，其母病，武帝自临问之。曰：'子当为王，欲安所置之？'王夫人曰：'陛下在，妾又何等可言者。'帝曰：'虽然，意所欲，欲于何所王之？'

---

① 《汉书》，第46页。
② 〔明〕丘浚：《大学衍义补》卷一二二，文渊阁《四库全书》本。
③ 《汉书》卷二四下《食货志下》："明年，南粤反，西羌侵边。天子为山东不澹，赦天下囚，因南方楼船士二十余万人击粤，发三河以西骑击羌，又数万人度河筑令居。初置张掖、酒泉郡，而上郡、朔方、西河、河西开田官，斥塞卒六十万人戍田之。中国缮道馈粮，远者三千，近者千余里，皆仰给大农。边兵不足，乃发武库工官兵器以澹之。车骑马乏，县官钱少，买马难得，乃著令，令封君以下至三百石吏以上差出牝马天下亭，亭有畜字马，岁课息。"第1173页。

王夫人曰：'愿置之雒阳。'武帝曰：'雒阳有武库敖仓，天下冲阸，汉国之大都也。先帝以来，无子王于雒阳者。去雒阳，余尽可。'王夫人不应。武帝曰：'关东之国无大于齐者。齐东负海而城郭大，古时独临菑中十万户，天下膏腴地莫盛于齐者矣。'王夫人以手击头，谢曰：'幸甚。'"①汉武帝所幸王夫人为其子刘闳请封洛阳，汉武帝以洛阳"天下冲阸""天下咽喉"的重要地位予以拒绝。《史记》卷一二六《滑稽列传》褚少孙补述也可以看到大致类同的说法。②

《史记》卷一〇六《吴王濞列传》记载吴楚七国之乱时，叛军曾有"据雒阳武库"的谋划："吴少将桓将军说王曰：'吴多步兵，步兵利险；汉多车骑，车骑利平地。愿大王所过城邑不下，直弃去，疾西据雒阳武库，食敖仓粟，阻山河之险以令诸侯，虽毋入关，天下固已定矣。即大王徐行，留下城邑，汉军车骑至，驰入梁楚之郊，事败矣。'吴王问诸老将，老将曰：'此少年推锋之计可耳，安知大虑乎！'于是王不用桓将军计。"③洛阳"武库"的存在，还有其他历史迹象。④

汉代"武库令"前缀地名者除前说"上郡库令"外，只有《汉书》卷七四《魏相传》"雒阳武库令"一例。

与"边郡有武库"对应的"内地""武库"，更知名的是东海郡"武库"。

二、有意义的参照信息："秦东门"与东海郡"武库"

秦始皇经营驰道，创造了通行效率空前的交通网。驰道据说

---

① 《史记》，第2115页。
② 《史记》卷一二六《滑稽列传》褚少孙补述："王夫人病甚，人主至自往问之曰：'子当为王，欲安所置之？'对曰：'愿居洛阳。'人主曰：'不可。洛阳有武库、敖仓，当关口，天下咽喉。自先帝以来，传不为王。然关东国莫大于齐，可以为齐王。'王夫人以手击头，呼'幸甚'。"第3209页。
③ 《史记》，第2832页。
④ 《史记》卷四九《外戚世家》："汉王坐河南宫成皋台"。司马贞《索隐》："按：是河南宫之成皋台，《汉书》作'成皋灵台'。《西征记》云：'武牢城内有高祖殿，西南有武库'。"第1971页。

"濒海之观毕至"①,"并海"道路即所谓"傍海道"的开通②,体现出对沿海地方文化管理和行政控制的重视。秦始皇又在东海滨立石作为"秦东门"。《史记》卷六《秦始皇本纪》记载秦始皇三十五年(前212年)事:"立石东海上朐界中,以为秦东门。"《说苑·反质》的说法是:"(秦始皇)立石阙东海上朐山界中,以为秦东门。"《隶释》卷二《东海庙碑》写道:"碑阴:阙者秦始皇所立,名之秦东门阙。事在《史记》。"③"秦东门"有"阙"的设计,又可以与甘泉宫北的"石阙"④以及阿房宫南之所谓"表南山之颠以为阙"⑤形成空间对应关系。《太平寰宇记》卷二二《河南道二十二·海州》:"植石庙在县北四里。《史记》曰:始皇三十五年,立石东海上朐界中以为秦东门。今门石犹存,顷倒为数段,在庙北百步许。今尚可识其文曰:汉桓帝永寿元年东海相任恭修理此庙。"⑥秦汉时期,"阙"是具有象征意义的重要的政治文化坐标。"立石东海上朐界中,以为秦东门",是国家行政

---

① 《汉书》卷五一《贾山传》,第2328页。
② 王子今:《秦汉时代的并海道》,载《中国历史地理论丛》1988年第2辑。
③ 碑文有言:"惜勋绩不着,后世无闻,遂作颂曰:'浩浩仓海,百川之宗。经络八极,潢□□洪。波润……物,云雨出焉。天渊□□,祯祥所……。'"
④ 《史记》卷一一七《司马相如列传》载司马相如赋作言甘泉宫形势,有"蹝石阙,历封峦,过鳷鹊,望露寒"句。第3037页。《三辅黄图》卷四《苑囿》说"甘泉苑"有"石阙观"。同书卷五《观》:"石阙观,封峦观。《云阳宫记》云:宫东北有石门山,冈峦纠纷,干霄秀出。有石岩容数百人,上起甘泉观。《甘泉赋》云:封峦石阙,弭迤乎延属。"后人有"秦北门"的说法。宋阮阅《诗话总龟》卷二九《诗累门》引《笔谈》:"杜诗云:'五城何迢迢,迢迢隔河水。延州秦北门,山川犹可恃。'""秦北门"句,《九家集注杜诗》卷三《塞芦子》作"延州秦北户,关防犹可倚"。宋沈括《梦溪笔谈》卷二四《杂志一》引文同。唐鲍溶《述德上太原严尚书绶》诗:"帝命河岳神,降灵翼轩辕。天王委管钥,开闭秦北门。顶戴日月华,沾濡雨露恩。甲马不及汗,天骄自亡魂。青冢入内地,黄河穷本源。风云侵气象,鸟兽翔旗旛。军人歌凯旋,长剑倚昆仑。终古鞭血地,到今耕稼繁。"《鲍溶诗集》卷二,文渊阁《四库全书》本。
⑤ 《史记》卷六《秦始皇本纪》:"(秦始皇三十五年)乃营作朝宫渭南上林苑中。先作前殿阿房,东西五百步,南北五十丈,上可以坐万人,下可以建五丈旗。周驰为阁道,自殿下直抵南山。表南山之颠以为阙。"第256页。
⑥ 《隶辨》卷七《碑考上》"东海庙碑阴"条:"一行十七字。其文曰:阙者秦始皇所立,名之秦东门阙。事在《史记》。按碑有云□阙倚倾,即此阙也。《天下碑录》云:秦始皇碑,东海相任恭修理祠,于碑背刻,在朐山,此阴是也。碑缺任君之名,赵氏、洪氏皆以为惜,乃于此得之。"

规划史和交通建设史上的大事，"东海上朐"与关中政治轴心，形成了特殊的方位关系。①"秦东门"成为与行政中心咸阳地方东西对应的千里轴线的东方端点。秦执政集团的管理重心地域向东扩展至于"东海"的行政趋向，也因此显现。

关于"秦东门"，秦人的早期规划只是置于河渭交汇处。《初学记》卷六引《三辅旧事》云："初秦都渭北，渭南作长乐宫，桥通二宫间。表河以为秦东门，表汧以为秦西门，二门相去八百里。"《史记》卷六《秦始皇本纪》张守节《正义》："《三辅旧事》云：'始皇表河以为秦东门，表汧以为秦西门，表中外殿观百四十五，后宫列女万余人，气上冲于天。'""秦东门"和"秦西门"之间，是秦的中心区域，有密集的宫殿建筑和人数众多的宫廷服务人员。这里所说的"表河以为秦东门"，应是秦始皇三十五年（前212年）之前的事。秦始皇三十五年改置"秦东门"于"东海上朐界中"，对于我们考察秦政治格局中海洋的地位有重要意义。

"秦东门"所在之东海郡地位之重要，可以从尹湾出土汉简数据得以体现。尹湾汉简提供的数据告知我们若干重要的政治地理信息。例如东海郡所具有的特殊的政治地位，是我们以往未曾认识的。②

尹湾六号汉墓出土六号木牍，题《武库永始四年兵车器集簿》，被认为"是迄今所见有关汉代武库器物最完备的统计报告，指标项目甚多，数列明确"。最令人惊异的是，"库存量大"。以可知数量的常见兵器为例，数量超过十万的有："弩五十二万六千五百廿六"，"弩檗廿六万三千七百九十八"，"弩弦八十四万八百五十三"，"弩矢千一百卌二万四千一百五十九"，"弩犊丸廿二万六千一百廿三"，

---

① 秦建明、张在明等：《陕西发现以汉长安城为中心的西汉南北向超长建筑基线》，载《文物》1995年第3期。
② 王子今：《"秦东门"与秦汉东海郡形势》，见《史林挥麈：纪念方诗铭先生学术论文集》，上海古籍出版社2015年版；又见《海洋遗产与考古》第2辑，科学出版社2015年版。

"弩兰十一万八百卅三","弓矢百十九万八千八百五","甲十四万二千三百廿二","铍四十四万九千八百一","幡胡□□锯齿十六万四千一十六","羽二百三万七千五百六十八","□□□十九万四千一百卅一","刀十五万六千一百卅五","刃卌四万九千四百六","□□卌三万二千一百九十七","□十二万五千一十六","铁甲扎五十八万七千二百九十九","有方□钦犊十六万三千二百五十一","□鏃百七十万一千二百八十"。兵器中消耗量较大的矢、鏃等数量巨大尚可理解,而弩、铍、刀、刃等件数惊人,特别值得注意。李均明指出,"以常见兵器为例","弩的总数达537707件","矛的总数达52555件","有方数达78392件。仅这几项所见,足可装备50万人以上的军队,远远超出一郡武装所需"。论者推测:"其供应范围必超出东海郡范围,亦受朝廷直接管辖,因此它有可能是汉朝设于东南地区的大武库。"

对于类似情形,李均明指出,据居延汉简提供的信息可以得知,"张掖郡居延都尉属下使用的兵器有许多是从姑臧库领取的,其使用也受姑臧库的监督,则姑臧库供应武器的范围不局限于武威郡,有可能与整个河西地区有关。可见武威姑臧库是汉朝廷设于西北的地区性大库,与中央武库相呼应"。尹湾汉简所说"武库",也应当"不属于东海郡直接管辖"。①

为什么东海郡设有如此规模的"受朝廷直接管辖"的"大武库"或"地区性大库"呢?推想或许是因为这里曾经是帝国的"东门",有重要的政治文化象征意义。可能更重要的因素,在于东海郡的位置,正大致在汉王朝控制的海岸线的中点。

《汉书》卷九九下《王莽传下》记述吕母起义情节:"……引兵入海,其众浸多,后皆万数。"②《后汉书》卷一一《刘盆子列传》:"入海中,招合亡命,众至数千。吕母自称将军,引兵

---

① 李均明:《尹湾汉墓出土"武库永始四年兵车器集簿"初探》,见《尹湾汉简简牍综论》,科学出版社1999年版。
② 《汉书》,第4150页。

还攻破海曲，执县宰。……遂斩之，以其首祭子冢，复还海中。"①这种主要活动于"海上""海中"的反政府武装，通常称为"海贼"。居延汉简可见"海贼"称谓："☐书七月己酉下∨一事丞相所奏临淮海贼∨乐浪辽东""☐得渠率一人购钱卅万诏书八月己亥下∨一事大"（33.8）。这枚简的年代不排除西汉时期的可能。因汉明帝永平十五年（72年）"改信都为乐成国，临淮为下邳国"②，则涉及"临淮海贼"简文的年代应在此之前。③但是正史中"海贼"的出现，则均在此后。如《后汉书》卷五《安帝纪》："（永初三年）秋七月，海贼张伯路等寇略缘海九郡。遣侍御史庞雄督州郡兵讨破之。"④四年（110年）春正月，"海贼张伯路复与勃海、平原剧贼刘文河、周文光等攻厌次，杀县令，遣御史中丞王宗督青州刺史法雄讨破之"⑤。又《后汉书》卷六《顺帝纪》记载：阳嘉元年（132年）二月，"海贼曾旌等寇会稽，杀句章、鄞、鄮三县长，攻会稽东部都尉。诏缘海县各屯兵戍"⑥。

东海郡位于海岸线的中点，对于"缘海""设屯备"以防卫并剿灭海上反政府武装作用重要。吕母后来被称作"东海吕母"。其起事地点在琅邪海曲，距离东海郡甚远。所谓"东海吕母"者，强调其部众的海上根据地和主要活动地方可能在东海海域。而居延简例所言"临淮海贼"至于"乐浪辽东"的活动，也是要经过东海郡海面的。

海上反政府武装的机动性是非常强的。《后汉书》卷三八《法雄传》记载法雄镇压"海贼"事："永初三年，海贼张伯路等三千余人，冠赤帻，服绛衣，自称'将军'，寇滨海九郡，杀二千石令长。""乃遣御史中丞王宗持节发幽、冀诸郡兵，合数

---

① 《后汉书》，第477页。
② 《后汉书》卷二《明帝纪》，第119页。
③ 王子今：《居延简文"临淮海贼"考》，载《考古》2011年第1期。
④ 《后汉书》，第213页。
⑤ 《后汉书》，第214页。
⑥ 《后汉书》，第259页。王子今、李禹阶：《汉代的"海贼"》，载《中国史研究》2010年第1期。

万人,乃征雄为青州刺史,与王宗并力讨之。"法雄注意到"海贼"在海滨作战的机动能力,担心"贼若乘船浮海,深入远岛,攻之未易也"。而事实上"海贼张伯路"的部队果然"遁走辽东,止海岛上"。随后竟然"复抄东莱间",在战败后又"逃还辽东",也体现出其海上航行能力之强。①而政府军不得不"发幽、冀诸郡兵"围攻,镇压的主力军的首领法雄是"青州刺史",最终战胜张伯路"海贼"的是"东莱郡兵"和"辽东人李久等"的部队,也说明"海贼"沿海岸利用近海岛屿往复转战,频繁地"遁走""逃还",是擅长使用海上运动战策略的。②为适应联合"诸郡兵""并力讨之"的军事要求,在东海郡设置有充备武器储藏的"大武库"或"地区性大库",显然是必要的,也是合理的。汉景帝削藩首先重视对东海郡的收夺,即《盐铁论·晁错》所谓"因楚之罪而夺之东海"③,也可以说明东海郡地位之重要。

东海郡或许可以看作"东边"的中点。而"北边郡库""上郡库"的空间位置向北推进,大致正当"北边"的中点。④

三、上郡"武库"与"北边"的中点

西汉有"北边七郡"或"北边十郡"的说法。《汉书》卷七《昭帝纪》:"(元凤三年)冬,辽东乌桓反,以中郎将范明友为度辽将军,将北边七郡郡二千骑击之。"颜师古注:"应劭曰:'当度辽水往击之,故以度辽为官号。'"齐召南以为此"北边七郡"应为"北边十郡":"按《匈奴传》:'明友为度辽将军,将二万骑出辽东。'则此'七郡'应作'十郡'。'郡二千骑'

---

① 《后汉书》,第1277页。
② 王子今、李禹阶:《汉代的"海贼"》,载《中国史研究》2010年第1期;王子今:《居延简文"临淮海贼"考》,载《考古》2011年第1期。
③ 王子今:《秦汉帝国执政集团的海洋意识与沿海区域控制》,载《白沙历史地理学报》2007年第3期。
④ 王子今:《秦汉"北边"交通格局与九原的地位》,见《2012·中国"秦汉时期的九原"学术论坛专家论文集》,内蒙古人民出版社2012年版。

正合'二万'之数。"①

无论是"北边七郡"还是"北边十郡",大概都是与"辽水"距离并不很远的"北边"东段地方。"北边"的总体,大约"北边二十二郡"之说体现了比较完整的认识。

《汉书》卷一〇《成帝纪》记载,"(元延元年)秋七月,有星孛于东井。诏曰:'乃者,日蚀星陨,谪见于天,大异重仍。在位默然,罕有忠言。今孛星见于东井,朕甚惧焉。公卿大夫、博士、议郎其各悉心,惟思变意,明以经对,无有所讳;与内郡国举方正能直言极谏者各一人,北边二十二郡举勇猛知兵法者各一人。'"与"内郡国"对应的所谓"北边二十二郡",按照《汉书》卷二八下《地理志下》的记述顺序,应为:陇西、金城、天水、武威、张掖、酒泉、敦煌、安定、北地、上郡、西河、朔方、五原、云中、定襄、雁门、代郡、上谷、渔阳、右北平、辽西、辽东。

另有玄菟和乐浪,虽然也在北界,但是面对的异族是扶余、肃慎,并非匈奴这样对汉帝国造成严重军事威胁的政治军事实体。

陇西、金城、天水、武威、张掖、酒泉、敦煌、安定、北地、上郡、西河、朔方、五原、云中、定襄、雁门、代郡、上谷、渔阳、右北平、辽西、辽东这"二十二郡"中,有的地方形成二重或三重防御形势。如武威郡、安定郡以南,又有金城郡、天水郡、陇西郡;以及朔方郡、五原郡以南,又有西河郡、上郡。而这两个方向,即陇西方向和上郡方向,都是秦始皇出巡曾经经过的地方。《史记》卷六《秦始皇本纪》:"二十七年,始皇巡陇西、北地,出鸡头山,

---

① 《前汉书卷七考证》,文渊阁《四库全书》本。今按:据《汉书》卷九四上《匈奴传上》,度辽将军起初计划"度辽水往击"的是匈奴:"是时汉边郡烽火候望精明,匈奴为边寇者少利,希复犯塞。汉复得匈奴降者,言乌桓尝发先单于冢,匈奴怨之,方发二万骑击乌桓。大将军霍光欲发兵邀之,以问护军都尉赵充国。充国以为:'乌桓间数犯塞,今匈奴击之,于汉便。又匈奴希寇盗,北边幸无事。蛮夷自相攻击,而发兵要之,招寇生事,非计也。'光更问中郎将范明友,明友言可击。于是拜明友为度辽将军,将二万骑出辽东。匈奴闻汉兵至,引去。初,光诫明友:'兵不空出,即后匈奴,遂击乌桓。'乌桓时新中匈奴兵,明友既后匈奴,因乘乌桓敝,击之,斩首六千余级,获三王首,还,封为平陵侯。"

过回中。""是岁,……治驰道。"①"三十二年,始皇之碣石"。"始皇巡北边,从上郡入。"自次年起,对北边的积极经营连年升级。"三十三年,……西北斥逐匈奴。自榆中并河以东,属之阴山,以为四十四县,城河上为塞。又使蒙恬渡河取高阙、阳山、北假中,筑亭障以逐戎人。""三十四年,適治狱吏不直者,筑长城及南越地。"随即又启动了作为最重要交通建设的直道工程:"三十五年,除道,道九原抵云阳,堑山堙谷,直通之。"而两年后秦始皇去世,载运他的尸身的车队就从这条道路返回咸阳。"行,遂从井陉抵九原。会暑,上辒车臭,乃诏从官令车载一石鲍鱼,以乱其臭。行从直道至咸阳,发丧。"② 汉武帝的出巡,也体现出对这两个方向的特殊关注。"(元鼎)五年冬十月,行幸雍,祠五畤。遂踰陇,登空同,西临祖厉河而还。""元封元年冬十月,诏曰:'南越、东瓯咸伏其辜,西蛮北夷颇未辑睦,朕将巡边垂,择兵振旅,躬秉武节,置十二部将军,亲帅师焉。'行自云阳,北历上郡、西河、五原,出长城,北登单于台,至朔方,临北河。勒兵十八万骑,旌旗径千余里,威震匈奴。遣使者告单于曰:'南越王头已县于汉北阙矣。单于能战,天子自将待边;不能,亟来臣服。何但亡匿幕北寒苦之地为!'匈奴詟焉。还,祠黄帝于桥山,乃归甘泉。"这很可能是行经直道的出巡。同年夏季,"行自泰山,复东巡海上,至碣石。自辽西历北边九原,归于甘泉"。应当又一次行经直道。"四年冬十月,行幸雍,祠五畤。通回中道,遂北出萧关,……"再一次行历秦始皇二十七年(前220年)西巡路线。这样的行程又曾重复:"六年冬,行幸回中。""(太初元年)秋八月,行幸安定。""(太初四年)冬,行幸回中。""(天汉)二年春,行幸东海。还幸回中。""(天汉三年)三月,行幸泰山,……还幸北地"。"(太始)二年春正月,行幸回中。""(太始四年)十二月,行幸雍,祠五畤,西至安定、北地。""(征和)三年

---

① 王子今:《秦始皇二十七年西巡考议》,载《文化学刊》2014年第6期;又见《秦文化探研:甘肃秦文化研究会第二届学术研讨会论文集》,甘肃人民出版社2015年版。
② 《史记》卷六《秦始皇本纪》,第241、251—253、256、264—265页。

春正月,行幸雍,至安定、北地。""后元元年春正月,行幸甘泉,郊泰畤,遂幸安定。……二月,诏曰:'朕郊见上帝,巡于北边,见群鹤留止,以不罗罔,靡所获献。荐于泰畤,光景并见。其赦天下。'"①这次出巡,很可能也经过了直道交通线路。②而汉武帝出巡,也表现出对交通建设的重视。如《史记》卷三〇《平准书》记载:"行西逾陇,陇西守以行往卒,天子从官不得食,陇西守自杀。于是上北出萧关,从数万骑,猎新秦中,以勒边兵而归。新秦中或千里无亭徼,于是诛北地太守以下。"

秦始皇和汉武帝对西北方向和正北方向的特别关注,尤以正北方向更为突出。据《汉书》卷二八下《地理志下》所记述,在三辅正北地方,面对匈奴单于庭的上郡、西河、朔方、五原构成了具有战略意义的防务纵深,即朔方、五原为一线,西河为二线,上郡为三线的防御体系。这三线则由直道实现了交通效率极高的南北贯通。值得注意的是,上郡、西河、朔方、五原作为一组边郡,在《汉书》卷二八下《地理志下》记述的"北边二十二郡"中,前有陇西、金城、天水、武威、张掖、酒泉、敦煌、安定、北地九郡在西,后有云中、定襄、雁门、代郡、上谷、渔阳、右北平、辽西、辽东九郡在东。上郡、西河、朔方、五原这一在正北方向卫护长安的军事防务单元,也正在"北边二十二郡"的中央位置。

在这一认识基点上可以合理说明上郡武库的地位。而直道的意义也因此能够得到更深层次的理解。③

---

① 《汉书》卷六《武帝纪》,第 185、189、192、195、198、200—204、206—207、209、211 页。

② 王子今:《北边"群鹤"与泰畤"光景"——汉武帝后元元年故事》,载《江苏师范大学学报》(哲学社会科学版)2013 年第 5 期。

③ 王子今:《西汉上郡武库与秦始皇直道交通》,见《秦汉研究》第 10 辑,陕西人民出版社 2016 年版。

秦直道石门考察

《史记》卷一五《六国年表》：秦始皇帝三十五年（前212年）"为直道，道九原，通甘泉"①。《史记》卷八八《蒙恬列传》："始皇欲游天下，道九原，直抵甘泉，乃使蒙恬通道，自九原抵甘泉，堑山堙谷，千八百里。"②直道作为贯通南北的交通干线，成为秦王朝全国交通网的主纲之一。

自史念海1975年以历史文献记载与实地勘察成功结合，发表《秦始皇直道遗迹的探索》③一文之后，探寻秦直道的经由和走向，讨论秦直道工程的历史作用和技术水平，成为许多历史学家和考古学家瞩目的课题。据报道，后来又有靳之林等沿直道进行考察。④王开、孙相武、姬乃军等调查的成果也相继发表。⑤

研究者虽然已经进行了多年的工作，可是对于秦直道的大致走向仍然存在不同的意见。⑥尽管歧义纷呈，然而大家对于秦直道

---

① 《史记》，第256页。
② 《史记》，第2566页。
③ 载《陕西师大学报》1975年第3期，载《文物》1975年第10期。
④ 载《光明日报》1984年8月19日。
⑤ 王开：《"秦直道"新探》，载《西北史地》1987年第2期；王开、贺清海：《毛乌素沙漠中秦汉"直道"遗迹探寻》，载《西北史地》1988年第4期；延安地区文物普查队（姬乃军执笔）：《延安境内秦直道调查报告之一》，载《考古与文物》1989年第1期。
⑥ 史念海：《直道和甘泉宫遗迹质疑》，载《中国历史地理论丛》1988年第3辑；吕卓民：《秦直道歧义辨析》，载《中国历史地理论丛》1990年第1辑。

由甘泉宫北上，循子午岭主脉而行，经石门、雕岭关、艾蒿店至兴隆关（沮源关）这一路段，认识大体是一致的。

一、石门遗存

我们在 1990 年夏季参加陕西省考古研究所秦汉研究室组织的对秦直道南段的实地考察时，一路多有发现。在秦直道交通系统中承当重要作用的石门，交通形势和建筑遗存都值得重视。

石门在今陕西省旬邑县境内，地当甘泉宫遗址正北。石门山海拔 1855 米，南坡稍缓，临北则山势峻拔、崴嵬陡立。《元和郡县图志·关内道三》说：石门山在三水县东五十里，"峰岩相对，望之似门"。康熙贾汉复修《陕西通志·山川》说：石门山一名"石阙"，"相传为秦太子扶苏赐死处"。传说原有碑刻，久已不可考。《三水县志》记载，石门山汉时名"石阙"，"高峻插天，对峙如门，汉武时于此立关"。乾隆《淳化县志》则说唐时方于此置关："石门山在县北六十里，亦称石门关，相传始皇公子扶苏赐死处。今俗以扶苏为石门神，立庙。唐初置石门县，初筑关。"

现在来到石门，仰望两侧，山崖壁立，岿然如铁城，中缺如门，直通南北的秦直道即由此经过。有人曾著文记述，曾经在"石门天然'凹'形崖口""发现有水波纹、菱形①秦汉瓦当"。②然而我们经过认真的实地勘察搜检，发现这里堆积的瓦砾年代均在隋唐以后，推想应是后世祭祀所谓"石门神"的庙宇的遗迹。现在当地居民仍然敬称"石门神"为"石门爷"，并传说"石门爷"就是秦始皇长子公子扶苏。

在石门以北约 1 公里处石门村附近的平缓地带，发现含有大量砖瓦残件等遗存的秦汉建筑遗址。估计可能是汉时所谓"石关观"遗址或秦直道上传舍所在地。

---

① 纹。
② 孙相武：《秦直道调查记》，载《文博》1988 年第 4 期。

图24　石门关形势（1990年8月）　　　　　图25　石门关形势（2013年8月）

二、石门与秦晋石门之战

《史记》卷五《秦本纪》记载，秦献公二十一年（前364年），"与晋战于石门，斩首六万，天子贺以黼黻"[①]。《史记》卷一五《六国年表》：秦献公二十一年，"章蛟与晋战石门，斩首六万，天子贺"[②]。《史记》卷五《秦本纪》张守节《正义》引《括地志》云："尧门山俗名石门，在雍州三原县西北三十三里。上有路，其状若门。故老云尧凿山为门，因名之。武德年中于此山南置石门县，贞观年中改为云阳县。"[③]

《资治通鉴》卷二"周显王五年"："秦献公败三晋之师于石门。"胡三省注也引用《括地志》这段话。[④] 许多地方志编纂者亦沿袭此说，以为秦晋石门之战即发生在秦直道石门。其实，秦晋之界不当远至秦中心地区西部，晋军也未曾深入至此。所谓"与晋战于石门"的"石门"，当即今山西运城与芮城之间的石门山。[⑤] 其地处河汾之间，因而这一战役得以震动周王室，于是秦人有"天

[①] 裴骃《集解》："《周礼》曰：'白与黑谓之黼，黑与青谓之黻。'"第201页。
[②] 《史记》，第719页。
[③] 《史记》，第201页。
[④] 《资治通鉴》，第42页。
[⑤] 林剑鸣曾经指出，石门"其地有两种说法，一说在三原县西北，一说在山西运城西南。查此次战役，秦国斩首六万，同年赵曾出兵至石门救魏，当以山西之石门说为是"。见《秦史稿》，上海人民出版社1981年版，第201页。

子贺"事可以炫耀。秦献公因此称为"伯",显示出国力的上升。①

当然,以为"秦献公败三晋之师于石门"战事发生于直道石门的误解的产生,也与此石门战略地位之重要有关。

三、"石阙"与"石关"

秦直道石门初名"石阙"。《说文·门部》:"阙,门观也。"段玉裁注:"谓门有两观者称阙。"②《释名·释宫室》:"阙,阙也。在门两旁,中央阙然为道也。"③据《史记》卷八《高祖本纪》,汉帝国定都长安初,"萧丞相营作未央宫,立东阙、北阙",因"宫阙壮甚"曾经令刘邦不安。④《三辅黄图》卷二说到未央宫有"东阙""北阙""玄武、苍龙二阙"。建章宫则有"建章凤阙",亦称"凤凰阙""另凤阙""折风阙""嶕峣阙"。⑤《太平御览》卷一七九引《关中记》:"未央宫东有青龙阙,北有玄武阙,《汉书》所谓'北阙'者也。建章宫圆阙临北道,凤在上,故号曰'凤阙'也。闾阖门内东出有'折风阙',一名'别风'。"⑥可见阙往往立于宫门,临于大道。《汉书》卷二五下《郊祀志下》说,建章宫"其东则凤阙,高二十余丈"。⑦班固《西都赋》:"树中天之华阙","设壁门之凤阙"⑧。张衡《西京赋》"正紫宫于未央,表峣阙于闾阖","圜阙竦以造天,若双碣之相望",以及"闾阖之内,别风、嶕峣",也都赞美汉宫门阙"干去雾而上达,状亭亭以苕苕"的雄伟气势。⑨《水经注》卷一六《谷水》:"《汉官典职》曰:

---

① 《史记》卷四《周本纪》,第160页。
② 〔汉〕许慎撰,〔清〕段玉裁注:《说文解字注》,上海古籍出版社据经韵楼藏版1981年10月影印版,第588页。
③ 任继昉纂:《释名汇校》,齐鲁书社2006年版,第300页。
④ 《史记》,第385页。
⑤ 何清谷校注:《三辅黄图校注》,三秦出版社1995年版,第105、112、117页。
⑥ 〔宋〕李昉等撰:《太平御览》,中华书局用上海涵芬楼影印宋本1960年2月复制重印版,第871页。
⑦ 《汉书》,第1245页。
⑧ 〔梁〕萧统编,〔唐〕李善注:《文选》卷一,中华书局1977年版,第25、27页。
⑨ 〔梁〕萧统编,〔唐〕李善注:《文选》卷二,中华书局1977年版,第38、40、41页。

偃师去洛四十五里，望朱雀阙，其上郁然与天连，是明峻极矣。《洛阳故宫名》有朱雀阙、白虎阙、苍龙阙、北阙、南宫阙也。""《白虎通》曰：门必有阙者何？所以饰门，别尊卑也。"①

阙，是宫庙陵墓前夹道而立，以示尊贵庄重的特殊建筑形式。崔豹《古今注》卷上："阙，观也。古每门树两观于前，所以标表宫门也。"②汉时称作"石阙"的石门，当时已经是属于甘泉宫殿区的重要名胜。扬雄《甘泉赋》："往往离宫般以相爥兮，封峦石阙施靡乎延属。"③

《艺文类聚》卷六二引刘歆《甘泉宫赋》有"缘石阙之天梯"的文句。④《三辅黄图》卷五《观》"石阙观，封峦观"条引《云阳宫记》："宫东北有石门山，冈峦纠纷，干霄秀出，有石岩容数百人，上起甘泉观。"⑤而"阙，观也"，石门即石阙，是规模宏大的"前熛阙而后应门""闶闾阆其寥廓兮，似紫宫之峥嵘"⑥的甘泉宫的北阙。

石阙，《汉书》卷八七上《扬雄传上》所载《甘泉赋》又作"石关"。⑦《铙歌十八曲·上之回》："上之回，所中益。夏将至，行将北。以承甘泉宫，寒暑德，游石关，望诸国，月支臣，匈奴服。令从百官疾驱驰，千秋万岁乐无极。"⑧临"石关"可以"望诸国"，面对"月氏""匈奴"。

经"石关"可以北行。又司马相如《上林赋》："道尽涂殚，迴车而还。招摇乎襄羊，降集乎北纮。⑨率乎直指，闇乎反乡。蹶石关，

---

① 〔北魏〕郦道元著，陈桥驿校证：《水经注校证》，中华书局2007年版，第397—398页。
② 文渊阁《四库全书》本。
③ 〔梁〕萧统编，〔唐〕李善注：《文选》卷七，中华书局1977年版，第112页。
④ 〔唐〕欧阳询撰，汪绍楹校：《艺文类聚》，第1113页。
⑤ 何清谷校注：《三辅黄图校注》，三秦出版社1995年版，第318页。
⑥ 〔梁〕萧统编，〔唐〕李善著：《文选》卷七扬雄《甘泉赋》，中华书局1977年版，第113页。"闶闾阆"，形容门阙之高伟。
⑦ 《汉书》，第3534页。
⑧ 《宋书》卷二二《乐志四》，中华书局1974年版，第640页。
⑨ 《汉书》卷五七上《司马相如传上》颜师古注："张揖曰：《淮南子》云：九州之外曰八泽，八泽之外乃有八纮。北方之纮曰委羽。"第2567页。

历封峦，过鳷鹊，望露寒，下棠梨，息宜春。"①扬雄《甘泉赋》也有语意相近的内容："于是事毕功弘，迴车而归，度三峦②兮谒棠梨，天阃决兮地垠开。"③

石门，以其天然神造之雄峻地势，被看作"天阃"之"决"、"地垠"之"开"，既被作为甘泉宫的北阙，又被作为秦直道最南端的雄关。经石门北上，可以行直道而"疾驱驰"，"率乎直指"，通于北边。

我们从甘肃正宁刘家店林场秦直道遗迹左近的瞭望台以及黑马湾林业站秦直道东侧的秦烽火台南望，能够清晰看到相距二三十公里之遥与秦直道正对的雄奇状伟的石门山，由此似乎可以意会秦直道选线与石门位置的关系。④

四、秦人意识中"门"的神秘意义与"秦北门"探索

先秦时人对于与交通活动直接有关，即往往行归之始终都必须通过的建筑形式"门"，通常明显怀有含神秘主义意味的复杂心理。而有关秦人意识史的资料中似乎有更突出的表现。《史记》卷五《秦本纪》："德公元年，初居雍城大郑宫。""二年，初伏，以狗御蛊。"张守节《正义》："以狗张磔于郭四门，禳却热毒气也。"⑤《史记》卷一四《十二诸侯年表》也明确记载，秦德公二年（前676年）："初作伏，祠社，磔狗邑四门。"⑥

---

① 鳷鹊、露寒等，《史记》卷一一七《司马相如列传》裴骃《集解》引《汉书音义》："皆甘泉宫左右观名也。"第3037页。《汉书》卷八七上《扬雄传上》："甘泉本因秦离宫，既奢泰，而武帝复增通天、高光、迎风，宫外近则洪涯、旁皇、储胥、弩阹，远则石关、封峦、枝鹊、露寒、棠梨、师得，游观屈奇瑰玮。"第3534页。《汉书》卷五七上《司马相如传上》"鳷鹊"作"雄鹊"，颜师古注引张揖曰："此四观武帝建元中作，在云阳甘泉宫外。"第2567页。

② 〔梁〕萧统编，〔唐〕李善著：《文选》卷七《甘泉赋》，中华书局1977年版，李善注："三峦，即封峦观也。"

③ 李善注："郑玄《礼记》注曰：天阃，门限也。决，亦开也。"〔梁〕萧统编，〔唐〕李善：《文选》，中华书局1977年版，第115页。

④ 王子今、焦南峰：《秦直道石门琐议》，见《秦俑秦文化研究——秦俑学第五届学术讨论会论文集》，陕西人民出版社2000年版。

⑤ 《史记》，第184页。

⑥ 《史记》，第573页。王子今：《秦德公"磔狗邑四门"宗教文化意义试说》，《中国文化》总12期，《周秦文化研究》，陕西人民出版社1998年版；《陇右文化论丛》第2辑，甘肃人民出版社2005年版。

湖北云梦睡虎地出土秦简《日书》中也有标题为"门"的内容。① "直（置）室门"② 题下又有标示出22座门的平面图，或显示城郭或聚落。其中东西南北正门的地位最为重要，图下简文有这样的文句：

> 南门将军门，贱人弗敢居。（一一六正贰）
>
> 北门利为邦门，贱人弗敢居。（一二六正贰）
>
> 东门是胃（谓）邦君门，贱人弗敢居，居之凶。（一一九正叁）
>
> 西方中央之门即正对"东门"者为"失行门"："失行门，大凶。"（一二一正贰）③

《史记》卷三二《齐太公世家》："惠公二年，长翟来，王子城父攻杀之，埋之于北门。"④ 卷三三《鲁周公世家》："齐惠公二年，叟瞒伐齐，齐王子城父获其弟荣如，埋其首于北门。"⑤ 看来，北门在东西南北四门正门之中，又居于更为特殊的地位。

《史记》卷六《秦始皇本纪》记载，秦王政二十六年（前221年）实现一统，确定皇帝制度，推行郡县制。"南临渭，自雍门⑥ 以东至泾、渭，殿屋复道周阁相属。所得诸侯美人钟鼓，以充入之。" 张守节《正义》："《三辅旧事》云：'始皇表河以为秦东门，表汧以为秦西门，表中外殿观百四十五，后宫列女万余人，气上冲于天。'"⑦ 秦始皇三十五年（前212年）大规模经营咸阳宫殿区建设，"表南山之颠以为阙。为复道，自阿房渡渭，属之咸阳，以象天极阁道绝汉抵营室也"⑧。是"南山"以为南阙。"关中计

---

① 简843页至855页，简753页（反面）到752页（反面）。此外，简800页（反面）至875页（反面）也有关于"门"的内容。

② 一一四正壹至一一五正壹。

③ 睡虎地秦墓竹简整理小组编：《睡虎地秦墓竹简》，文物出版社1990年版，释文第198—199页。

④ 《史记》，第1496页。

⑤ 《史记》，第1535页。

⑥ 裴骃《集解》："徐广曰：'在高陵县。'"张守节《正义》："今岐州雍县东。"第239页。

⑦ 《史记》，第241页。

⑧ 《史记》，第256页。

宫三百,关外四百余。于是立石东海上朐界中,以为秦东门。"①"雍门"和"秦西门"的关系我们还不清楚。但是"秦东门"所在曾经有所变化,也许值得注意。而"石阙""石关"是否与秦史文献中并不十分明确的"秦北门"有关,也许是值得探索的学术命题。②

五、石门扶苏传说

可能正是与石门位于直道南端起点有关,相当于甘泉宫北阙的石门附近多流传关于公子扶苏的故事。

除相传始皇子扶苏赐死于此,于是为其立庙,表达对这位悲剧人物的同情与追念以外,当地还长期流行着扶苏神话的传说。康熙《淳化县志》卷八《艺文志·诗》录三水文倬天《石门旧关》诗:

> 怪石森天辟一门,谁提十万作兵屯。秦储潋浚蛟龙窟,
> 唐帝关开虎豹垣。箭括溪通为飒穴,蜷连石起即云根。
> 虽然吭扼雍州界,乌(耳颉)何妨守巨藩。③

所谓"秦储",就是在当地民间被尊为所谓"石门神"的公子扶苏。又康熙《三水县志》卷二《山川》"石门湫"条:"'石门湫'亦名'乾湫',在秦太子扶苏庙之下。林木芊蓁,暵乾乞雨,虔诚乃应。如甘露,或见于屋梁树杪间,注之瓶以祷。此湫之神异者也。李邑侯重修其庙而悬之匾。"④此"神异"之湫与"秦太子扶苏庙"的关系,因"乞雨""虔诚"则应,而后人修庙悬匾得以说明。

由石门向北,秦直道沿"封子梁"下马栏河川道。所谓"封子梁",疑与汉代文献中"封峦"有关。"封子梁"一称,与邻近亦为秦直道经行的所谓"按子哇""撵子院""猜子岭"等地名相类,似应与公子扶苏被秦皇猜忌,派遣北上监蒙恬军的故事存在某种联系。

而"封子梁"东侧之马栏河支流,至今仍称"王子河"。由石

---

① 《史记》,第266页。
② 曾磊:《直道建设与秦北门规划》,见《2012·中国"秦汉时期的九原"学术论坛专家论文集》,内蒙古人民出版社2012年版。
③ 张如锦重纂,清康熙四十一年刻本。
④ 清康熙十六年刻本。

图26 传说中的两女砦

门向北又有地名称"两女砦"。据康熙《三水县志》卷二《古迹》记载："两女砦去邑七十里,地势高耸,踞风之尖,齐云之影,南望平衍,如列足下。麓有两冢存焉,旧传为秦扶苏二女卜葬于此。"①

公子扶苏是生前曾活动于秦直道沿线的著名历史人物,文献记载他死于上郡。石门附近地区民间的扶苏崇拜,除了说明秦直道作为信息传递系统的效能而外,还使人推想石门似乎具有"贱人弗敢居"的"邦门"亦即"国门"的地位,因而得有"为人仁"且"刚毅而武勇,信人而奋士"②的神话人物护卫。

古代交通结构的布局未必仅仅单纯考虑实用需要与经济合理,以神秘主义为基点的观念因素也一定起到相当大的作用。在这一认识基点上理解经石门北上的秦直道选线时的出发点,或许可以得到新的启发。至于秦直道走向与秦人传统方位意识中的神秘主义因素的具体关系,可以专门讨论。③

---

① 清康熙十六年刻本。
② 《史记》卷八七《李斯列传》评说公子扶苏语,第2549页。
③ 王子今、张在明:《秦始皇直道沿线的扶苏传说》,载《民间文学论坛》1992年2期。

"云阳都"考论

汉武帝诏书有"赐云阳都百户牛酒"文句，又说到"作《芝房之歌》"，其中所谓"玄气之精，回复此都"也值得我们注意。对于所谓"云阳都"，政治史学者和交通史学者均应予以关注。"云阳都"与秦"林光宫"、汉"甘泉宫"有关，即直道南端当时仅次于长安的准政治文化中心。居延汉简关于"改火"的文书中"长安云阳"并说，也体现"云阳都"地位的重要。通过对"云阳都"的考察，可以认识秦汉关于"都"的制度，也有益于理解直道在当时国家政治规划与社会人文空间中的地位。

一、"赐云阳都百户牛酒"

《汉书》卷六《武帝纪》记载元封二年（前109年）六月事，涉及对"云阳都"的优遇："诏曰：'甘泉宫内中产芝，九茎连叶。上帝博临，不异下房，赐朕弘休。其赦天下，赐云阳都百户牛酒。'作《芝房之歌》。"颜师古注："晋灼曰：'云阳、甘泉，黄帝以来祭天圆丘处也。武帝常以避暑，有宫观，故称都也。'师古曰：'此说非也。都谓县之所居在宫侧者耳。赐不遍其境内，故指称其都，非谓天子之都也。若以有宫观称都，则非止云阳矣。'"[①]

---

① 《汉书》，第193页。

晋灼解释"云阳都"的说法其实有三层含义：其一，"云阳、甘泉，黄帝以来祭天圆丘处也"；其二，"武帝常以避暑"；其三，"有宫观"。由此构成"云阳都"名义生成的因素。颜师古专择"有宫观"一条予以否定，以为"若以有宫观称都，则非止云阳矣"。他认为，"云阳都"的"都""非谓天子之都也"，只是"谓县之所居在宫侧者耳"，其空间范围甚至不到一"县"，即"赐不遍其境内，故指称其都"。

王先谦《汉书补注》就颜师古说予以驳议："《礼乐志》载《歌》云：'玄气之精，回复此都。'即谓云阳为都也。颜谓专指居在宫侧者，无据。"①

陈直《汉书新证》指出："西汉未央、长乐二宫规模阔大之外，则数甘泉宫。甘泉在云阳，比其他县为重要，故称以'云阳都'，与列侯所食曰'国'，蛮夷杂处曰'道'相等，但仅有云阳一县称'都'，故不见于《百官表》。"②陈直指出"云阳都"的"重要"，但是以为"云阳都"的等级仍为"县"，"与列侯所食曰'国'，蛮夷杂处曰'道'相等"，只是因为"甘泉在云阳"，于是"比其他县为重要"，所以"称以'云阳都'"。对"云阳都"等级地位这样的认识，可能仍失之于保守。

王先谦说"颜谓专指居在宫侧者，无据"，陈直以为"云阳都"地位与侯国县道等同，亦不确。澄清"云阳都"之"都"的意义，还是应当从"天子之都"的思路来理解。

二、居延汉简所见"长安云阳"

陈直《汉书新证》关于"云阳都"，于前引文句之后，又引录了居延汉简简文以强调"云阳县在当时位置之重要性"："又按：居延汉简释文卷一，五页，有丙吉奏改火简文云：'御史大夫吉昧死言，丞相相上大常书言，大史丞定言，元康五年五月二日壬

---

① 王先谦撰：《汉书补注》，中华书局1983年据清光绪二十六年虚受堂刊本版，第96页。
② 陈直：《汉书新证》，天津人民出版社1979年版，第35页。

子夏至宜寝兵，大官抒井，更水火，进鸣鸡谒以闻，布当用者。臣谨案比原泉御者水衡抒大官御井，中二千石，二千石、令官各抒。别火官先夏至一日，以除燧取火，授中二千石、二千石官在云阳者，其民皆受，以日至易故火。庚戌寝兵不听事，尽甲寅五日，臣请布，臣昧死以闻'。改火之事，长安与云阳并称，可见云阳县在当时位置之重要性。"①

陈直引居延简文"授中二千石、二千石官在云阳者"，下文则云"改火之事，长安与云阳并称"，可知录文有误。劳榦《居延汉简释文》"第二十九叶"：

五九〇
御史大夫吉昧死言丞相相上大常昌书言大史丞定言
元康五年五月二日壬子夏至宜寝兵大官抒
  井更水火进鸣鸡谒以闻布当用者●臣谨案比原宗
御者水衡抒大官御井中二＝千＝石＝令官各抒别火
    （一〇·二七）

又"第二十一叶"：

四〇一
官先夏至一日以除燧取火授中二＝千＝石＝官在长
安云阳者其民皆受以日至易故火庚戌寝兵不听事尽
  甲寅五日臣请布臣昧死以闻（5.10）②

显然，陈直引文"授中二千石、二千石官在云阳者"，脱漏"长安"二字，应为"授中二千石、二千石官在长安、云阳者"。《居延汉简甲乙编》释文：

御史大夫吉昧死言丞相相上大常昌书言大史丞定言
元康五年五月二日壬子日夏至宜寝兵大官抒
  井更水火进鸣鸡谒以闻布当用者●臣谨案比原泉
御者水衡抒大官御井中二＝千＝石＝令官各抒别火
    （一〇.二七）

---

① 陈直：《汉书新证》，天津人民出版社1979年版，第35页。
② 劳榦：《居延汉简释文》，《居延汉简考释之部》，"中央研究院"历史语言研究所专刊之四十，1997年景印五版，第13、9页。

官先夏至一日以陰隧取火授中二＝千＝石＝官在长
安云阳者其民皆受以日至易故火庚戌寝兵不听事尽

甲寅五日臣请布臣昧死以闻（五·一〇）①

《居延汉简释文合校》释文：

御史大夫吉昧死言丞相相上大常昌书言大史丞定言
元康五年五月二日壬子日夏至宜寝兵大官抒

井更水火进鸣鸡谒以闻布当用者●臣谨案比原泉御
者水衡抒大官御井中二千石二千石令官各抒别火（10.27）

官先夏至一日以除隧取火授中二千石二千石官在长
安云阳者其民皆受以日至易故火庚戌寝兵不听事尽

甲寅五日臣请布臣昧死以闻（5.10）②

比照几种释文，谢桂华、李均明、朱国炤《居延汉简释文合校》可以据信。"长安云阳"并说，说明云阳仅次于长安的地位。

劳榦《居延汉简考证》有"别火官"条，考论这两条简文反映的汉代制度："右丙吉奏，本为二简，余让之先生察其字迹相同，合为一奏。（时在二十四年。）前后完整无缺文。③ 此简所言汉代改火事，盖钻燧取火，为事甚难，故必保存火种，以备时用。《周礼·夏官·司爟》云：'司爟掌行火之政令，四时变国火以救时疾。'郑注：'行犹同也，变犹易也。郑司农说以鄹子曰：春取榆柳之火，夏取枣杏之火，季夏取桑柘之火，秋取柞楢之火，冬取槐檀之火。'……故据《周礼》，则为四时变火，而据鄹子，则为五时变火。鄹子或是谈天衍，其五时变火盖从五德终始而出，未必为周人原义也。又按《论语》：'宰我问三年之丧期以久矣。君子三年不为礼，礼必坏，三年不为乐，乐必崩。旧谷既没，新谷既升，钻燧取火，

---

① 中国社会科学院考古研究所编：《居延汉简甲乙编》下册，中华书局1980年版，第7、3页。
② 谢桂华、李均明、朱国炤：《居延汉简释文合校》上册，文物出版社1987年版，第16、8页。
③ 今按：大庭脩又对于这一册文进行了进一步的复原，增列332.26，10.33，10.30，10.32，10.29，10.31等简文。有"制曰可"等文字，性质可以确定为诏书。[日]大庭脩著：《秦汉法制史研究》，林剑鸣等译，上海人民出版社1991年版，第193—201页。由于增列简文主要记述文书传递事，与我们考察的主题并不直接相关，这里不做讨论。

期可已矣。'则言钻燧改火为一期年,又与此异。何晏注引马融说谓五时变火,与先郑引鄹子说同。""故《论语》期年一改,《周礼》一年四改,《鄹子》一年五改,咸有不同。而此简所言夏至改火之说,与《论语》《周礼》及《鄹子》俱不相应。盖期年改火,不当在夏至,四时改火当在立春、立夏、立秋、立冬改之。五时改火,应除四立之外更增季夏节小暑。夏至为中气而非节气,与四时之界画俱不相涉。惟《汉书·魏相传》:'又数表采《易阴阳》及《明堂月令》奏之曰:天地变化,必繇阴阳,阴阳之分,以日为纪。日冬夏至,则八风之序立,万物之性成,各有常职,不得相干。'本传云相少学《易》,是夏至改之说或竟与魏相所奏'日冬夏至,则八风之序立,万物之性成'同出一源,而与《周礼》及《鄹子》相违异。《后汉书·鲁恭传》:'《易》五月《姤》用事,经曰后以施令诰四方,言君以夏至之日施命令止四方者,所以助微阴也。'与此说略同。《续汉书·礼仪志》:'夏至浚井改水,冬至钻燧改火',虽与此奏以夏至为分画一年段落中一节之始,方式相同。然于易火易水之分,已有所修正。"劳榦又注意到居延汉简同出"元康五年四月至五月历谱""自四月廿九日庚戌寝兵,至五月四日甲寅尽,其中五月二日为夏至,与此简相符"。他认为:"此二简奏文与此历谱当时必置于同处,故亦当在同地得之。"劳榦还写道:

> 又《汉书·郊祀志》云:"秦以十月为岁首,故常以十月上宿郊见,通爟火,拜于咸阳之旁。"此秦时郊天在咸阳也。至武帝于汾阴得鼎,荐于甘泉,于是汉始于甘泉立泰畤以祀上帝矣。据此简言授火云阳,或亦由于通爟火于此之故。惟秦郊在十月,汉郊在正月,虽与郊天之事不同,而通爟改火则宜为相关之事也。①

"通爟火"的意义也许还可以再作讨论。劳榦引"《汉书·郊祀志》云""爟火",《史记》卷二八《封禅书》引作"权火":

---

① 劳榦:《居延汉简考证》,《居延汉简考释之部》,"中央研究院"历史语言研究所专刊之四十,1997年景印五版,第12页。

"秦以冬十月为岁首,故常以十月上宿郊见,通权火,拜于咸阳之旁,……"对于"权火",裴骃《集解》:"张晏曰:'权火,烽火也,状若井絜皋矣。其法类称,故谓之权。欲令光明远照通祀所也。汉祠五畤于雍,五里一烽火。'如淳曰:'权,举也。'"司马贞《索隐》:"权,如字,解如张晏。一音爟,《周礼》有司爟。爟,火官,非也。"① 中华书局标点本《汉书》卷二五上《郊祀志上》:"秦以十月为岁首,故常以十月上宿郊见,通权火,拜于咸阳之旁,……"亦作"权火"。颜师古注:"张晏曰:'权火,烽火也,状若井絜皋矣。其法类称,故谓之权火。欲令光明远照,通于祀所也。汉祀五畤于雍,五十里一烽火。'如淳曰:'权,举也。'"又写道:"凡祭祀通举火者,或以天子不亲至祠所而望拜,或以众祠各处,欲其一时荐飨,宜知早晏,故以火为之节度也。它皆类此。"② "权火""爟火"与"郊天之事"相关,然而"通权火""通爟火"之"通",使得亦有与烽火传送军情相联系的认识产生。张晏所谓"权火,烽火也",说自有因。所谓"以火为之节度",即与"烽火"类似,利用光速提升信息传递效率。"權"与"爟",字形相近。指出以"状若井絜皋",即类似如同天平称量重量之"权"的形式举高"火",以实现光亮的远方传递的方式。庾信《周上柱国齐王宪神道碑》:"匈奴突于武川,爟火通于灞上。"③ "爟火"即被理解为"烽火"。有关"通爟火"或曰"权火""烽火"于云阳的分析,应当有助于深化对直道军事通信方式的认识。④

三、云阳:"北征大道之起点"

劳榦的研究又进一步说明了"云阳"的特殊地位,亦论及"直道"和"云阳"的关系:

---

① 《史记》,第1647—1648页。
② 《汉书》,第1209页。
③ 〔北周〕庾信撰,〔清〕倪璠注,许逸民校点:《庾子山集注》卷一三,中华书局1980年版,第741页。
④ 王子今:《试说秦烽燧——以直道军事通信系统为中心》,载《文博》2004年第2期。

> 又按《史记·秦始皇本纪》："三十五年除道道九原，抵云阳，堑山堙谷直通之。"又："立石东海上朐界中以为秦东门，因徙三万家丽邑，三万家云阳。"《汉书·武帝纪》："太始元年春正月，徙郡国吏民豪桀于茂陵云陵。"注师古曰："此当言云阳，而传写者误为陵耳。茂陵帝所自起，而云阳甘泉所居，故总使徙豪桀也。钩弋赵倢伃死葬云阳。昭帝即位始尊为皇太后而起云陵。武帝时未有云陵。今按颜说是也。云阳所以重于三辅者，以其为北征大道之起点，且为甘泉宫之所在。甘泉为避暑行都，故亦略依长安，授民于火也。"①

劳榦所谓"云阳所以重于三辅者，以其为北征大道之起点，且为甘泉宫之所在"，又"甘泉为避暑行都"，以此作为"云阳"在"授民于火"制度中可以"略依长安"的因由。

以为"除道道九原，抵云阳，堑山堙谷直通之"以及"立石东海上朐界中，以为秦东门，因徙三万家丽邑，三万家云阳"事均可说明"云阳"地位的认识，体现出对秦始皇时代历史理解的真知。所引《史记》卷六《秦始皇本纪》文字，可以联系上下文的记载理解其背景：

> 三十五年，除道，道九原抵云阳，堑山堙谷，直通之。于是始皇以为咸阳人多，先王之宫廷小，吾闻周文王都丰，武王都镐，丰镐之间，帝王之都也。乃营作朝宫渭南上林苑中。先作前殿阿房，东西五百步，南北五十丈，上可以坐万人，下可以建五丈旗。周驰为阁道，自殿下直抵南山。表南山之颠以为阙。为复道，自阿房渡渭，属之咸阳，以象天极阁道绝汉抵营室也。阿房宫未成；成，欲更择令名名之。作宫阿房，故天下谓之阿房宫。隐宫徒刑者七十余万人，乃分作阿房宫，或作丽山。发北山石椁，乃写蜀、荆地材皆至。关中计宫三百，关外四百余。

---

① 劳榦：《居延汉简考证》，《居延汉简考释之部》，"中央研究院"历史语言研究所专刊之四十，1997年景印五版，第12页。

> 于是立石东海上朐界中，以为秦东门。因徙三万家丽邑，
> 五万家云阳，皆复不事十岁。①

秦始皇三十五年（前212年），进行了大规模的以"渭南上林苑中""朝宫"为中心区的新的"宫廷"兴建和都市规划。与各方空间位置的确定，形成了中心坐标，由此向多个方向有交通通路。"阁道""直抵南山""表南山之颠以为阙"，这是南方。东方则"立石东海上朐界中，以为秦东门"。北方则是通达"九原""堑山堙谷，直通之"的直道。对于往东方和北方两个重要进取方向的出发点进行移民充实，"因徙三万家丽邑，五万家云阳，皆复不事十岁"。而向北方的"云阳"比较向东方的"丽邑"移民户数大增，显然是受到了更为突出的重视。

以包括直道规划之总体交通地理格局为认识基点理解"云阳"的地位，应是符合当时交通建设理念的。② 所谓"为复道，自阿房渡渭，属之咸阳，以象天极阁道绝汉抵营室也"，体现出天文与人文的神秘对应。而"道九原抵云阳"的直道，则是宫廷"复道"结构向北方的进一步延伸。直道"渡""河"即今黄河的形式③，或许也可以理解为向北边又有所扩展的"以象天极阁道绝汉抵营室也"的模式。

四、"玄气之精，回复此都"

《汉书》卷六《武帝纪》载汉武帝诏言"赐云阳都百户牛酒"，随后说到"作《芝房之歌》"。此歌诗列为"《郊祀歌》十九章"中之第十三章，见于《汉书》卷二二《礼乐志》："齐房产草，九茎连叶，宫童效异，披图案谍。④ 玄气之精，回复此都，蔓蔓日茂，芝成灵华。""《齐房》十三 元封二年芝生甘泉齐房作。"

---

① 《史记》，第256页。
② 王子今：《秦直道的历史文化观照》，载《人文杂志》2005年第5期。
③ 王子今：《秦直道九原"度河"方式探讨》，见《2012·中国"秦汉时期的九原"学术论坛专家论文集》，内蒙古人民出版社2012年版；又见《史念海先生百年诞辰纪念学术论文集》，陕西师范大学出版总社有限公司2012年版。
④ 颜师古注："臣瓒曰：'宫之童竖致此异瑞也。'苏林曰：'谍，谱弟之也。'"

颜师古注："齐读曰斋。""玄气之精，回复此都"句，颜师古解释道："玄，天也。言天气之精，回旋反复于此云阳之都，谓甘泉也。"①

《武帝纪》云"甘泉宫内中产芝，九茎连叶"，颜师古注："应劭曰：'芝，芝草也，其叶相连。'如淳曰：'《瑞应图》王者敬事耆老，不失旧故，则芝草生。'师古曰：'内中，谓后庭之室也，故云不异下房。'"对于诏文所谓"上帝博临，不异下房，赐朕弘休"，颜师古注："师古曰：'上帝，天也。博，广也。弘，大也。休，美也。言天广临，不以下房为幽侧而隔异之，赐以此芝，是大美也。'"②在秦汉神秘主义意识中，"芝草"被看作"瑞应"。所谓"芝成灵华"，更是"大美"境界。在汉初四皓故事中，已见"芝"成为表现接近神仙世界者使用的道具。《太平御览》卷一六八引皇甫谧《帝王世纪》曰："四皓始皇时隐于商山，作歌曰：'英英高山，深谷逶迤。晔晔紫芝，可以疗饥。唐虞时远，吾将何归。'"③《淮南子·俶真》："巫山之上，顺风纵火，膏夏紫芝与萧艾俱死。"高诱注："膏夏、紫芝皆谕贤智也。萧艾，贱草，皆谕不肖。"④"紫芝"成为代表"贤智"的符号，或许与四皓故事有一定关系。⑤在汉代人的观念中，"紫芝"指示"福禄来处""神福来处""福禄来下"，据说"王以为宝"。⑥王充《论衡·验符》："建初三年，零陵泉陵女子傅宁宅，土中忽生芝草五本，长者尺四五寸，短者七八寸，茎叶紫色，盖紫芝也。太守沈酆遣门下掾衍盛奉献，皇帝悦怿，赐钱衣食。诏会公卿，郡国上计吏民皆在，以芝告示天下。

---

① 《汉书》，第1065页。
② 《汉书》，第193页。
③ 《太平御览》，中华书局用上海涵芬楼影印宋本1985年复制重印版，第817页。
④ 刘文典撰，冯逸、乔华点校：《淮南鸿烈集解》，中华书局1989年版，第76—77页。
⑤ 王子今：《"四皓"故事与道家的关系》，载《人文杂志》2012年第2期。
⑥ 《焦氏易林》卷一《师·夬》："文山紫芝，雍梁朱草。生长和气，福禄来处。"《同人·剥》："文山紫芝，雍梁朱草。长生和气，与以为宝。公尸侑食，神福来处。"《蛊·涣》："紫芝朱草，生长和气。公尸侑食，福禄来下。"卷四《丰·家人》："文山紫芝，雍梁朱草。生长和气，王以为宝。公尸侑食，福禄来处。"又《涣·节》："文山紫芝，雍梁朱草。生长和气，王以为宝。公尸侑食，福禄来处。"文渊阁《四库全书》本。

天下并闻,吏民欢喜,咸知汉德丰雍,瑞应出也。"①可以看作"王以为宝"的实例。

我们以为《芝房之歌》中更值得重视的文句,是所谓"玄气之精,回复此都"。

"玄气",颜师古解释:"玄,天也。""玄气之精",被理解为"天气之精"。其实,"玄气"或指北方之气。《太平御览》卷三五八引魏文帝《马脑勒赋》:"扇朔方之玄气,喜南离之焱阳。""玄气"与"焱阳"对说,而曹丕还写道:"马脑,玉属也,出自西域。"②地域指向正在"朔方"。有学者解释说:"朔方:北方。玄气,黑气。五行说,水居北,尚黑。"③"玄气之精,回复此都"之"回复",颜师古"回旋反复于此云阳之都"的解说也并不准确。此"回复"应当就是《汉书》卷八七上《扬雄传上》载《反离骚》"终回复于旧都兮,何必湘渊与涛濑"④的"回复",其语义应直接理解。

就在《芝房之歌》创作一年前,汉武帝曾经有一次显示英雄主义气势的"朔方"之行。《汉书》卷六《武帝纪》:

> 元封元年冬十月,诏曰:"南越、东瓯咸伏其辜,西蛮北夷颇未辑睦,朕将巡边垂,择兵振旅,躬秉武节,置十二部将军,亲帅师焉。"行自云阳,北历上郡、西河、五原,出长城,北登单于台,至朔方,临北河。勒兵十八万骑,旌旗径千余里,威震匈奴。遣使者告单于曰:"南越王头已县于汉北阙矣。单于能战,天子自将待边;不能,亟来臣服。何但亡匿幕北寒苦之地为!"匈奴詟焉。

---

① 北京大学历史系《论衡》注释小组:《论衡注释》第三册,中华书局1979年版,第1140页。《太平御览》卷九八五引《续汉书》:"建初五年,零陵女子傅宁宅内生紫芝五株,长者尺四寸,短者七八寸。太守沈丰使功曹贲芝以闻,帝告示天下。"《太平御览》,第4361—4362页。
② 《太平御览》,第1647页。
③ 魏宏灿校注:《曹丕集校注》,安徽大学出版社2009年版,第121页。
④ 《汉书》,第3521页。

还，祠黄帝于桥山，乃归甘泉。①

这次向匈奴展示武力的出巡，"行自云阳，北历上郡、西河、五原，出长城，北登单于台，至朔方，临北河"，"还，祠黄帝于桥山，乃归甘泉"，往返都应当经历直道。所谓"行自云阳"，"乃归甘泉"，正是"回复此都"的交通经历。这一年的夏季，汉武帝又"登封泰山"，随后有行历北边："行自泰山，复东巡海上，至碣石。自辽西历北边九原，归于甘泉。"② 此次"归于甘泉"，可以看作又一次"回复此都"。

汉武帝元封元年（前110年）两次"回复此都"被写入歌诗，体现出行已形成深刻记忆。"乃归甘泉""归于甘泉"的行程，均应通行直道。

理解汉武帝笔下所谓"玄气"，应当注意到三年之后，他在关于另一次出巡的记录中说到"气"。汉武帝元封五年（前106年），"夏四月，诏曰：'朕巡荆扬，辑江淮物，会大海气，以合泰山。上天见象，增修封禅。其赦天下。所幸县毋出今年租赋，赐鳏寡孤独帛，贫穷者粟。'还幸甘泉，郊泰畤"。关于"会大海气"，颜师古注："郑氏曰：'会合海神之气，并祭之。'"③"大海气"和"朔方"的"玄气"，均有神秘的意义。

五、林光宫·甘泉宫·云阳都

《汉书》卷六八《金日磾传》记录了汉武帝在林光宫面临逆臣刺杀危难的故事："初，莽何罗与江充相善，及充败卫太子，何罗弟通用诛太子时力战得封。后上知太子冤，乃夷灭充宗族党与。何罗兄弟惧及，遂谋为逆。日磾视其志意有非常，心疑之，阴独察其动静，与俱上下。何罗亦觉日磾意，以故久不得发。是时上行幸林光宫，日磾小疾卧庐。何罗与通及小弟安成矫制夜出，

---

① 《汉书》，第189页。
② 《汉书》，第192页。
③ 《汉书》，第196、197页。

共杀使者，发兵。明旦，上未起，何罗亡何从外入。日䃅奏厕心动，立入坐内户下。须臾，何罗袖白刃从东箱上，见日䃅，色变，走趋卧内欲入，行触宝瑟，僵。日䃅得抱何罗，因传曰：'莽何罗反！'上惊起，左右拔刃欲格之，上恐并中日䃅，止勿格。日䃅捽胡投何罗殿下，得禽缚之，穷治皆伏辜。繇是著忠孝节。"颜师古注："服虔曰：'甘泉一名林光。'师古曰：'秦之林光宫，胡亥所造，汉又于其旁起甘泉宫。'"①

《汉书》卷二五下《郊祀志下》记载，汉成帝时，"成都侯王商为大司马卫将军辅政，杜邺说商"，批评"今甘泉、河东天地郊祀，咸失方位，违阴阳之宜"，于是"神"以"咎征"警告，"皇天著象殆可略知"。就甘泉地方而言，"前上甘泉，先驱失道；礼月之夕，奉引复迷。……乃三月甲子，震电灾林光宫门"。对于"林光宫"的灾异，颜师古注："孟康曰：'甘泉一名林光。'师古曰：'林光，秦离宫名也。汉又于其旁起甘泉宫，非一名也。'"②

服虔、孟康都说"甘泉一名林光"。颜师古则指出，林光宫是秦宫，甘泉宫则是西汉营造。甘泉宫在林光宫"其旁"。

秦代在云阳筑有林光宫，又见于《三辅黄图》卷一《秦宫》："林光宫，胡亥所造，纵广各五里，在云阳县界。"同书卷二《汉宫》："甘泉宫，一曰云阳宫。"又引《关辅记》："林光宫，亦曰甘泉宫，秦所造。"③班固《西都赋》："……陪以甘泉，乃有灵宫起乎其中，秦汉之所极观，渊、云之所颂。"李善注："《汉宫殿疏》曰：'甘泉林光宫，秦二世造。'"④张衡《西京赋》写道："觐往昔之遗馆，获林光于秦余。"李善注："觐，视也。善曰：'《汉书音义》：瓒曰：林光，秦离宫名也。'"⑤

就在汉武帝"作《芝房之歌》"两个月前，"夏四月"，汉

---

① 《汉书》，第2960—2961页。
② 《汉书》，第1262—1263页。
③ 何清谷校注：《三辅黄图校注》，三秦出版社1995年版，第56、129页。
④ 〔梁〕萧统编，〔唐〕李善注：《文选》卷一，中华书局1977年版，第24页。
⑤ 〔梁〕萧统编，〔唐〕李善注：《文选》卷二，中华书局1977年版，第40页。

武帝在甘泉有重要的宫廷建筑营造："还，作甘泉通天台……。"颜师古注："通天台者，言此台高，上通于天也。《汉旧仪》云高三十丈，望见长安城。"①推想这也是《芝房之歌》的创作背景之一，应当是有一定的合理性的。

《史记》卷二八《封禅书》有汉武帝曾经"受计甘泉""朝诸侯甘泉""甘泉作诸侯邸"的记录："以柏梁烖故，朝受计甘泉。"②"方士多言古帝王有都甘泉者。其后天子又朝诸侯甘泉，甘泉作诸侯邸。"③"甘泉"成为国家经济管理、行政控制和外交联系的中心，也是"云阳都"实际地位的表现。

"云阳"地方"林光""甘泉"宫殿群与直道的关系，见于《史记》卷一一〇《匈奴列传》的记载与相关解说。《匈奴列传》写道："通直道，自九原至云阳。"张守节《正义》引《括地志》："云阳雍县，秦之林光宫，即汉之甘泉宫在焉。"又："汉孝文皇帝十四年，……（匈奴）候骑至雍甘泉。"张守节《正义》引《括地志》："云阳也。秦之林光宫，汉之甘泉，在雍州云阳西北八十里。秦始皇作甘泉宫，去长安三百里，望见长安。秦皇帝以来祭天圜丘处。"④匈奴入侵，很可能部分利用了直道交通条件。《史记》卷一五《六国年表》则明确指出"甘泉"是直道南端通达的地点："为直道，道九原，通甘泉。"⑤

六、由云阳"天子之都"说西汉的"都"

前已论说，"云阳都"并非"县"中接近宫殿区的局部地方，也不是等同于侯国县道的行政区，而是政治等级最高的"天子之都"。

秦汉时期所说"都"，有时定义并不十分严谨，甚至可以看

---

① 《汉书》，第193页。
② 《史记》卷一二《孝武本纪》有同样记载，张守节《正义》："顾胤云：'柏梁被烧，故受记故之物于甘泉也。'颜师古曰：'受郡国计簿也。'"第604页。
③ 《史记》，第1675页。
④ 《史记》，第3468—3479、3484—3485页。
⑤ 《史记》，第902页。

到"群都"的说法。《周礼·天官·小宰》:"掌治法以考百官府群都县鄙之治。"郑玄注:"群都,诸采邑也。"① 这里说到"群都",似并未有关注历史区域文化的思考。蔡邕《述行赋》记录作者中原行旅感受,最后也说到"群都":"历观群都,寻前绪兮。考之旧闻,厥事举兮。登高斯赋,义有取兮。则善戒恶,岂云苟兮。"② 这是一篇在特殊背景下综合空间和时间诸条件进行历史文化思考发表的深沉感叹。其中所谓"历观群都",是"述行"的交通实践记录,也是怀古的历史文化感叹。推想当时蔡邕"历观"的"群都",很可能主要是东周的城郭建筑遗存。③《汉书》卷二四下《食货志下》说到"五都"设置:"于长安及五都立五均官,更名长安东西市令及洛阳、邯郸、临菑、宛、成都市长皆为五均司市师。东市称京,西市称畿,洛阳称中,余四都各用东西南北为称,皆置交易丞五人,钱府丞一人。"④ 王莽给予正式"都"的名号的此"五都",均是超级繁荣的重要的区域经济中心,但也并不是"天子之都"。

王莽时代设定的长安以外另一"天子之都"是"东都"。王莽始建国四年(12年)宣布:"昔周二后受命,故有东都、西都之居。予之受命,盖亦如之。其以洛阳为新室东都,常安为新室西都。"⑤ 于是"新室东都"洛阳已经具有与"新室西都"常安(长安)同等的地位。第二年,王莽又策划迁都于洛阳,也就是以洛阳取代长安,使其成为唯一的正式国都。这一决定,一时在长安引起民心浮动,史书记载,"是时,长安民闻莽欲都雒阳,不肯缮治室宅,或颇彻之"。王莽于是宣布:"玄龙石文曰'定帝德,国雒阳'。符命著明,敢不钦奉!以始建国八年,岁缠星纪,在雒阳之都。其谨缮修常安之都,勿令坏败。敢有犯者,辄以名闻,

---

① 〔清〕阮元校刻:《十三经注疏》,中华书局1980年版,第656页。
② 邓安生编:《蔡邕集编年校注》,河北教育出版社2002年版,第33页。
③ 王子今:《中原"群都"现象:上古文明史和国家史的考察》,载《中州学刊》2012年第4期。
④ 《汉书》,第1180页。
⑤ 《汉书》卷九九中《王莽传中》,第4128页。

请其罪。""雒阳之都"与"常安之都"的并列地位进一步明确。王莽确定在三年之后,即始建国八年,正式迁都洛阳。宣布在此之前,常安(长安)的城市建设,不能受到影响。不过,历史上没有出现所谓"始建国八年",在第二年,王莽就决定改元为"天凤"。天凤元年(14年)正月,王莽宣示天下:"予以二月建寅之节行巡狩之礼"。这一"巡狩之礼",将完成东巡、南巡、西巡、北巡,"毕北巡狩之礼,即于土中居雒阳之都焉"。在北巡之礼完毕之后,就要将政治重心转移到"土中",正式定居于"雒阳之都"了。也就是说,原定迁都于洛阳的时间表又将提前。王莽"一岁四巡"的计划被大臣们以为不可行而提出反对,于是王莽又推迟了迁都洛阳的计划:"更以天凤七年,岁在大梁,仓龙庚辰,行巡狩之礼。厥明年,岁在实沈,仓龙辛巳,即土之中雒阳之都。"迁都计划预定将在公元20年正式实施。同时,王莽命令重臣开始在洛阳进行礼制建筑的规划和施工。"乃遣太傅平晏、大司空王邑之雒阳,营相宅兆,图起宗庙、社稷、郊兆云。"① 由于民众暴动的迅速发生和蔓延,王莽以洛阳为都的计划没有能够来得及真正付诸实施。地皇元年(20年),王莽在长安营造宗庙,"坏彻城西苑中建章、承光、包阳大台、储元宫及平乐、当路、阳禄馆,凡十余所,取其材瓦,以起九庙"②。可见长安的礼制建筑营造仍然受到重视。洛阳作为东都的预定规划虽然未能落实,但是洛阳的地位在这一时期仍然在上升。地皇三年(22年),在起义军威势越来越壮大的情况下,"(王莽)遣大将军阳浚守敖仓,司徒王寻将十余万屯雒阳填南宫"③。地皇四年(23年),反新莽武装占领昆阳、郾、定陵等地,王莽闻之愈恐,"遣大司空王邑驰传之雒阳,与司徒王寻发众郡兵百万,号曰'虎牙五威兵',平定山东。得颙封爵,政决于邑"。"邑至雒阳,州郡各选精兵,牧守自将,

---

① 《汉书》卷九九中《王莽传中》,第4132—4134页。
② 《汉书》卷九九下《王莽传下》,第4162页;中国社会科学院考古研究所编著:《西汉礼制建筑遗址》,文物出版社2003年版。
③ 《汉书》卷九九下《王莽传下》,第4178页。

定会者四十二万人，余在道不绝"①。在非常的战争形势下，实际上洛阳已经被赋予仅次于长安的另一政治军事中心的地位。王莽的东都规划虽然最终并没有能够完全落实，但是仍然为东汉定都洛阳奠定了根基，为此后全国经济重心和政治文化重心的东移准备了条件。②

洛阳在两汉之际成为两都体制中另一处"天子之都"。汉武帝时代"云阳都"出现的背景与洛阳地位上升的原因有诸多不同，然而通过对比考察，可以认识"云阳都"的地位，以及有关汉代"都"的制度史的变化。洛阳地处"天下之中"，被看作"天下冲厄""天下咽喉"，因交通地位的重要，成为"汉国之大都"。③而"云阳都"领导地位的形成，也与在特殊交通结构中的位置相关。考虑这一点，不能不重视直道的历史作用。④

---

① 《汉书》卷九九下《王莽传下》，第 4182 页。
② 王子今：《西汉末年洛阳的地位和王莽的东都规划》，载《河洛史志》1995 年第 4 期。
③ 《史记》卷四《周本纪》："成王在丰，使召公复营洛邑，如武王之意。周公复卜申视，卒营筑，居九鼎焉。曰：'此天下之中，四方入贡道里均。'"第 170 页。《史记》卷九九《刘敬叔孙通列传》："成王即位，周公之属傅相焉，乃营成周洛邑，以此为天下之中也，诸侯四方纳贡职，道里均矣。"第 3272 页。《史记》卷六三《三王世家》褚少孙补述："阖且立为王时，其母病，武帝自临问之。曰：'子当为王，欲安所置之？'王夫人曰：'陛下在，妾又何等可言者。'帝曰：'虽然，意所欲，欲于何所王之？'王夫人曰：'愿置之雒阳。'武帝曰：'雒阳有武库敖仓，天下冲阨，汉国之大都也。先帝以来，无子王于雒阳者。去雒阳，余尽可。'"第 2558 页。《史记》卷一二六《滑稽列传》褚少孙补述："王夫人病甚，人主至自往问之曰：'子当为王，欲安所置？'对曰：'愿居洛阳。'人主曰：'不可。洛阳有武库、敖仓，当关口，天下咽喉。自先帝以来，传不为置王。'"第 3870 页。
④ 王子今：《"云阳都"考论》，载《唐都学坛》2015 年第 5 期。

烽燧：直道军事通信系统

秦直道交通系统包括烽燧设置。对秦烽燧的考察和研究，有益于深化对秦交通史和秦军事史的认识。

一、军事通信方式的作用与军事交通体系的建设

克劳塞维茨在《战争论》中指出，军队和它的基地必须是一个整体，"交通线是这个整体的一个组成部分，它们构成基地和军队之间的联系，应该看作是军队的生命线"。交通线的构成因素颇多，其中包括"沿线"的"邮局和信差"。"只有那些有专门设施的道路才构成真正的交通线体系。只有设有仓库、医院、兵站和邮局，指定有警备长，派有宪兵队和守备部队的道路，才是真正的交通线。"① "邮局和信差"的作用在交通线的构成中受到重视，说明军事通信系统在军事交通体系中的特殊作用。

中国古代兵学重视对敌情及时、准确的了解，称之为"形人"。② 传诸葛亮所著《便宜十六策》第三即为《视听》，其中所说"务于多闻""察微形，听细声"③，包含关注多方面信息的意思，自然也包括军事情报的收集。《孙子·军争》写道："《军政》曰：

---

① 克劳塞维茨：《战争论》第2卷，中国人民解放军军事科学院译，解放军出版社1964年版，第622—623页。
② 曹操等注，郭化若译：《十一家注孙子》，中华书局1962年版，第93页。
③ 王瑞功主编：《诸葛亮研究集成》，齐鲁书社1997年版，第336—337页。

'言不相闻，故为金鼓；视不相见，故为旌旗。'夫金鼓旌旗者，所以一人之耳目也。"杜佑注："听其音声，以为耳候。""瞻其指挥，以为目候。"①所谓"耳候""目候"体现的军中信息及时、准确的传递，意义同样重要。《说文·人部》："候，司望也。"②银雀山汉简《孙膑兵法·陈忌问垒》："去守五里置候。"③《后汉书》卷一下《光武帝纪下》："遣骠骑大将军杜茂将众郡施刑屯北边，筑亭候，修烽燧。"李贤注："亭候，伺候望敌之所。""《前书音义》曰：'边方备警急，作高土台，台上作桔皋，桔皋头有兜零，以薪草置其中，常低之，有寇即燃火举之，以相告，曰烽。又多积薪，寇至即燔之，望其烟，曰燧。昼则燔燧，夜乃举烽。'"④《后汉书》卷二二《杜茂传》："因发边卒筑亭候，修烽火"⑤。《后汉书》卷八九《南匈奴列传》："增缘边兵郡数千人，大筑亭候，修烽火。"⑥以上这些都说"亭候"作为"伺候望敌之所"，使用"烽燧""烽火"传递信息。

二、秦"燔燧"制度

《墨子·号令》曾经说到军事情报信息传递的特殊方式："出候无过十里，居高便所树表，表三人守之，比至城者三表，与城上烽燧相望，昼则举烽，夜则举火。"⑦又《墨子·杂守》："寇烽、惊烽、乱烽，传火以次应之，至主国止，其事急者引而上下之。烽火以举，辄五鼓传，又以火属之，言寇所从来者少多，旦弆还，去来属次烽勿罢。望见寇，举一烽；入境，举二烽；射妻，举三烽一蓝；郭会，举四烽二蓝；城会，举五烽五蓝；夜以火，如此数。

---

① 曹操等注，郭化若译：《十一家注孙子》，中华书局1962年版，第1173页。
② 段玉裁注："'司'，各本作'伺'。非，今正。'司'者，今之'伺'字也。""按凡觇伺皆曰'候'。"〔汉〕许慎撰，〔清〕段玉裁注：《说文解字注》，上海古籍出版社据经韵楼藏本1981年影印版，第374页。
③ 〔春秋〕孙武著，李兴斌、邵斌注译：《孙膑兵法新译》，齐鲁书社2002年版，第22页。
④ 《后汉书》，第60页。
⑤ 《后汉书》，第777页。
⑥ 《后汉书》，第2940页。
⑦ 〔清〕孙诒让著，孙以楷点校：《墨子间诂》，中华书局1986年版，第564页。

守烽者事急。"① 秦人对于《墨子》学说多有采用，推想秦防卫体系中"烽燧"建设及"举烽""举火"实践可能与《墨子》设计有一定关联，应当是有合理性的。

战国时期使用烽燧备边的史例，有《史记》卷八一《廉颇蔺相如列传》："李牧者，赵之北边良将也。常居代雁门，备匈奴。""习射骑，谨烽火，……匈奴每入，烽火谨，辄入收保，不敢战。如是数岁，亦不亡失。"② 和燕赵同样"筑长城以拒胡"③ 的秦人，无疑也在防务制度中设置了烽火系统。

在秦文物遗存所见秦国调兵所用虎符铭文中，可以看到"燔燧"字样。如杜虎符：

> 兵甲之符，右在君，左在杜。凡用兵兴士被甲五十
> 人以上，必会君符，乃敢行之。燔燧之事，虽毋会符，
> 行殹。

又如新郪虎符：

> 甲兵之符，右在君，左在新郪。凡用兵兴士被甲五十
> 人以上，必会君符，乃敢行之。燔燧之事，虽毋会符，行殹。

都说通常调兵50人以上，"必会君符，乃敢行之"，然而"燔燧之事，虽毋会符，行殹"。可见燔燧及时通报紧急军情的意义。据陈直考证，这两件"秦兵甲之符""当为始皇八年以前之物"。④ 可见秦以燔燧传递军事情报的制度早已成熟。

三、秦直道烽燧遗址考察

史念海1975年发表了对秦始皇直道进行考察的收获。⑤ 此后，

---

① 〔清〕孙诒让著，孙以楷点校：《墨子间诂》，中华书局1986年版，第574—576页。
② 《史记》，第2449页。
③ 《史记》卷一一〇《匈奴列传》，第2885页。
④ 陈直：《秦兵甲之符考》，见《文史考古论丛》，天津古籍出版社1988年版，第310页。
⑤ 史念海：《秦始皇直道遗迹的探索》，载《陕西师大学报》（哲学社会科学版）1975年第3期，又载《文物》1975年第10期，收入《河山集》四集，陕西师范大学出版社1991年版。

多有学者进行秦直道的实地调查和研究[①]，虽然论点尚有分歧[②]，但多方面考察工作的收获，持续推进秦直道研究的学术意义依然是应当肯定的。

考古工作者沿秦直道或于秦直道左近地方发现了密集的烽燧遗址。这些遗址构成了体系完备的传送军事情报和战争信息的通信设施。这种通信建设大体也属于秦直道交通系统，可以在北部边疆和最高指挥中心之间迅速传递情报信息。

笔者1990年参与陕西省考古研究所组织的秦直道考察，同行有焦南峰研究员、张在明研究员、周苏平教授。我们在子午岭上的刘家店林场看到有一座主要用以监测林区火情的瞭望台，修建在秦汉烽燧遗址上，四坡及附近的地面有明显的秦汉建筑材料残件分布。从刘家店到雕岭关的路段，道路两侧依地势每隔相当距离就有一烽燧遗址存在。史念海当年考察时虽然没有专门就烽燧遗址发表调查记录，但是他在论文中写道："登上子午岭主脉路旁的制高点，极目远望，但见群峰起伏，如条条游龙分趋各方，苍翠松柏与云霞相映。"[③] 实际上已经明确说到了登临烽燧遗址时的感受。

站在古烽燧当时所据制高点上，可以看到子午岭纵贯南北，形势雄壮，左右两侧，百山纵会，深谷之间，川流如线。依据这样的地形优势，烽火传递可以取得良好的视觉效应，从而增益军情上达和军令下传的效率。

在子午岭上，沿直道利用自然高地修筑的烽燧遗址形成了相次传递军事消息的通信系统。据文物工作者记录，黑麻湾林业站

[①]《画家靳之林徒步三千里考察秦始皇直道》，载《光明日报》1984年8月19日；王开：《"秦直道"新探》，载《西北史地》1987年第2期；贺清海、王开：《毛乌素沙漠中秦汉"直道"遗迹探寻》，载《西北史地》1988年第2期；孙相武：《秦直道调查记》，载《文博》1988年第4期；延安地区文物普查队：《延安境内秦直道调查报告之一》，载《考古与文物》1989年第1期；《陕西交通史志通讯》1986年第5期还曾刊出《秦直道实地考察专辑》。

[②] 吕卓民：《秦直道歧义辨析》，载《中国历史地理论丛》1990年第1辑。

[③] 史念海：《秦始皇直道遗迹的探索》，载《陕西师大学报》1975年第3期，《文物》1975年第10期，收入《河山集》四集，陕西师范大学出版社1991年版。

图27　旬邑子午岭秦直道烽燧遗址

附近的烽燧遗址，"位于秦直道东侧的子午岭山梁上，夯筑圆台，底径8米，残高4米，夯层厚7～9厘米。附近散布绳纹砖、瓦及陶器残片"[①]。考察者在烽燧遗址之外，还发现了当时的居住遗址。

这样的烽燧遗址相隔一定距离就有一处，形制大致相同，有同样规模的夯土台，以及散落在附近的秦砖汉瓦。据陕西文物工作者总结，直道在陕西境内遗迹总长498公里，沿途发现秦汉时期的行宫、城址、兵站、关隘、烽燧等遗址及墓葬一共有近60处。[②]《中国文物地图集·陕西分册》著录的旬邑石门关遗址、两女寨遗址、黑麻湾烽燧遗址、雕岭关遗址、转角烽燧遗址、土窑烽燧遗址；黄陵艾蒿店烽燧遗址、五里墩烽燧遗址、五里墩东烽燧遗址、五里墩西烽燧遗址、老芦堡烽燧遗址、桂花烽燧遗址、兴隆关烽燧遗址；富县寨子山烽燧遗址、五里铺烽燧遗址；志丹白杨树湾烽燧遗址、白草湾烽燧遗址、柠条湾烽燧遗址、杨崖根烽燧遗址；

---

① 国家文物局主编：《中国文物地图集·陕西分册》下册，西安地图出版社1998年版，第415页。

② 国家文物局主编：《中国文物地图集·陕西分册》上册，西安地图出版社1998年版，第116页。

安塞堡山烽燧遗址、东里畔烽燧遗址、贺庄烽燧遗址、阳山梁烽燧遗址、高山峁烽燧遗址、新庄烽燧遗址、宋家坬烽燧遗址等[①]，都保留有显著的痕迹。

据甘肃省文物工作者考察，"在甘肃庆阳地区境内长达 290 公里的秦直道沿线上，保存着大量的烽燧，经徒步认真调查，至今尚留有 126 座。这些烽燧多数建在直道沿线两侧的群山之巅，视野开阔；也有的建在直道大转弯的山峁上和垭口两端，互相对应，遥相了望。由此可知，古人修建烽燧时，对其所在地理位置是经过周密勘察的，每烽选址都是严谨审慎的"。

秦直道烽燧与汉代和明代长城烽燧有明显的区别：（1）均以黄土夯筑而成，不用土坯垒筑，也不夹植物骨胎；（2）造型全部为圆形；（3）烽顶未发现女墙或掩体设置，守护士兵住宿处另建他处；（4）未见积薪。烽燧遗址现存高度为 11 米者 1 处，即黄蒿地畔烽燧，9 米者有 3 处，即涧水坡岭障城、林沟障城、南湾四号烽燧。又白马崾岘烽燧记录高度 25 米，底周 30 米[②]，疑数据有误。这里说到的 126 座直道烽燧，由于对直道线路走向的认识存在分歧，有些可能不能为多数学者认可。

有的研究者总结直道附近所见烽燧遗址，称之为"五里一墩"。据说从黄毛塔下到沈家园子一段，每隔 2.5 公里左右就有一处烽燧遗址。其中尤以李家塔北 5 公里处的烽燧遗址最为完整，其高 9 米，底周长 24 米。[③] 对于秦直道沿线这些烽燧遗址，史念海认为："如果不是出于后世之手，可能还是有来历的。战国末年，秦昭襄王为了防御匈奴，曾在陇西、北地、上郡筑长城。""事实上，横山山脉上的与秦昭襄王长城有关的烽火台还不限于这几处，其他地方也还是有所发现的。""如果这几处烽火台确非后世的建筑，

---

① 国家文物局主编：《中国文物地图集·陕西分册》下册，西安地图出版社 1998 年版，第 415、894、906、934、789 页。
② 甘肃省文物局：《秦直道考察》，兰州大学出版社 1996 年版，第 64—75 页。
③ 孙相武：《秦直道调查记》，载《文博》1988 年第 4 期。

其始建年代当在秦昭襄王之时。"①如果事实确如史念海所说,"这几处烽火台确非后世的建筑,其始建年代当在秦昭襄王之时",则同样与本节讨论的主题相关。②

四、直道的"亭"与相关设置

直道其他有关遗迹,有的调查者还发现,"现存古代窑洞近百孔",而且"地面遗存大量粗、细绳纹板、筒瓦残片",于是又推测道:"这里可能是当年军营及辎重仓库,或为过往军旅驿站。"③有的调查者则称之为"兵站"。④

司马迁关于直道有这样的文字记录:"吾适北边,自直道归,行观蒙恬所为秦筑长城亭障,堑山堙谷,通直道,固轻百姓力矣。"⑤

直道的这种军事建筑遗址,其总体结构中,是否也包括当时的"亭障"呢?

我们可以参考汉代"长城亭障"的形制理解秦直道沿线的军事建筑遗存。

汉代西北边塞工程多有亭障。这种亭障,当与前说亭候有关,既是防卫系统,也是军事通信系统。

《史记》卷一二三《大宛列传》司马贞《索隐》述赞说到西域的开发:"大宛之迹,元因博望。始究河源,旋窥海上。条枝西入,天马内向。葱岭无尘,盐池息浪。旷哉绝域,往往亭障。"而司马迁的记述是:"敦煌置酒泉都尉;西至盐水,往往有亭。而仑头有田卒数百人,因置使者护田积粟,以给使外国者。"⑥《汉书》卷九六下《西域传下》也说:"益垦溉田,稍筑列亭,连城而西,

---

① 史念海:《直道和甘泉宫遗迹质疑》,载《中国历史地理论丛》1988年第3辑,收入《河山集》四集,陕西师范大学出版社1991年版。
② 王子今:《试说秦烽燧——以直道军事通信系统为中心》,载《文博》2004年第2期。
③ 甘肃省文物局:《秦直道考察》,兰州大学出版社1996年版,第10页。
④ 孙相武:《秦直道调查记》,载《文博》1988年第4期。
⑤ 《史记》卷八八《蒙恬列传》,第2570页。
⑥ 《史记》,第3181、3179页。

以威西国"①。这里所说的"亭",虽然有军事意义,但是主要作用不是防卫,而是为交通通信服务。《史记》卷三〇《平准书》曾经记载,汉武帝有新秦中之行,"北出萧关,从数万骑,猎新秦中,以勒边兵而归。新秦中或千里无亭徼,于是诛北地太守以下"。关于所谓"无亭徼",裴骃《集解》引瓒曰:"既无亭候,又不徼循,无卫边之备也。"②

所谓"新秦中或千里无亭徼",是说整个地区防卫系统和通信系统未能完备。这里所说的通信系统,其中包括军事通信,也包括一般行政通信。这一地区因人口稀少,通信效能较为低下是势所必然的。张家山汉简《田律》说"上郡地恶",体现了此地总体自然形势和人文形势的落后。张家山汉简《行书律》又可见有关置邮的内容。据整理小组释文:

十里置一邮。南郡江水以南,至索(?)南水,廿里一邮。(二六四)

……北地、上、陇西,卅里一邮;地险陕不可邮者,(二六六)

得进退就便处。……(二六七)

通常"十里置一邮","廿里一邮",而北地郡、上郡、陇西郡,则"卅里一邮"。"邮"设置的密度,或许反映了常规驿行方式如步递、水驿以及使用传马的不同,然而也很自然地使人联想到,这一情形,很可能也与人口的密度有密切关系。上郡"卅里一邮",且颇有"地险陕不可邮者",居民的稀少和交通的"险陕",也可以看作"上郡地恶"说的注脚。③

在这样的认识基点上,我们对直道沿线的军事通信系统的重要性,或许可以有更为准确、切实的理解。

有关边地通信系统和防卫系统的关系,《汉书》卷九四上《匈

---

① 《汉书》,第3912页。
② 《史记》,第1438页。
③ 王子今:《说"上郡地恶"——张家山汉简〈二年律令〉研读札记》,见《陕西历史博物馆馆刊》第10辑,三秦出版社2003年版。

奴传上》的记载可能更为明确："汉使光禄徐自为出五原塞数百里，远者千里，筑城障列亭至卢朐"①。"障"和"亭"，可能属于不同的系统，有不同的作用。"亭"，或许更侧重于交通通信。

陕西省考古研究所1990年8月组织的秦直道淳化、旬邑段徒步考察，在旬邑转角秦墓发现了"泥亭"瓦文。②"泥亭"应与"泥水"有关③，是秦汉时期直道左近的亭。

五、秦烽燧史渊源

汉代西北边防的重要军事通信方式之一，是以烽火传递警备信号。专职传递这一信号的设施，是烽燧。敦煌汉简有"●敦煌郡蓬火品约"，居延汉简有"塞上蓬火品约"，都规定了相应的发布军事警报的方式。汉代烽火示警的方式，据学者研究，大约有蓬、表、烟、苣火、积薪五类。每一类又可以区分为不同的形式。蓬，是用草编或在木框架上蒙覆布帛的笼形物，表是用布帛制作的旗帜，烟是烟灶高囱所生的烟柱，这些都是白昼使用的信号方式。夜间使用苣火，即举燃苇束火把。积薪为巨大的草垛，白昼点燃，以其浓烟发布信息，夜间则以大火示警。据说烽燧间还使用鼓声传递警报。④这种军事通信形式，很可能继承了秦时制度。

---

① 《汉书》，第3776页。
② 考察队成员有焦南峰、张在明、周苏平、王子今。
③ 史念海讨论泾渭清浊问题时指出，森林植被的破坏导致了水土流失，"农业人口的大批迁来，对林木的需要就完全不同。……泾河上源出自六盘山东麓，马连河傍着子午岭南流，六盘山和子午岭就成了理所当然的伐木地区。森林被大量砍伐，自然会加速水土流失的发展。子午岭北段为土山，土壤侵蚀更为严重。追溯马连河最早的旧名，就可看出它的严重性。马连河在秦汉时期叫做泥水，就显示出河中含有大量的泥沙。……泥水名称的肇始正说明子午岭上的森林遭到严重破坏。水土大量流失，遂使这条河流蒙受了泥水的名称"。《论泾渭清浊的变迁》，《河山集》二集，人民出版社1981年版。
④ 罗振玉、王国维：《流沙坠简》，中华书局1993年版，第139页；陈梦家：《汉代烽燧制度》，见《汉简缀述》，中华书局1980年版，第174页；劳榦：《居延汉简考释》，"中央研究院"历史语言研究所1943年版，第347、345页；吴礽骧：《汉代蓬火制度探索》，见《汉简研究文集》，甘肃人民出版社1984年版，第242页；徐苹芳：《居延、敦煌发现的〈塞上蓬火品约〉——兼释汉代的蓬火制度》，载《考古》1979年第5期；初师宾：《居延烽火考述——兼论古代烽号的演变》，见《汉简研究文集》，甘肃人民出版社1984年版，第355—356页。

虽然有关古代烽燧制度的资料大多集中于北边特别是河西地区，但是关中地区很早就曾经使用了这一制度。

《史记》卷四《周本纪》记载了周王朝"为燧燧大鼓"的军事通信方式：

> 褒姒不好笑，幽王欲其笑万方，故不笑。幽王为烽燧大鼓，有寇至则举烽火。诸侯悉至，至而无寇，褒姒乃大笑。幽王说之，为数举烽火。其后不信，诸侯益亦不至。

这就是著名的"烽火戏诸侯"的故事。对于这一记载，张守节《正义》的解释是："峰遂二音。昼日燃烽以望火烟，夜举燧以望火光也。烽，土鲁也。燧，炬火也。皆山上安之，有寇举之。"① 所谓"皆山上安之"，正与秦直道烽燧设置的情形相合。而前引秦兵甲之符所见"燔燧"事，也是战国时期秦地实行同样制度的实例。

秦时关中地区使用烽火的例证，还有《史记》卷二八《封禅书》记载的史例："秦以冬十月为岁首，故常以十月上宿郊见，通权火"。裴骃《集解》："张晏曰：'权火，烽火也，状若井絜皋矣。其法类称，故谓之权。欲令光明远照通祀所也。汉祠五畤于雍，五里一烽火。'"② "权火"就是"烽火"，其举火形式类似井上桔槔。正如前引资料所说"台上作桔皋，桔皋头有兜零，以薪草置其中，常低之，有寇即燃火举之，以相告"。所谓"五里一烽火"，大致和秦直道烽燧设置的情形相当。

根据对古代道路的考古调查收获，"在永寿—彬县—长武一线，遗有烽燧10座，属秦汉时期关中通往西北干线上的通讯设施"。研究者还告诉我们，"直道东侧的子长和直道起点以南的淳化南部、泾阳等地，也发现了可连成一线的道路遗迹、烽燧及故城，应是直道的支线所在"③。这一发现也值得特别注意。

---

① 《史记》，第148—149页。
② 《史记》，第1377页。
③ 国家文物局主编：《中国文物地图集·陕西分册》上册，西安地图出版社1998年版，第116—117页。

如果进行认真的考察，秦直道沿线的烽燧遗址，还可以提供反映这一制度历史源流的其他比较具体的考古资料。

分析古代烽火传送系统的结构，其往往和长城呈垂直交叉的形势。例如《中国文物地图集·陕西分册》体现的明代长城和烽火台的普查结果，就说明了这一事实。秦直道和秦长城的位置关系，恰恰正是这样的形势。前引史念海所说烽燧遗址与秦昭襄王长城的关系，也是值得我们重视的意见。

唐人李白《塞下曲》写道："烽火动沙漠，连照甘泉云。汉皇按剑起，还召李将军。兵气天上合，鼓声陇底闻。横行负勇气，一战净妖氛。"这里所说的"烽火动沙漠，连照甘泉云"，典出《史记》卷一一〇《匈奴列传》，司马迁记述：

> 军臣单于立四岁，匈奴复绝和亲，大入上郡、云中各三万骑，所杀略甚众而去。于是汉使三将军军屯北地，代屯句注，赵屯飞狐口，缘边亦各坚守以备胡寇。又置三将军，军长安西细柳、渭北棘门、霸上以备胡。胡骑入代句注边，烽火通于甘泉、长安。

事在汉文帝时代。所谓"烽火通于甘泉、长安"，应当就是利用了直道的军事通信系统，将匈奴入侵的信息传递到了直道南端的甘泉宫，再进而使都城长安得到警报。《后汉书》卷八九《南匈奴列传》论曰："候列郊甸，火通甘泉。"李贤注："列置候兵于近郊畿，天子在甘泉宫，而烽火时到甘泉宫也。"也说烽火传递军事信息至于甘泉宫事。所谓"火通甘泉"，自然也是经由直道军事通信系统。

看来，直道沿线烽燧设置的完备，使得直到汉文帝时代依然能够保证军情传递维持较高的效率。

《汉书》卷五二《韩安国传》说，秦时蒙恬开拓北边，"辟数千里，以河为竟，累石为城，树榆为塞，匈奴不敢饮马于河，置烽燧然后敢牧马"①。可见匈奴也实行烽燧制度。② 如果我们推测匈奴"置烽燧"是借鉴于蒙恬健全长城防务时设立的烽燧通信制度，或许是符合历史真实的。

六、烽燧信号攻守兼用的意义

烽燧系统不仅用于防御，在战争中也可以为调动部队指示攻击目标发挥积极的作用。

《艺文类聚》卷二七引刘歆《遂初赋》写道："望亭燧之皦皦，飞旗帜之翩翩。"③ 此所谓"旗帜"，是亭上之表。司马相如《喻告巴蜀民檄》："夫边郡之士，闻烽举燧燔，皆摄弓而驰，荷兵而走，流汗相属，唯恐居后，触白刃，冒流矢，义不反顾，计不旋踵，人怀怒心，如报私仇。"④ 烽燧不仅警报敌情，也可以激励士气，以信息传递之急疾，迅速调动军民进入紧急状态。《续汉书·百官志五》刘昭《注补》引《汉官仪》："边郡太守各将万骑，行鄣塞烽火追虏。"⑤说明烽燧信号可用以指示敌情，也可以调动部队。

秦时直道军事通信系统，也应当具备这样的功能。⑥

---

① 《汉书》，第2401页。
② 《史记》卷一一〇《匈奴列传》："汉孝文皇帝十四年，匈奴单于十四万骑入朝遭、萧关，杀北地都尉卬，虏人民畜产甚多，遂至彭阳。使奇兵入烧回中宫，候骑至雍甘泉。"司马贞《索隐》："崔浩云：'候，逻骑。'"第2901页。匈奴"候骑至雍甘泉"，很可能部分利用了直道的交通条件。"候骑"，作为与"烽燧"不同的另一种信息传递形式，汉地军队也有应用。如《后汉书》卷一上《光武帝纪上》关于昆阳之战情形，有"会候骑还，言大兵且至城北，军陈数百里，不见其后"的记述。第6页。又《三国志》卷三二《蜀书·先主传》裴松之注引《魏书》："备初谓公与大敌连，不得东，而候骑卒至，言曹公自来。"第875页。居延汉简也可见"肩水斥候骑士"（303.23，303.31）简文。
③ 〔唐〕欧阳询撰，汪绍楹校：《艺文类聚》，上海古籍出版社1965年版，第135页。
④ 《史记》卷一一七《司马相如列传》，第3045页。
⑤ 《后汉书》，第3623页。
⑥ 王子今：《试说秦烽燧——以直道军事通信系统为中心》，载《文博》2004年第2期。

直道的通行条件

目前尚不能明确直道的规划是否有更深层的文化动机，但是从直道的实用价值看，它首先是联系北边和秦王朝中枢所在的最便利的军事交通路线。通过历史文献的记录与考古工作的收获，可以了解秦始皇直道的通行条件。

一、经行帝王乘舆史例

《史记》卷八八《蒙恬列传》说："始皇欲游天下，道九原，直抵甘泉，乃使蒙恬通道，自九原抵甘泉，堑山堙谷，千八百里。道未就。"[①] 虽然说"道未就"，但是秦始皇去世后，"棺载辒凉车中"，护拥着秦始皇尸身的车队，就是经由直道返回咸阳的。《史记》卷六《秦始皇本纪》写道：

> 七月丙寅，始皇崩于沙丘平台。丞相斯为上崩在外，恐诸公子及天下有变，乃秘之，不发丧。棺载辒凉车中，故幸宦者参乘，所至上食。百官奏事如故，宦者辄从辒凉车中可其奏事。独子胡亥、赵高及所幸宦者五六人知上死。赵高故尝教胡亥书及狱律令法事，胡亥私幸之。高乃与公子胡亥、丞相斯阴谋破去始皇所封书赐公子扶苏者，而更诈为丞相斯受始皇遗诏沙丘，立子胡亥为太子。

---

① 《史记》，第 2566—2567 页。

> 更为书赐公子扶苏、蒙恬，数以罪，（其）赐死。……行，遂从井陉抵九原。会暑，上辒车臭，乃诏从官令车载一石鲍鱼，以乱其臭。行从直道至咸阳，发丧。①

按照《史记》的记述，赵高和李斯假借秦始皇名义，逼死将军蒙恬和本来应当继承帝位的公子扶苏。② 当这支一路散发出政治阴谋的腐恶气息的车队回到咸阳之后，秦二世胡亥正式继位。这正是秦始皇去世之后的第 72 天。

也就是说，直道当时已经具备通行帝王乘舆的交通条件。

秦二世胡亥仿效秦始皇，也有以形成政治威望为目的的出巡实践。《史记》卷六《秦始皇本纪》：

> 二世与赵高谋曰："朕年少，初即位，黔首未集附。先帝巡行郡县，以示强，威服海内。今晏然不巡行，即见弱，毋以臣畜天下。"③

其出行路线，据说东至海滨，又沿海岸南下，再北行，"遂至辽东而还"，最后"还至咸阳"。④ 取"咸阳→碣石→泰山→之罘→琅邪→朐→会稽→辽东→咸阳"的路线。⑤

秦二世最终由辽东至咸阳的行程，不能确定其行进路线。从模仿"先帝巡行郡县，以示强，威服海内"的出行动机考虑，不能完全排除经由直道的可能。

后来汉文帝很可能曾经行历直道局部路段。⑥ 汉武帝多次经行直道，其行迹因司马迁的记录得以在历史文献中有所存留。

二、"峻阪"征服

《史记》卷六《秦始皇本纪》和卷八八《蒙恬列传》关于直

---

① 《史记》，第 264—265 页。
② 据北京大学藏西汉简《赵正书》，胡亥作为即位人选，经秦始皇择定，是合法的。
③ 《史记》，第 267 页。
④ 《史记》，第 267—268 页。
⑤ 王子今：《秦二世元年东巡史事考略》，见《秦文化论丛》第 3 辑，西北大学出版社 1994 年版。
⑥ 王子今：《论汉文帝三年太原之行》，载《晋阳学刊》2005 年第 4 期。

图28 秦直道遗存（张在明）

图29 南桂花秦直道"堙谷"形势

道修筑之所谓"堑山堙谷"，记录了工程的异常艰巨。考察直道遗迹，可以看到许多路段确实有堑山堙谷的痕迹。堙谷的路段，有清晰的夯层。承陕西省考古研究院张在明研究员的指引和提示，南桂花地方的堙谷形势甚为鲜明。

堑山堙谷的意义，是为了减小道路的坡度，以便利通行。我们知道，秦代车辆即使如秦始皇陵铜车马那样体现当时制车技术顶峰的车型，也是不具备有效的制动装置的。如果道路坡度过大，不仅限制上坡的通行效率，也不能保证下坡的行车安全。

汉文帝欲自霸陵"峻阪"驰下，为袁盎劝阻的故事，可以帮助我们增进对于坡道驰车安全问题的理解。《史记》卷一〇一《袁盎晁错列传》：

> 文帝从霸陵上，欲西驰下峻阪。袁盎骑，并车擥辔。上曰："将军怯邪？"盎曰："臣闻千金之子坐不垂堂，百金之子不骑衡，圣主不乘危而徼幸。今陛下骋六騑，驰下峻山，如有马惊车败，陛下纵自轻，奈高庙、太后何？"上乃止。①

所谓"今陛下骋六騑"，裴骃《集解》："如淳曰：'六马之疾若飞。'"

袁盎事迹中"驰下峻阪""驰下峻山"情形，因"堑山堙谷"的高难度、高成本施工，应当得以有效防范。"马惊车败"的危险，也应当得以成功避免。

三、贾山"驰道"说的参照意义

我们关于秦驰道建设中涉及道路形制的基本信息，应当都来自贾山的追述。《汉书》卷五一《贾山传》：

> 为驰道于天下，东穷燕齐，南极吴楚，江湖之上，濒海之观毕至。道广五十步，三丈而树，厚筑其外，隐以金椎，树以青松。为驰道之丽至于此，使其后世曾不得邪径而托足焉。②

直道并不是驰道。《史记》卷八七《李斯列传》言秦二世时形势："法令诛罚日益刻深，群臣人人自危，欲畔者众。又作阿房之宫，治直道、驰道，赋敛愈重，戍徭无已。"③我们通过"直道、驰道"并说的情形，可以明白这一事实。正如《史记会注考证附校补》引曾国藩曰："《始皇纪》：二十七年，'治驰道。'《六国表》：

---

① 《史记》，第 2740 页。
② 《汉书》，第 2328 页。
③ 《史记》，第 2553 页。

图30 马莲沟秦直道（张在明）　　　　　　　图31 麦秸沟秦直道（张在明）

三十五年，'为直道，道九原，通甘泉。'直道与驰道不同也。"①但是，由于直道和驰道都是高等级的交通道路，我们依然可以参照贾山有关驰道的论说，理解直道的形制。

秦直道的规模，应当不逊于一般的驰道。以秦代尺度计算，"道广五十步"，相当于69.3米。②也就是说，秦直道的规划宽度，应当大致与此接近。

据考古学者、交通史学者和历史地理学者多次实地考察，在子午岭山脊以及陕西富县、甘泉一带现今地面上可以看到的秦直道遗迹，其保留宽度很多路段都大略与此相当。

---

① 〔汉〕司马迁撰，〔日〕泷川资言考证，〔日〕水泽利忠校补：《史记会注考证附校补》，上海古籍出版社1986年版，第1588页。
② 据丘光明《中国历代度量衡考》，战国尺度1尺为23.1厘米。"西汉和新莽每尺平均长为23.2和23.09厘米"，"考虑到数据的一惯性，故厘定为23.1厘米"。科学出版社1992年版，第11、55页。

说"圣人道""圣人条"

陕西、甘肃方志文献中所见"圣人道""圣人条",作为重要的交通地理符号,明确指代南北交通要道。至于其开通和使用的年代,则有"不知何代"的疑惑。亦有开筑者为秦始皇与赫连勃勃两种说法。有的学者认定"圣人条"名号指示的古道为秦始皇直道的年代判断,史念海曾经予以否定。其实,如果充分注意方志载录更多的有关"圣人道""圣人条"即"秦始皇筑长城开运粮道","秦始皇令蒙恬所开者"的信息,就此或可再做思考。现在看来,明清及民国纂修涉及安塞、庆阳、合水、鄜州等地古代交通的方志资料中"圣人道""圣人条"为秦始皇时代开筑的说法,是有一定可信度的。方志史料所见"迄今坦然周行"等说法,符合诸多地方考察实况,也值得我们重视。

对方志文献所见"圣人道""圣人条"进行考察和说明,应当有助于秦始皇直道研究的深入。

一、"圣人条":不知何代为何而传

陕西、甘肃方志资料中出现有关名号为"圣人条"的古代道路的历史记录,值得交通史研究者关注。如康熙《鄜州志》卷一《古迹》可见有关"圣人条"的文字:

圣人条。从山岭修成大路，可并行二三两车，遇险阻则转折岖诞通去。自西塞外来，经庆阳入鄜境。至西安嵯峨山而尽。不知何代为何而传。①

　　这段记述，所谓"可并行二三两车，遇险阻则转折岖诞通去"的情形，与陕西淳化、旬邑考察所见秦始皇直道的形制相同。

　　虽然编纂者说"不知何代为何而传"，并未与秦始皇直道相联系，但是所谓"从山岭修成大路"的路基利用方式，与陕西淳化、旬邑、黄陵等地发现的沿子午岭山脊修筑的秦始皇直道路段，是基本一致的。可以称作秦始皇直道南段的这些遗存的修筑年代判定，学界基本没有疑议。

　　此外，所谓"自西塞外来，经庆阳入鄜境"，以及"至西安嵯峨山而尽"的走向，正与秦始皇直道相同。有意思的是，编纂者"至西安嵯峨山而尽"的措辞，亦符合司马迁对秦始皇直道起始的记述。②而后世有关秦始皇直道起点的论说，往往与此不同。③

二、"圣人条"：秦始皇开运粮道处

　　方志史料所见"圣人条"者，有的编纂者明确指出即秦始皇直道的遗存。清顺治《安塞县志》卷一《地理志·古迹》有"圣人条"条，其中写道："圣人条。秦始皇望阴山，遇其地，驱十万众修之，堑山堙谷。迄今坦然周行。"④

　　所谓"堑山堙谷"，用司马迁《史记》语。⑤而"迄今坦然周

---

① 〔清〕顾耿臣修，任于峤纂：《鄜州志》八卷本，清康熙五年刻本。
② 《史记》卷六《秦始皇本纪》："（秦始皇）三十五年，除道，道九原抵云阳，堑山堙谷，直通之。"第256页。《史记》卷一五《六国年表》："（秦始皇）三十五年，为直道，道九原，通甘泉。"第758页。《史记》卷八八《蒙恬列传》："始皇欲游天下，道九原，直抵甘泉，乃使蒙恬通道，自九原抵甘泉，堑山堙谷，千八百里。道未就。"第2566—2567页。《史记》卷一一〇《匈奴列传》："秦灭六国，而始皇帝使蒙恬将十万之众北击胡，悉收河南地。因河为塞，筑四十四县城临河，徙适戍以充之。而通直道，自九原至云阳，因边山险堑溪谷可缮者治之，起临洮至辽东万余里。又度河据阳山北假中。"第2886页。
③ 王子今：《秦始皇直道起点辨正》，载《人文杂志》2017年第1期。
④ 〔清〕李暲修，郭指南纂：顺治《安塞县志》十本本，清乾隆九年钞本。
⑤ 《史记》卷六《秦始皇本纪》："堑山堙谷，直通之。"第256页。《史记》卷八八《蒙恬列传》："堑山堙谷，千八百里。"第2566—2567页。

图 32　富县车路梁秦直道遗存与现代道路

图 33　2013 年 8 月秦直道考察

行"的说法,也是符合实地考察获知的秦始皇直道许多路段的路况现状的。

清道光《鄜州志》卷一《鄜州·纪事》也说到"圣人条",以为营造通行之缘由,是"帝欲游天下","乃使蒙恬通道":

> 秦始皇三十五年,帝欲游天下,道九原,直抵甘泉,乃使蒙恬通道,自九原抵甘泉,堑山堙谷,千八百里。按:州西百余里有圣人条,宽阔可并行车三二两,蜿蜒转折,南通嵯峨,西达庆阳,疑即恬所开者。①

志文"秦始皇三十五年,帝欲游天下,道九原,直抵甘泉,乃使蒙恬通道,自九原抵甘泉,堑山堙谷,千八百里",用《史记》卷八八《蒙恬列传》"始皇欲游天下,道九原,直抵甘泉,乃使蒙恬通道,自九原抵甘泉,堑山堙谷,千八百里"语。②所谓"疑即恬所开者",提出了倾向性的意见,但是编纂者似乎以为尚未可确认。

王开经实地考察,据《鄜州志》等方志资料提供的信息,以为"圣人条"即富县境内保存完好的古代道路就是秦始皇直道。③这一认识为秦始皇直道研究的先驱、著名历史地理学者史念海著文批驳。④

三、"圣人道":赫连勃勃开此道

史念海指出,所谓"圣人条","始见于《太平寰宇记》。原来的名称本是圣人道,而非圣人条"。《太平寰宇记》卷三七《保安军》记载:

> 圣人道在军城东七里,从蕃界末裪家族来,经军界一百五里,入敷政县界,即赫连勃勃起自夏台入长安时,平山谷开此道,土人呼为"圣人道"。⑤

---

① 〔清〕谭瑀纂:道光《鄜州志》五卷本,清道光十三年刻本。
② 《史记》,第2566—2567页。
③ 王开:《"秦直道"新探》,载《西北史地》1987年第2期。
④ 史念海:《直道和甘泉宫遗迹质疑》,载《中国历史地理论丛》1988年第3辑。
⑤ 文渊阁《四库全书》本。

图34 桦树沟口发掘：秦直道车辙痕迹

图35 桦树沟口发掘：建筑遗存（右起：张宏彦、周苏平）

图36 桦树沟口发掘：秦汉建筑材料

图37 桦树沟口发掘：秦汉柱础

史念海写道："宋保安军即今志丹县。敷政县东北距唐延州一百五十里。[①]唐延州即今延安市。这个县也在清安塞县西南一百二十里。[②]清安塞县在今安塞县南沿河湾。夏台即唐宋时的夏州，也就是今靖边县北白城子，为赫连勃勃夏国的都城。《元和郡县图志》有夏太后城，和这条道路很有关系。""富县城西夏太后城的位置，显示出赫连勃勃所修筑的圣人道，就止于此地。赫连勃勃为其太后筑城，可以想见赫连勃勃修筑圣人道是为了他的母亲行路的安谧。赫连勃勃此次南征是为了争夺长安。他虽有

---

① 原注："《元和郡县图志》卷三《延州》。"
② 原注："嘉庆《大清一统志》卷二三四《延安府》。"

取胜的信心,但军情也是会随时有所变化的。他为太后筑城居守,圣人道也无必要再向前修筑。"①

关于"圣人道",其他方志资料也有所记述。如康熙《陕西通志》卷二七下《古迹·延安府保安县》:"圣人道 在城东七里。赫连勃勃起自夏台入长安,芟平山谷,开此道。"②采用这种说法的还有嘉庆《重修延安府志》卷九《古迹》"圣人道"条:"圣人道。在县东七里。赫连勃勃起自夏台入长安,芟平山谷,开此道。"③光绪《保安县志略》卷上《舆幅篇·沿革》:"赫连勃勃起朔方,首破秦三城以北诸戍,筑统万城,开通山谷,南取长安。今保安县东俗传'南北圣人道',即赫连出师路也。""艾蒿岭④,岭绵亘延庆两府间,横纵数百里外,南行为新家崾㟢,为圣人道⑤,赫连氏所开。"⑥民国《续修陕西通志稿》卷一三四《古迹四·延安府·保安》:"圣人道,在县东七里,赫连勃勃筑。"⑦

前引道光《鄜州志》卷一《鄜州·纪事》关于"圣人条"言"秦始皇三十五年,帝欲游天下,道九原,直抵甘泉,乃使蒙恬通道,自九原抵甘泉,堑山堙谷千八百里"。又说:"按:州西百余里有圣人条,宽阔可并行车三二两,蜿蜒转折,南通嵯峨,西达庆阳,疑即恬所开者。"此说倾向于"圣人条"即蒙恬"所开"秦始皇直道。然而同书卷一《古迹》"圣人条"条下,又说到"圣马道":

> 圣人条。州西子午岭。详《纪事》。又保安有圣马道,
> 在县东七里,云赫连勃勃起自夏台,入长安,芟平山谷,
> 开此道。⑧

圣马道也是自北而南的一条重要道路,"起自夏台,入长安"。

---

① 史念海:《直道和甘泉宫遗迹质疑》,载《中国历史地理论丛》1988年第3辑。
② 〔清〕王功成续纂,韩奕续修:康熙《陕西通志》三十二卷本,清康熙五十年刻本。
③ 〔清〕洪蕙纂修:嘉庆《重修延安府志》八十卷本,清嘉庆七年刻本。
④ 原注:"即子午岭之分名。"
⑤ 原注:"东走安塞甘泉。"
⑥ 〔清〕侯昌铭纂修:光绪《保安县志略》二卷本,钞本。
⑦ 〔民国〕宋伯鲁、吴廷锡纂修:民国《续修陕西通志稿》二百二十四卷本,民国二十三年铅印本。
⑧ 〔清〕谭瑀纂:道光《鄜州志》五卷本,清道光十三年刻本。

工程形式,"开此道","芟平山谷"。其形式与司马迁言蒙恬主持的秦始皇直道工程"堑山堙谷"似乎类同。

历史文献记载"赫连勃勃起自夏台,入长安"事,见于《晋书》卷一三〇《赫连勃勃载记》:"改元为凤翔。以叱干阿利领将作大匠,发岭北夷夏十万人,于朔方水北、黑水之南营起都城。勃勃自言:'朕方统一天下,君临万邦,可以统万为名。'""勃勃攻上邽,二旬克之"。"进攻阴密"。"(姚)泓将姚恢弃安定,奔于长安,安定人胡俨、华韬率户五万据安定,降于勃勃。""进攻泓将姚谌于雍城,谌奔长安。勃勃进师次郿城,泓遣其将姚绍来距,勃勃退如安定。""寻进据安定,姚泓岭北镇戍郡县悉降,勃勃于是尽有岭北之地。俄而刘裕灭泓,入于长安,遣使遗勃勃书,请通和好,约为兄弟。""既而勃勃还统万,裕留子义真镇长安而还。""(赫连勃勃)以子璝都督前锋诸军事,领抚军大将军,率骑二万南伐长安,前将军赫连昌屯兵潼关,以买德为抚军右长史,南断青泥,勃勃率大军继发。璝至渭阳,降者属路。义真遣龙骧将军沈田子率众逆战,不利而退,屯刘迴堡。田子与义真司马王镇恶不平,因镇恶出城,遂杀之。义真又杀田子。于是悉召外军入于城中,闭门距守。关中郡县悉降。璝夜袭长安,不克。勃勃进据咸阳,长安樵采路绝。刘裕闻之,大惧,乃召义真东镇洛阳,以朱龄石为雍州刺史,守长安。义真大掠而东,至于灞上,百姓遂逐龄石,而迎勃勃入于长安。"①按照《资治通鉴》的记载,413年,"夏王勃勃大赦,改元凤翔;以叱干阿利领将作大匠,发岭北夷、夏十万人筑都城与朔水北、黑水之南"。418年,"勃勃入长安"②。

在正史文献有关413年至418年五年的记录中,未见记述赫连勃勃经营自统万城至长安城的交通道路,即《太平寰宇记》"赫连勃勃起自夏台入长安时,平山谷开此道"的内容。

---

① 《晋书》,中华书局1974年版,第3205—3209页。
② 《资治通鉴》,第3658、3721页。

图38 雕岭关附近秦直道遗迹发现的秦瓦

以往有以为赫连勃勃营筑"圣人条"的说法，曾经影响对秦始皇直道走向的判断。以道光《鄜州志》为例，应当注意到这部志书的编纂者的表述是有分寸的。其明朗的意见，是推断"圣人条"可能为蒙恬"所开"，而"云赫连勃勃起自夏台，入长安，芟平山谷，开此道"，这里的"此道"，只是"保安""县东七里"的"圣马道"。

"圣人条"在"州西子午岭"，而"圣马道"在"保安""县东七里"。道光《鄜州志》卷一《古迹》"圣人条"条的记述对两者是予以明确区别的。

雍正《陕西通志》卷一〇《山川三·延安府宜川县》有"圣马沟"条，相关传说又年代稍晚："圣马沟。在县北九十里。相传有唐太宗乘马遗迹。《府志》。"[1]

看来"圣马沟"与"圣马道"应当无关。但是同一符号"圣马"，

---

[1] 雍正《陕西通志》一百卷本，文渊阁《四库全书》本。

在不同的地方同样用于地名，也许有相互接近的理念基础。①

四、"圣人道"与"石门山"及"雕岭"道路

有方志资料言"圣人道"与秦始皇直道"石门山""雕岭"等路段相关联者，明确非赫连勃勃开通的道路。

如明嘉靖《庆阳府志》卷二《山川·真宁县》在"石门山"及体现扶苏传说的"圣水泉"之后，记述"圣人道"：

> 石门山　在县东南八十里东流入三水县界。
>
> 圣水泉　在灵湫殿后。
>
> 圣人道　在县东九十里秦始皇开运粮道。②

此"圣人道"被明确判定为"秦始皇开运粮道"。又康熙《陕西通志》除前引卷二七下《古迹·延安府保安县》言"圣人道，在城东七里，赫连勃勃起自夏台入长安，芟平山谷，开此道"外，同书卷三《山川·庆阳府真宁县》又说"圣人道"即"秦筑""直达五原"的"驰道"：

> 雕岭　在县东五十里，上有秦筑驰道，俗名"圣人道"，直达五原。③

雕岭的空间方位，应与雕岭关相联系。雕岭关正在子午岭上，此圣人道应即没有疑议的秦始皇直道。

乾隆《甘肃通志》卷二二《古迹·庆阳府真宁县》记述"秦故道"，也说在"雕岭上"，同样"俗名'圣人道'"：

> 秦故道，在县东。《元和志》：在襄乐县东八十里子午山。始皇自九原抵云阳，即此道也。《县志》：在今县东九十里雕岭上，俗名"圣人道"。详见《宁州·子午山》。④

---

① 雍正《山西通志》卷五七《古迹一·霍州》："圣马迹。西南十五里。相传尉迟恭追太宗，跃马于此，两岸石上有马蹄遗迹。"文渊阁《四库全书》本。"圣马迹"与"圣马沟"同样，也与唐太宗事迹相关。
② 〔明〕傅学礼撰：嘉靖《庆阳府志》十卷本，明嘉靖三十六年刻增修本。
③ 〔清〕王功成续纂，韩奕续修：康熙《陕西通志》三十二卷本，清康熙五十年刻本。
④ 〔清〕许容撰：乾隆《甘肃通志》五十卷本，清文渊阁《四库全书》本。

图39　2013年8月秦直道考察

乾隆《新修庆阳府志》卷一一《古迹·宁州》也有大致相同的说法：

> 秦故道　在县东九十里。《元和志》：在襄乐县东八十里子午山。始皇自九原抵云阳，即此道也。《县志》：在雕岭上，俗名"圣人道"，秦以天子为圣，故名。①

这些文献记述，体现所谓"圣人道"未必为赫连勃勃修筑的认识。此"俗名'圣人道'"者即"秦故道"以及"始皇自九原抵云阳，即此道也"的说法，也符合考古学者和历史地理学者关于"子午山""雕岭"古道路年代及性质的判定。

---

① 〔清〕赵本植纂修：乾隆《新修庆阳府志》四十二卷本，清乾隆二十六年刻本。

五、"圣人条""圣人道"与"子午岭"

又有言"圣人条""自子午岭起"的记述,并且往往与"秦始皇筑长城,开运粮道"相联系。

清乾隆《新修庆阳府志》卷一一《古迹》"圣人条"条与"驰道"条,也有如下涉及庆阳古道与"秦始皇筑长城"及"蒙恬"事迹相关的内容:

> 圣人条。自子午岭起,南通潼关,北至划地。相传秦始皇筑长城,开运粮道处。
>
> 驰道。在县东百余里,相传蒙恬斩山堙谷,上通上郡,下达咸阳,即其地。①

所谓"秦始皇筑长城,开运粮道处",虽然说是"相传",却明显与秦始皇直道相关。而"驰道"条言"相传蒙恬斩山堙谷,上通上郡,下达咸阳,即其地",从工程主持人"蒙恬"及所谓"斩山堙谷"即"堑山堙谷",完全采用司马迁《史记》关于秦始皇直道工程的记述,因而是我们讨论直道史时不可以忽视的。

又清乾隆《合水县志》卷上《古迹》也有"圣人条"条和"驰道"条,内容与清乾隆《新修庆阳府志》卷一一《古迹》略同:

> 圣人条。自子午岭起,南通潼关,北至草地。相传秦始皇筑长城,开运粮道。秦以天子为圣人,故名。
>
> 驰道。县东百余里,相传蒙恬斩山堙谷,上通上郡,下达咸阳,即其地。②

又清光绪《合水县志》卷上《古迹》沿袭此说:

> 圣人条。自子午山起,南通潼关,北至草地。相传秦始皇筑长城运粮道。秦以天子为圣人,故名。
>
> 驰道。县东百余里,相传恬斩山烟谷③,上通上郡,下连咸阳,即其地。④

---

① 〔清〕赵本植纂修:乾隆《新修庆阳府志》四十二卷本,清乾隆二十六年刻本。
② 〔清〕陶奕曾撰:乾隆《合水县志》二卷本,清乾隆二十六年钞本。
③ "斩山烟谷",应即"堑山堙谷"。
④ 〔清〕佚名纂修:光绪《合水县志》二卷本,民国三十六年抄本。

其文字由来，明显据清乾隆《合水县志》卷上《古迹》及清乾隆《合水县志》卷上《古迹》。又乾隆《正宁县志》卷四《地理》：

> 秦故道 在县东九十里子午岭上。《通鉴》"秦始皇三十五年，使蒙恬除直道"，即此道也。《括地志》云：秦故道在庆州华池县西四十五里子午山上。《元和志》：襄乐县东八十里子午山，始皇自九原抵云阳，即此道。按庆州在今府治北门外，华池县在今合水县东一百二十里。襄乐县即汉襄洛县，属上郡。后魏徙置宁州，改为襄乐。今为襄乐镇。子午山则横峙数百里之间。是故道宜不独在正宁界内。而宁、安、合诸《志》俱不载。何耶？旧《志》云："一名'圣人道'。"盖奉以天子为圣人，故名。①

虽然引录旧《志》"一名'圣人道'"之说，却明确定名"秦故道"，判定"'秦始皇三十五年，使蒙恬除直道'，即此道也"。此所谓"秦故道"与"子午岭""子午山"的关系，是明朗的。

以为"圣人条"即"子午岭"秦始皇直道的，还有民国《续修陕西通志稿》卷一三四《古迹四·鄜州》"圣人条"条："圣人条。州西子午岭有道，名'圣人条'。盖始皇令蒙恬所开者。"②所谓"盖始皇令蒙恬所开者"，对修筑年代和工程组织者均发表了明确的判断。前引光绪《保安县志略》卷上《舆幅篇·沿革》："艾蒿岭（原注：即子午岭之分名），岭绵亘延庆两府间，横纵数百里外，南行为新家崾崄，为圣人道（原注：东走安塞甘泉），赫连氏所开。"虽然认定"圣人道"为"赫连氏所开"，但是指出所在"艾蒿岭""即子午岭之分名"。此言"赫连氏所开"之"圣人道"，其实所说古道路，应当就是得到多数历史地理学者和考古学者共同认可的子午岭秦始皇直道。

---

① 〔清〕折遇兰纂修：乾隆《正宁县志》十八卷本，清乾隆二十八年刻本。
② 〔民国〕宋伯鲁、吴廷锡纂修：民国《续修陕西通志稿》二百二十四卷本，民国二十三年铅印本。

六、关于"条"

"条",陕甘有些地方常常将其作为道路称谓。王开说,志丹境内"以条命名的村庄比比皆是,如安条[①]、杨条、李条、何条、周条、刘条、新胜条、胶泥条等,它们都是位于直道沿线的居民点"。他还写道:"古人称皇帝为'圣人',少数民族称道路为'条',圣人条即为皇帝所筑,使用的道路。"[②]地名用"条"字,很可能与古代道路遗存有关。而是否可以从少数民族语言中寻求语源,似乎还可以讨论。

地名用"条"字,由来甚早。著名古战场"鸣条",可以简称"条"。[③]《左传·桓公二年》:"晋穆侯之夫人姜氏以条之役生大子,命之曰仇。"杜预《集解》:"条,晋地。"[④]《史记》卷三九《晋世家》:"(穆侯)七年,伐条。"裴骃《集解》:"杜预曰:'条,晋地。'"[⑤]

"条"之字义,训为长[⑥],远[⑦],通[⑧],达[⑨],都可以与交通道路相联系。历史文献交通史记录中有直接使用"条达"的说法,如《战国策·魏策一》:"魏地方不至千里,卒不过三十万人。地四平,

---

[①] 今按:"安条"在志丹县永宁乡,与志丹"人窨子"秦汉建筑基址临近。《陕西省地图册》,西安地图出版社1988年版,第59页。

[②] 王开:《"秦直道"新探》,载《西北史地》1987年第2期。

[③] 《楚辞·天问》:"帝乃降观,下逢伊挚。何条放致罚,而黎服大说?"王逸注:"条,鸣条也。"〔宋〕洪兴祖撰,白化文、许德楠、李如鸾、方进点校:《楚辞补注》,中华书局1983年版,第105页。

[④] 《春秋左传集解》,上海人民出版社1977年版,第74页。

[⑤] 《史记》,第1637页。

[⑥] 《书·禹贡》:"厥草惟繇,厥木惟条。"孔安国传:"条,长也。"〔清〕阮元校刻:《十三经注疏》,中华书局1980年版,第147页。

[⑦] 《礼记·乐记》:"感条畅之气,而灭平和之德。"孔颖达疏:"条,远也。"〔清〕阮元校刻:《十三经注疏》,中华书局1980年版,第1535—1536页。

[⑧] 《文选》卷五一王褒《四子讲德论》:"进者乐其条畅。"李周翰注:"条畅,犹通达也。"〔梁〕萧统编,〔唐〕李善、吕延济、刘良、张铣、吕向、李周翰注:《六臣注文选》,中华书局据《四部丛刊》本1987年8月影印版,第961页。

[⑨] 《汉书》卷二一上《律历志上》:"靡不条鬯该成。"颜师古注:"条,达也。"第965—966页。《汉书》卷二二《礼乐志》:"声气远条凤鸟翔。"颜师古注:"条,达也。"第1058—1059页。

诸侯四通，条达辐凑，无有名山大川之阻。"①释"条"为"条直"的说法②，自然值得在直道史研究中参考。

然而也有以"条"名山脉的情形。"条"或指山梁。《汉书》卷二八上《地理志上》"左冯翊"条："褱德，《禹贡》北条荆山在南，下有强梁原。"③又《汉书》卷二八上《地理志上》"南郡"条："临沮，《禹贡》南条荆山在东北，漳水所出，……"④

《书·禹贡》"导岍及岐，至于荆山"，孔颖达疏的解说涉及《地理志》"北条荆山"和"南条荆山"："此'导岍'至'敷浅原'，旧说以为'三条'。《地理志》云：'《禹贡》北条荆山'在冯翊怀德县南；'南条荆山'在南郡临沮县东北。是旧有'三条'之说也。故马融、王肃皆为'三条'：导岍北条，西倾中条，嶓冢南条。郑玄以为四列：导岍为正阴列，西倾为次阴列，嶓冢为次阳列，岷山为正阳列。郑玄创为此说，孔亦当为'三条'也。"⑤山西名山"中条山"也简称"条山"。例如岑参有"虞坂临官舍，条山映吏人"的诗句⑥，柳宗元也曾经写道："大河条山，气盖关左。"⑦"条山"即"中条山"。

雍正《陕西通志》卷三五《驿传·国朝》"口外宁条梁"条记述了这样的"驿传"史信息："口外宁条梁。知县管理。西至定边县口外三十里井，三十里。"⑧这里所谓"宁条"是"梁"的

---

① 〔西汉〕刘向集录：《战国策》，上海古籍出版社1985年版，第792页。
② 《文选》卷一七王褒《洞箫赋》："洞条畅而罕节兮，标敷纷以扶疏。"李善注："条畅，条直通畅也。"〔梁〕萧统编，〔唐〕李善、吕延济、刘良、张铣、吕向、李周翰注：《六臣注文选》，第316页。
③ 《汉书》，第1545页。
④ 《汉书》，第1566页。
⑤ 〔清〕阮元校刻：《十三经注疏》，中华书局1980年版，第151页。
⑥ 〔唐〕岑参：《送秘省虞校书赴虞乡丞》，注："条山：中条山，主峰在永济县东南。"〔唐〕岑参著，陈铁民、侯忠义校注：《岑参集校注》，上海古籍出版社1981年版，第413—414页。
⑦ 〔唐〕柳宗元：《送独孤申叔侍亲往河东序》，〔宋〕李昉等编：《文苑英华》卷七三二，中华书局1966年5月影印版，第3807页。
⑧ 雍正《陕西通志》，文渊阁《四库全书》本。

名称。而这一以"条"为代号的道路，很可能清代依然将其作为驿道使用。

七、关于"圣人条"

"圣人"名号的使用，从儒学理念出发，多指代在道德功业上取得伟大成就者。秦汉魏晋南北朝亦均有指称帝王的情形。

史籍又可见与"圣人"有关的"二圣"之说。韦玄成等称周文王、周武王为"二圣"。① 韩安国称"高皇帝"和"孝文皇帝"为"二圣"。② 班固称刘邦、刘秀为"高、光二圣"。③ 又有称当朝帝后为"今二圣"者④，"圣"，于是成为具体对应当时现世执政者人身的称号。

不过，如果我们只是根据南北朝时期历史文献所见"圣"指代在世皇族人物，便推定使用"圣人条"名号的古代道路的年代，则恐难免简单化之嫌。我们看到，秦史记录中，是存在以"圣人"称当时在世人物的例证的。例如《史记》卷五《秦本纪》：

> 戎王使由余于秦。由余，其先晋人也，亡入戎，能晋言。闻缪公贤，故使由余观秦。秦缪公示以宫室、积聚。由余曰："使鬼为之，则劳神矣。使人为之，亦苦民矣。"缪公怪之，问曰："中国以诗书礼乐法度为政，然尚时乱，今戎夷无此，何以为治，不亦难乎？"由余笑曰："此乃中国所以乱也。夫自上圣黄帝作为礼乐法度，身以先之，仅以小治。及其后世，日以骄淫。阻法度之威，以责督于下，下罢

---

① 《汉书》卷七三《韦贤传》："成王成二圣之业"。颜师古注："二圣，文王、武王也。"第 3118、3119 页。《三国志》卷一三《王朗传》则称"二王"："昔周文十五而有武王，遂享十子之祚，以广诸姬之胤。武王既老而生成王，成王是以鲜于兄弟。此二王者，各树圣德，无以相过，比其子孙之祚，则不相如。盖生育有早晚，所产有众寡也。"中华书局 1962 年版，第 413 页。
② 《汉书》卷五二《韩安国传》，第 2399—2400 页。
③ 《后汉书》卷四〇下《班固传》，第 1376 页。
④ 如《魏书》卷七八《张普惠传》："圣人之养庶物，爱之如伤，况今二圣纂承洪绪，妻承夫，子承父，夫、父之不可，安然仍行，岂先帝传委之本意？仰惟先帝行事，或有司之谬，或权时所行，在后以为不可者，皆追而正之。圣上忘先帝之自新，不问理之伸屈，一皆抑之，岂苍生黎庶所仰望于圣德？"第 1738 页。"今二圣"，又见于《魏书》卷六二《李彪传》，第 1283、1286 页；《魏书》卷七七《高谦之传》，第 1708 页。

极则以仁义怨望于上，上下交争怨而相篡弑，至于灭宗，皆以此类也。夫戎夷不然。上含淳德以遇其下，下怀忠信以事其上，一国之政犹一身之治，不知所以治，此真圣人之治也。"于是缪公退而问内史廖曰："孤闻邻国有圣人，敌国之忧也。今由余贤，寡人之害，将奈之何？"内史廖曰："戎王处辟匿，未闻中国之声。君试遗其女乐，以夺其志；为由余请，以疏其间；留而莫遣，以失其期。戎王怪之，必疑由余。君臣有间，乃可虏也。且戎王好乐，必怠于政。"缪公曰："善。"因与由余曲席而坐，传器而食，问其地形与其兵势尽察，而后令内史廖以女乐二八遗戎王。戎王受而说之，终年不还。于是秦乃归由余。由余数谏不听，缪公又数使人间要由余，由余遂去降秦。缪公以客礼礼之，问伐戎之形。①

由余称颂"戎夷"之"治"，表扬了当时"戎夷"，称"此真圣人之治也"。甚至认为这种政治成功，超过了"上圣黄帝"。秦穆公所谓"邻国有圣人"，则认同由余之说，甚至可以理解为以由余为"圣人"。

通过秦穆公、由余故事表现的秦语言民俗传统，可以知道秦地曾经以"圣人条"指称秦始皇直道的可能性是存在的。陕甘方志资料中类似"子午岭有道，名圣人条"者"盖始皇令蒙恬所开"等说法，其实是具备供直道史研究者可以参考的价值的。

---

① 《史记》，第 192—193 页。

下编 | 秦始皇直道铭印的历史足迹

秦始皇北边之行与直道建设

张在明主持秦始皇直道遗址的考古发掘时,发现了秦汉地层中保留的当时人的足迹。有的足迹是成人所遗留,有的是未成年人所遗留。

直道作为伟大的古代工程,服务于当时的政治、军事、经济、外交,成为重要的文化存在,也保留了诸多相关的历史信息。秦始皇直道铭印的历史足迹,记录了历史人物的活动和历史事件的演出。

人们首先会想到,秦始皇直道是秦始皇本人功业的重要标志性纪念。

图40 秦直道路面发现的脚印

图41 秦直道路面发现的成人与儿童的脚印

一、十九年"从太原、上郡归"

秦王政在统一战争进行期间,曾经3次出巡离开关中。

《史记》卷六《秦始皇本纪》记载:

(1)"十三年,桓齮攻赵平阳,杀赵将扈辄,斩首十万。王之河南。"

(2)"十九年,王翦、羌瘣尽定取赵地东阳,得赵王。引兵欲攻燕,屯中山。秦王之邯郸,诸尝与王生赵时母家有仇怨,皆坑之。秦王还,从太原、上郡归。"

(3)"二十三年,秦王复召王翦,强起之,使将击荆。取陈以南至平舆,虏荆王。秦王游至郢陈。"①

其中(1)"王之河南",其地在今河南洛阳。河南当时虽已为秦所据有,但是秦王政亲临河南,有特意置最高指挥中心于统一战争前线附近的意义。(2)"秦王之邯郸",邯郸在今河北邯郸。秦军"得赵王"后,秦王政即回到出生地赵国都城邯郸。"秦王还,从太原、上郡归。"行程相当辽远。然而秦王政此行对秦此后经营北边的决策,有重要的意义。与此前秦惠文王"(更元)五年,王游之北河",以及秦昭襄王二十年(前287年)"又之上郡、北河"相联系,可以发现秦国执政者对于北方的重视。同类史实,又可以与秦统一后秦始皇行历北边的交通实践联系起来理解。(3)王翦"取陈以南至平舆,虏荆王",陈在今河南淮阳,平舆在今河南平舆北。"秦王游至郢陈",即行抵今河南淮阳地方。一说郢陈即陈,②一说郢在今安徽寿春。③此次出行,成为秦王政行临距离统一战争前线最近地方的记录。秦王政亲至楚地新占领区的这次出行,云梦睡虎地秦简《编年记》中对于当时楚地的战争背景有所记录。简文写道:"廿三年,兴,攻荆,□□守阳□死。

---

① 《史记》,第232—234页。
② 谭其骧主编:《中国历史地图集》第1册,地图出版社1982年版,45—46页。
③ 马非百《秦集史》上册在"郢陈"之"郢"字下注曰:"按指楚新都寿春。"中华书局1982年版,第90页。

四月,昌文君死。"①

对于(2)邯郸之行,从咸阳前往邯郸的路线没有记载,"秦王还"的路线却特别值得注意。

"秦王还,从太原、上郡归",他行历接近后来直道的路段的体验,应当与直道规划的设想有关。

二、二十七年"巡陇西、北地"与"治驰道"工程

据《史记》卷六《秦始皇本纪》记述:"二十七年,始皇巡陇西、北地,出鸡头山,过回中。"②这是秦实现统一之后秦始皇第一次出巡。此后秦始皇又曾四次出巡,均前往东方海滨。秦始皇二十七年(前220年)"巡陇西、北地,出鸡头山,过回中"之行的目的和作用值得分析。对于秦帝国的行政史和交通史,秦始皇此次出巡均有重要的意义。

在统一之后次年即西巡,体现了其对秦国文化发祥地及统一战争中基本根据地的特别看重。《汉书》卷五二《韩安国传》载王恢曰:"昔秦缪公都雍,地方三百里,知时宜之变,攻取西戎,辟地千里,并国十四,陇西、北地是也。"③《汉书》卷九四上《匈奴传上》:"秦昭王时,义渠戎王与宣太后乱,有二子。宣太后诈而杀义渠戎王于甘泉,遂起兵伐灭义渠。于是秦有陇西、北地、上郡,筑长城以距胡。"④汉代人回顾秦人的陇西、北地经营,言及秦穆公时代和秦昭襄王时代的突出成就,实际上也透露了这一地区的实际控制权曾经有反复。

按照《史记》卷一二九《货殖列传》表达的经济地理学理念,"陇西、北地"与关中同属于一个经济区:"天水、陇西、北地、上郡与关中同俗,然西有羌中之利,北有戎翟之畜,畜牧为天下饶。然地亦穷险,唯京师要其道。"⑤《货殖列传》的文字强调了三点:

---

① 睡虎地秦墓竹简整理小组:《睡虎地秦墓竹简》,文物出版社1978年版,第7页。
② 《史记》,第241页。
③ 《汉书》,第2401页。
④ 《汉书》,第3747页。
⑤ 《史记》,第3262页。

（1）"与关中同俗"；（2）"畜牧为天下饶"；（3）"地亦穷险"。这样，从三个方面分析了这一地区的文化、经济、交通地位："与关中同俗"，指出与"关中"区域文化的类同；"畜牧为天下饶"，指出曾经成为秦富国强兵的重要条件；"地亦穷险，唯京师要其道"，指出这里与东方联系必须经由"京师"，然而另一方面，东方包括"京师"与西方的联系，也必须利用这里"穷险"的交通条件。

张家山汉简《二年律令》中相关内容显示的"大关中"的区域观念，也是将"陇西、北地"看作"关中"的共同经济地理与文化地理构成的。①

"始皇巡陇西、北地，出鸡头山，过回中"的表述很可能直接体现了出巡路线：陇西—北地—鸡头山—回中。

值得特别注意的是，近年考古学者发现比较集中的秦早期遗迹的甘肃甘谷、清水、天水地方，就在陇西郡。

正是在这里，秦文化得到良好的发育条件。②秦人团结奋起所成就的政治实体迅速崛起，逐渐向东发展，压迫并兼并文化风格不同的东方列国，最终实现统一，影响了中国历史的走向。秦人在陇西地方的早期活动，就发展取向来说，似曾有长江流域和黄河流域的选择。春秋战国时期列国之中，只有楚人也曾经有这样的经历。秦、楚均被中原人看作"夷狄"③，而最终并为强国④。

---

① 王子今：《秦汉区域地理学的"大关中"概念》，载《人文杂志》2003年第1期。

② 王国维：《秦都邑考》，《观堂集林》卷一二，《王国维遗书》，上海古籍书店1983年版，"观十二"第8—10页；李学勤：《秦国发祥地》，见《缀古集》，上海古籍出版社1998年版，第93—96页；雍际春：《秦人早期都邑西垂考》，载《天水行政学院学报》2000年第4期；徐日辉：《甘肃东部秦早期文化的新认识》，载《考古与文物》2001年第3期；张天恩：《试说秦西山陵区的相关问题》，载《考古与文物》2003年第3期。

③ 《史记》卷二七《天官书》："秦、楚、吴、越，夷狄也，为强伯。"第1344页。《汉书》卷二六《天文志》："秦、楚、吴、粤，夷狄也，为强伯。"第1301页。

④ 《战国策·秦策四》："楚人有黄歇者，游学博闻，襄王以为辩，故使于秦。说昭王曰：'天下莫强于秦、楚，……'"〔西汉〕刘向集录：《战国策》，上海古籍出版社1985年版，第242页。《史记》卷七八《春申君列传》："（黄）歇乃上书说秦昭王曰：'天下莫强于秦、楚，……'"第2387页。《新序·善谋上》："黄歇上书于秦昭王，欲使秦远交楚而攻韩、魏以解楚。其书曰：'天下莫强于秦、楚，……'"〔汉〕刘向撰，赵善诒疏证：《新序疏证》，华东师范大学出版社1989年版，第252—253页。

在《史记》卷二八《封禅书》言作为祭祀中心的雍地有"百有余庙"之后，又写道："西亦有数十祠。"司马贞《索隐》解释说："西即陇西之西县，秦之旧都，故有祠焉。"① 甘肃礼县发掘的祀所遗址，有的在西汉时期仍然进行皇家主持的祭祀活动。② 秦始皇二十七年（前220年）西巡，应当视察了"秦之旧都"与故祠。

人们熟知汉高祖刘邦和汉光武帝刘秀取得政治成功之后"还归""故乡"的生动故事。《史记》卷八《高祖本纪》："高祖还归，过沛，留。置酒沛宫，悉召故人父老子弟纵酒，发沛中儿得百二十人，教之歌。酒酣，高祖击筑，自为歌诗曰：'大风起兮云飞扬，威加海内兮归故乡，安得猛士兮守四方！'令儿皆和习之。高祖乃起舞，慷慨伤怀，泣数行下。谓沛父兄曰：'游子悲故乡。吾虽都关中，万岁后吾魂魄犹乐思沛。且朕自沛公以诛暴逆，遂有天下，其以沛为朕汤沐邑，复其民，世世无有所与。'沛父兄诸母故人日乐饮极欢，道旧故为笑乐。"③《后汉书》卷一下《光武帝纪下》："（建武十七年冬十月）甲申，幸章陵。修园庙，祠旧宅，观田庐，置酒作乐，赏赐。时宗室诸母因酣悦，相与语曰：'文叔少时谨信，与人不款曲，唯直柔耳。今乃能如此！'帝闻之，大笑曰：'吾理天下，亦欲以柔道行之。'乃悉为舂陵宗室起祠堂。有五凤皇见于颍川之郏县。"④ 刘邦的"伤怀"，刘秀的"大笑"，

---

① 《史记》，第1375页。
② 梁云：《对鸾亭山祭祀遗址的初步认识》，载《中国历史文物》2005年第5期；甘肃省文物考古研究所、中国国家博物馆、北京大学考古文博学院、陕西省考古研究院、西北大学文博学院编著：《西汉水上游考古调查报告》，文物出版社2008年版，第290—291页。
③ 《史记》卷八《高祖本纪》又记载："十余日，高祖欲去，沛父兄固请留高祖。高祖曰：'吾人众多，父兄不能给。'乃去。沛中空县皆之邑西献。高祖复留止，张饮三日。沛父兄皆顿首曰：'沛幸得复，丰未复，唯陛下哀怜之。'高祖曰：'丰吾所生长，极不忘耳，吾特为其以雍齿故反我为魏。'沛父兄固请，乃并复丰，比沛。于是拜沛侯刘濞为吴王。"第389—390页。
④ 《后汉书》，第68—69页。《后汉书》卷一下《光武帝纪下》还记述："（建武十九年）秋九月，南巡狩。壬申，幸南阳，进幸汝南南顿县舍，置酒会，赐吏人，复南顿田租岁。父老前叩头言：'皇考居此日久，陛下识知寺舍，每来辄加厚恩，愿赐复十年。'帝曰：'天下重器，常恐不任，日复一日，安敢远期十岁乎？'吏人又言：'陛下实惜之，何言谦也？'帝大笑，复增一岁。"第71页。

都表达了对于"故乡"的特殊情感。沛于刘邦，章陵于刘秀，只是他们家族的居地，个人的"故乡"。而陇西西县之于秦始皇嬴政，则是秦人东向进取的精神原点，是秦整个部族的"故乡"。实现统一之后，秦始皇来到这里，不可能不产生强烈的心理冲动。

刘秀曾经往关中拜谒高庙，祭祀先帝之陵。"（建武六年）夏四月丙子，幸长安，始谒高庙，遂有事十一陵。"① 在"有数十祠"的陇西西县，秦始皇也必然要进行隆重的拜祭典礼。他应当向先祖报告自己的成功，即泰山刻石所谓"二十有六年，初并天下，罔不宾服"，琅邪刻石所谓"今皇帝并一海内，以为郡县，天下和平"，"六合之内，皇帝之土。西涉流沙，南尽北户。东有东海，北过大夏。人迹所至，无不臣者"。②

秦始皇统一全国之后的五次出巡，在西巡之后，"二十八年，始皇东行郡县，上邹峄山"。"上泰山。""乃并勃海以东，过黄、腄，穷成山，登之罘。""南登琅邪。""二十九年，始皇东游。""登之罘。""旋，遂之琅邪，道上党入。""三十二年，始皇之碣石。""始皇巡北边，从上郡入。""三十七年十月癸丑，始皇出游。""十一月，行至云梦，望祀虞舜于九疑山。浮江下，观籍柯，渡海渚。过丹阳，至钱唐。临浙江。""上会稽，祭大禹，望于南海。""还过吴，从江乘渡。并海上，北至琅邪。""自琅邪北至荣成山，……至之罘，……遂并海西。"③

秦始皇平生八次出巡，"二十七年，始皇巡陇西、北地，出鸡头山，过回中"④，是唯一一次西向巡行。

秦二世即位后与赵高商议："朕年少，初即位，黔首未集附。先帝巡行郡县，以示强，威服海内。今晏然不巡行，即见弱，毋

---

① 《后汉书》卷一下《光武帝纪下》。李贤注："有事谓祭也。《左传》曰：'有事于太庙。'高祖长陵，惠帝安陵，文帝霸陵，景帝阳陵，武帝茂陵，昭帝平陵，宣帝杜陵，元帝渭陵，成帝延陵，哀帝义陵，平帝康陵。"第48页。
② 《史记》卷六《秦始皇本纪》，第243、247、245页。
③ 《史记》卷六《秦始皇本纪》，第242、244、249—252、260、263页。
④ 《史记》，第241页。

以臣畜天下。"① 可知秦始皇"巡行郡县"的主要目的是"示强，威服海内"。这正是秦始皇屡屡东巡的原因。

西部地区是秦统一战争的后方。秦人东向兼并的历程中，对新占领区的控制，按照时间和空间分析，大致有三个梯次，或说三个阶段，即：秦昭襄王以前对巴蜀的控制，秦昭襄王时代对太行山、白河以西地方的控制，秦王政时代对六国故地更东区域的全面控制。前则精心行政取得成功，后则不免有所失误。秦关东政策的失败成为导致其最终败亡的重要原因。当然，六国旧有政治领导集团的复国追求及持续反抗，也集中表现在关东地方秦最后占有的区域。由于前期政策的成功，使得西部地方成为秦稳定的根据地。实际上秦控制巴蜀之后，其版图纵跨纬度已经超过10°以上，已经具有了对于草原荒漠游牧区、北地上郡游牧农耕交错地区、关中粟麦耕作区和巴蜀稻米耕作区进行管理的全面的执政能力，而当时的东方六国没有一个国家具有这样的能力。对西部地区的管理，是秦执政集团在领导统一的天下，力求实现"天下咸抚""远近毕清"境界之前的成功演习。

在这一认识的基点上理解"始皇巡陇西、北地"的意义，应当注意到这次出巡实际上可以看作对"皇帝奋威，德并诸侯"②的统一战争中西部成就后方之功业的军民的一次正式慰问，也是秦西部战略成功的一种历史纪念。秦始皇西巡经历的地方依恃"畜牧为天下饶"③的经济条件提供的军运动力以及行军速度和作战机动性的保证，想必对秦军的东方进击多有助益。

《史记》卷六《秦始皇本纪》关于"二十七年，始皇巡陇西、北地，出鸡头山，过回中"的记载，张守节《正义》："陇西，今陇右；北地，今宁州也。"

---

① 《史记》卷六《秦始皇本纪》，第267页。
② 秦始皇三十二年碣石刻石，《史记》卷六《秦始皇本纪》，第252页。
③ 《史记》卷一二九《货殖列传》："天水、陇西、北地、上郡与关中同俗，然西有羌中之利，北有戎翟之畜，畜牧为天下饶。"第3262页。

关于"鸡头山",张守节《正义》引《括地志》云:"鸡头山在成州上禄县东北二十里,在京西南九百六十里。郦元云:'盖大陇山异名也。'《后汉书·隗嚣传》云'王莽塞鸡头',即此也。"张守节按:"原州平高县西百里亦有笄头山,在京西北八百里,黄帝鸡山之所。"据谭其骧主编《中国历史地图集》,"鸡头山"在今甘肃泾源西北,大致六盘山东南的位置。①

关于"回中",裴骃《集解》写道:"应劭曰:'回中在安定高平。'孟康曰:'回中在北地。'"张守节《正义》:"《括地志》云:'回中宫在岐州雍县西四十里。'言始皇欲西巡陇西之北,从咸阳向西北出宁州,西南行至成州,出鸡头山,东还,过岐州回中宫。"②据谭其骧主编《中国历史地图集》,"回中"在今甘肃华亭南,陕西陇县西北。③马非百撰《秦集史》④,篇末列《遗迹表》,分列"今地"、"遗迹名称"、"传说"、"备考"(即资料出处),没有今甘肃省"遗迹"。⑤其实,搜检《嘉庆重修一统志》,是可以看到相关信息的。如卷二五九《平凉府·山川》"崆峒山"条:"在平凉县西,即笄头山也。一作鸡头,一作开头,亦作汧屯,又名牵屯,又名薄落。《史记》:黄帝西至空桐,登鸡头。又秦始皇二十七年,巡陇西、北地,出鸡头山,过回中。"又卷二六〇《平凉府·古迹》"回中宫"条:"在固原州境。汉武帝元封四年行幸雍,通回中道,遂出萧关。应劭曰:回中在安定平高,有险阻,秦置回中宫于此。"⑥当然,方志中相关信息不可看作历史确证,但是还是可以引为参考的。

---

① 谭其骧主编:《中国历史地图集》第2册,地图出版社1982年版,第5—6页。
② 《史记》,第241—242页。
③ 谭其骧主编:《中国历史地图集》第2册,地图出版社1982年版,第5—6页。
④ 作者在书末写道:"一九七九年九月二十九日为庆祝中华人民共和国建国三十周年献礼,连日夜自撰自抄,全书初步完成。时年八十有四岁。于北京西城区受水河三十号。"《秦集史》下册,中华书局1982年版,第1043页。
⑤ 马非百:《秦集史》下册,中华书局1982年版,第1022—1043页。
⑥ 《嘉庆重修一统志》第16册,中华书局1986年版,第12867—12868、12904—12905页。

值得注意的是，与秦始皇实现统一后第一次出巡相对应，汉武帝"始巡郡国"，也来到陇西北地。《史记》卷三〇《平准书》记载："天子始巡郡国。东度河，河东守不意行至，不辨，自杀。行西踰陇，陇西守以行往卒，天子从官不得食，陇西守自杀。于是上北出萧关；从数万骑，猎新秦中，以勒边兵而归。新秦中或千里无亭徼，于是诛北地太守以下，而令民得畜牧边县，官假马母，三岁而归，及息什一，以除告缗，用充仞新秦中。"①而《汉书》卷六《武帝纪》的记载是："（元鼎四年冬十月）行自夏阳，东幸汾阴。十一月甲子，立后土祠于汾阴脽上。""五年冬十月，行幸雍，祠五畤。遂踰陇，登空同，西临祖厉河而还。"②《资治通鉴》卷二〇的处理方式，则将"东度河，河东守不意行至，不辨，自杀"与"行西踰陇，陇西守以行往卒，天子从官不得食，陇西守自杀"以及"新秦中或千里无亭徼，于是诛北地太守以下"分隶元鼎四年（前113年）和元鼎五年（前112年）：

> （元鼎四年）冬，十月，……是时，天子始巡郡、国；河东守不意行至，不办，自杀。

> （元鼎五年）冬，十月，上祠五畤于雍，遂逾陇，西登崆峒。陇西守以行往卒，天子从官不得食，惶恐，自杀。于是上北出萧关，从数万骑猎新秦中，以勒边兵而归。新秦中或千里无亭徼，于是诛北地太守以下。③

可以看到，汉武帝元鼎五年（前112年）的这次出巡，几乎完全遵循秦始皇二十七年（前220年）西巡旧迹。值得注意的是，河东太守和陇西太守均因交通服务条件"自杀"，北地太守也因为

---

① 《史记》，第1438页。《汉书》卷二四下《食货志下》："天子始出巡郡国。东度河，河东守不意行至，不辨，自杀。行西踰陇，卒，从官不得食，陇西守自杀。于是上北出萧关，从数万骑行猎新秦中，以勒边兵而归。新秦中或千里无亭徼，于是诛北地太守以下，而令民得畜边县，官假马母，三岁而归，及息什一，以除告缗，用充入新秦中。"第1172页。
② 《汉书》，第183、185页。
③ 《资治通鉴》，第660、665页。

军事交通系统建设未能达到要求被"诛"。

尽管汉武帝西巡的目的应当与秦始皇不同,但是两者路线的相近,值得交通史和区域文化史研究者深思。

《史记》卷六《秦始皇本纪》关于秦始皇二十七年(前220年)政事的记述只有64字:

> 二十七年,始皇巡陇西、北地,出鸡头山,过回中。焉作信宫渭南,已更命信宫为极庙,象天极。自极庙道通郦山,作甘泉前殿。筑甬道,自咸阳属之。是岁,赐爵一级。治驰道。①

而"治驰道",是非常重要的行政举措。

驰道的修筑,是秦汉交通建设事业中最具时代特色的成就。通过秦始皇和秦二世出巡的路线,可以知道驰道当时已经结成全国陆路交通网的基本要络。曾经作为秦中央政权主要决策者之一的左丞相李斯被赵高拘执,在狱中上书自陈,历数功绩有七项,其中包括"治驰道,兴游观,以见主之得意"②。李斯以丞相身份发起主持驰道工程,可见修治驰道是统治短暂的秦王朝行政活动的主要内容之一。

"治驰道"的工程在秦二世时代依然继续。《史记》卷八七《李斯列传》:"法令诛罚日益刻深,群臣人人自危,欲畔者众。又作阿房之宫,治直道、驰道,赋敛愈重,戍徭无已。于是楚戍卒陈胜、吴广等乃作乱,起于山东,杰俊相立,自置为侯王,叛秦。"③ 驰道工程成为导致秦亡的重要原因之一。

《说文·马部》:"驰,大驱也。"段玉裁注:"《诗》每以'驰'、'驱'并言。许穆夫人首言'载驰载驱',下言'驱马悠悠',

---

① 裴骃《集解》:"应劭曰:'驰道,天子道也,道若今之中道然。'《汉书·贾山传》曰:'秦为驰道于天下,东穷燕齐,南极吴楚,江湖之上,滨海之观毕至。道广五十步,三丈而树,厚筑其外,隐以金椎,树以青松。'"《史记》,第241—242页。

② 《史记》卷八七《李斯列传》,第2561页。

③ 《史记》,第2553页。

'驰'亦'驱'也,较大而疾耳。"① 看来,驰道是区别于普通道路的高速道路,作为交通干线形成秦帝国交通网的主脉。在历代地理书以及许多地方志中常常可以看到有关秦汉驰道遗迹的记载。驰道的许多路段作为千古不易的交通通道的事实,也说明驰道设计选线的合理性能够经受住历史的考验。

秦始皇二十七年(前220年)"巡陇西、北地"后即宣布"治驰道",因而开启了在中国古代交通史进程中意义重大的全国交通建设的宏大工程。"治驰道"的设计,应当最初来自"陇西、北地"交通规划。现在看来,这一决策很可能与秦始皇此次出巡中经历"穷险"交通条件的切身体验有关。②

《汉书》卷一〇《成帝纪》记载元延元年秋七月诏,其中写道:"与内郡国举方正能直言极谏者各一人,北边二十二郡举勇猛知兵法者各一人。"③ 与"内郡国"对应的所谓"北边二十二郡",按照《汉书》卷二八下《地理志下》的记述顺序,应为:陇西、金城、天水、武威、张掖、酒泉、敦煌、安定、北地、上郡、西河、朔方、五原、云中、定襄、雁门、代郡、上谷、渔阳、右北平、辽西、辽东。应当注意到,陇西、北地均为北边郡。探讨秦始皇直道规划的最早的动因,也应当考虑到秦始皇二十七年这次行历北边的交通实践。

三、三十二年"巡北边,从上郡入"

《史记》卷六《秦始皇本纪》记载,秦始皇三十二年(前215)出巡,又一次由"上郡"回到咸阳:

三十二年,始皇之碣石,使燕人卢生求羡门、高誓。刻碣石门。坏城郭,决通堤防。……

---

① 〔汉〕许慎撰,〔清〕段玉裁注:《说文解字注》,上海古籍出版社据经韵楼藏版1981年10月影印版,第467页。
② 王子今:《秦始皇二十七年西巡考议》,载《文化学刊》2014年第6期,收入《秦文化探研:甘肃秦文化研究会第二届学术研讨会论文集》,甘肃人民出版社2015年版。
③ 《汉书》,第326页。

>因使韩终、侯公、石生求仙人不死之药。始皇巡北边，从上郡入。燕人卢生使入海还，以鬼神事，因奏录图书，曰"亡秦者胡也"。始皇乃使将军蒙恬发兵三十万人北击胡，略取河南地。①

秦始皇此次由"碣石""巡北边，从上郡入"，不排除经行后来直道所通过区域的可能。

所谓"始皇乃使将军蒙恬发兵三十万人北击胡，略取河南地"的军事决策，应当与"巡北边"的视察收获有关。而所谓"从上郡入"，很可能因其交通实践的体验，产生了规划直道建设的早期设想。

四、"辒凉车""抵九原""行从直道至咸阳"

秦始皇三十七年（前210年）最后一次出巡，行至云梦，望祀虞舜于九疑山，又浮江而下，过丹阳（今安徽马鞍山东），至钱唐（今浙江杭州西），临浙江，上会稽山，祭大禹，望于南海，又还过吴（今江苏苏州），沿海岸北上，最终病逝于行途中。

《史记》卷六《秦始皇本纪》记载："七月丙寅，始皇崩于沙丘平台。丞相斯为上崩在外，恐诸公子及天下有变，乃秘之，不发丧。棺载辒凉车中，故幸宦者参乘，所至上食。百官奏事如故，宦者辄从辒凉车中可其奏事。"同时又记述了秦始皇去世后还葬咸阳的行进路线：

>行，遂从井陉抵九原。会暑，上辒车臭，乃诏从官令车载一石鲍鱼，以乱其臭。
>
>行从直道至咸阳，发丧。太子胡亥袭位，为二世皇帝。九月，葬始皇郦山。②

虽然有"道未就"的说法，但由这些记载可以看出，直道工程已经实现了可以满足皇帝乘舆经行之规格要求的交通条件。

自"九原""行从直道至咸阳"，可能是秦始皇此行预定的

---

① 《史记》，第251—252页。
② 《史记》，第264—265页。

交通路线。他终于行进在直道上。不过，遗憾的是，他是以"棺载辒凉车中"的形式实现这一愿望的。

本来应当表现的是壮心和"得意"①，然而"鲍鱼车返祖龙"②，坚实宽广的直道路面上驶过的"辒凉车"的轮声，奏响了秦始皇英雄进行曲最后的音符。

---

① 《史记》卷六《秦始皇本纪》："立石刻，颂秦德，明得意。""皆终其命，莫不得意。""作宫室以章得意。""不患不得意于海内。"第244—245、271、277页。《史记》卷一五《六国年表》："秦既得意，烧天下《诗》《书》。"第686页。又有"得意"与交通工程相联系的史例，《史记》卷八七《李斯列传》记载，李斯上书秦二世言"治驰道"事："治驰道，兴游观，以见主之得意。"第2561页。

② 〔清〕彭孙贻：《烛影摇红·汶上感怀》，《茗斋集》卷一五《诗余附》，《四部丛刊续编》景写本。

蒙恬悲剧与大一统初期的"地脉"意识

秦直道的直接营造者,秦名将蒙恬,自然是其生平事迹与秦始皇直道形成密切联系的最重要的历史人物。

蒙恬出身名将世家,深得秦始皇信用。《史记》卷八八《蒙恬列传》记载:"蒙恬者,其先齐人也。恬大父蒙骜,自齐事秦昭王,官至上卿。秦庄襄王元年,蒙骜为秦将,伐韩,取成皋、荥阳,作置三川郡。二年,蒙骜攻赵,取三十七城。始皇三年,蒙骜攻韩,取十三城。五年,蒙骜攻魏,取二十城,作置东郡。始皇七年,蒙骜卒。骜子曰武,武子曰恬。恬尝书狱典文学。始皇二十三年,蒙武为秦裨将军,与王翦攻楚,大破之,杀项燕。二十四年,蒙武攻楚,虏楚王。蒙恬弟毅。始皇二十六年,蒙恬因家世得为秦将,攻齐,大破之,拜为内史。秦已并天下,乃使蒙恬将三十万众北逐戎狄,收河南。筑长城,因地形,用制险塞,起临洮,至辽东,延袤万余里。于是渡河,据阳山,逶蛇而北。暴师于外十余年,居上郡。是时蒙恬威振匈奴。始皇甚尊宠蒙氏,信任贤之。而亲近蒙毅,位至上卿,出则参乘,入则御前。恬任外事而毅常为内谋,名为忠信,故虽诸将相莫敢与之争焉。"[①] 蒙恬同时主持直道工程

---
① 《史记》,第2565—2566页。

的记录,见于《蒙恬列传》篇末"太史公"的历史评价:"太史公曰:吾适北边,自直道归,行观蒙恬所为秦筑长城亭障,堑山堙谷,通直道,固轻百姓力矣。"① 又《史记》卷一一〇《匈奴列传》:"后秦灭六国,而始皇帝使蒙恬将十万之众北击胡,悉收河南地。因河为塞,筑四十四县城临河,徙適戍以充之。而通直道,自九原至云阳,因边山险堑溪谷可缮者治之,起临洮至辽东万余里。又度河据阳山北假中。"②

《史记》卷八八《蒙恬列传》记录了蒙恬临终时关于主持修筑长城、直道工程"绝地脉",可能"罪于天"的感叹,司马迁就此亦有议论。就此考察直道的意义与"地脉"说体现的以"大一统"为基本标志的帝制时代初期的政治地理观,应当有助于深化秦史研究和交通史研究。

一、蒙恬之死与"绝地脉"感叹

秦始皇在东巡途中去世,发生了胡亥以非法手段取得继承权的政变。起初是赵高与胡亥的合谋。③ 位在权力结构顶端的李斯,

---

① 《史记》,第 2570 页。
② 《史记》,第 2886 页。
③ 《史记》卷六《秦始皇本纪》:"(秦始皇三十七年)七月丙寅,始皇崩于沙丘平台。丞相斯为上崩在外,恐诸公子及天下有变,乃秘之,不发丧。棺载辒凉车中,故幸宦者参乘,所至上食。百官奏事如故,宦者辄从辒凉车中可其奏事。独子胡亥、赵高及所幸宦者五六人知上死。赵高故尝教胡亥书及狱律令法事,胡亥私幸之。高乃与公子胡亥、丞相斯阴谋破去始皇所封书赐公子扶苏者,而更诈为丞相斯受始皇遗诏沙丘,立子胡亥为太子。更为书赐公子扶苏、蒙恬,数以罪,赐死。语具在《李斯传》中。行,遂从井陉抵九原。会暑,上辒车臭,乃诏从官令车载一石鲍鱼,以乱其臭。"第 264 页。《史记》卷八七《李斯列传》记载:"其年七月,始皇帝至沙丘,病甚,令赵高为书赐公子扶苏曰:'以兵属蒙恬,与丧会咸阳而葬。'书已封,未授使者,始皇崩。书及玺皆在赵高所,独子胡亥、丞相李斯、赵高及幸宦者五六人知始皇崩,余群臣皆莫知也。李斯以为上在外崩,无真太子,故秘之。置始皇居辒辌车中,百官奏事上食如故,宦者辄从辒辌车中可诸奏事。赵高因留所赐扶苏玺书,而谓公子胡亥曰:'上崩,无诏封王诸子而独赐长子书。长子至,即立为皇帝,而子无尺寸之地,为之奈何?'胡亥曰:'固也。吾闻之,明君知臣,明父知子。父捐命,不封诸子,何可言者!'赵高曰:'不然。方今天下之权,存亡在子与高及丞相耳,愿子图之。且夫臣人与见臣于人,制人与见制于人,岂可同日道哉!'胡亥曰:'废兄而立弟,是不义也;不奉父诏而畏死,是不孝也;能薄而材谫,强因人之功,是不能也:三者逆德,天下不服,身殆倾危,社稷不血食。'高曰:'臣闻汤、武杀其主,天下称义焉,不为不忠。卫君杀其父,

随即成为赵高与胡亥政治结盟的拉拢对象。① 赵高说服李斯，涉及对蒙恬功业、地位及其政治影响力的估量。《史记》卷八七《李斯列传》记载，赵高对李斯说："上崩，赐长子书，与丧会咸阳而立为嗣。书未行，今上崩，未有知者也。所赐长子书及符玺皆在胡亥所，定太子在君侯与高之口耳。事将何如？"李斯说："安得亡国之言！此非人臣所当议也！"赵高则提出蒙恬的"功""谋"，以及"无怨于天下"和"长子旧而信之"等蒙恬超越李斯之处："君侯自料能孰与蒙恬？功高孰与蒙恬？谋远不失孰与蒙恬？无怨于天下孰与蒙恬？长子旧而信之孰与蒙恬？"李斯说："此五者皆不及蒙恬，而君责之何深也？"赵高预言扶苏登基将任用蒙恬为丞相，则李斯的地位将受到威胁："高固内官之厮役也，幸得以刀笔之文进入秦宫，管事二十余年，未尝见秦免罢丞相功臣有封及二世者也，卒皆以诛亡。皇帝二十余子，皆君之所知。长子刚毅而武勇，信人而奋士，即位必用蒙恬为丞相，君侯终不怀通侯之印归于乡里，明矣。"赵高又诱使李斯支持胡亥即位："高受诏教习胡亥，使学以法事数年矣，未尝见过失。慈仁笃厚，轻财重士，辩于心而诎于口，尽礼敬士，秦之诸子未有及此者，可以为嗣。君计而定之。"李斯先曾犹疑，但终于顺从赵高。②

而卫国载其德，孔子著之，不为不孝。夫大行不小谨，盛德不辞让，乡曲各有宜而百官不同功。故顾小而忘大，后必有害；狐疑犹豫，后必有悔。断而敢行，鬼神避之，后有成功。愿子遂之！'胡亥喟然叹曰：'今大行未发，丧礼未终，岂宜以此事干丞相哉！'赵高曰：'时乎时乎，间不及谋！赢粮跃马，唯恐后时！'"第2548—2549页。

① 《史记》卷八七《李斯列传》："胡亥既然高之言，高曰：'不与丞相谋，恐事不能成，臣请为子与丞相谋之。'"第2549页。

② 《史记》卷八七《李斯列传》："斯曰：'君其反位！斯奉主之诏，听天之命，何虑之可定也？'高曰：'安可危也，危可安也。安危不定，何以贵圣？'斯曰：'斯，上蔡闾巷布衣也，上幸擢为丞相，封为通侯，子孙皆至尊位重禄者，故将以存亡安危属臣也。岂可负哉！夫忠臣不避死而庶几，孝子不勤劳而见危，人臣各守其职而已矣。君其勿复言，将令斯得罪。'高曰：'盖闻圣人迁徙无常，就变而从时，见末而知本，观指而睹归。物固有之，安得常法哉！方今天下之权命悬于胡亥，高能得志焉。且夫从外制中谓之惑，从下制上谓之贼。故秋霜降者草花落，水摇动者万物作，此必然之效也。君何见之晚？'斯曰：'吾闻晋易太子，三世不安；齐桓兄弟争位，身死为戮；纣杀亲戚，不听谏者，国为丘墟，遂危社稷：三者逆天，宗庙不血食。斯其犹人哉，安足为谋！'高曰：'上下合同，可以长久；中外若一，事无表里。君听臣之计，即长有封侯，世世称孤，必有乔松之寿，孔、墨之智。今释此而不从，祸及子孙，足以

于是秦二世与李斯、赵高这一新的执政集团中枢决策组合为处理北边扶苏、蒙恬军事集团的可能威胁，进行了缜密的策划，施展了狠毒的手段。"于是乃相与谋，诈为受始皇诏丞相，立子胡亥为太子。更为书赐长子扶苏曰：'朕巡天下，祷祠名山诸神以延寿命。今扶苏与将军蒙恬将师数十万以屯边，十有余年矣，不能进而前，士卒多耗，无尺寸之功，乃反数上书直言诽谤我所为，以不得罢归为太子，日夜怨望。扶苏为人子不孝，其赐剑以自裁！将军恬与扶苏居外，不匡正，宜知其谋。为人臣不忠，其赐死，以兵属裨将王离。'封其书以皇帝玺，遣胡亥客奉书赐扶苏于上郡。"

扶苏与蒙恬的应对方式有所不同。"使者至，发书，扶苏泣，入内舍，欲自杀。蒙恬止扶苏曰：'陛下居外，未立太子，使臣将三十万众守边，公子为监，此天下重任也。今一使者来，即自杀，安知其非诈？请复请，复请而后死，未暮也。'使者数趣之。扶苏为人仁，谓蒙恬曰：'父而赐子死，尚安复请！'即自杀。蒙恬不肯死，使者即以属吏，系于阳周。"① 可以看到，蒙恬较扶苏有更稳健的政治态度和更明智的政治判断。"上郡"与"阳周"的空间位置，也值得秦北边军事防卫史，以及长城史、直道史研究者关注。

《史记》卷八八《蒙恬列传》记载，杀害蒙毅之后，"二世又遣使者之阳周，令蒙恬曰：'君之过多矣，而卿弟毅有大罪，法及内史。'"蒙恬自辩无效，"使者曰：'臣受诏行法于将军，不敢以将军言闻于上也。'"蒙恬的英雄生涯走向了悲剧性的终结：

> 蒙恬喟然太息曰："我何罪于天，无过而死乎？"良久，徐曰："恬罪固当死矣。起临洮属之辽东，城堑万余里，此其中不能无绝地脉哉？此乃恬之罪也。"乃吞药自杀。②

蒙恬感叹他主持的国防建设工程"此其中不能无绝地脉哉"，认

为寒心。善者因祸为福，君何处焉？'斯乃仰天而叹，垂泪太息曰：'嗟乎！独遭乱世，既以不能死，安托命哉！'于是斯乃听高。高乃报胡亥曰：'臣请奉太子之明命以报丞相，丞相斯敢不奉令！'"第2549—2550页。

① 《史记》，第2551页。
② 《史记》，第2569—2570页。

定"此乃恬之罪也"。而"罪固当死矣",可知"绝地脉"被看作非常严重的罪过。

二、太史公的"罪地脉"批评

蒙恬感叹主持长城工程"起临洮属之辽东,城堑万余里,此其中不能无绝地脉哉",司马迁就此发表的评论则将长城工程与直道工程并说:

> 太史公曰:吾适北边,自直道归,行观蒙恬所为秦筑长城亭障,堑山堙谷,通直道,固轻百姓力矣。夫秦之初灭诸侯,天下之心未定,痍伤者未瘳,而恬为名将,不以此时强谏,振百姓之急,养老存孤,务修众庶之和,而阿意兴功,此其兄弟遇诛,不亦宜乎!何乃罪地脉哉?①

"太史公"的历史评议否定"罪地脉"的态度,视界确实高远。他站在"百姓""众庶"的立场上,指责蒙恬经营长城、直道工程轻民力"阿意兴功",甚至以为"此其兄弟遇诛,不亦宜乎"。

司马迁鲜明地表达了自己的政治态度。他主张"秦之初灭诸侯"即"大一统"政体经历战争苦难后之初建阶段,"天下之心未定,痍伤者未瘳",执政者应当"振百姓之急,养老存孤,务修众庶之和"。

尽管司马迁基于对民众的同情批评秦"兴功"违背"天下之心",危害"众庶之和",甚至以为工程主持者罪可至死,然而有关直道,"吾适北边,自直道归,行观蒙恬所为秦筑长城亭障,堑山堙谷,通直道,固轻百姓力矣"的记录异常宝贵。司马迁以33字的记述,保留了一位历史学家亲自行历直道的感受。蒙恬主持修建的长城工程和直道工程因此得以留下深刻的历史印迹。

三、《论衡·祸虚》"蒙恬绝脉"说

《论衡·祸虚》论"世谓受福佑者,既以为行善所致;又谓被祸害者,为恶所得",分析通常理解,"以为有沉恶伏过,天

---

① 《史记》,第2570页。

地罚之，鬼神报之。天地所罚，小大犹发；鬼神所报，远近犹至"，说到秦名将白起之死："秦襄王赐白起剑，白起伏剑将自刎，曰：'我有何罪于天乎？'良久，曰：'我固当死。长平之战，赵卒降者数十万，我诈而尽坑之，是足以死。'遂自杀。"于白起自杀之例后，又说蒙恬故事：

> 秦二世使使者诏杀蒙恬。蒙恬喟然叹曰："我何过于天？无罪而死！"良久，徐曰："恬罪故当死矣！夫起临洮属之辽东，城径万里，此其中不能毋绝地脉。此乃恬之罪也！"即吞药自杀。太史公非之曰："夫秦初灭诸侯，天下心未定，夷伤未瘳，而恬为名将，不以此时强谏，救百姓之急，养老矜孤，修众庶之和，阿意兴功，此其兄弟遇诛，不亦宜乎？何乃罪地脉也？"

王充不赞同司马迁的评论。他就此进行议论，亦发表了对司马迁的批评：

> 夫蒙恬之言既非，而太史公非之亦未是。何则？蒙恬绝脉，罪至当死，地养万物，何过于人，而蒙恬绝其脉？知己有绝地脉之罪，不知地脉所以绝之过，自非如此，与不自非何以异？
>
> 太史公为非恬之为名将，不能以强谏，故致此祸。夫当谏不谏，故致受死亡之戮。身任李陵，坐下蚕室，太史公举李陵，陵败降匈奴，而推言其功，遂下蚕室。如太史公之言，所任非其人，故残身之戮，天命而至也。非蒙恬以不强谏，故致此祸，则己下蚕室，有非者矣。己无非，则其非蒙恬，非也。①

王充批评蒙恬的同时，也批评了司马迁，但是对于蒙恬"自非"以及司马迁"非恬"所言"绝脉""绝地脉"体现的意识，似乎是予以认同的。所谓"知己有绝地脉之罪，不知地脉所以绝之过"，可以理解为对于"绝地脉"的说法又有进一步的申发。

对于司马迁评蒙恬"绝地脉"说的表态"秦之初灭诸侯，天

---

① 黄晖：《论衡校释》（附刘盼遂集解），中华书局1990年版，第275—276页。

下之心未定，痍伤者未瘳"，王充写作"秦初灭诸侯，天下心未定，夷伤未瘳"，省略了助词"之""者"，而"蒙恬绝其脉"语，司马迁记述"起临洮属之辽东，城堑万余里，此其中不能无绝地脉哉"，王充笔下作"夫起临洮属之辽东，城径万里，此其中不能毋绝地脉"，言"城径万里"，省去"堑"字。据长城学者总结，秦始皇长城，"一般修建在山梁岭脊之上或大河深谷之侧，以便'因地形，用制险塞'；只有草原、荒漠、川旷无险之处，才平地起城，筑城的基本方法是夯筑或者用石块垒砌"。"秦长城的筑城方法采用在平地者由墙外取土，自然形成沟壕，相对增加了墙体的高度。在河沟者，利用河谷陡立的崖壁，削壁而成，也就是'堑'。"①然而，直道工程最典型的施工方式是"堑山堙谷"。《史记》卷六《秦始皇本纪》："三十五年，除道，道九原抵云阳，堑山堙谷，直通之。"②《史记》卷八八《蒙恬列传》："始皇欲游天下，道九原，直抵甘泉，乃使蒙恬通道，自九原抵甘泉，堑山堙谷，千八百里。道未就。""太史公曰：吾适北边，自直道归，行观蒙恬所为秦筑长城亭障，堑山堙谷，通直道，固轻百姓力矣。"③王充言蒙恬主持的国防工程"城径万里"，也没有直接说到直道工程。

陈直曾经就《论衡》相关内容指出，"此王充评论太史公《蒙恬传》赞语，已启后代《东莱博议》、《读通鉴论》论史方式"④。王充批评司马迁的论说方式有合理的地方，也有无理的地方。我们以为在这里更值得注意的是，在王充的时代，天命、地脉与人功之间，仍然有如此强劲的文化规范在影响人们的意识。

---

① 段清波、徐卫民编著：《中国历代长城发现与研究》，科学出版社2014年版，第183—184页。
② 《史记》，第256页。
③ 《史记》，第2566—2567、2570页。有关秦人开通的另一条道路的记述，也出现"堑山堙谷"字样。《史记》卷五五《留侯世家》："汉王之国，良送至褒中。"张守节《正义》："《括地志》云：'褒谷在梁州褒城县北五十里南中山。昔秦欲伐蜀，路无由入，乃刻石为牛五头，置金于后，伪言此牛能屎金，以遗蜀。蜀侯贪，信之，乃令五丁共引牛，堑山堙谷，致之成都。秦遂寻道伐之，因号曰石牛道。'"第2039页。
④ 陈直：《史记新证》，天津人民出版社1979年版，第148页。

四、《晋书·载记序》的"地脉"观

《晋书》卷一〇一《载记序》回顾中原民族与北方草原游牧民族的历史冲突,这样写道:"古者帝王乃生奇类,淳维、伯禹之苗裔,岂异类哉?反首衣皮,餐膻饮湩,而震惊中域,其来自远。天未悔祸,种落弥繁。其风俗险诐,性灵驰突,前史载之,亦以详备。轩帝患其干纪,所以徂征;武王窜以荒服,同乎禽兽。而于露寒之野,候月觇风,睹隙扬埃,乘间骋暴,边城不得缓带,百姓靡有室家。孔子曰:'微管仲,吾其被发左衽矣。'此言能教训卒伍,整齐车甲,边场既伏,境内以安。然则燕筑造阳之郊,秦堑临洮之险,登天山,绝地脉,苞玄菟,款黄河,所以防夷狄之乱中华,其备豫如此。汉宣帝初纳呼韩,居之亭部,委以候望,始宽戎狄。光武亦以南庭数万徙入西河,后亦转至五原,连延七郡。董卓之乱,则汾晋之郊萧然矣。……"① 所谓"绝地脉",或作"纪地脉"。② 又有"地纪"之说③,意义或可理解为与"地脉"有略同之处。④

《晋书》作者房玄龄等是在边疆史和民族史的记述中说到"地脉"的,以为长城工程是为了卫护中原农耕社会的安定,"燕筑造阳之郊,秦堑临洮之险",是有历史正当性的,"登天山,绝地脉,苞玄菟,欵黄河,所以防夷狄之乱中华,其备豫如此"。这里没有说到直道,而直道在战略设计上可以归于长城总体规划之中,是可以理解的。长城必然有交通设施作为防务条件之一,是没有疑义的。在长城防务体系中,交通道路对于北边军事局势

---

① 《晋书》,第2643页。
② 《晋书》,文渊阁《四库全书》本。
③ 《庄子·说剑》:"此剑直之无前,举之无上,案之无下,运之无旁。上绝浮云,下绝地纪。"刘文典:《庄子补正》,云南人民出版社1980年版,第929页。
④ 《艺文类聚》卷一九引《蜀志》诸葛亮《梁父吟》曰:"步出齐城门,遥望荡阴里。里中有三坟,累累正相似。问是谁家冢,田强古冶子。力能排南山,文能绝地理。一朝被谗言,二桃杀三士。谁能为此谋,国相齐晏子。"〔唐〕欧阳询撰,汪绍楹校:《艺文类聚》,上海古籍出版社1965年版,第352页。文渊阁《四库全书》本《艺文类聚》卷一九及《汉魏六朝百三家集》卷二二均作"又能绝地纪",是。"排南山"与"绝地纪"并说,使人联想到蒙恬"堑山堙谷"与"地脉"的关系。

具有决定性的意义。战国秦、赵、燕乃至秦汉帝国致力于却敌开边的决策者对此无不予以特别的重视。出于战争的需要，北边交通系统具有较内地道路更完备的结构，不仅有与长城并行横亘万里的主要干线，也包括出塞道路和与内地联系的许多条大道，以及保证北边新经济区正常生产与流通的疏密相间的道路网。①

"登天山，绝地脉"文句形成工整对仗。实际上，"燕筑造阳之郊，秦堑临洮之险"，乃至汉代的长城工程，未曾"登天山"，而"绝地脉"，蒙恬说："起临洮属之辽东，城堑万余里，此其中不能无绝地脉哉？"其以疑问句提出了不确定的认识。但是后世的理解，则大体是确定的。

五、后世对蒙恬"绝地脉"说的理解

后世史述与政论多有在总结和批评秦政时言及"绝地脉"说的实例。如《隋书》卷二四《食货志》："秦氏起自西戎，力正天下，驱之以刑罚，弃之以仁恩，以太半之收，长城绝于地脉，以头会之敛，屯戍穷于岭外。"②

对于"地脉"的认识，却似乎多有不同。

《旧唐书》卷九七《张说传》记载，"则天幸三阳宫，自夏涉秋，不时还都"，张说谏止，其中说到宫室营造工程："池亭奇巧，诱掖上心，削峦起观，竭流涨海，俯贯地脉，仰出云路，易山川之气，夺农桑之土，延木石，运斧斤，山谷连声，春夏不辍。"③这里所谓"俯贯地脉"，指出对"地脉"的破坏，可以与蒙恬事迹联系起来理解。

地脉又有指地下水脉的含义。《宋史》卷二六四《宋琪传》："上幸景龙门外观水碾。因谓侍臣曰：'此水出于山源，清泠甘美，凡近河水味皆甘，岂非余润之所及乎？'琪等对曰：'实由地脉

---

① 王子今：《秦汉长城与北边交通》，载《历史研究》1988年第6期；《交通史视角的秦汉长城考察》，载《石家庄学院学报》2013年第2期。
② 《隋书》，中华书局1973年版，第671—672页。
③ 《旧唐书》，第3050页。

潜通而然，亦犹人之善恶以染习而成也。'"①地脉，似说地下水脉。此外，《宋史》卷二八九《高继宣传》："筑宁远砦，相视地脉，凿石出泉。"②又《宋史》卷九四《河渠志四》："元丰五年，诏开在京城濠，阔五十步，深一丈五尺，地脉不及者，至泉止。"③这里所说的地脉，似涉及地层结构与地下水资源储藏方面的知识。

《金史》卷四六《食货志一》："凡产铜地脉，遣吏境内访察无遗，且及外界，而民用铜器不可阙者，皆造于官而鬻之。"④所谓"产铜地脉"，则指地下矿藏构成。地质学名词称"矿脉"者，指后成的矿物填积于岩石大裂缝中形成的板状结构。"矿脉"之说，或与史籍所谓"产铜地脉"有某种关联。

《隋书》卷五七《薛道衡传》记载，薛道衡上《高祖文皇帝颂》，其中写道："天街之表，地脉之外，獯猃孔炽，其来自久，横行十万，樊哙于是失辞，提步五千，李陵所以陷没。"⑤似理解长城走向与"地脉"平行。如此，则长城工程不当"绝地脉"，而南北"直通之"的直道，则难免"绝地脉"。

六、"气"与"地脉"的政治地理含义

《旧唐书》卷四七《经籍志下》可见载录"《葬书地脉经》一卷"，归于"五行"一类。⑥《新唐书》卷五九《艺文志三》"五行"类亦载录这部著作："《葬书地脉经》一卷。"⑦这是中国传统风水学说的"地脉"。墓葬选址，十分重视对"地脉"的观察判断。

贡禹曾经批评"今汉家铸钱，及诸铁官皆置吏徒卒，攻山取铜铁"，导致"凿地数百丈，销阴气之精，地臧空虚，不能含气

---

① 《宋史》，第9122页。
② 《宋史》，第9697页。
③ 《宋史》，第2344页。
④ 《金史》，中华书局1975年版，第1029页。
⑤ 《隋书》，第1410页。
⑥ 《旧唐书》，第2044页。
⑦ 《新唐书》，第1557页。

出云"。① 对于"销阴气之精"的指责，强调了地"气"的意义。可见当时"攻山"工程有损害地气的顾虑。《后汉书》卷六《顺帝纪》记载，汉顺帝永建四年（129年）"二月戊戌，诏以民入山凿石，发泄藏气，敕有司检察所当禁绝，如建武、永平故事"。② 这说明汉光武帝和汉明帝时代，都曾因"发泄藏气"，严厉"禁绝""民入山凿石"的工程。所谓"发泄藏气"，可以与贡禹所言"地臧空虚，不能含气出云"联系起来理解。汉安帝延光年间，杨震上书也曾经对所谓"今盛夏土王，而攻山采石"事提出指责。③ 结合湖北云梦睡虎地秦简《日书》中"土忌"颇为繁密，"土攻""土事"受到严格限制的事实④，也有助于我们理解蒙恬"绝地脉""罪固当死"之喟叹的心理背景。

《新唐书》卷二〇四《方技传·杜生》说"浮屠泓"故事，也涉及风水理念："尝为燕国公张说市宅，戒曰：'无穿东北，王隅也！'它日见说曰：'宅气索然，云何？'与说共视，隅有三坎丈余，泓惊曰：'公富贵一世而已，诸子将不终。'说惧，

---

① 《汉书》卷七二《贡禹传》，第3075页。
② 《后汉书》，第256页。
③ 《后汉书》卷五四《杨震传》，第1764页。
④ 睡虎地秦简《日书》甲种有明确的"土忌"日，规定"不可为土攻"，"不可兴土攻"，"不可起土攻"。例如，在"土忌"题下有这样的内容："土徼正月壬，二月癸，三月甲，四月乙，五月戊，六月己，七月丙，八月丁，九月戊，十月庚，十一月辛，十二月乙，不可为土攻。"（一〇四正壹）"春三月寅，夏巳，秋三月申，冬三月亥，不可兴土攻，必死。●五月、六月不可兴土攻，十一月、十二月不可兴土攻，必或死。申不可兴土攻。"（一〇六正）在"作事"题下又有这样的内容："二月利兴土西方，八月东方，三月南方，九月北方。"（一一〇正壹）在另一处"土忌"题下，又有："土良日，癸巳、乙巳、甲戌，凡有土事必果。"（一二九背）"土忌日，戊、己及癸酉、癸未、庚申、丁未，凡有土事弗果居。"（一三〇背）"正月寅、二月巳、三月未、四月亥、五月卯、六月午、七月酉、八月子、九月辰、十月未、十一月戌、十二月丑，当其地不可起土攻。"（一三一背）"正月亥、二月酉、三月未、四月寅、五月子、六月戌、七月巳、八月卯、九月丑、十月申、十一月午、十二月辰，是胃（谓）土神，毋起土攻，凶。"（一三二背～一三三背）"春三月戊辰、己巳，夏三月戊申、己未，秋三月戊戌、己亥，冬三月戊寅、己丑，是胃（谓）地冲，不可为土攻。"（一三四背～一三五背）"春之乙亥，秋之辛亥，冬之癸亥，是胃（谓）牝日，百事不吉。以起土攻，有女丧。"（一三六背）"正月申、四月寅、六月巳、十月亥，是胃（谓）地构，神以毁宫，毋起土攻，凶。"（一三八背）参看王子今：《睡虎地秦简〈日书〉甲种疏证》，湖北教育出版社2003年版，第221—225、495—502页。

将平之，泓曰：'客土无气，与地脉不连，譬身疮痏补它肉，无益也。'说子皆污贼死斥云。"①

浮屠泓所谓"宅气索然""客土无气"的"气"，是古典风水意识的重要主题。《史记》卷八《高祖本纪》记载："秦始皇帝常曰'东南有天子气'，于是因东游以厌之。高祖即自疑，亡匿，隐于芒、砀山泽岩石之间。吕后与人俱求，常得之。高祖怪问之。吕后曰：'季所居上常有云气，故从往常得季。'高祖心喜。沛中子弟或闻之，多欲附者矣。"对于吕后为刘邦进行的舆论宣传"季所居上常有云气"，张守节《正义》："京房《易飞候》云：'何以知贤人隐？师曰："四方常有大云，五色具而不雨，其下有贤人隐矣。'故吕后望云气而得之。"②所谓刘邦"所居上常有云气"，是"贤人"之"气"。亦有刘邦"其气"为"天子气"之说③，但亦生自个人。而"秦始皇帝常曰'东南有天子气'"的"气"，则类同"宅气索然""客土无气"的"气"，具有神秘主义观念背景下的地理元素。类似情形还有《后汉书》卷一二《王昌传》："王昌一名郎，赵国邯郸人也。素为卜相工，明星历，常以为河北有天子气。"④《后汉书》卷八二下《方术传下·董扶》："扶私谓太常刘焉曰：'京师将乱，益州分野有天子气。'"⑤《三国志》卷二《魏书·文帝纪》裴松之注引《献帝传》也说到"新天子气见东南"⑥，又《三国志》卷六三《吴书·吴范传》："初，权为将军时，范尝言江南有王气，……"⑦《三国志》卷六三《吴书·赵达传》裴松之注引孙盛曰："《吴史》书达知东南当有王气，

---

① 《新唐书》，第5806—5809页。
② 《史记》，第348—349页。
③ 《史记》卷七《项羽本纪》："范增说项羽曰：'沛公居山东时，贪于财货，好美姬。今入关，财物无所取，妇女无所幸，此其志不在小。吾令人望其气，皆为龙虎，成五采，此天子气也。急击勿失。'"第311页。
④ 《后汉书》，第491页。
⑤ 《后汉书》，第2734页。
⑥ 《三国志》，第62页。
⑦ 《三国志》，第1422页。

故轻举济江。"①情形亦类同，都体现了以"气"的迷信为表征的政治地理观。

强势政治人物秦始皇曾经努力破坏可能于自己不利的具有神秘优势的地貌形势。《史记》卷六《秦始皇本纪》记述秦始皇二十八年（前219年）东巡回程事："浮江，至湘山祠。逢大风，几不得渡。上问博士曰：'湘君何神？'博士对曰：'闻之，尧女，舜之妻，而葬此。'于是始皇大怒，使刑徒三千人皆伐湘山树，赭其山。"②又《后汉书·郡国志四》吴郡"由拳"条刘昭注补引干宝《搜神记》曰："秦始皇东巡，望气者云：'五百年后，江东有天子气。'始皇至，令囚徒十万人掘汙其地，表以恶名，故改之曰由拳县。"③

秦始皇出巡途中所谓"令囚徒十万人掘汙其地"的工程形式，可以在讨论"绝地脉"问题时参考。④

七、地脉·地络·地理

或以为汉代与地脉接近的概念还有地络。

张衡《西京赋》："尔乃振天维，衍地络。……"此"地络"与"天维"对应。薛综注："维，纲也。络，网也。"⑤《后汉书》卷一三《隗嚣传》："立庙邑东，祀高祖、太宗、世宗。嚣等皆称臣执事，史奉璧而告。"随即"移檄告郡国"，对王莽有"慢侮天地，悖道逆理"的指责。其中写道："盖天为父，地为母⑥，祸福之应，各以事降。莽明知之。而冥昧触冒，不顾大忌……"，

---

① 《三国志》，第1429页。
② 《史记》，第248页。
③ 《后汉书》，第3490页。
④ 类似事件，稍晚又有《三国志》卷四八《吴书·三嗣主传·孙皓》裴松之注引《汉晋春秋》："初望气者云荆州有王气破扬州而建业宫不利，故（孙）皓徙武昌，遣使者发民掘荆州界大臣名家冢与山冈连者以厌之。既闻（施）但反，自以为徙土得计也。使数百人鼓噪入建业，杀但妻子，云天子使荆州兵来破扬州贼，以厌前气。"这也是以"掘"的方式"徙土""以厌""王气"的故事。第1166页。
⑤ 《文选》卷二，中华书局1977年版，第44页。
⑥ 李贤注："《尚书》曰：'惟天地，万物父母。'"

有"逆天之大罪"。

此外，又有"逆地之大罪"："分裂郡国，断截地络。田为王田，卖买不得。规锢山泽，夺民本业。造起九庙，穷极土作。发冢河东，攻劫丘垄。此其逆地之大罪也。"

关于"断截地络"，李贤注："络犹经络也。谓莽分坼郡县，断割疆界也。"① 一说"经络"，一说"疆界"，并不能完全协调。有的辞书遂两义并说。如《汉语大词典》"地络"条："【地络】犹地脉。土地的脉络。亦之疆界。《后汉书·隗嚣传》：'分裂郡国，断绝地络。'李贤注：'络犹经络也。谓莽分坼郡县，断割疆界也。'……"② 又如三民书局《大辞典》这样解释"地络"："1地脉，土地的脉络。参见地脉条1。《文选·张衡·西京赋》'尔乃振天维，衍地络。'2土地的疆界。《后汉书·隗嚣传》'分裂郡国，断截地络。'注：'络，犹经络也，谓"莽"分坼郡县，断割疆界也。'……"③ 其实，李贤注"络犹经络也"已经明确解释了"地络"的意义。"谓莽分坼郡县，断割疆界也"者，言王莽行政地理变革举措破坏了"地络"，似未可以"疆界"直接解说"地络"。

王莽当政后有意于祭礼改革，言："祀天则天文从，祭墬则墬理从。三光，天文也。山川，地理也。"又奏言："天文日月星辰，所昭仰也；地理山川海泽，所生殖也。易有八卦，乾坤六子，水火不相逮，雷风不相悖，山泽通气，然后能变化，既成万物也。"④ 所谓"山川，地理""地理山川"值得注意，而"山泽通气"又说到了"气"。理解蒙恬"堑山堙谷"导致"绝地脉"，应当注意"山川""山泽"与所谓"地理"的关系。

---

① 《后汉书》，第516页。
② 汉语大词典编辑委员会、汉语大词典编纂处：《汉语大词典》第2卷，汉语大词典出版社1988年版，第1031页。
③ 三民书局大辞典编纂委员会：《大辞典》，三民书局股份有限公司2000年版，第867页。
④ 颜师古注："墬，古地字也。"《汉书》卷二五下《郊祀志下》，第1266、1268页。

上文说到诸葛亮《梁父吟》"绝地纪"或写作"绝地理",此"地理"有风水学说含义。宋明以来称"地理学""地理家""地理师""地理先生"之所谓"地理",均有与风水环境学相关的内容。

八、山川"地脉"与人体"血脉"

秦汉时期医学重视切脉、诊脉之法,即所谓"诊切其脉",《史记》卷一○五《扁鹊仓公列传》说到当时通行的"传黄帝、扁鹊之脉书","古圣人为之脉法"以及所谓"诊脉法"。① 李学勤指出,湖南长沙马王堆汉墓出土帛书医学经典《五十二病方》卷前佚篇,马王堆汉墓帛书整理小组曾经试划为四篇,分题为《足臂十一经脉灸经》《阴阳十一脉灸经甲本》《脉法》《阴阳脉死候》等,后来湖北江陵张家山汉简出土,可知四篇中的后三篇即简中的《脉书》。《脉书》各部分和《内经·灵枢》的《经脉》篇有密切的关系,是《经脉》篇的一种祖本,而帛书被题为《足臂十一经脉灸经》的一篇又是另一种祖本。② 看来,有关"地脉"和"绝地脉"的观念,很可能也是以有关人体的认知说明地理地质识见的一例。

前引《论衡·祸虚》言"蒙恬绝脉,罪至当死,地养万物,何过于人,而蒙恬绝其脉"。关于所谓"绝脉",黄晖说:"'绝脉'当作'绝地脉',上下文并作'地脉'可证。'绝脉'非其义。"③ 或许这样的意见还可以讨论。今按:《论衡》"上下文"其实还说到"绝脉",不过说的是人体的"脉"。《论衡·书虚》:"秦武王与孟说举鼎不任,绝脉而死。举鼎用力,力由筋脉,筋脉不堪,绝伤而死,道理宜也。"④《论衡·效力》:"秦武王与孟说举鼎不任,绝脉而死。少文之人,与董仲舒等涌胸中之思,必将不任,有绝脉之变。王莽之时,省五经章句,皆为二十万,博士弟子郭

---

① 《史记》,第 2798、2794、2796、2813、2810 页。
② 李学勤:《〈二十世纪出土中国古医书集成〉导言》,见魏启鹏、胡翔骅:《马王堆汉墓医书校释(壹)》,成都出版社 1992 年版;高大伦:《张家山汉简〈脉书〉校释》,成都出版社 1995 年版。
③ 黄晖:《论衡校释》(附刘盼遂集解),中华书局 1990 年版,第 276 页。
④ 黄晖:《论衡校释》(附刘盼遂集解),中华书局 1990 年版,第 172 页。

路夜定旧说,死于烛下,精思不任,绝脉气灭也。"①王充言"秦武王"故事,说"脉"与"力""气"乃至生命密切关联。②这是中国传统医学长期遵循的理念。

《论衡·书虚》写道:"夫地之有百川也,犹人之有血脉也。血脉流行,泛扬动静,自有节度。百川亦然,其朝夕往来,犹人之呼吸,气出入也,天地之性,自古有之。"③《论衡·感虚》又说:"夫山崩壅河,犹人之有痈肿,血脉不通也。"④又如《论衡·道虚》:"夫血脉之藏于身也,犹江河之流地。江河之流,浊而不清;血脉之动,亦扰不安。不安,则犹人勤苦无聊也,安能得久生乎?"⑤又《论衡·祀义》:"山,犹人之有骨节也,水,犹人之有血脉也。"⑥山川,被理解为与人体"骨节""血脉"有对应关系。

"地之有百川也",一如"人之有血脉"。"江河之流地",一如"血脉之藏于身也"。"山,犹人之有骨节也,水,犹人之有血脉也。"这种意识,或许是接近蒙恬以"绝地脉"自责时的想法的。而直道施工"堑山堙谷"确实破坏了原始地貌,"山""水"形势应当都有所变化。

九、生态环境史视角的"绝地脉"说解读

蒙恬"绝地脉"说,如果从生态环境史视角进行思考,也许可以有新的理解。

长城工程的兴建,施工队伍以及随后戍防军人和屯垦民户的进入,往往致使当地生产形态的变化,对原有生态环境的破坏难以避免。这种破坏有时会导致无以挽回的灾

---

① 黄晖:《论衡校释》(附刘盼遂集解),中华书局1990年版,第583页。
② "秦武王"故事的特殊性,还体现了秦文化传统对于"力"的看重。王子今:《略说秦"力士"——兼及秦文化的"尚力"风格》,见《秦汉研究》第7辑,陕西人民出版社2013年版。
③ 黄晖:《论衡校释》(附刘盼遂集解),中华书局1990年版,第184页。
④ 黄晖:《论衡校释》(附刘盼遂集解),中华书局1990年版,第255页。
⑤ 黄晖:《论衡校释》(附刘盼遂集解),中华书局1990年版,第337页。
⑥ 黄晖:《论衡校释》(附刘盼遂集解),中华书局1990年版,第1048页。

难。① 至于长城营造本身对生态环境的影响，可以参考有的学者对河西汉塞相关现象的分析。研究者写道："古代弱水沿岸有良好的森林植被，胡杨（又作梧桐）和红柳组成为森林的主体，它们都是极耐干旱的植物。汉时，在弱水两岸修筑了一系列的烽燧，在烽燧之外又修筑了塞墙，所谓居延塞是指这种军防体系而言。在这种军事工程的修建中，都要大量地使用木材。在城障中（如破城子）和烽燧中，至今仍可以发现木材的残存。因此，居延塞的修建，砍伐了大量的森林。""额济纳河沿岸现在是戈壁沙漠景观。然而在薄薄的沙砾下面却是黄土层。在黄土层之下则是深厚的沙砾层。当地的主风向是西北风，全年平均风速为4.2米／秒，春季平均风速为4.8米／秒，年平均八级以上大风37次，持续52天，年平均沙暴日数21天。而年平均降水量只有41.3毫米。年平均蒸发量3706毫米，蒸发量为降水量的90倍。在此情况下，黄土层一旦遭到破坏，地下的沙砾便在烈风的作用下飞扬移动。掘土方堆烽燧、建塞墙挖沟壕以及修筑城障等项活动，都要破坏黄土层，导致地下沙砾出露，被暴露出来的沙砾，顺西北风向东南移动，恰与额济纳河道呈垂直相交的状态。由于河东岸处于迎风坡，便具有沙障的作用，风沙在此产生涡流现象，纷纷下落堆积形成沙丘。

---

① 侯仁之、俞伟超、李宝田：《乌兰布和沙漠北部的汉代垦区》，《治沙研究》第7号，科学出版社1965年版；侯仁之：《我国西北风沙区的历史地理管窥》，《中国历史地理论丛》第1辑，陕西人民出版社1981年版。史念海曾经指出，西汉一代在鄂尔多斯高原所设的县多达二十多个，这个数字尚不包括一些未知确地的县。当时的县址，有一处今天已经在沙漠之中，有七处已经接近沙漠。"应当有理由说，在西汉初在这里设县时，还没有库布齐沙漠。至于毛乌素沙漠，暂置其南部不论，其北部若乌审旗和伊金霍旗在当时也应该是没有沙漠的。"土壤大面积沙化的情形各有其具体的原因，但是至少农林牧分布地区的演变也是一个促进的因素。除了可以防风防沙的森林被破坏，沙漠于是可以因风扩展而外，草原也有减低风蚀的作用，"可是草原的载畜量过高，也会促使草原的破坏。草原破坏，必然助长风蚀的力量，促成当地的沙化"。史念海：《两千三百年来鄂尔多斯高原和河套平原农林牧地区的分布及其变迁》，《河山集》三集，人民出版社1988年版，第99—103页。有的学者认为，过度的开垦，甚至也可以导致自然灾害的逐渐增加。"秦汉时期，由于大批的士兵、农民移入鄂尔多斯地区进行开垦，在一定范围内破坏了原始植被，导致自然灾害增加，这个时期全内蒙古旱灾增加到27次，其中鄂尔多斯地区就有5次。"王尚义：《历史时期鄂尔多斯高原农牧业的交替及其对自然环境的影响》，《历史地理》第5辑，上海人民出版社1987年版，第24页。

日久天长，流沙的堆积越来越多，最后便在河的东岸形成了连绵不断的沙丘。"论者还指出："额济纳河东岸沙丘的堆积有一个不断发展的过程。这个过程从汉代即已开始，随着人类活动的不断加剧而增强。"①蒙恬主持的长城工程尚未伸展到河西地方，北河地理形势自有不同，但施工会破坏原有生态环境是必然的。②

除了施工现场山林植被的摧毁性破坏以外，直道工程"堑山堙谷"，地貌的变化可能是蒙恬所谓"绝地脉"的直接表现。我们确实看到如陕西省考古研究院张在明研究员主持的直道考古发掘和考古调查所发现南桂花路段"堑山堙谷"完全改变了原来沟谷形势的情形。③前引《论衡》言"夫地之有百川也，犹人之有血脉也"，"水，犹人之有血脉也"，"夫血脉之藏于身也，犹江河之流地"，"夫山崩壅河，犹人之有痈肿，血脉不通也"，南桂花的情形，可以说类同于"山崩壅河"，"血脉不通"。

这样的情形，在"堑山堙谷"的直道工程史上，应当是很普遍的。

秦始皇"二十有六年，初并天下"，实现统一之后，如琅邪刻石所言，"皇帝之明，临察四方"，"皇帝之德，存定四极"，"六合之内，皇帝之土。西涉流沙，南尽北户。东有东海，北过大夏。人迹所至，无不臣者"。之罘刻石又有"周定四极""经纬天下""宇县之中，承顺圣意"语。④所谓"四极""六合"等，已经成为体现帝国辽阔空间控制能力的政治地理符号。在大一统政体建设初期，作为秦帝国执政集团重要人物的蒙恬对于宏观区域的"地脉"损害心怀警觉，是很自然的。而这种"地脉"破坏涉及规模至于"万余里"的北边防线，并非局部的个别的地理变化。长城工程和直道工程"绝地脉"可能造成的危害的严重性，或许会形成蒙恬的心理压力。

还有一种现象值得我们注意。长城和直道工程都致力于线

---

① 景爱：《额济纳河下游环境变迁的考察》，载《中国历史地理论丛》1994年第1辑。
② 王子今：《秦汉长城的生态史考察》，见《中国（香港）长城历史文化研讨会论文集》，长城（香港）文化出版公司2002年版。
③ 据2013年8月陕西师范大学出版总社侯海英组织的直道考察收获。
④ 《史记》卷六《秦始皇本纪》，第243、245、249页。

型人为建筑形式的营造，蒙恬说："起临洮属之辽东，城堑万余里，此其中不能无绝地脉哉？此乃恬之罪也。"长城防卫体系"城堑万余里"。直道亦纵贯南北，"自九原抵甘泉，堑山堙谷，千八百里"，"道九原抵云阳，堑山堙谷，直通之"。这种承载较频繁人类活动的带状人文景观的出现，将阻断某些野生动物季节性迁徙以及其他活动的原有自然路线，有可能导致其生存危机。这也是长城工程和直道工程可能严重影响生态环境形势的变化。虽然这种情形也许并不在蒙恬"绝地脉"原本所言内容之内，却也是生态史学者应当予以充分关注的。

十、"地脉"与"人文"

对于蒙恬"绝地脉"事，历代议论纷纭，又可见有后人诗作从另外的角度予以评判："长城三十万人夫，版筑罢劳骨已枯。万里尝忧绝地脉，丁夫命绝亦知无？"[①]说蒙恬本人和感叹蒙恬英雄悲剧的人们多谈论"地脉"之"绝"，却往往忽略了"丁夫命绝"的惨痛的历史事实。

在传说中，蒙恬又是笔的发明者。其实，笔的使用，早在蒙恬之前。很可能这位北边名将的名字和笔联系在一起，与狼毫笔的开始通行有关。秦人对北边沿线军事生活多有了解，元人陆文圭在诗作中又把笔的发明和"地脉"的绝断联系在了一起："我爱古人巧，创物摭前闻。邈哉仓颉氏，赖此蒙将军。将军绝地脉，乃解开人文。"[②]"蒙将军"虽然有"绝地脉"的行为，但是又知道"开人文（即创造人文成就的意义）"，因而值得赞颂。其实，仅就秦直道工程而言，所谓"绝地脉"如果真的破坏了"地"的自然秩序，但是却以交通基本建设的成功，便利了文化的联系，推动了文明的进步，实际上又开通了人文社会的"脉"。[③]

[①]〔元〕叶朱：《古筑城曲二解》之二，《新安文献志》卷五〇。
[②]〔元〕陆文圭：《赠笔生林君实》，《墙东类稿》卷一五。
[③]王子今：《蒙恬悲剧与大一统初期的"地脉"意识》，载《首都师范大学学报》（社会科学版）2016 年第 4 期。

秦二世直道行迹与望夷宫"祠泾"故事

秦始皇在出巡途中去世,车队在"秘之,不发丧"的情况下继续行进。秦二世胡亥与载运秦始皇尸身的辒凉车经行直道回到咸阳。秦二世胡亥即位之后,曾效法"先帝巡行郡县,以示强,威服海内",也进行以扩张行政权势为目的东巡。其东巡至辽东,还至咸阳,很可能再次经历直道。导致望夷宫之变发生的"二世梦白虎啮其左骖马,杀之,心不乐",占梦卜曰"泾水为祟",于是"乃斋于望夷宫,欲祠泾,沈四白马"事,可能也与直道交通有某种关系。秦二世直道行迹对于秦帝国行政史以及秦帝国交通史研究,都是有值得关注的意义的。

一、沙丘阴谋与"行从直道至咸阳"

按照司马迁的记述,秦始皇最后一次出巡,途中病重去世。赵高与胡亥、李斯密谋策动沙丘政变,安排胡亥即位。《史记》卷六《秦始皇本纪》:

> 至平原津而病。始皇恶言死,群臣莫敢言死事。上病益甚,乃为玺书赐公子扶苏曰:"与丧会咸阳而葬。"书已封,在中车府令赵高行符玺事所,未授使者。七月丙寅,

> 始皇崩于沙丘平台。丞相斯为上崩在外，恐诸公子及天下有变，乃秘之，不发丧。棺载辒凉车中，故幸宦者参乘，所至上食。百官奏事如故，宦者辄从辒凉车中可其奏事。独子胡亥、赵高及所幸宦者五六人知上死。赵高故尝教胡亥书及狱律令法事，胡亥私幸之。高乃与公子胡亥、丞相斯阴谋破去始皇所封书赐公子扶苏者，而更诈为丞相斯受始皇遗诏沙丘，立子胡亥为太子。更为书赐公子扶苏、蒙恬，数以罪，赐死。语具在《李斯传》中。行，遂从井陉抵九原。
> 会暑，上辒车臭，乃诏从官令车载一石鲍鱼，以乱其臭。①

随后就有直道之行。接着又有秦二世即位，秦始皇入葬事：

> 行从直道至咸阳，发丧。太子胡亥袭位，为二世皇帝。
> 九月，葬始皇郦山。②

司马迁的记叙非常简略，然而却描述了一个时代的庄严落幕，一个新的历史转变的冷酷开启。

自秦王朝开始，许多王朝都在第一代执政者与第二代执政者权力交递时发生政治危机。秦代如此，西汉王朝刘邦拟废太子刘盈立赵王刘如意引起上层朝臣恐慌也是如此，此后隋代、唐代都复演了同样的节目。我们在明清史中也可以看到重复的情节。这种历史活剧第一幕的演出，秦直道作为重要的布景，是值得我们注意的。

秦始皇设计规划，并指派"名为忠信"③、最为信任亲近的名将蒙恬主持修筑了这条直道。这一交通史的杰作，却没有能够迎来秦始皇本人的踏行。他只是在已"崩"之后，以"会暑，上辒车臭"，"车载一石鲍鱼，以乱其臭"的特殊的尴尬方式经行了这条道路。

---

① 《史记》，第264页。
② 《史记》，第265页。
③ 《史记》卷八八《蒙恬列传》："始皇二十六年，蒙恬因家世得为秦将，攻齐，大破之，拜为内史。秦已并天下，乃使蒙恬将三十万众北逐戎狄，收河南。筑长城，因地形，用制险塞，起临洮，至辽东，延袤万余里。于是渡河，据阳山，逶蛇而北。暴师于外十余年，居上郡。是时蒙恬威振匈奴。始皇甚尊宠蒙氏，信任贤之。而亲近蒙毅，位至上卿，出则参乘，入则御前。恬任外事而毅常为内谋，名为忠信，故虽诸将相莫敢与之争焉。"《史记》，第2565—2566页。

秦二世胡亥可以说是第一位行经这一世界古代交通史上规模最宏大的道路的权位最高的执政者。

二、《秦始皇本纪》载秦二世元年东巡事

据司马迁在《史记》卷六《秦始皇本纪》中的记载，秦二世元年（前209年），李斯、冯去疾等随从新主往东方巡行。这次出行，时间虽然颇为短暂，行程却甚为辽远。《史记》卷一五《六国年表》止于秦二世三年（前207年），然而不记此事。由于秦二世是所谓"以六合为家，崤函为宫，一夫作难而七庙堕，身死人手，为天下笑"①的亡国之君，后世史家对秦二世东巡也很少予以注意。可是从交通史研究的角度考察，其实是应当肯定这一以强化政治统治为目的的行旅过程的历史意义的。从文化史研究的角度分析，也可以由此深化对秦文化某些重要特质的认识。

《史记》卷六《秦始皇本纪》记载："二世皇帝元年，年二十一。"即位初，就刻意维护专制的基础，炫耀皇权的尊贵，于是有巡行东方郡县之议：

> 二世与赵高谋曰："朕年少，初即位，黔首未集附。先帝巡行郡县，以示强，威服海内。今晏然不巡行，即见弱，毋以臣畜天下。"春，二世东行郡县，李斯从。到碣石，并海，南至会稽，而尽刻始皇所立刻石，石旁著大臣从者名，以章先帝成功盛德焉：皇帝曰："金石刻尽始皇帝所为也。今袭号而金石刻辞不称始皇帝，其于久远也如后嗣为之者，不称成功盛德。"丞相臣斯、臣去疾、御史大夫臣德昧死言："臣请具刻诏书刻石，因明白矣。臣昧死请。"制曰："可。"
>
> 遂至辽东而还。……
>
> 四月，二世还至咸阳。②

根据这一记述，秦二世及其随从由咸阳东北行，"到碣石，并海，

---

① 贾谊：《过秦论》，《史记》卷六《秦始皇本纪》，第282页。
② 《史记》，第267、268页。

南至会稽",又再次北上至辽东,然后回归咸阳。

所谓"东行郡县","到碣石,并海,南至会稽,而尽刻始皇所立刻石",《史记》卷二八《封禅书》则记述说:"二世元年,东巡碣石,并海南,历泰山,至会稽,皆礼祠之,而刻勒始皇所立石书旁,以章始皇之功德。"① 可见,秦二世此次出巡,大致曾行经碣石(秦始皇三十二年东行刻石)、邹峄山(秦始皇二十八年东行刻石)、泰山(秦始皇二十八年东行刻石)、梁父山(秦始皇二十八年东行刻石)、之罘(秦始皇二十八年东行立石,二十九年东行刻石)、琅邪(秦始皇二十八年东行刻石)、朐(秦始皇三十五年立石)、会稽(秦始皇三十七年东行刻石)等地。可以看到,秦二世此行所至,似乎在重复秦始皇十年内四次重大出巡活动的轨迹。

通过与《史记》卷六《秦始皇本纪》记载秦始皇三十七年(前210年)出巡情形的比较,也可以认识秦二世东巡的行进速度:

> 三十七年十月癸丑,始皇出游。……十一月,行至云梦,望祀虞舜于九疑山。浮江下,观籍柯,渡海渚。过丹阳,至钱唐。临浙江,水波恶,乃西百二十里从狭中渡。上会稽,祭大禹,望于南海,而立石刻颂秦德。……还过吴,从江乘渡。并海上,北至琅邪。……自琅邪北至荣成山,……至之罘,……遂并海西。至平原津而病。……七月丙寅,始皇崩于沙丘平台。……棺载辒凉车中,……行,遂从井陉抵九原。……行从直道至咸阳,发丧。

> ……九月,葬始皇郦山。

秦始皇此次出行,总行程很可能不及秦二世元年东巡行程遥远,然而包括"棺载辒凉车中"自沙丘平台回归咸阳(由于李斯等"为上崩在外,恐诸公子及天下有变,乃秘之,不发丧",甚至"百官奏事如故,宦者辄从辒凉车中可其奏事",行经这段路途的情形当一如秦始皇生前),历时竟然将近一年。从咸阳启程行至云梦以及从沙丘平台返回咸阳,有较为具体的时间记录。秦始皇仅

---
① 《史记》,第1370页。

行历这两段路程使用的时间，已经与秦二世元年东巡历时大致相当。

秦二世于当年四月回到咸阳，七月就爆发了陈胜起义。不久，秦王朝的统治就迅速归于崩溃。可以说，秦二世"巡行郡县，以示强，威服海内"的政治目的并没有实现，沿途山海之神"皆礼祠之"的虔敬也没有得到预想的回报。从政治史的视角考察，秦二世东巡不过是一次徒劳无功的迂拙表演。然而从交通史的视角看，却应当充分肯定这一行旅过程虽然作为帝王出巡必然侍从浩荡仪礼繁缛，却仍然表现出较高效率的重要意义。

三、秦二世东巡的历史真实性

秦二世元年东巡一事各地刻石遗存都有记载，可知历史记载基本可信。《史记会注考证附校补》于《史记》卷六《秦始皇本纪》有关秦二世刻石的记载之后引卢文弨曰："今石刻犹有可见者，信与此合。前后皆称'二世'，此称'皇帝'，其非别发端可见。"陈直指出：

> 秦权后段，有补刻秦二世元年诏书者，文云："元年制诏丞相斯、去疾，法度量，尽秦始皇为之，皆有刻辞焉。今袭号而刻辞不称始皇帝，其于久远也，如后嗣为之者，不称成功盛德，刻此诏，故刻左，使毋疑。"与本文前段相同，而峄山、琅邪两石刻，后段与本文完全相同（之罘刻石今所摹存者为二世补刻之诏书，泰山刻石，今所摹存者，亦有二世补刻之诏书）。知太史公所记，本于秦纪，完全正确。①

马非百也曾经指出：

> 至二世时，始皇原刻石后面皆加刻有二世诏书及大臣从者名。今传峄山、泰山、琅邪台、之罘、碣石刻石拓本皆有"皇帝曰"与大臣从者名，即其明证。②

---

① 陈直：《史记新证》，天津人民出版社1979年版，第26页。
② 马非百：《秦集史》下册，中华书局1982年版，第768页。

以文物遗存证史籍记录，可以得到真确无疑的历史认识。

《史记》卷六《秦始皇本纪》："三十七年十月癸丑，始皇出游。左丞相斯从，右丞相去疾守。少子胡亥爱慕请从，上许之。"于是才有"（赵）高乃与公子胡亥、丞相（李）斯阴谋破去始皇所封书赐公子扶苏者，而更诈为丞相斯受始皇遗诏沙丘，立子胡亥为太子，更为书赐公子扶苏、蒙恬，数以罪，赐死"的政变。① 可以说，秦二世的地位是随从秦始皇出巡方得以确立的。而秦二世即位之后，东巡也成为他最重要的政治活动之一。由于有随从秦始皇出巡的经历，秦二世元年东巡便有轻车熟路的便利。而李斯曾经多次随秦始皇出巡，当然也可以使秦二世东巡路线的选择更为合理，日程安排和行旅组织也表现出更高的效率。②

对秦二世出巡历史真实性的怀疑，源于对秦汉交通事业的发达程度缺乏了解。宋人孔平仲曾批评汉武帝巡行的交通效率："《郊祀志》：汉武三月出，行封禅礼，并海上，北至碣石，巡自辽西，历北边至九原。五月复归于甘泉。百日之间周万八千里，呜呼！其荒唐甚矣。"③ 这当然也透露出宋代文士与秦汉时人交通理念存在明显的差异。

四、秦二世"遵述旧绩"说

史念海很早以前论述秦汉交通路线时就曾经指出："东北诸郡濒海之处，地势平衍，修筑道路易于施工，故东出之途此为最便。始皇、二世以及武帝皆尝游于碣石，碣石临大海，为东北诸郡之门户，且有驰道可达，自碣石循海东行，以至辽西辽东二郡。"④ 秦二世元年东巡，往复两次循行并海道路⑤，三次抵临碣石。辽宁

---

① 《史记》，第260、264页。
② 王子今：《秦二世元年东巡史事考略》，见《秦文化论丛》第3辑，西北大学出版社1994年版。
③ 〔宋〕孔平仲：《孔氏杂说》卷一，民国景明《宝顾堂秘籍本》。
④ 史念海：《秦汉时期国内之交通路线》，《文史杂志》第3卷第1—2期，收入《河山集》四集，陕西师范大学出版社1991年版，第573页。
⑤ 王子今：《秦汉时代的并海道》，载《中国历史地理论丛》1988年第2辑。

绥中发现分布较为密集的秦汉建筑遗址，其中占地达15万平方米的石碑地遗址，有人认为"很可能就是秦始皇当年东巡时的行宫"，即所谓"碣石宫"。① 对于这样的认识虽然有不同的意见②，但是与陕西临潼秦始皇陵园出土物相类似的所谓"高浮雕夔纹巨型瓦当"的发现，说明这处建筑遗址的性质很可能确实与作为天下之尊，"意得欲从，以为自古莫及已"③的秦皇帝的活动有关。

秦二世的辽东之行，是其东巡何以行程如此遥远的关键。史念海曾经说："始皇崩后，二世继立，亦尝遵述旧绩，东行郡县，上会稽，游辽东。然其所行，率为故道，无足称者。"④ 其实，秦二世"游辽东"，并不曾循行始皇"故道"。然而秦始皇三十七年（前210年）出巡，"至平原津而病"，后来在沙丘平台逝世，乘舆车队驶向往咸阳的归途。可是这位志于"览省远方"，"观望广丽"⑤的帝王，在"至平原津"之前，是不是已经有巡察辽东的计划呢？此后帝车"遂从井陉抵九原"，"行从直道至咸阳"，只不过行历了北疆长城防线即所谓"北边"的西段，要知道如果巡视整个"北边"，显然应当从其东端辽东启始。或许在秦始皇最后一次出巡时曾追随左右的秦二世胡亥对"先帝"的这一计划有所了解，于是有自会稽北折，辗转至于辽东的行旅实践。倘若如此，秦二世"游辽东"的行程，自然有"遵述旧绩"的意义。

五、秦二世"至辽东而还""还至咸阳"经行直道的可能性

秦二世东巡，"到碣石，并海，南至会稽"，"遂至辽东而还"，

---

① 辽宁省文物考古研究所：《辽宁绥中县"姜女坟"秦汉建筑遗址发掘简报》，载《文物》1986年第8期。
② 董宝瑞：《"碣石宫"质疑》，载《河北大学学报》1987年第4期；《"碣石宫"质疑：兼与苏秉琦先生商榷》，载《河北学刊》1987年第6期。
③ 《史记》卷六《秦始皇本纪》，第258页。
④ 史念海：《秦汉时期国内之交通路线》，《文史杂志》第3卷第1—2期，收入《河山集》四集，陕西师范大学出版社1991年版，第546页。
⑤ 《史记》卷六《秦始皇本纪》，第250页。

"四月,二世还至咸阳"。这一路线"至辽东而还","还至咸阳",不能排除经行直道的可能性。

《史记》卷六《秦始皇本纪》:"始皇巡北边,从上郡入。"① 秦史涉及"北边"的记录,又有《汉书》卷二七下之上《五行志下之上》:"秦大用民力转输,起负海至北边。"② 秦二世欲效法"先帝巡行郡县,以示强,威服海内",表示:"今晏然不巡行,即见弱,毋以臣畜天下。"要"示强"而不"见弱",方可以"威服海内","臣畜天下"。从这一理念出发,最重要的巡行方向,应当是传播"亡秦者胡也"谶语所暗示的北边。

理解秦二世"至辽东而还","还至咸阳",很可能经行直道,首先要注意的,是秦帝国对"胡"形成严重威胁的方向即北边的特别关注。这是秦帝国实现统一之后集结重兵的地方,也是秦始皇委派最信任的名将蒙恬主持军事事务的地方。

其次,应当注意秦始皇三十二年(前215年)"巡北边"事:"三十二年,始皇之碣石,使燕人卢生求羡门、高誓。刻碣石门。坏城郭,决通堤防。""因使韩终、侯公、石生求仙人不死之药。始皇巡北边,从上郡入。燕人卢生使入海还,以鬼神事,因奏录图书,曰'亡秦者胡也'。始皇乃使将军蒙恬发兵三十万人北击胡,略取河南地。"③ 此次"巡北边",自"碣石"至"上郡","碣石"东至"辽东"方面未曾巡行。

再次,应当注意秦始皇最后一次东巡回程,"棺载辒凉车中,……行,遂从井陉抵九原。……行从直道至咸阳",以一种象征方式实现了对北边局部重要区段的视察。秦始皇车队"从井陉抵九原",可能性较大的经行路线,是太原郡—雁门郡—云中郡—九原郡。秦二世"至辽东而还","还至咸阳",有必要巡视自辽东至九原这一秦始皇三十七年(前210年)可能虽列入巡行计

---

① 《史记》,第252页。
② 《汉书》,第1447页。
③ 《史记》卷六《秦始皇本纪》,第251—252页。

划之中却未能实际完成的北边区段。

最后，秦二世"至辽东而还"，"还至咸阳"，最便捷的路线是沿北边道西行然后沿直道南下。①

无论从抗击匈奴之战略形势的需要出发，还是从继承"先帝"事业的志向出发，或是遵行最便捷、通行条件较好的道路选择出发，秦二世巡行北边之后经直道南下"还至咸阳"，都是合理的路线择定。

六、秦二世"梦白虎啮其左骖马"的数术文化解读

战国秦汉时期，秦人对于出行，怀有浓重的神秘主义意识。前引《秦始皇本纪》"三十七年十月癸丑，始皇出游"，是秦始皇诸多出行实践记录中有关启程时间的唯一信息。《史记》保留这一日期或有深意。这是秦始皇最后一次出巡。十月癸丑，在睡虎地秦简《日书》中属于秦人建除系统的"秦除"和"稷辰"中，皆未见与"行"有关的文字，而在可能属于楚人建除系统的"除"中则正当"交日"。而"交日，利以实事。凿井，吉。以祭门行、行水，吉"（甲种四正贰）。"祭门行"仪式的意义，或即"告将行也"②，"行水"则是水路交通形式。秦始皇此次出行先抵江汉地区，"十一月，行至云梦"，很可能因此而据楚数术书择日。另一方面，"秦除""稷辰"虽未言"行吉"，但"十月癸丑"亦不值行忌日。可见，事实确如李学勤所说，"楚、秦的建除虽有差别"，但"又有一定的渊源关系"。③现在分析，属于秦人建除系统的"秦除"和"稷辰"中，均未见"行吉"日。据此或许可以推想，秦人有可能是将"不可行"日之外的其他日子都作为"利以行""行有得"或"行吉"之日看待的。④

---

① 王子今：《秦汉长城与北边交通》，载《历史研究》1988年第6期。
② 《仪礼·聘礼》郑玄注，〔清〕阮元校刻：《十三经注疏》，中华书局1980年版，第1047页。
③ 李学勤：《睡虎地秦简〈日书〉与楚、秦社会》，载《江汉考古》1985年第4期。
④ 这样说来，秦人建除中虽不著明"行吉"之日，而事实上的"行吉"日则远较楚人建除为多。

秦二世的言行也体现出对于出行的重视。《史记》卷六《秦始皇本纪》记载："诸侯咸率其众西乡。沛公将数万人已屠武关，使人私于高，高恐二世怒，诛及其身，乃谢病不朝见。"于是发生了导致其人生悲剧结局的值得注意的情节：

> 二世梦白虎啮其左骖马，杀之，心不乐，怪问占梦。卜曰："泾水为祟。"二世乃斋于望夷宫，欲祠泾，沈四白马。

正是在望夷宫，秦二世与赵高矛盾的激化，致使赵高令阎乐率吏卒入宫，逼迫胡亥自杀。①

望夷宫之变，标志秦帝国政治生命的完结。《史记》卷六《秦始皇本纪》记载："阎乐归报赵高，赵高乃悉召诸大臣公子，告以诛二世之状。曰：'秦故王国，始皇君天下，故称帝。今六国复自立，秦地益小，乃以空名为帝，不可。宜为王如故，便。'立二世之兄子公子婴为秦王。以黔首葬二世杜南宜春苑中。令子婴斋，当庙见，受王玺。"②望夷宫之变后，秦放弃帝号，回复"王国"名义。望夷宫，作为空间坐标，同时也是时间坐标，可以看作秦帝国史的终止符。

七、望夷宫与直道

"梦白虎啮其左骖马，杀之"，是体现交通危难的凶兆，所

---

① 《史记》卷六《秦始皇本纪》："（二世）使使责让高以盗贼事。高惧，乃阴与其婿咸阳令阎乐、其弟赵成谋曰：'上不听谏，今事急，欲归祸于吾宗。吾欲易置上，更立公子婴。子婴仁俭，百姓皆载其言。'使郎中令为内应，诈为有大贼，令乐召吏发卒，追劫乐母置高舍。遣乐将吏卒千余人至望夷宫殿门，缚卫令仆射，曰：'贼入此，何不止？'卫令曰：'周庐设卒甚谨，安得贼敢入宫？'乐遂斩卫令，直将吏入，行射，郎宦者大惊，或走或格，格者辄死，死者数十人。郎中令与乐俱入，射上幄坐帏。二世怒，召左右，左右皆惶扰不斗。旁有宦者一人，侍不敢去。二世入内，谓曰：'公何不蚤告我？乃至于此！'宦者曰：'臣不敢言，故得全。使臣蚤言，皆已诛，安得至今？'阎乐前即二世数曰：'足下骄恣，诛杀无道，天下共畔足下，足下其自为计。'二世曰：'丞相可得见否？'乐曰：'不可。'二世曰：'吾愿得一郡为王。'弗许。又曰：'愿为万户侯。'弗许。曰：'愿与妻子为黔首，比诸公子。'阎乐曰：'臣受命于丞相，为天下诛足下，足下虽多言，臣不敢报。'麾其兵进。二世自杀。"第273—274页。

② 《史记》，第275页。

以秦二世"心不乐，怪"，是自然的。所谓"二世乃斋于望夷宫，欲祠泾，沈四白马"，似具有某种特别的含义。裴骃《集解》："张晏曰：'望夷宫在长陵西北长平观道东故亭处是也。临泾水作之，以望北夷。'"张守节《正义》："《括地志》云：'秦望夷宫在雍州咸阳县东南八里。张晏云临泾水作之，望北夷。'"①"望夷"即"望北夷"，顾名思义，望夷宫具有联系北边，面向边疆"夷"族的空间形势。这自然会使人联想到直道的方向。"望夷宫在长陵西北长平观道东故亭处是也"，可知正当直道起点云阳甘泉通往咸阳的交通要道上。

"白虎"在方位象征秩序中通常对应西方，然而如果在从自直道南行往咸阳的路线上，"左骖"对应的正是东方。在这一方向，显现所谓"关东群盗并起"的政治危局。②

《太平御览》卷六九七引《拾遗录》曰："秦王子婴寝于望夷宫，夜梦有人长文须，鬓绝青，纳王舃而乘丹车。告云：天下当乱，王乃杀赵高。所梦则始皇之灵，所着舃则安期所遗者。"③这是另一则关于望夷宫的故事。秦王子婴梦中的"始皇之灵"，其交通能力借助"纳王舃而乘丹车"得以表现。望夷宫在秦代交通系统中的地位亦得昭显。明代诗人王圻《望夷宫》诗："泾原筑望夷，欲觇边尘起。讵知亡国胡，生长祈年里。"④由此可知通常人们的理解，"望夷"可以观察"边尘""胡""夷"动向。清人杨鸾《长城》诗："嗟乎亡秦者胡，北胡何能啮骖者？虎祟乃非径，望夷宫中

---

① 《史记》，第274页。
② 将军冯劫谏言。《史记》卷六《秦始皇本纪》，第271页。赵高称关东暴动民众为"关东盗"，又言"关东群盗多"。《史记》卷六《秦始皇本纪》，第273页；《史记》卷八七《李斯列传》，第2558页。王子今：《秦王朝关东政策的失败与秦的覆亡》，载《史林》1986年第2期。
③ 《四部丛刊》三编景宋本。《太平广记》卷七一《道术一·赵高》："秦王子婴常寝于望夷宫。夜梦有人身长十丈。鬓发绝伟。纳玉舃而乘丹车。驾朱马。至宫门，云欲见秦王婴，闻者许进焉。子婴乃与之言。谓婴曰：予是天使也，从沙丘来。天下将乱，当有欲诛暴者。望日乃起，子婴既疑赵高，因囚高于咸阳。"民国景明嘉靖谈恺刻本。
④ 〔明〕王圻：《王侍御类稿》卷一四，明万历刻本。

忽有兵。"①也强调"望夷宫"面对"北胡"即"望北夷"的作用。

裴骃《集解》引张晏曰:"望夷宫在长陵西北长平观道东故亭处是也。临泾水作之,以望北夷。"②所言临近"长平观道",参考有关呼韩邪单于入关中路线,《汉书》卷九四下《匈奴传下》:"呼韩邪单于款五原塞,愿朝三年正月。汉遣车骑都尉韩昌迎,发过所七郡郡二千骑,为陈道上。单于正月朝天子于甘泉宫,汉宠以殊礼,位在诸侯王上"。"使使者道单于先行,宿长平。上自甘泉宿池阳宫。上登长平,诏单于毋谒,其左右当户之群臣皆得列观,及诸蛮夷君长王侯数万,咸迎于渭桥下,夹道陈。上登渭桥,咸称万岁。"③《汉书》卷八《宣帝纪》:"使有司道单于先行就邸长安,宿长平。上自甘泉宿池阳宫。上登长平阪,诏单于毋谒。其左右当户之群皆列观,蛮夷君长王侯迎者数万人,夹道陈。上登渭桥,咸称万岁。单于就邸。置酒建章宫,飨赐单于,观以珍宝。"呼韩邪单于经直道至甘泉宫,又南下往长安,途中"宿长平"。可知所谓"长平观"正当"甘泉宫"往咸阳—长安地方的重要通道。关于"长平阪",颜师古注:"如淳曰:'阪名也,在池阳南。上原之阪有长平观,去长安五十里。'师古曰:'泾水之南原,即今所谓眭城阪也。'"④

张荫麟《中国史纲》记述"为谋北边的一劳永逸,始皇于三十三四年间"经营的"宏大的工程",即"从河套外的九原郡治,筑了一条'直道'达到关内的云阳(今陕西淳化县西北。从此至咸阳,有泾渭可通),长一千八百里"。⑤从云阳"至咸阳,有泾渭可通"的说法值得我们注意。韩复智等编著的《秦汉史》也写道:"修筑直道:从九原郡(内蒙古包头市西)直到咸阳西北百余里的云阳,

---

① 〔清〕杨鸾:《邈云楼集六种·邈云三编》,清乾隆道光间刻本。
② 《史记》,第274页。
③ 《汉书》,第3798页。
④ 《汉书》,第271页。
⑤ 张荫麟撰:《中国史纲》,上海古籍出版社1999年版,第149—150页。

长一千八百里，从云阳到咸阳有泾水可通。"①也强调了"泾水"在直道延长线云阳至咸阳段的意义。所谓"有泾渭可通"以及"有泾水可通"，似考虑到水运因素。②通过自甘泉宫南下的呼韩邪单于在"渭桥"受到欢迎，"咸迎于渭桥下，夹道陈。上登渭桥，咸称万岁"可知，就秦汉时期更为方便的交通方式陆路而言，"泾渭"是需要克服的交通险阻。当然，自云阳甘泉南下咸阳，不必渡渭，只需要经过泾河。由此或有助于理解秦二世"斋于望夷宫，欲祠泾"与自云阳起始的秦直道交通的神秘关系。关于横跨泾水的泾桥③，秦官印有文曰"长夷泾桥"者④，可作为实物证明。

秦二世"欲祠泾，沈四白马"的做法很可能与交通有关。这一推想也许可以通过秦始皇的相关事迹得到旁证。《史记》卷六《秦始皇本纪》记载："（三十六年）秋，使者从关东夜过华阴平舒道，有人持璧遮使者曰：'为吾遗滈池君。'因言曰：'今年祖龙死。'使者问其故，因忽不见，置其璧去。使者奉璧具以闻。始皇默然良久，曰：'山鬼固不过知一岁事也。'退言曰：'祖龙者，人之先也。'使御府视璧，乃二十八年行渡江所沈璧也。"⑤从史籍可见秦人有以"璧"为献品"祈""河"的传统。如《左传·文公十二年》记载，

---

① 韩复智、叶达雄、邵台新、陈文豪编著：《秦汉史》（增订本），里仁书局2007年版，第49页。

② 杜笃《论都赋》中，说到"造舟于渭，北航泾流"，似说明泾河某些区段当时也可以通航。黄盛璋在《历史上的渭河水运》一文中指出，"关中河流能用于水运的只有渭河"，"此外泾河、洛河虽也是关中大河之一，但古今都无舟楫之利"。《历史地理论集》，人民出版社1982年版，第148页。"古今"概言，不免绝对。但是秦时泾水通航记录，确实未见于史籍。

③ 杜笃《论都赋》有"桥泾、渭"语，见《后汉书》卷八〇上《文苑列传上·杜笃》，第2597页。又《后汉书》卷三《章帝纪》："又幸长平，御池阳宫，东至高陵，造舟于泾而还。"第144页。《初学记》卷六引薛莹《后汉书》作"造舟至于泾而还"，也言及"长平"。"泾水"条下"事对"部分，"造舟"与"沉马"为对，"望夷宫"与"长平观"为对，也值得注意。〔唐〕徐坚等著：《初学记》，中华书局1962年版，第138页。

④ 罗福颐：《待时轩印存》。

⑤ 《秦始皇本纪》接着记述了又一例神秘主义意识导致的交通行为："于是始皇卜之，卦得游徙吉。迁北河榆中三万家。拜爵一级。"张守节《正义》："谓北河胜州也。榆中即今胜州榆林县也。言徙三万家以应卜卦游徙吉也。"《史记》，第259—260页。

秦晋作战，"秦伯以璧祈战于河"①。这种"以璧祈战于河"的方式，应当也与渡河的军事交通行为有关。秦始皇"渡江""沈璧"应用以祈祝平安顺利，或与"祠泾，沈四白马"意义接近。而出行途中渡江河遇到艰难险阻的著名史例，有秦始皇三十七年（前210年）出巡，"临浙江，水波恶，乃西百二十里从狭中渡"。而此行"少子胡亥爱慕请从，上许之"②，也就是说，秦二世当时与秦始皇同行，曾经亲历"临浙江，水波恶"的情形。

还有一则历史记载值得注意，《穆天子传》卷一记述周穆王与河宗柏夭相会的情形，其间举行的祭祀活动中有"沈马"的情节："天子授河宗璧。河宗柏夭受璧，西向沈璧于河，再拜稽首。祝沈马牛豕羊。"③周穆王在河宗柏夭配合下"沈璧于河"又"沈马牛豕羊"的地点，在今内蒙古包头，即秦始皇直道的起点。而秦二世"欲祠泾，沈四白马"之所在，在直道终点与咸阳的交通道路上。一北一南两相比照，也是耐人寻味的。

---

① 《春秋左传集解》，上海人民出版社1977年版，第248页。
② 《史记》，第260页。
③ 文渊阁《四库全书》本。

汉文帝"自甘泉之高奴"

刘恒于汉高祖十一年（前 196 年）春立为代王。吕氏之乱平定后，因陈平、周勃等迎立即位，又有自代往长安的交通实践。然而汉文帝在位二十三年（前 180 至前 157 年）中，除三年（前 177 年）有太原之行外，只有在三辅地区以内的短途出行经历。[①] 对于汉文帝此次太原之行，也是他在位期间唯一一次长途出行的多方面的意义，有必要进行分析。汉文帝"自甘泉"出发北上，可能行经秦直道部分路段。

一、汉文帝"自甘泉之高奴，因幸太原"的历史记录

对于汉文帝三年（前 177 年）的太原之行。《史记》卷一〇《孝文本纪》记载了其前后事迹：

> 五月，匈奴入北地，居河南为寇。帝初幸甘泉。六月，帝曰："汉与匈奴约为昆弟，毋使害边境，所以输遗匈奴甚厚。今右贤王离其国，将众居河南降地，非常故，往来近塞，捕杀吏卒，驱保塞蛮夷，令不得居其故，陵轹边吏，入盗，甚敖无道，非约也。其发边吏骑八万五千诣高奴，

[①] 如十五年（前 165 年）"幸雍"，十六年（前 164 年）"亲郊见渭阳五帝庙"等。《史记》，第 430 页。

遣丞相颍阴侯灌婴击匈奴。"匈奴去，发中尉材官属卫将军军长安。

辛卯，帝自甘泉之高奴，因幸太原，见故群臣，皆赐之。举功行赏，诸民里赐牛酒。复晋阳中都民三岁。留游太原十余日。

济北王兴居闻帝之代，欲往击胡，乃反，发兵欲袭荥阳。于是诏罢丞相兵，遣棘蒲侯陈武为大将军，将十万往击之。祁侯贺为将军，军荥阳。七月辛亥，帝自太原至长安。乃诏有司曰："济北王背德反上，诖误吏民，为大逆。济北吏民兵未至先自定，及以军地邑降者，皆赦之，复官爵。与王兴居去来，亦赦之。"八月，破济北军，虏其王。赦济北诸吏民与王反者。①

汉文帝即位不过两年又八个月，就亲赴太原。这似乎表现出这位从封地代国前往长安即皇帝位的西汉王朝新的最高执政者对太原地方的特别关注。

《汉书》卷四《文帝纪》有这样的记述："（三年）五月，匈奴入居北地、河南为寇。上幸甘泉，遣丞相灌婴击匈奴，匈奴去。发中尉材官属卫将军，军长安。上自甘泉之高奴，因幸太原，见故群臣，皆赐之。举功行赏，诸民里赐牛酒。复晋阳、中都民三岁租。留游太原十余日。济北王兴居闻帝之代，欲自击匈奴，乃反，发兵欲袭荥阳。于是诏罢丞相兵，以棘蒲侯柴武为大将军，将四将军十万众击之。祁侯缯贺为将军，军荥阳。秋七月，上自太原至长安。诏曰：'济北王背德反上，诖误吏民，为大逆。济北吏民兵未至先自定及以军城邑降者，皆赦之，复官爵。与王兴居去来者，亦赦之。'八月，虏济北王兴居，自杀。赦诸与兴居反者。"② 除平叛事记录稍详外，汉文帝"幸太原"情节较《史记》简略。

荀悦《汉纪·孝文皇帝纪上》也写道："（三年）五月，匈

---
① 《史记》，第425—426页。
② 《汉书》，第119—120页。

奴寇北地、河南。丞相灌婴击之。卫将军军长安。上自至高奴，因幸太原。见群臣故人，皆赐之，举功行赏。复晋阳、中都民三岁租。留太原，游十余日。济北王兴居闻上自击胡，乃发兵反。秋，大旱。七月，上自太原还。八月，将军柴武击济北王兴居。兴居自杀。赦诸与兴居反者。"①

看来，史家都对汉文帝的太原之行给予重视，而司马迁的记述更为详尽。

二、代—太原的军事地理地位与"帝之代，欲往击胡"

"五月，匈奴入北地，居河南为寇。帝初幸甘泉。"汉文帝在敌情严重的情况下毅然进居甘泉宫，表露了积极抗敌的态度。六月，汉文帝谴责匈奴"非约"的行为，并宣布"其发边吏骑八万五千诣高奴，遣丞相颍阴侯灌婴击匈奴"。匈奴退兵，仍"发中尉材官属卫将军军长安"。

六月辛卯，汉文帝"自甘泉之高奴"。他实际上来到了防备匈奴进攻的前敌指挥中心。

司马迁"帝自甘泉之高奴，因幸太原"的记述，表明汉文帝的太原之行与北边抗击匈奴的军事行动有密切的关系。于"发边吏骑八万五千诣高奴，遣丞相颍阴侯灌婴击匈奴"事后"之高奴"，自有"帝亲自劳军，勒兵申教令，赐军吏卒"②的意义。

所谓"济北王兴居闻帝之代，欲往击胡，乃反"，也从另一侧面说明了"之代"与"击胡"的密切关系。

讨论汉文帝"幸太原"或者"之代"与国防的关系，应当说明当时代国在北边防卫系统中的地位。

周振鹤在总结西汉政区地理时指出："高帝六年，封兄喜为代王，名义上有云中、雁门、代三郡。七年，更封子如意。九年

---

① 〔汉〕荀悦著，张烈点校：《汉纪》，中华书局2002年版，第99—100页。
② 《史记》卷一〇《孝文本纪》记文帝前十四年（前166年）抗击匈奴事。第428页。

如意徙王赵，代地属赵。十一年，分云中郡东部置定襄郡，以定襄、雁门、代、太原四郡置代国，封子恒。景帝三年，代国唯余太原一郡，其定襄、雁门、代三边郡属汉。武帝元鼎三年，代王徙清河，代国除为太原郡。"①汉初在刘喜封代王之前，临北边有中央直属的陇西、北地、上郡、云中、雁门、代郡六郡和燕国的上谷、渔阳、右北平、辽西、辽东五郡。封刘喜后，中央直属十五郡中，临北边有陇西、北地、上郡、云中四郡。而北边的中段和东段均为代国和燕国所有。②

关注汉初历史的学者不能忽视的历史事实，是代国长期处于匈奴军事文化的强辐射区。《史记》卷一一〇《匈奴列传》说，"至冒顿而匈奴最强大，尽服从北夷，而南与中国为敌国"，"单于之庭直代、云中"。张守节《正义》："代郡城，北狄代国，秦汉代县城也，在蔚州羌胡县北百五十里。云中故城，赵云中城，秦云中郡，在胜州榆林县东北四十里。言匈奴之南直当代、云中也。"③据司马迁记述："(冒顿)悉复收秦所使蒙恬所夺匈奴地者，与汉关故河南塞，至朝那、肤施，遂侵燕、代。是时汉兵与项羽相距，中国罢于兵革，以故冒顿得自强，控弦之士三十余万。"④匈奴侵代造成的农耕居民及其行政管理者的困窘，在韩王信上书中的表述是"国被边，匈奴数入"。《史记》卷九三《韩信卢绾列传》记载："上以韩信材武，所王北近巩、洛，南迫宛、叶，东有淮阳，皆天下劲兵处，乃诏徙韩王信王太原以北，备御胡，都晋阳。信上书曰：'国被边，匈奴数入，晋阳去塞远，请治马邑。'上许之，信乃徙治马邑。秋，匈奴冒顿大围信，信数使使胡求和解。汉发兵救之，疑信数间使，有二心，使人责让信。信恐诛，因与匈奴

---

① 周振鹤：《西汉政区地理》，人民出版社1987年版，第70页。
② 《史记》卷一七《汉兴以来诸侯王年表》："自雁门、太原以东至辽阳，为燕、代国。"第801—802页。
③ 《史记》，第2891—2892页。
④ 《史记》，第2890页。

约共攻汉，反，以马邑降胡，击太原。"① 刘邦"诏徙韩王信王太原以北"的动机，是看重他"材武"，又有所王"皆天下劲兵处"的经历，指望他能够"备御胡"。然而不料在匈奴军事强权的重压下，韩王信竟然"降胡"，甚至与匈奴合军攻汉。

刘邦亲自率领汉军主力在代地与匈奴直接对抗。"七年冬，上自往击，破信军铜鞮，斩其将王喜。信亡走匈奴。其将白土人曼丘臣、王黄等立赵苗裔赵利为王，复收信败散兵，而与信及冒顿谋攻汉。匈奴使左右贤王将万余骑与王黄等屯广武以南，至晋阳，与汉兵战，汉大破之，追至于离石，复破之。匈奴复聚兵楼烦西北，汉令车骑击破匈奴。匈奴常败走，汉乘胜追北，闻冒顿居代谷，高皇帝居晋阳，使人视冒顿，还报曰'可击'。上遂至平城。上出白登，匈奴骑围上，上乃使人厚遗阏氏。阏氏乃说冒顿曰：'今得汉地，犹不能居；且两主不相戹。'居七日，胡骑稍引去。时天大雾，汉使人往来，胡不觉。护军中尉陈平言上曰：'胡者全兵，请令强弩傅两矢外向，徐行出围。'入平城，汉救兵亦到，胡骑遂解去。汉亦罢兵归。韩信为匈奴将兵往来击边。"②白登之围，给汉王朝的最高统治者留下了沉痛的记忆。其事距刘恒封代王不过四年。

代地，是高帝时代汉王朝与匈奴作战的主战场，又长期承担着抗御匈奴主力的边防重任。刘恒封代王时，最高执政集团对这一严峻形势是有所考虑的。《史记》卷八《高祖本纪》："（十一年）分赵山北，立子恒以为代王，都晋阳。"③《汉书》卷一下《高帝纪下》写道：

（十一年冬）太尉周勃道太原入定代地，至马邑，马邑不下，攻残之。……

---

① 《史记》，第2633页。
② 《史记》，第2633—2634页。
③ 裴骃《集解》："如淳曰：'《文纪》言都中都。又文帝过太原，复晋阳、中都二岁，似迁都于中都也。'"第389页。

（春正月）诏曰："代地居常山之北，与夷狄边，赵乃从山南有之，远，数有胡寇，难以为国。颇取山南太原之地益属代，代之云中以西为云中郡，则代受边寇益少矣。王、相国、通侯、吏二千石择可立为代王者。"燕王绾、相国何等三十三人皆曰："子恒贤知温良，请立以为代王，都晋阳。"①

刘恒被立为代王，是以代地频仍的战事为背景的，特别是"与夷狄边"，"数有胡寇"的形势，形成了"难以为国"的政治困境。刘邦"颇取山南太原之地益属代，代之云中以西为云中郡"的行政区划调整，以图"代受边寇益少"。

司马迁《史记》卷一〇《孝文本纪》写道："济北王兴居闻帝之代，欲往击胡，乃反，发兵欲袭荥阳。于是诏罢丞相兵，遣棘蒲侯陈武为大将军，将十万往击之。祁侯贺为将军，军荥阳。七月辛亥，帝自太原至长安。乃诏有司曰：'济北王背德反上，诖误吏民，为大逆。济北吏民兵未至先自定，及以军地邑降者，皆赦之，复官爵。与王兴居去来，亦赦之。'八月，破济北军，虏其王。赦济北诸吏民与王反者。"②根据这一历史记录，似乎汉文帝"之代"，有以此为基地出击匈奴的计划。

这是确实存在的军事方略，还是济北王刘兴居的错误判断呢？

《史记》载"济北王兴居闻帝之代，欲往击胡"，《汉书》卷四《文帝纪》的说法是"济北王兴居闻帝之代，欲自击匈奴"③。荀悦《汉纪·孝文皇帝纪上》则写作"济北王兴居闻上自击胡"。

林幹《匈奴史》《匈奴通史》《匈奴历史年表》都没有记录

---

① 《汉书》，第70页。
② 《史记》，第426页。
③ 《汉书》卷四《文帝纪》："济北王兴居闻帝之代，欲自击匈奴，乃反，发兵欲袭荥阳。于是诏罢丞相兵，以棘蒲侯柴武为大将军，将四将军十万众击之。祁侯缯贺为将军，军荥阳。秋七月，上自太原至长安。诏曰：'济北王背德反上，诖误吏民，为大逆。济北吏民兵未至先自定及以军城邑降者，皆赦之，复官爵。与王兴居去来者，亦赦之。'八月，虏济北王兴居，自杀。赦诸与兴居反者。"第120页。

此事①,《匈奴史料汇编》也未采录相关记载②。研究者或许以为汉文帝"之代,欲往击胡"并非史实,或许以为汉文帝的计划并未形成战争事实而不足重视。

汉文帝时代涉及对匈奴战争的又一条史料,也许有必要在这里引录。《史记》卷一〇《孝文本纪》:

> 十四年冬,匈奴谋入边为寇,攻朝那塞,杀北地都尉卬。上乃遣三将军军陇西、北地、上郡,中尉周舍为卫将军,郎中令张武为车骑将军,军渭北,车千乘,骑卒十万。帝亲自劳军,勒兵申教令,赐军吏卒。帝欲自将击匈奴,群臣谏,皆不听。皇太后固要帝,帝乃止。于是以东阳侯张相如为大将军,成侯赤为内史,栾布为将军,击匈奴。匈奴遁走。

对于所谓"皇太后固要帝",裴骃《集解》:"徐广曰:'必不得自征也。'"③《汉书》卷四《文帝纪》言"皇太后固要上",颜师古注:"文颖曰:'要,劫也,哀痛祝誓之言。'"④此次"帝欲自将击匈奴",甚至"群臣谏,皆不听",直待皇太后亲自施加压力方才劝止的情形,反映了汉文帝抗击匈奴的决心,也反映了汉文帝的性格特征,或许可以作为我们理解汉文帝三年(前177年)"帝之代,欲往击胡"事的史实参照。

三、文帝"长安—太原—长安"行程的交通史意义

"帝自甘泉之高奴,因幸太原",其路线自然经过高奴(今陕西延安)。车驾很可能沿洧水即今延河东进,在狐讘(今山西永和南)以南的渡口渡河。如果在采桑津渡河,则须向南迂行。《左

---

① 林幹:《匈奴史》(修订本),内蒙古人民出版社1979年版;《匈奴通史》,人民出版社1986年版;《匈奴历史年表》,中华书局1984年版。

② 林幹:《匈奴史料汇编》,中华书局1988年版。

③ 《史记》,第428页。

④ 荀悦《汉纪·孝文皇帝纪上》:"上欲自征匈奴。群臣谏,不听。皇太后固止之,乃止。"《资治通鉴》卷一五"汉文帝前十四年":"上亲劳军,勒兵,申教令,赐吏卒,自欲征匈奴。群臣谏,不听;皇太后固要,上乃止。"胡三省注:"文颖曰:要,劫也,哀痛祝誓之言。余谓固要,力止也。"

传·僖公八年》：晋"败狄于采桑"。杜预《集解》："平阳北屈县西南有采桑津。"①《续汉书·郡国志一》："（河东郡）北屈，有壶口山，有采桑津。"②在采桑津以北的河段应另有渡口。许多历史事实表明，当时黄河东西两岸往来交通比较方便。西汉设置的西河郡跨河而治，可见黄河上很可能还有若干津渡体现出交通的功能。③

汉文帝在太原得到济北王刘兴居反叛的消息，自然要及时采取紧急对策。《史记》卷一〇《孝文本纪》："于是诏罢丞相兵，遣棘蒲侯陈武为大将军，将十万往击之。祁侯贺为将军，军荥阳。七月辛亥，帝自太原至长安。"④汉文帝从太原返回长安，应当选择最便捷的路线。

汉文帝以代王身份往长安即位，很可能经由采桑津，自然也不排除由采桑津以南的渡口过河的可能。然而可能性更大的，是在前景尚不十分确定的情况下，出于安全考虑，应避开经由上郡的路线，而尽量在代国境内行进。也就是说，至少应当循汾水行至代国南境的平周（今山西介休西）之后，再往西南向河水斜进。在渡河后，刘恒一行曾经在高陵（今陕西高陵）停驻。《史记》卷一〇《孝文本纪》："乃命宋昌参乘，张武等六人乘传诣长安。至高陵休止，而使宋昌先驰之长安观变。"张守节《正义》："《括地志》云：'高陵故城在雍州高陵县西南一里。'"⑤在得到长安方面的确定消息之后，刘恒才经由横桥前往长安。

这是一条汉文帝熟悉的道路。

薄太后的弟弟薄昭在汉文帝即位前后曾经多次经行这条道路。《史记》卷四九《外戚世家》："高祖崩，诸御幸姬戚夫人之属，

---

① 《春秋左传集解》，上海人民出版社1977年版，第266页。
② 王子今：《秦汉黄河津渡考》，载《中国历史地理论丛》1989年第3辑；《秦汉交通史稿》，中共中央党校出版社1994年版，第71页。
③ 王子今：《西河郡建置与汉代山陕交通》，载《晋阳学刊》1990年第6期。
④ 《汉书》卷四《文帝纪》："秋七月，上自太原至长安。"第120页。
⑤ 《史记》，第414—415页。

吕太后怒，皆幽之，不得出宫。而薄姬以希见故，得出，从子之代，为代王太后。太后弟薄昭从如代。"①这可能是薄昭第一次经行这条道路。

《史记》卷一〇《孝文本纪》："丞相陈平、太尉周勃等使人迎代王。"对于是否入长安，"代王报太后计之，犹与未定。卜之龟，卦兆得大横。占曰：'大横庚庚，余为天王，夏启以光。'代王曰：'寡人固已为王矣，又何王？'卜人曰：'所谓天王者乃天子。'于是代王乃遣太后弟薄昭往见绛侯"②。这可能是薄昭第二次经行这条道路。

"绛侯等具为昭言所以迎立王意。薄昭还报曰：'信矣，毋可疑者。'"③这可能是薄昭第三次经行这条道路。

薄昭又随刘恒赴长安。这可能是薄昭第四次经行这条道路。

汉文帝元年十月，"壬子，遣车骑将军薄昭迎皇太后于代"④。这可能是薄昭第五次、第六次经行这条道路。

"薄昭迎皇太后于代"，十月壬子受命，正月乙巳以前返回。⑤据《二十史朔闰表》，十月壬子为十月三日，正月乙巳为正月二十六日。⑥此次往返长安与代地之间，行程应在一百一十二天之内。这样的行程推算，如果作为交通史料看待，似乎没有太大的意义。

但是，"代王乃遣太后弟薄昭往见绛侯"，在得到来自周勃

---

① 《史记》，第1971页。
② 《史记》，第414页。
③ 《史记》，第414页。
④ 《史记》，第418页。
⑤ 《史记》卷一〇《孝文本纪》："（汉文帝元年正月）封将军薄昭为轵侯。"裴骃《集解》："徐广曰：'正月乙巳也。'"第420页。事当在迎皇太后至长安之后。《史记》卷一九《惠景间侯者年表》："元年四月乙巳，侯薄昭元年。"第994页。据陈垣《二十史朔闰表》，元年四月无"乙巳"日，"四月"恐是"正月"之误。陈垣：《二十史朔闰表》，中华书局1962年版，第13页。《史记》卷一九《惠景间侯者年表》："高祖十年为郎，从军，十七岁为太中大夫，迎孝文代，用车骑将军迎太后，侯，万户。薄太后弟。"第994页。可推知薄昭封侯在迎太后至长安之后。
⑥ 陈垣：《二十史朔闰表》，中华书局1962年版，第13页。

等人的可靠信息之后,"薄昭还报",此次往返以及随代王刘恒赴长安,也就是薄昭第二次、第三次、第四次经行这条道路。加上"丞相陈平、太尉周勃等使人迎代王"的使者的行程,则四次行程在不足一个月之内完成。《史记》卷一〇《孝文本纪》:"高后八年七月,高后崩。九月,诸吕吕产等欲为乱,以危刘氏,大臣共诛之,谋召立代王。""孝文皇帝元年十月庚戌,徙立故琅邪王泽为燕王。""辛亥,皇帝即阼,谒高庙。"① 据《二十史朔闰表》,"十月庚戌",即十月一日。十月"辛亥",即十月二日。② 在这不足一个月中,尚包括刘恒"犹与未定","宋昌先驰至长安观变",以及居代邸"西乡让者三,南乡让者再"而"群臣以礼次侍,乃使太仆婴与东牟侯兴居清宫,奉天子法驾,迎于代邸"等程序占用的时间。可见,薄昭第二次、第三次、第四次经行这条道路,行进速度都是相当高的。

汉文帝因指挥平叛并控制京师的需要从太原返回长安,一定归心似箭,应当选择曾经亲自走过,而薄昭尤其熟悉的路线。

汉文帝三年六月"辛卯,帝自甘泉之高奴,因幸太原","留游太原十余日","七月辛亥,帝自太原至长安"。自从甘泉出发,到返回长安,自六月二十七日到七月十八日③,共计二十日,除去"留游太原十余日",则此次太原之行的交通效率,也是值得交通史研究者重视的。④

四、"帝自甘泉之高奴"与直道史研究

史念海对于以为汉文帝此行经历秦直道的意见提出驳议。他指出:"不能因为文帝此行是由甘泉首途,就以为他所走过的道路都是直道。"汉文帝"是由直道北行的",但是,"由直道北

---

① 《史记》,第413、418页。
② 陈垣:《二十史朔闰表》,中华书局1962年版,第13页。
③ 据陈垣《二十史朔闰表》,六月辛卯即二十七日,七月辛亥即十八日。中华书局1962年版,第13页。
④ 王子今:《论汉文帝三年太原之行》,载《晋阳学刊》2005年第4期。

行并不是说非要遵循这条道路走到尽头不可。中间改由他路也并非不可能的，有时甚至是必要的"。① 这无疑是正确的判断。然而我们以为研究直道史应当特别注意的，是汉文帝"由直道北行""所走过的道路"所"遵循这条道路"即秦直道的路段。

《史记》卷六《秦始皇本纪》："十九年，王翦、羌瘣尽定取赵地东阳，得赵王。引兵欲攻燕，屯中山。秦王之邯郸，诸尝与王生赵时母家有仇怨，皆坑之。秦王还，从太原、上郡归。"②秦王政"之邯郸"，"还，从太原、上郡归"，似与汉文帝后来往复太原的行程有重叠处。这是在秦直道施工之前的交通行程记录，似乎可以作为汉文帝未必经行秦直道的助证。

不过，汉文帝太原之行既有"自甘泉之高奴"的行程，那么既然秦直道这条通行条件甚好的道路已经存在，应当尽可能"遵循这条道路"。

五、匈奴"候骑至雍甘泉"

在汉文帝执政后期，发生过匈奴骑兵沿直道南下进犯的历史事件。

《史记》卷一一〇《匈奴列传》有关于汉文帝十四年（前166年）匈奴入侵的记载：

> 汉孝文皇帝十四年，匈奴单于十四万骑入朝那、萧关，杀北地都尉印，虏人民畜产甚多，遂至彭阳。使奇兵入烧回中宫，候骑至雍甘泉。于是文帝以中尉周舍、郎中令张武为将军，发车千乘，骑十万，军长安旁以备胡寇。而拜昌侯卢卿为上郡将军，宁侯魏遬为北地将军，隆虑侯周灶为陇西将军，东阳侯张相如为大将军，成侯董赤为前将军，大发车骑往击胡。单于留塞内月余乃去，汉逐出塞即还，不能有所杀。

---

① 史念海：《直道和甘泉宫遗迹质疑》，载《中国历史地理论丛》1988年第3辑。
② 《史记》，第233页。

匈奴单于 14 万骑入侵，又以"奇兵"突袭内地，据说"候骑至雍甘泉"。司马贞《索隐》："崔浩云：'候，逻骑。'"[①] 也就是说，匈奴轻骑前锋的侦察部队，已经到了甘泉宫。匈奴军队的这次南进，有可能利用了直道便利的交通条件。而汉文帝除部署部队"军长安旁以备胡寇"外，分置"上郡将军""北地将军""陇西将军"等"大发车骑往击胡"，也应当在必要路段通行直道。而匈奴"去"，"汉逐出塞即还，不能有所杀"，说明并没有发生激烈战斗，双方只是"往""逐"形式的行军竞速。考察这种军事行为，不能忽略直道这一交通条件。

---

① 《史记》，第 2901 页。

汉武帝"巡边至朔方"

《史记》《汉书》记载汉武帝为抗击匈奴,经营朔方,又有"猎新秦中","北至朔方","并北边以归","巡边至朔方"等行迹。汉武帝北边之行很可能经行秦直道部分路段。进行这一交通史迹的考察,有益于深化对西汉边疆史、民族史、军事史的认识,对于秦始皇直道的历史作用,也可以有新的理解。

一、"筑卫朔方,转漕甚辽远"

《史记》卷三〇《平准书》记述了汉武帝时代解决边疆问题的多方面努力。文景之治多年积累形成的经济优势,使得汉武帝坚定了有所进取的信心:"至今上即位数岁,汉兴七十余年之间,国家无事,非遇水旱之灾,民则人给家足,都鄙廪庾皆满,而府库余货财。京师之钱累巨万,贯朽而不可校。太仓之粟陈陈相因,充溢露积于外,至腐败不可食。众庶街巷有马,阡陌之间成群,而乘字牝者傧而不得聚会。守闾阎者食粱肉,为吏者长子孙,居官者以为姓号。"① 于是,多方向的边疆开发成为当时汉王朝的基本政务,相关措施不同程度地导致了国家财政的危机与社会负担的加重:

---

① 《史记》,第1420页。

> 自是之后，严助、朱买臣等招来东瓯，事两越，江淮之间萧然烦费矣。唐蒙、司马相如开路西南夷，凿山通道千余里，以广巴蜀，巴蜀之民罢焉。彭吴贾灭朝鲜，置沧海之郡，则燕齐之间靡然发动。及王恢设谋马邑，匈奴绝和亲，侵扰北边，兵连而不解，天下苦其劳，而干戈日滋。行者赍，居者送，中外骚扰而相奉，百姓抏弊以巧法，财赂衰耗而不赡。①

东南、西南、东北方向的进取致使局部区域面临经济困难，或产生社会问题。即所谓"江淮之间萧然烦费矣"，"巴蜀之民罢焉"，"燕齐之间靡然发动"。而由于匈奴军事压迫之沉重所导致的北边形势的严峻，使得这一方向的军事动作牵动全局，影响整个社会，即所谓"天下苦其劳"。

《平准书》记载，汉武帝组织了积极的军事进攻。"其后汉将岁以数万骑出击胡，及车骑将军卫青取匈奴河南地，筑朔方。""又兴十万余人筑卫朔方，转漕甚辽远，自山东咸被其劳，费数十百巨万，府库益虚。""其后四年，而汉遣大将将六将军，军十余万，击右贤王，获首虏万五千级。明年，大将军将六将军仍再出击胡，得首虏万九千级。捕斩首虏之士受赐黄金二十余万斤，虏数万人皆得厚赏，衣食仰给县官；而汉军之士马死者十余万，兵甲之财转漕之费不与焉。于是大农陈藏钱经耗，赋税既竭，犹不足以奉战士。"有司设置"武功爵"的建议，引录了汉武帝"北边未安，朕甚悼之"的感叹。由于"北边"未能对匈奴形成压倒性的军事优势，汉武帝不能心安。随后又有远征匈奴的胜利："其明年，骠骑仍再出击胡，获首四万。其秋，浑邪王率数万之众来降，于是汉发车二万乘迎之。既至，受赏，赐及有功之士。是岁费凡百余巨万。"②

据《汉书》卷六《武帝纪》，元朔二年（前127年）即开始经营朔方："匈奴入上谷、渔阳，杀略吏民千余人。遣将军卫青、

---

① 《史记》，第1420—1421页。
② 《史记》，第1424页。

李息出云中，至高阙，遂西至符离，获首虏数千级。收河南地，置朔方、五原郡。"同年，"夏，募民徙朔方十万口"①。随后，直接或间接经由朔方出击匈奴的战役有如下记录：

> 五年春，大旱。大将军卫青将六将军兵十余万人出朔方、高阙，获首虏万五千级。②

> 六年春二月，大将军卫青将六将军兵十余万骑出定襄，斩首三千余级。还，休士马于定襄、云中、雁门。赦天下。

> 夏四月，卫青复将六将军绝幕，大克获。前将军赵信军败，降匈奴。右将军苏建亡军，独身脱还，赎为庶人。③

元朔六年（前123年）六月诏曰："今中国一统而北边未安，朕甚悼之。日者大将军巡朔方，征匈奴，斩首虏万八千级，诸禁锢及有过者，咸蒙厚赏，得免减罪。今大将军仍复克获，斩首虏万九千级，受爵赏而欲移卖者，无所流贴。其议为令。"于是，"有司奏请置武功赏官，以宠战士"④。所谓"巡朔方，征匈奴"，体现了"朔方"在征伐匈奴战略中地位之重要。元狩三年（前120年）秋，曾经宣布"减陇西、北地、上郡戍卒半"⑤。这一迹象，似可理解为这一方向匈奴军事压力的减轻。正如王先谦《汉书补注》所说："因三郡益少胡寇，故减其半，以宽天下之繇。"⑥所谓"益少胡寇"，先有汉代文献依据。如《汉书》卷一一〇《匈奴列传》："汉已得浑邪王，则陇西、北地、河西益少胡寇，徙关东贫民处所夺匈奴河南、新秦中以实之，而减北地以西戍卒半。"⑦

朔方军事防务的加强，与布防严密，即所谓"筑朔方""兴十万余人筑卫朔方"有关；也与军运充实，即所谓"转漕甚辽远，

---

① 《汉书》，第170页。
② 《汉书》，第171页。
③ 《汉书》，第172页。
④ 《汉书》，第173页。
⑤ 《汉书》，第177页。
⑥ 王先谦撰：《汉书补注》，中华书局据清光绪二十六年虚受堂刊本1983年9月影印版，第90页。
⑦ 《史记》，第2909页。

自山东咸被其劳"有关；也与民户的大规模移入，即所谓"募民徙朔方十万口"有关。这些条件，都因交通运输效率的保障方能得以实现。

秦始皇直道的交通条件，很可能当时发挥了重要的作用。这一交通史现象，也可以通过汉武帝巡行北边的实践得以认识。

二、天子"猎新秦中"

司马迁在《史记》卷三〇《平准书》中还记述，"天子为伐胡，盛养马"，又"徙贫民于关以西，及充朔方以南新秦中，七十余万口，衣食皆仰给县官。数岁，假予产业，使者分部护之，冠盖相望。其费以亿计，不可胜数。于是县官大空"。

规模空前的北边移民，安置地点在所谓"新秦中"。关于"新秦中"，裴骃《集解》引用了几家注说："服虔曰：'地名，在北方千里。'"如淳曰："长安已北，朔方已南。"瓒曰："秦逐匈奴以收河南地，徙民以实之，谓之新秦。今以地空，故复徙民以实之。"[①]

《汉书》卷二四下《食货志下》："徙贫民于关以西，及充朔方以南新秦中。"[②] 可能是相对应的记载。[③] 有人以为有"新秦中郡"设置，[④] 其说无据。

"新秦中"是秦直道经过的地方，也是秦直道联系的区域。汉武帝此次移民计划的设定，应有利用秦直道交通条件的考虑。"七十余万口，衣食皆仰给县官"，有赖于借助秦直道实现人口的移动和物资的运输。"使者分部护之，冠盖相望"，也直接体现出秦直道交通的效率。

---

① 《史记》，第1425页。
② 《汉书》，第1162页。
③ 而从移民数量看，《汉书》卷六《武帝纪》的如下记载值得注意："（元狩）四年冬，有司言关东贫民徙陇西、北地、西河、上郡、会稽凡七十二万五千口，县官衣食振业，用度不足，请收银锡造白金及皮币以足用。初算缗钱。"第178页。
④ 后晓荣：《秦代政区地理》，社会科学文献出版社2009年版，第182—185页。

《平准书》记载汉武帝又一与"新秦中"相关的政治表现，涉及其"巡""行"实践：

> 其明年，天子始巡郡国。东度河，河东守不意行至，不辨，自杀。行西逾陇，陇西守以行往卒，天子从官不得食，陇西守自杀。于是上北出萧关，从数万骑，猎新秦中，以勒边兵而归。新秦中或千里无亭徼，于是诛北地太守以下，而令民得畜牧边县①，官假马母，三岁而归，及息什一，以除告缗，用充仞新秦中。②

《汉书》卷二四下《食货志下》："行西逾陇，卒，从官不得食，陇西守自杀。于是上北出萧关，从数万骑行猎新秦中，以勒边兵而归。新秦中或千里无亭徼，于是诛北地太守以下，而令民得畜边县，官假马母，三岁而归，及息什一，以除告缗，用充入新秦中。"③《西汉会要》卷一八《礼十三·田猎》与卷六六《方域三·亭障》均说事在"元鼎中"。④吕祖谦《大事记》卷一二以为事在"元鼎五年"。⑤而所据《汉书》卷六《武帝纪》的记载只是："（元鼎）五年冬十月，行幸雍，祠五畤。遂逾陇，登空同。西临祖厉河而还。"⑥此"行西逾陇"，"北出萧关"，"猎新秦中，以勒边兵而归"的交通行为，不排除局部行践秦直道路段的可能。所谓"行往卒"，裴骃《集解》引《汉书音义》："卒，仓卒也。"⑦与"东度河，河东守不意行至，不辨"情形近似。之所以出行"仓卒"，应与

---

① 裴骃《集解》："《汉书音义》曰：'令民得畜牧于边县也。'瓒曰：'先是，新秦中千里无民，畏寇不敢畜牧，今设亭徼，故民得畜牧也。'"第1438页。今按："新秦中"地方被看作"边县"。

② 裴骃《集解》："李奇曰：'边有官马，今令民能畜官母马者，满三岁归之也。及有蕃息，与当出缗算者，皆复令居新秦中，又充仞之也。谓与民母马，令得为马种；令十母马还官一驹，此为息什一也。'瓒曰：'前以边用不足，故设告缗之令，设亭徼，边民无警，皆得田牧。新秦中已充，故除告缗，不复取于民也。'"第1438页。今按："新秦中"马政的发展，是与汉武帝实地考察密切相关的。马政，是军事交通的重要条件。

③《汉书》，第1172页。

④〔宋〕徐天麟撰：《西汉会要》，上海人民出版社1977年版，第192、776页。

⑤ 文渊阁《四库全书》本。

⑥《汉书》，第185页。

⑦《史记》，第1438页。

行程设计者对行经道路的通行条件有所了解甚至相当熟悉相关。

汉武帝经历"北出萧关,从数万骑,猎新秦中,以勒边兵而归"之先北上后南归的行程,实地考察了"新秦中"的交通状况。"新秦中或千里无亭徼"的交通建设不完备状况的发现,正是由于此次对基层的考察。"令民得畜牧边县,官假马母,三岁而归,及息什一,以除告缗,用充仞新秦中"的特殊政策的设定,也基于"北出萧关,从数万骑,猎新秦中,以勒边兵而归"的交通体验。

汉武帝"猎新秦中"事迹,也是直道史研究者应当注意的。

三、"开田官,斥塞卒六十万人戍田之"

汉武帝时代另一次大规模充实北边的军事行政举措,也是和马政的发展联系在一起的。《平准书》记载:

> 初置张掖、酒泉郡,而上郡、朔方、西河、河西开田官,斥塞卒六十万人戍田之。中国缮道馈粮,远者三千,近者千余里,皆仰给大农。边兵不足,乃发武库工官兵器以赡之。车骑马乏绝,县官钱少,买马难得,乃着令,令封君以下至三百石以上吏,以差出牝马天下亭,亭有畜牸马,岁课息。①

所谓"初置张掖、酒泉郡,而上郡、朔方、西河、河西开田官,斥塞卒六十万人戍田之"的决策导致空前规模的军屯。"卒六十万人"的兵员运动,本身就是牵动诸多军备条件的交通事件。其中前往"上郡、朔方、西河"的"戍田""塞卒",有可能经秦直道北上。而直接支持"上郡、朔方、西河""戍田"的运输行为——"中国缮道馈粮,远者三千,近者千余里",应当会利用秦直道交通条件。

其实"河西""戍田"的启动,也需要"中国"远程运输支援。这一方向的转输,经由秦直道的可能性也是存在的。

至于"边兵不足,乃发武库工官兵器以赡之"的情形,使我

---

① 《史记》,第1439页。

们联想到此前有所讨论的上郡武库设置与秦直道的关系。①

四、"天子巡边至朔方，勒兵十八万骑以见武节"

关于前引《平准书》"上北出萧关，从数万骑，猎新秦中，以勒边兵而归"的史事，还有更具体的记述。

司马迁在《史记》卷一一〇《匈奴列传》中记载了汉与匈奴战争史中一则重要的史事：

> 是时天子巡边，至朔方，勒兵十八万骑以见武节，而使郭吉风告单于。郭吉既至匈奴，匈奴主客问所使，郭吉礼卑言好，曰："吾见单于而口言。"单于见吉，吉曰："南越王头已悬于汉北阙。今单于即能前与汉战，天子自将兵待边；单于即不能，即南面而臣于汉。何徒远走，亡匿于幕北寒苦无水草之地，毋为也。"语卒而单于大怒，立斩主客见者，而留郭吉不归，迁之北海上。而单于终不肯为寇于汉边，休养息士马，习射猎，数使使于汉，好辞甘言求请和亲。②

时在元封元年（前110年）。所谓"天子巡边，至朔方，勒兵十八万骑以见武节"，汉武帝北上的道路，极有可能经行秦直道。

关于汉武帝"勒兵十八万骑以见武节"，向匈奴炫耀武力事，《汉书》卷六《武帝纪》及卷九四上《匈奴传上》都有记载。《武帝纪》写道：

> 元封元年冬十月，诏曰："南越、东瓯咸伏其辜，西蛮北夷颇未辑睦，朕将巡边垂，择兵振旅，躬秉武节，置十二部将军，亲帅师焉。"行自云阳，北历上郡、西河、五原，出长城，北登单于台，至朔方，临北河。勒兵十八万骑，旌旗径千余里，威震匈奴。遣使者告单于曰："南越王头已县于汉北阙矣。单于能战，天子自将待边；

---

① 王子今：《西汉上郡武库与秦始皇直道交通》，见《秦汉研究》第10辑，陕西人民出版社2016年版。

② 《史记》，第2912页。

不能，亟来臣服。何但亡匿幕北寒苦之地为！"匈奴詟焉。

还，祠黄帝于桥山，乃归甘泉。①

"冬十月"宣布"朕将巡边垂，择兵振旅，躬秉武节，置十二部将军，亲帅师焉"，应当很快启程。这是不寻常的军事表现，违反汉王朝出军北上往往在春夏之季的季节性规律。② 所谓"行自云阳，北历上郡、西河、五原，出长城，北登单于台，至朔方，临北河"者，说明自"云阳"出发，经历上郡、西河、五原，行至"朔方""北河"，大致经直道北上。而"还，祠黄帝于桥山，乃归甘泉"，也应当经过秦直道路段。"遣使者告单于"的"使者"，就是郭吉。《匈奴传上》：

> 是时，天子巡边，亲至朔方，勒兵十八万骑以见武节，而使郭吉风告单于。既至匈奴，匈奴主客问所使，郭吉卑体好言曰："吾见单于而口言。"单于见吉，吉曰："南越王头已县于汉北阙下。今单于即能前与汉战，天子自将兵待边；即不能，亟南面而臣于汉。何但远走，亡匿于幕北寒苦无水草之地为？"语卒，单于大怒，立斩主客见者，而留郭吉不归，迁辱之北海上。而单于终不肯为寇于汉边，休养士马，习射猎，数使使好辞甘言求和亲。③

《武帝纪》载："勒兵十八万骑，旌旗径千余里"，《汉纪》作"勒兵十八万骑，旌旗径十余里"④，《资治通鉴》取用《汉书》说，作"勒兵十八万骑，旌旗径千余里"⑤。

汉武帝"北至朔方"的路线，很可能与蒙恬主持修筑的秦直道重合。然而史念海说："这次北巡，是由云阳启程，后来回到甘泉。甘泉就在云阳，也是直道南端的起点。北巡途中经过五原。五原就是秦时的九原，乃是直道北端的终点。因而这次北巡所行

---

① 《汉书》，第189页。
② 王子今：《西汉时期匈奴南下的季节性进退》，见《秦汉史论丛》第10辑，内蒙古大学出版社2009年版。
③ 《汉书》，第3771—3772页。
④ 〔汉〕荀悦著，张烈点校：《汉纪》，中华书局2002年版，第235页。
⑤ 《资治通鉴》卷二〇"汉武帝元封元年"，第676页。

经的道路,可能使人联想到直道。其实并非如此。"史念海判断:"武帝北巡得由直道南端起点甘泉发轫,而转到其东的另一条道路,至于上郡。"他还指出:"武帝此次北巡所经的诸郡中有西河郡。西河郡为汉时所置的新郡,西河郡治平定县,在今陕西神木县东北和内蒙古准格尔旗之间。远离由上郡至九原郡的道路。"① 然而我们分析,"北历上郡、西河",未必一定经过上郡郡治和西河郡治,行历此两郡辖境,也可以说"北历上郡、西河"。即使确实经过上郡郡治和西河郡治,则此次北巡"由云阳启程,后来回到甘泉","途中经过五原",如果完全避开直道线路,不经过直道部分路段,几乎是不可能的。

五、"天子北至朔方","并北边以归"

《平准书》记载汉武帝此次出巡,言"北至朔方",随后东行"海上",又"并北边以归":

> 天子北至朔方,东到太山,巡海上,并北边以归。所过赏赐,用帛百余万匹,钱金以巨万计,皆取足大农。②

《汉书》卷二五上《郊祀志上》:

> 天子既已封泰山,无风雨,而方士更言蓬莱诸神若将可得,于是上欣然庶几遇之,复东至海上望焉。奉车子侯暴病,一日死。上乃遂去,并海上,北至碣石,巡自辽西,历北边至九原。五月,乃至甘泉,周万八千里云。③

《汉书》卷六《武帝纪》也写道:"(元封元年夏四月)行自泰山,复东巡海上,至碣石。自辽西历北边九原,归于甘泉。"④ 汉武帝"并北边以归","至九原"再南行"至甘泉"的路线,很可能与秦直道主要路段重合。

史念海明确指出,汉武帝"走过蒙恬所筑的直道",即依据《郊

---

① 史念海:《与友人论古桥门与秦直道书》,载《中国历史地理论丛》1989年第4辑。
② 《史记》,第1441页。
③ 《汉书》,第1236页。
④ 《汉书》,第192页。

祀志》和《武帝纪》有关此次出巡的记载。①

汉武帝元封元年冬十月与夏四月至五月两次北边之行，中隔"东到太山，巡海上"，后者"巡自辽西，历北边至九原"，"自辽西历北边九原"，是一次全面的"北边"国防线视察，自然与对匈奴的军事政策设计有关。林幹《匈奴历史年表》"公元前一一〇年，汉武帝元封元年 匈奴乌维单于五年"条只录"冬十月，武帝巡边，北登单于台（在今内蒙古呼和浩特市西），至朔方，临北河（今内蒙古河套的乌加河），勒兵十八万骑，旌旗经千余里，威震匈奴"②事，不言"巡自辽西，历北边至九原。五月，乃至甘泉"，"自辽西历北边九原，归于甘泉"事，不免千虑一失。

史念海曾经对有的学者以为汉武帝元封元年冬十月由云阳出巡"所行的就是直道"的意见提出批评，指出"云阳诚为直道的起点"，但不能因此而谓汉武帝"所行的一定就都是直道"。然而对汉武帝元封元年夏四月至五月的出巡，认为确实行历秦直道。史念海写道："其实，如果仔细推敲史籍，也还是可以探微索隐的。《汉书·武帝纪》于元封元年记载：'自泰山复东巡海上，至碣石，自辽西历北边九原，归于甘泉。'《郊祀志》记载更为详细：'天子既已封泰山，……并海上，北至碣石，巡自辽西，历北边至九原。五月，乃至甘泉，周万八千里云。'此时秦九原郡已改为五原郡，仅其治所仍称五原县。按《史》、《汉》撰著体例，帝王行幸之处，率举郡国名称，而不及其治所县邑。上面征引元封元年北巡，所历诸郡如上郡、西河、五原，并未详举其治所的县名如肤施、美稷、九原各县。此次由碣石、辽西归来，提到九原。这九原就应不是五原郡治所的九原县，而当为未更改郡名时的九原郡。读此段记载，不禁联想到秦始皇当年。这可能不是忖度，而是史家的微意。如果这样悬拟不太差池，则武帝由碣石、辽西归来，再由九原到甘泉，所行的就是秦始皇的直道，这和这一年由甘泉，经上郡、西河而

---

① 史念海：《与友人论古桥门与秦直道书》，载《中国历史地理论丛》1989年第4辑。
② 林幹：《匈奴历史年表》，中华书局1984年版，第31页。

至五原郡的道路完全不是一途。"史念海接着又说到司马迁"吾适北边，自直道归"的经历，以为"乃是扈从武帝巡狩的际遇"："司马迁于《史记·蒙恬传》后说：'吾适北边，自直道归。'这里未特别注明年月。太史公游屐固遍于全国，有的是奉使远行，如西征巴蜀以南，南略邛、笮、昆明，就是他仕为郎中时奉命前往的。①武帝巡狩时，他也有机会随驾侍行。元封二年，武帝祠泰山，至瓠子，临决河，他就曾亲预其事。所以在《河渠书》后特别写上：'余从负薪，塞宣房。'他能够适北边，自直道归来，乃是扈从武帝巡狩的际遇。其所见闻自不同于其他行役。"②司马迁此"不同于其他行役"的特殊的"见闻"，为我们保留了有关秦始皇直道的特殊而珍贵的历史记忆。

六、司马迁"适北边，自直道归"

关于秦始皇直道工程，《史记》卷六《秦始皇本纪》、卷一五《六国年表》、卷八八《蒙恬列传》、卷一一〇《匈奴列传》都有记述。正是司马迁的记载，保留了关于这一伟大工程的真切的历史记录。《史记》卷八八《蒙恬列传》最后以"太史公曰"的形式写道：

> 太史公曰：吾适北边，自直道归，行观蒙恬所为秦筑长城亭障，堑山堙谷，通直道，固轻百姓力矣。夫秦之初灭诸侯，天下之心未定，痍伤者未瘳，而恬为名将，不以此时强谏，振百姓之急，养老存孤，务修众庶之和，而阿意兴功，此其兄弟遇诛，不亦宜乎！何乃罪地脉哉？③

司马迁说："吾适北边，自直道归，行观蒙恬所为秦筑长城亭障，堑山堙谷，通直道，固轻百姓力矣。"这明确告知《史记》的读者，他曾经亲自行历秦始皇直道。

这是第一位曾经行走在秦始皇直道上的历史学者，也是第一位留下自己行经秦始皇直道亲身感受的历史学者。这是第一位记

---

① 原注："《史记》卷一三〇《太史公自序》。"
② 史念海：《直道和甘泉宫遗迹质疑》，载《中国历史地理论丛》1988年第3辑。
③ 《史记》，第2570页。

录秦始皇直道工程的历史学者，也是第一位就秦始皇直道发表自己对这一交通建设之评价的历史学者。

司马迁是在怎样的情况下"适北边，自直道归"的呢？清人缪荃孙曾经考察"太史公"历史考察行旅路线："太史公南游踪迹，《河渠书》赞云：'余南登庐山，观禹疏九江，遂至于会稽太湟，上姑苏，望五湖，东窥洛汭、大邳，迎河，行淮、泗、济、漯洛渠。'《屈原传》赞云：'余适长沙，观屈原所自沈渊。'即南游九疑，浮沅、湘时事。《樊郦绛灌传》赞云：'吾适丰沛，问其遗老。'即'过梁、楚以归'时事。《河渠书》赞又云：'西瞻蜀之岷山及离碓。'其为郎中使巴蜀时事。归途或至陇右，故登崆峒与？惟北游未知何时。《五帝本纪》赞：'予尝北过涿鹿。'《蒙恬传》赞云：'吾适北边，自直道归，行观蒙恬所为秦筑长城亭障。'自有北游龙门、朔方之实迹。"① 他认为，"太史公南游踪迹"或可指称某时事，然而"惟北游未知何时"。如"吾适北边，自直道归"者，虽"自有北游……朔方之实迹"，但是不能明确当时的具体情景。

史念海在讨论汉武帝元封元年巡行北边的路径时，曾确定"武帝此次出巡，司马迁实在从行之列"，"司马迁说，他行观蒙恬所为秦筑长城亭障，这就足以证明他是随从武帝东巡归来的"。② "这次巡幸，司马迁曾经随行，故而对直道的起迄地点能够明确记载下来。"③ 这样的意见，是正确的。

---

① 〔清〕缪荃孙：《云自在斋随笔》卷二《论史》，稿本。
② 史念海：《与友人论古桥门与秦直道书》，载《中国历史地理论丛》1989年第4辑。
③ 史念海、吴宏岐：《略论秦直道》，见《秦文化论丛》第5辑，西北大学出版社1997年版，第17页。有学者也认为，司马迁随同汉武帝元封元年巡行，曾经行历直道。"（汉武帝）沿渤海北上到了碣石（今河北昌黎县），经过辽西（今辽宁义县）、北部边郡，到达九原（今内蒙包头市西），五月间，回到甘泉。武帝这一次巡行，路程约一万八千里，沿途劳民伤财，挥霍无度。司马迁随同汉武帝巡行，对我国北方有更进一步的了解。他说：'吾适北边，自直道归，行观蒙恬所为秦筑长城亭障，堑山埋谷，通直道，固轻百姓力矣！''直道'即自五原至甘泉的直通大道。"许凌云：《司马迁评传——史家绝唱，无韵离骚》，广西教育出版社1994年版，第35页。

关于王昭君北行路线的推定

王昭君故事在中华民族的历史文化记忆中留有深刻印迹。对王昭君行迹的全面、真切的考察，不仅是民族关系史研究的重要课题，也是交通地理学研究的重要课题。考论王昭君自长安北上出塞路线，应当重视呼韩邪时代单于庭的地理方位。考虑到道路选择首先应追求便捷和安全，自然会取长安至呼韩邪单于庭最便捷的路线。亦应参考呼韩邪时代汉匈交往与匈奴单于"来朝""出塞"路线。对于"右皋林王伊邪莫演等奉献朝正月"，"遣使者送至蒲反"之"至蒲反"的理解，应注意《汉书》文献史"蒲泽"或作"蒲"或"蒲"的情形。对王昭君北行路线的推定，可以参考后世传说保存在方志中的资料，但是应当进行认真的比对甄别，做出清醒的判断。

一、昭君出塞路线推定之一：匈奴单于庭方位

王昭君以汉宫女子身份，用青春和生命作为联系汉民族和匈奴民族的中介，成就了民族和好与文化交流的新局面。[①] 她的人生

[①] 关于昭君出塞和亲的意义，历代评价甚多。近年学界的论说，有桂胜、张友云《昭君出塞与汉匈社会民生之考察》，载《中南民族大学学报》（人文社会科学版）2008年第1期。

最闪亮的光点，在于"出塞""宁胡"①的交通行为。

考察王昭君自长安北上的路线，自然应当关注呼韩邪时代单于庭的地理方位，了解长安至呼韩邪单于庭最便捷的道路。

《汉书》卷九四下《匈奴传下》记载："郅支既诛，呼韩邪单于且喜且惧，上书言曰：'常愿谒见天子，诚以郅支在西方，恐其与乌孙俱来击臣，以故未得至汉。今郅支已伏诛，愿入朝见。'竟宁元年，单于复入朝，礼赐如初，加衣服锦帛絮，皆倍于黄龙时。单于自言愿婿汉氏以自亲。元帝以后宫良家子王墙字昭君赐单于。单于驩喜，上书愿保塞上谷以西至敦煌，传之无穷，请罢边备塞吏卒，以休天子人民。"②呼韩邪单于提出"愿保塞"即为汉王朝守备长城防线的承诺，请汉帝复原北边"备塞吏卒"。但是所说"边""塞"，却并不是长城防线的全部，只是"上谷以西至敦煌"这一区段，并不包括长城防线的东段即渔阳、右北平、辽西、辽东、玄菟、乐浪诸郡。可知呼韩邪单于所统领部众的主要居地，应当接近"上谷以西至敦煌"长城中段和西段的中点。

据谭其骧主编《中国历史地图集》，西汉时期匈奴单于庭的方位，在今蒙古国乌兰巴托。③

呼韩邪单于起初表示与汉王朝亲近倾向时，其活动"南近塞"。但是王昭君北上时，呼韩邪单于已经"北归庭"。

二、昭君出塞路线推定之二：呼韩邪来朝归国行迹

《汉书》卷九四下《匈奴传下》记载：汉宣帝甘露元年（前53年），呼韩邪单于决意在内乱中"事汉"自保，于是"引众南近塞"。春正月，遣子右贤王铢娄渠堂入侍汉。冬，遣弟左贤王朝汉。甘露二年冬十二月，"呼韩邪单于款五原塞，愿朝三年正月。汉遣车骑都尉韩昌迎，发过所七郡郡二千骑，为陈道上。单于正

---

① 〔元〕吴师道《昭君出塞图二首》其一："平城围后几和亲，不断边烽与战尘。一出宁胡终汉世，论功端合胜前人。"〔明〕丘濬《题明妃图三首》之三："功德施夷夏，声名播古今。人言汉恩浅，妾感汉恩深。"《历代题画诗类》卷四二，文渊阁《四库全书》本。

② 《汉书》，第3803页。

③ 谭其骧主编：《中国历史地图集》第2册，地图出版社1982年版，第17—18页。

月朝天子于甘泉宫，汉宠以殊礼，位在诸侯王上"。"使使者道单于先行，宿长平。上自甘泉宿池阳宫。上登长平，诏单于毋谒，其左右当户之群臣皆得列观，及诸蛮夷君长王侯数万，咸迎于渭桥下，夹道陈。上登渭桥，咸称万岁。单于就邸，留月余，遣归国。单于自请愿留居光禄塞下，有急保汉受降城。汉遣长乐卫尉高昌侯董忠、车骑都尉韩昌将骑万六千，又发边郡士马以千数，送单于出朔方鸡鹿塞。"由甘泉宫、池阳宫、长平、渭桥等经行地点，推知呼韩邪单于应从直道南下。由"光禄塞""鸡鹿塞""受降城"地名，也可以认识其路线。① 关于"发过所七郡郡二千骑，为陈道上"，颜师古注："所过之郡，每为发兵陈列于道，以为宠卫也。"②《资治通鉴》卷二七"汉宣帝甘露二年"条记述此事，胡三省注："七郡，谓过五原、朔方、西河、上郡、北地、冯翊而后至长安也。"③ 林幹据此以为："那七郡就是五原、朔方、西河、上郡、北地、冯翊。而后由冯翊直至国都长安。若以当时各郡治所为准，则所经约今内蒙古的包头市、杭锦旗、东胜县、陕西榆林县、甘肃庆阳县，而至陕西西安市。"④《汉书》卷九四下《匈奴传下》："明年，呼韩邪单于复入朝，礼赐如初，……。以有屯兵，故不复发骑为送。"⑤ 所谓"以当时各郡治所为准"的意见，显然不足取。而论者指出呼韩邪南下路线，大致沿直道走向。

《汉书》卷九四下《匈奴传下》还记载："元帝初即位，呼韩邪单于复上书，言民众困乏。汉诏云中、五原郡转谷二万斛以给焉。"⑥ 可知这一时期呼韩邪单于部众活动于"云中、五原郡"

---

① 据谭其骧主编《中国历史地图集》（第2册），光禄城在今内蒙古固阳西南，鸡鹿塞在今内蒙古杭锦后旗西南，受降城在今内蒙古白云鄂博西。第17—18页。

② 《汉书》，第3798—3799页。

③ 〔宋〕司马光编著，〔元〕胡三省音注：《资治通鉴》，中华书局1956年，第886页。

④ 林幹等编著：《昭君与昭君墓》，内蒙古人民出版社1979年版，第4页。林幹《匈奴历史年表》也持此说，然"杭锦旗"改作"乌拉特前旗"。中华书局1984年版，第53页。林幹在《试论王昭君艺术形象的塑造》中又重申了这样的意见，载《内蒙古大学学报》（社会科学版）1986年第3期。

⑤ 《汉书》，第3798—3799页。

⑥ 《汉书》，第3800页。

以北地方。时在汉元帝初元元年（前48年）。次年，"汉遣车骑都尉韩昌、光禄大夫张猛送呼韩邪单于侍子"，"昌、猛与单于及大臣俱登匈奴诺水东山，刑白马，单于以径路刀金留犁挠酒，以老上单于所破月氏王头为饮器者共饮血盟"。颜师古注："诺水即今突厥地诺真水也。"①对于"诺水"和"诺真水"，史为乐主编《中国历史地名大辞典》的解释都是"今内蒙古达尔罕茂明安联合旗（百灵庙镇）东北之艾不盖河"。②"其后呼韩邪竟北归庭，人众稍稍归之，国中遂定。"此后，"竟宁元年，单于复入朝，礼赐如初，加衣服锦帛絮，皆倍于黄龙时。单于自言愿婿汉氏以自亲。元帝以后宫良家子王墙字昭君赐单于"。"入朝"的起点和王昭君北上的终点，都已经在单于庭。但是来往道路的走向应当与此前并无大的变化。

《资治通鉴》卷二七"汉宣帝甘露二年"条胡三省注，以为"发过所七郡郡二千骑，为陈道上"之所谓"七郡"，"谓过五原、朔方、西河、上郡、北地、冯翊而后至长安也"。多年从事匈奴史研究的前辈学者林幹以此作为分析王昭君出塞路径的参考。林幹认为，王昭君随呼韩邪返回漠北单于庭，首先从汉都长安出发，过左冯翊（长安东北），然后经北地（今甘肃庆阳）、上郡（今陕西榆林）、西河（今内蒙古东胜市）、朔方（今内蒙古杭锦旗），至五原（今内蒙古包头市），出五原向西至朔方郡临河县（今内蒙古临河市东北），渡北河（今乌加河），向西北出高阙（今石兰计山口），越过长城，便离开了汉地，进入匈奴辖区。由于从阴山北去单于庭的道路被瀚海（大戈壁滩）所阻，故不得不绕道西行至休屯井，从休屯井北渡车田卢水，西北行至范夫人城，过浚稽山，到姑且水。然后沿姑且水东岸北上，转东行，可以顺利直达单于庭（今蒙古国首都乌兰巴托附近）。③

---

① 《汉书》，第3801—3802页。
② 史为乐主编：《中国历史地名大辞典》，中国社会科学出版社2005年版，第2238页。
③ 林幹、马骥编著：《民族友好使者——王昭君》，内蒙古人民出版社1994年版，第36—38页。

王昭君经行直道之说，林幹较早提出。张文德说，"王昭君出塞的行走路线，虽史无明文"，但林幹的意见循《资治通鉴》胡三省注的思路"予以考证"，"此说有据，可从"。①这一见解，还得到侯广峰、马冀、杨笑寒、崔明德、郝诚之等学者的赞同。②当然，林幹等学者向"长安东北""过左冯翊"的意见，可能基于"过所七郡""以当时各郡治所为准"的误解，我们是不同意的。

三、昭君出塞路线推定之三：后呼韩邪时代的汉匈交往

呼韩邪单于去世后，"复株絫若鞮单于立，遣子右致卢儿王醯谐屠奴侯入侍"。他前往长安的路线不得而知。

此后，匈奴贵族入侍或奉献来朝，并没有交通路线的记录。"河平元年，单于遣右皋林王伊邪莫演等奉献朝正月。既罢，遣使者送至蒲反。"此行来朝路线不明朗，然许多学者以为回程经由今山西。"蒲反"，颜师古注："河东之县也。"王先谦《汉书补注》："官本作'蒲阪'。"③林幹的解释是"今山西永济县西"。④如果注家意见可靠，这似乎是历史文献中唯一一例可以支持汉匈正式交往经由今山西地方之判断的可靠资料。

不过，对于《汉书》卷九四下《匈奴传下》"遣使者送至蒲反"记载的理解，其实还是可以再做思考的。所谓"遣使者送至蒲反"，也可以理解为派遣使者护送右皋林王伊邪莫演等至"蒲"后返回。《汉书》卷二八下《地理志下》"五原郡"条有"蒲泽，属国都尉治"的记载。这是安置匈奴降附人众的地方，王莽改五原郡为"获降"，应当与此有关。⑤那么，"蒲泽"是否可能省称为"蒲"呢？

---

① 张文德：《王昭君故事的传承与嬗变》，学林出版社2008年版，第27—28页。
② 侯广峰：《昭君史略》，呼和浩特市文物事业管理处1984年版，第126页；马冀、杨笑寒：《昭君文化研究》，内蒙古人民出版社2004年版，第22页；崔明德：《关于王昭君的几个问题》，见《昭君论文选》，内蒙古人民出版社2004年版，第202页；郝诚之编：《昭君文化与民族经济》，内蒙古人民出版社2004年版，第93—94页。
③ 王先谦：《汉书补注》，中华书局据光绪二十六年虚受堂刊本1983年9月影印版，第1584页。
④ 林幹：《匈奴历史年表》，中华书局1984年版，第60页。
⑤ 《汉书》卷二八下《地理志下》："五原郡，秦九原郡，武帝元朔二年更名。东部都尉治稒阳。莽曰获降。"第1619页。〔清〕王绍兰《汉书地理志校注》"五原

我们确实看到了这样的实例："蒲泽"又作"蒲泽",这是大家都知道的。宋王应麟《困学纪闻》讨论"五属国"问题,写道:"五原治蒲泽。"①王先谦《汉书补注》:"钱大昭曰:南监本、闽本作'蒲泽'。"《汉书地理志校本》:"案:蒲,毛本作'蒱',正统本作'蒲'。"②《汉书补注》又说,"蒱泽""蒲泽"又写作"蒲":"朱一新曰:汪本、正统本作'蒲'。先谦曰:官本作'蒲'。"③张元济《汉书校勘记》说:百衲本、汲古阁本作"蒲泽",殿本、北监本、汪文盛本作"蒲"。④可知《汉书》多种版本"蒱泽""蒲泽"只作"蒲"。那么,依"蒱泽"可作"蒲泽"之例,则"蒱泽""蒲泽"省称为"蒱"的可能性也是存在的。而"遣使者送至蒱反"也就是送至"蒲泽"这一匈奴人聚居的地方然后返回,使者的护送任务确实也完成了。而正在这时,右皋林王伊邪莫演有"欲降"的表态。

关于"蒲泽",《汉书地理志详释》:"在固陵东南有蒲河,东北潴为蒲池。今名呼苏台泊。'呼苏',蒲苇之属也。'台'有也。蒙古语。"⑤可知清代依然存在"蒲池"。而谭其骧主编《中国历史地图集》"蒲泽"列为"无考县名"。⑥臧励龢等编《中国古今地名大辞典》"蒲泽县"条:"亦作蒱泽。汉置。后汉省。今阙。当在陕西省榆林府境。"⑦史为乐主编《中国历史地名大辞典》则说西汉五原郡蒲泽县"治所在今内蒙古达拉特、准格尔两旗境"。⑧

郡莽曰获降"条:"王莽每郡设卒正。《莽传》有'五原卒正鲁匡',在改郡名之后。据《志》,五原郡莽已改为获降,则莽时别分有五原郡,故有五原卒正。而《志》于五原郡下无分郡之文,盖阙。"二十五史刊行委员会编:《二十五史补编》第1册,中华书局1955年版,第500页。

① 〔宋〕王应麟著,〔清〕翁元圻等注,栾保群、田松青、吕宗力校点:《困学纪闻》(全校本),上海古籍出版社2008年版,第1429页。
② 〔清〕汪远孙:《汉书地理志校本》,《二十五史补编》第1册,第446页。
③ 〔清〕王先谦:《汉书补注》,中华书局1983年版,第807页。
④ 张元济:《百衲本二十四史校勘记·汉书校勘记》,商务印书馆1999年版,第105页。
⑤ 〔清〕吕吴调阳:《汉书地理志详释》第1册,《二十五史补编》,第1231页。
⑥ 谭其骧主编:《中国历史地图集》第2册,地图出版社1982年版,第17—18页附文。
⑦ 臧励龢等编:《中国古今地名大辞典》,商务印书馆1931年版,第1126页。
⑧ 史为乐:《中国历史地名大辞典》,中国社会科学出版社2005年版,第2659页。

然而按照《中国历史地图集》的标示，达拉特旗在五原郡南境，准格尔旗则在西河郡。①

如果"遣使者送至蒲反"，即派遣使者护送至"蒲"返回这一理解可以成立，则汉与匈奴往来的主要通路仍然取直道方向的认识又可以得到新的证据。

《汉书》卷九四下《匈奴传下》："元寿二年，单于来朝，上以太岁厌胜所在，舍之上林苑蒲陶宫。告之以加敬于单于，单于知之。加赐衣三百七十袭，锦绣缯帛三万匹，絮三万斤，它如河平时。既罢，遣中郎将韩况送单于。单于出塞，到休屯井，北度车田卢水，道里回远。况等乏食，单于乃给其粮，失期不还五十余日。"这一历史记录中"休屯井"及"车田卢水"地望不明确，未可帮助我们认识此次匈奴"单于来朝"及"单于出塞"的路线。

四、昭君出塞路线推定之四："西河虎猛制虏塞下"的和亲故事

《汉书》卷九四下《匈奴传下》记载："乌珠留单于立二十一岁，建国五年死。匈奴用事大臣右骨都侯须卜当，即王昭君女伊墨居次云之婿也。云常欲与中国和亲，又素与咸厚善，见咸前后为莽所拜，故遂越舆而立咸为乌累若鞮单于。乌累单于咸立，……云、当遂劝咸和亲。"我们注意到，此次"和亲"的促成者，多与王昭君有血缘关系。

《汉书》的执笔者写道："天凤元年，云、当遣人之西河虎猛制虏塞下，告塞吏曰欲见和亲侯。和亲侯王歙者，王昭君兄子也。中部都尉以闻。莽遣歙、歙弟骑都尉展德侯飒使匈奴，贺单于初立，赐黄金衣被缯帛，绐言侍子登在，因购求陈良、终带等。单于尽收四人及手杀校尉刀护贼芝音妻子以下二十七人，皆械槛付使者，遣厨唯姑夕王富等四十人送歙、飒。莽作焚如之刑，烧杀陈良等，罢诸将率屯兵，但置游击都尉。"

值得我们特别注意的是，"和亲"议定地点，即所谓"西河

---

① 谭其骧主编：《中国历史地图集》第2册，地图出版社1982年版，第17—18页。

虎猛制虏塞下"。颜师古的注文解释:"虎猛,县名,制虏塞在其界。"据谭其骧主编《中国历史地图集》,西河郡西部都尉所在虎猛县的位置,在今内蒙古伊金霍洛旗西南,正临近秦始皇修筑的直道。

讨论王昭君出塞路线,也可以参考四十七年之后"王昭君女伊墨居次云之婿""匈奴用事大臣右骨都侯须卜当"与"王昭君兄子""和亲侯王歙"相议"和亲"地点"西河虎猛制虏塞下"的交通地理位置。

五、对于方志资料与传说予以认真甄别的必要

对于历史信息予以分析,是学术研究的基本要求,也是中国史学的传统性规范。梁启超在介绍清代实证之学之"科学的研究法""科学的研究精神"时,总结了10条基本原则。其中前3条强调:"1. 凡立一义,必凭证据;无证据而臆度者,在所必摈。2. 选择证据,以古为尚。以汉唐证据难宋明,不以宋明证据难汉唐;据汉魏可以难唐,据汉可以难魏晋,据先秦西汉可以难东汉。以经证经,可以难一切传记。3. 孤证不为定说。其无反证者姑存之,得有续证则渐信之,遇有力之反证则弃之。"①其中"选择证据,以古为尚"的原则,显然是我们处理晚出方志资料时应当认真记取的。

王昭君故事得以广泛长久地传播,自有其社会文化背景,历代民众对于民族和睦的热诚向往是重要的心理基因。但是传说因此可能动摇历史的真实。吴小如指出,《后汉书》卷八九《南匈奴列传》的相关内容,"已经是吸收了民间传说的结果,像文学描写而不像历史实录,带有浓厚的想象虚构成分了"②。有学者也说,其中有些内容,"实出于《琴操》、《西京杂记》等野史杂撰和小说传闻,虚妄迂诞,乖剌实甚,迥与历史事实不侔"③。成书更晚的方志资料可能包含更"浓厚的想象虚构成分"。

靳生禾《昭君出塞与蹄窟岭刍议》认为:"昭君与呼韩邪由

---

① 梁启超:《清代学术概论》,见《梁启超论清学史二种》,朱维铮校注,复旦大学出版社1985年版,第36—39页。
② 吴小如:《古典小说漫稿》,上海古籍出版社1982年版,第178—179页。
③ 张文德:《王昭君故事的传承与嬗变》,学林出版社2008年版,第91页。

长安至单于庭的路线，当东渡黄河北上，循㴔水、汾河、桑干河三河河谷一线，经蹄窟岭至杀虎口出塞，是蹄窟岭、红沙岩口实属很可珍贵的历史文化资源与可资开发的旅游资源。"① 刘志尧《昭君经武州塞出塞考释》也说："昭君出塞之'塞'当是武州塞，即今山西左云县，昭君之行走通塞中路，过雁门关北行，到达平城（大同），曾路经云冈峪、红沙岩口、蹄窟岭、杀虎口，曾住高山堡和白羊城。"② 刘溢海《昭君出塞路线考》也论定："昭君出塞只能走山西境的通塞中路。"③ 持此论点的还有王桢、古鸿飞等学者。④ 论者对家乡历史文化的热爱令人感动，所进行的讨论也应当有助于深化对王昭君北上路线这一学术主题的认识。不过遗憾的是，论文中提出这条路线是"最安全其实也是最便捷的"，这一选择"是十分顺理成章的乃至几乎舍此莫属的"，然而论者主要以"传说"为依据，能够支持这一论点的资料，均来自于雍正《朔平府志》、光绪《山西通志》这些晚出方志文献。⑤ 刘溢海《昭君出塞路线考》提出的论证"经通塞中路山西雁门关、雁门郡出杀虎口"的最早的依据，是"唐无名氏《王昭君变文》（说唱）：'单于：忆昔辞銮殿，相将出雁门。'"⑥《王昭君变文》确实可见涉及"雁门"的文字："单于答曰：'忆昔辞鸾（銮）殿，相将出雁门，……'"其实上文也有出现"雁门"字样的文句："□（酒）泉路远穿龙勒，石堡云山接雁门。蓦水频过及敕成，□□□（望）见可岚屯。"除"雁门"外，"可岚屯"即"岢岚"地名也可以支持所谓"通塞中路"

---

① 靳生禾：《昭君出塞与蹄窟岭刍议》，载《湖北民族学院学报》（哲学社会科学版）2009年第6期。

② 刘志尧：《昭君经武州塞出塞考释》，载《三峡论坛》2010年第3期。

③ 刘溢海：《昭君出塞路线考》，载《三峡论坛》2012年第6期。

④ 王桢：《大同史话》，大同市地方史志办公室1999年版，中国文史出版社2012年版；古鸿飞：《昭君出塞与在左云的传说》，载《大同今古》2008年第5期。

⑤ 较早版次的《山西通志》又有乾隆《山西通志》卷二二《山川六·朔平府右玉县》："蹄窟岭，……相传王昭君出塞道经此岭，有马蹄迹至今尚存。"同卷《宁武府偏关县》："昭君坞在县西北二十里。相传明妃经此，一足迹留石磐上。"卷五八《古迹二·朔平府宣德县》："明妃遗迹。西北三十里蹄窟岭，相传明妃出塞经此，石上有马蹄痕。"卷五九《古迹三·宁武府偏关县》："昭君坞西北二十里。相传明妃过此，遗一足痕于石盘。"文渊阁《四库全书》本。

⑥ 刘溢海：《昭君出塞路线考》，载《三峡论坛》2012年第6期。

之说。不过，相互连句言"酒泉""龙勒"及上下文所见"焖焰山"即"胭脂山"或作"焉支山"，以及"轮台"等，均极其遥远，而彼此间跳跃性相当强，非能连贯成线，可知所言地方均非确指。正如刘溢海文中所否定李白、上官仪等《王昭君》诗所言"玉关"，以为"肯定是错误的"。① 同样，这些地名只是文学语言，在这里不可以作为交通史料。顾炎武《日知录》卷二一"李太白诗误"已经指出这是相当普遍的文学现象："文人通病，盖有同者。"②

其实，文学作品中透露的信息往往有史学价值，但是需要以历史主义眼光认真审视和甄别。传说的生成和影响是值得重视的文化现象。但是否符合历史真实，也需要仔细地考察和鉴别。正如靳生禾文中所指出的，传说中的昭君遗迹颇多，例如，"在内蒙古西部传为青冢者犹有数处——若达拉特旗境黄河南岸就尚有昭君坟"③。对于这些文化存在，自然不可以全都信以为真。

六、关于王昭君经行直道可能性之否定意见的澄清

靳生禾的论文写道："当年昭君与呼韩邪单于北上出塞，可选择的不外有东、中、西三条路线。""（一）东路，由中原循太行山东麓即大凡今京广线参差北上，至井陉口折西北至勾注（今

---

① 刘溢海：《昭君出塞路线考》，载《三峡论坛》2012年第6期。李白《王昭君》："汉家秦地月，流影照明妃。一上玉关道，天涯去不归。"《李太白文集》卷三。〔唐〕上官仪《王昭君》："玉关春色晚，金河路几千，琴悲桂条上，笛怨柳花前。"《乐府诗集》卷二九。

② 顾炎武《日知录》卷二一"李太白诗误"："李太白诗：'汉家秦地月，流影照明妃。一上玉关道，天涯去不归。'按《史记》言匈奴左方王将直上谷以东，右方王将直上郡以西，而单于之庭直代、云中。《汉书》言呼韩邪单于自请留居光禄塞下，又言天子遣使送单于出朔方鸡鹿塞（自注：今在河套内），后单于竟北归庭。乃知汉与匈奴往来之道，大抵从云中、五原、朔方。明妃之行，亦必出此。故江淹之赋李陵，但云：'情往上郡，心留雁门。'而玉关与西域相通，自是公主嫁乌孙所经，太白误矣。《颜氏家训》谓：'文章地理，必须惬当。'其论梁简文《雁门太守行》而言日逐、康居、大宛、月氏，萧子晖《陇头水》而云'北注黄龙，东流白马'。沈存中论白乐天《长恨歌》'峨眉山下少人行'，谓峨眉在嘉州，非幸蜀路。文人之病，盖有同者。梁徐悱《登琅邪城》诗：'甘泉警烽候，上谷抵楼兰。'上谷在居庸之北，而楼兰为西域之国，在玉门关外。即此一句之中，文理已自不通，其不切琅邪城又无论也。"〔清〕顾炎武著，黄汝成集释，秦克诚点校：《日知录集释》，岳麓书社1994年版，第750页。

③ 靳生禾：《昭君出塞与蹄窟岭刍议》，载《湖北民族学院学报》（哲学社会科学版）2009年第6期。

雁门关)直至西口(杀虎口)出塞";"(二)中路,由关中(咸阳、长安)东来,经蒲津(今山西永济西蒲州镇与陕西大荔朝邑镇间)东渡黄河,循涑水河、汾河、桑干河等三河谷道北上,经勾注、杀虎口出塞";"(三)西路,由咸阳(今陕西咸阳西北)、长安循泾水河谷西北行,至云阳(今陕西淳化西北)取秦直道北上,经由今陕、甘交界的子午岭至五原北去。"靳生禾认为,"若取东路,显然屈曲悬远","属不可取,亦即不可能"。他认为,"当年呼韩邪偕昭君取中路"。林幹的推定,即靳文所谓"西路"。靳生禾说:"比较中西两路,则西路距离、行程近于中路,却横亘有广袤的毛乌素沙漠,人畜行旅维艰①,还必须得乘舟北渡黄河天堑,'无风三尺浪',冒有风险。中路则行程稍远于西路,惟由蒲津东渡黄河,早在战国后叶已构筑有桥梁,史载秦昭襄王五十年(前257)'初作河桥',即此。"②

  首先应予澄清,林幹推定的路线,并不可以说"横亘有广袤的毛乌素沙漠,人畜行旅维艰"。秦直道是最高等级的交通道路,具有可以通行帝王乘舆的条件,不宜说"行旅维艰"。这条路线今天只是经过毛乌素沙漠的边缘,而当时沙漠化的形势未可与现今相比。侯仁之、俞伟超等对乌兰布和沙漠附近汉代垦区进行考察时发现,在屯垦军民撤出之后,生态环境严重恶化:"随着社会秩序的破坏,汉族人口终于全部退却,广大地区之内,田野荒芜,这就造成了非常严重的后果,因为这时地表已无任何作物的覆盖,从而大大助长了强烈的风蚀终于使大面积表土破坏,覆沙飞扬,逐渐导致了这一地区沙漠的形成。"③史念海曾经指出,西汉一代在鄂尔多斯高原所设的县多达20多个,这个数字尚不包括一些未

---

  ① 刘溢海《昭君出塞路线考》也说"经陕北的直道""多有高山深谷沙漠险阻","是一条山高河深,又多河谷与沙漠的艰险之路"。"秦直道的北段还要经过两处气候恶劣人迹罕至的大沙漠(毛乌素沙漠与库布齐沙漠)。即便在当今,这里仍是沙丘移动狂风肆虐的地区。"载《三峡论坛》2012年第6期。
  ② 靳生禾:《昭君出塞与蹄窟岭刍议》,载《湖北民族学院学报》(哲学社会科学版)2009年第6期。
  ③ 侯仁之、俞伟超、李宝田:《乌兰布和沙漠北部的汉代垦区》,《治沙研究》第7号,科学出版社1965年版。

知确地的县。当时的县址，有 1 处今天已经在沙漠之中，有 7 处已经接近沙漠。"应当有理由说：西汉初在这里设县时，还没有库布齐沙漠。至于毛乌素沙漠，暂置其南部不论，其北部若乌审旗和伊金霍洛旗在当时也应该是没有沙漠的。"土壤大面积沙化的情形各有其具体的原因，但是至少农林牧分布地区的演变也是一个促进因素。"草原的载畜量过高，也会促使草原的破坏。草原破坏，必然助长风蚀的力量，促成当地的沙化。"①而植被恶化的显著表现，都是在东汉以后发生的。

在西汉时期气候较现今温暖湿润的情况下②，直道北段因为"沙漠"以致"人畜行旅维艰"的想象并不符合历史真实。

至于"西路""还必须得乘舟北渡黄河天堑"的说法，也是缺乏说服力的。所谓"由蒲津东渡黄河，早在战国后叶已构筑有桥梁"确实是事实，但是所谓"秦昭襄王五十年（前 257 年）'初作河桥'，即此"，却不能证明秦昭襄王时代建造的浮桥 200 余年始终在使用。黄河在九原是"天堑"，在蒲津更是"天堑"，就河面宽度、水量和流速的比较而言，"'无风三尺浪'，冒有风险"的情形，后者应当更为严重。今天在包头西南往达拉特旗"昭君镇"方向黄河上地图标识为"昭君坟浮桥"的地方，民间通称"昭君渡"。当时的"度河"方式，却未必一定要"乘舟北渡"。以交通史的视角考察秦汉桥梁建造技术，可以推知当时应当已经有黄河浮桥沟通南北，使得九原与云阳实现高效率的交通连接。汉武帝诏称卫青"梁北河"③，这一记录在交通史上有重要的意义。可以说明当时北边因军事需要"度河"，已经有常设的

---

① 史念海：《两千三百年来鄂尔多斯高原和河套平原农林牧地区的分布及其变迁》，《河山集》三集，人民出版社 1988 年版。

② 竺可桢：《中国近五千年来气候变迁的初步研究》，载《考古学报》1972 年第 1 期，收入《竺可桢文集》，科学出版社 1979 年版；王子今：《秦汉时期气候变迁的历史学考察》，载《历史研究》1995 年第 2 期；王子今：《秦汉长城的生态史考察》，《中国（香港）长城历史文化研讨会论文集》，长城（香港）文化出版公司 2002 年版。

③ 《史记》卷一一一《卫将军骠骑列传》。所谓"梁北河"，裴骃《集解》引录如淳的解释："为北河作桥梁。"《汉书》卷五五《卫青传》颜师古注引如淳曰："为北河作桥梁也。"这里所说的"为北河作桥梁"，很可能是常设的浮桥，亦不排除架构梁桥的可能。

梁桥以为便捷的条件。卫青于朔方"梁北河"，分析道路规划的可能走向的，很可能是对应高阙的交通建设。其实，直道"度河"，应当有更高等级的桥梁。辛德勇在分析"九原、云中两郡在西汉政治与军事地理格局中的地位"时强调："云中、九原两郡南部的东流黄河河段，流速舒缓，岸线平坦，是展开大规模渡河军事行动的理想地点，九原、云中两郡，便是控制这一战略要津的桥头堡。"又说，"这两个郡……其位居交通要津，控制着东出'关东'以及北出塞外的渡口，……九原、云中一带，一向是朝廷重兵所在的地方"，"九原和云中，具有非同寻常的军事地理地位，特别是九原，不仅控制着黄河渡口，同时还控制着重要的战略通道直道，地位尤其重要"。① 显然，对于北边军事道路"度河"的交通规划来说，九原自有最重要的战略地位和最优越的总体条件。难以想象当时思考设计对匈奴战略的军事家会考虑在九原以外的其他地方组织最高等级的"度河"工程的建设。即使卫青"梁北河"如一些学者判断的，确实在朔方地区，那么，有理由推想，九原服务于直道的河桥营造，应体现更典型的国家级交通设施的标准。王莽时代更改地名，五原郡五原县改称"填河亭"，也很有可能与"度河"方式有关。汉五原郡"宜梁"② 县名的意义，也值得关注。③

显然，靳生禾等学者"比较中西两路"，以为"西路"交通条件劣于"距离、行程"较为迂远的"中路"的论点，现在看来是缺乏说服力的。④

---

① 辛德勇：《张家山汉简所示汉初西北隅边境解析——附论秦昭襄王长城北端走向与九原云中两郡战略地位》，载《历史研究》2006年第1期，收入《秦汉政区与边界地理研究》，第278、281页。
② 《汉书》卷二八下《地理志下》。
③ 王子今：《秦直道九原"度河"方式探讨》，见《2012·中国"秦汉时期的九原"学术论坛专家论文集》，内蒙古人民出版社2012年版，《史念海先生百年诞辰纪念学术论文集》，陕西师范大学出版总社有限公司2012年版。
④ 王子今：《关于王昭君北行路线的推定》，载《西北大学学报》（哲学社会科学版）2014年第3期。

附论

甘泉方家河岩画与直道黄帝传说

在陕西甘泉方家河考察直道时发现类似河南新郑具茨山的岩画遗存，其上古信仰史料意义值得重视。许多学者认为，具茨山岩画与黄帝传说有密切关系。而汉武帝北边之行后曾有祭祀桥山黄帝陵的举动。考察陕北地区与黄帝传说有关的遗存，应当将方家河岩画置于以直道为连贯带的信仰体系之中。《焦氏易林》所谓"天门帝室，黄帝所直"，或许也可以作为我们理解直道文化象征意义的线索。据《史记》卷一《五帝本纪》，黄帝"披山通道①，未尝宁居"，"抚万民，度四方"②，这位部族联盟的领袖既是上古交通事业的开拓者，其行政能力也施展至于相当广阔的地域。言"四方"者，自然包括不同的生态条件。直道"自九原至云阳"③，"千八百里"④，也跨越了北河草原荒漠、上郡黄土高原及关中泾渭平原等不同的生态区。考察上古史，应当注意相关现象。

一、方家河岩画的发现

2013年8月陕西师范大学出版总社组织直道考察，在陕西甘泉方家河的骡马沟发现古代岩画。

承对世界岩画多有了解的南京师范大学社会发展学院汤惠生

---

① 《史记》卷一《五帝本纪》司马贞《索隐》："披音如字，谓披山林草木而行以通道也。"第6页。

② 《史记》卷一《五帝本纪》裴骃《集解》："王肃曰：'度四方而安抚之。'"第5页。

③ 《史记》卷一一〇《匈奴列传》，第2886页；《史记》卷六《秦始皇本纪》："三十五年，除道，道九原抵云阳，堑山堙谷，直通之。"第256页。

④ 《史记》卷一一〇《匈奴列传》张守节《正义》引《括地志》，第2886页。

教授提示,这是所谓凹穴岩画。

方家河又称圣马桥,在甘泉西北桥镇乡西。

根据文物分布获得的历史人文地理信息,桥镇乡有比较密集的新石器时代遗存。如麦台遗址,面积约 3 万平方米;王家湾遗址,面积约 2 万平方米;潘家圪坨遗址,面积约 6 万平方米;胡家湾遗址,面积约 8 万平方米;八卦峁遗址,面积约 10 万平方米;孟家坬遗址,面积约 8 万平方米;柴沟河湾遗址,面积约 15 万平方米;阳台山遗址,面积约 6 万平方米。其中规模最大的是

图 42 汤惠生教授考察甘泉方家河直道遗存左近岩画

图 43 甘泉方家河保留方形凿痕的秦直道路面(右一徐君峰)

方家河遗址,在桥镇乡方家河村西北 500 米,时代为新石器时代,"面积约 25 万平方米。文化层厚约 1.2 米,地表有较多陶片,属仰韶文化的有泥质和夹砂红陶,纹饰为线纹及黑彩条带纹,器形有钵、盆、尖底瓶等;属新石器时代晚期的有泥质灰陶和夹砂红陶,纹饰有篮纹、绳纹、附加堆纹,器形可辨盆、罐、瓮等"。可见,在甘泉桥镇以方家河为中心的地方,在新石器时代曾经有人口数

图44　甘泉方家河保留岩画的秦直道路面

量可观的远古部族活动。他们在这里定居日久，在有些遗址形成1.5米厚的文化层。①

新石器时代密集的居住遗址，应当大致与方家河凹穴岩画同时。也就是说，这些岩画的创造者，很可能就是桥镇乡分布集中的新石器时代聚落群的主人。

方家河又有我们知道的较早的显示比较典型的夯筑工程遗迹的直道遗存。自靳之林教授进行直道考察的时候②，方家河就进入了交通考古学者的视野。据国家文物局主编《中国文物地图集·陕

---

① 国家文物局主编：《中国文物地图集·陕西分册》，西安地图出版社1998年版，上册第298页，下册第916—918页。
② 《画家靳之林徒步三千里考察秦始皇直道》，载《光明日报》1984年8月19日。

西分册》著录:"秦直道遗址甘泉段〔桥镇乡·秦代〕直道由富县张家湾乡墩梁向北延入本县桥镇乡,经寻行铺、赵家畔、杏树嘴、箭湾、高山窑子、漩涡畔过洛河,又经方家河、老窑湾、王李家湾、榆树沟等地入志丹县。本县境内基本呈南北走向,全长约 32 公里。道路为堑山或夯筑,平均宽度 30 米,最宽处 58 米,最窄处 10 余米。方家河村北的一段,暴露夯筑路基厚 30 余米。沿线采集有绳纹板瓦、筒瓦等,并发现秦汉遗址 1 处。"[①] 这是比较典型、比较规范的直道路段,许多直道考察者和研究者均予以重视。

二、方家河岩画与具茨山岩画的关系

作为所谓凹穴岩画,方家河岩画与河南新郑具茨山的岩画有明显的相似之处。特别是齐整的凹穴排列,可见共同的形制规律。而考察者和研究者所发现的凹穴形制和推定的凿制技术等,亦大致彼此类同。

方家河岩画与具茨山岩画风格的一致性,暗示其创作者具有大体相同的设计思想,寄托大体相同的信仰观念,体现大体相同的审美意识,采用大体相同的制作技术。

岩画作为远古遗物存在所揭示的当时人的文化理念和信仰世界,应当也大体是相同的。

三、具茨山岩画与黄帝传说

具茨山岩画的发现和研究所具有的历史文化意义已经受到学界重视。正如有的学者所指出的,具茨山岩画"填补了我国中部地区岩刻、岩画考古发现的空白,丰富了中原地区古文化的内涵,为研究这一地区包括黄帝文化在内的上古文化提供了又一类新的实物依据,具有重要的学术价值"[②]。具茨山很可能是黄帝与上天

[①] 国家文物局主编:《中国文物地图集·陕西分册》,上册第 298 页,下册第 921 页。
[②] 汤惠生:《具茨山岩画具有重要的学术价值》,见刘五一编著:《中原岩画》,中州古籍出版社 2012 年版,第 159 页。

沟通的神秘所在。①

《水经注》卷二二《溧水》说："大騩，即具茨山也。"临近具茨山的陉山，"山上有郑祭仲冢，冢西有子产墓，累石为方坟。坟东有庙，并东北向郑城"。②据《旧唐书》卷五《高宗纪下》："〔永淳〕二年春正月甲午朔，幸奉天宫。遣使祭嵩岳、少室、箕山、具茨等山。"③这是具茨山成为国家祭祀对象的明确记录。唐代文学家卢照邻曾经在具茨山定居。④宋人笔记中又有关于"具茨寺"的记载。⑤发掘和研究具茨山包括岩画在内的各种文化遗存，是有重要意义的学术任务。⑥

承汤惠生教授告知，中国凹穴岩画的分布，已见于东北地区，以及内蒙古、宁夏、山东、江苏、浙江、福建、广东、香港、台湾等地，在南阳地区比较集中。河南新郑具茨山的发现，应与黄帝传说有关。陕西甘泉方家河遗存，是新的发现，有迹象表明，其文化内涵或许也与传说时代黄帝部族的活动有一定关系。

---

① 《庄子·徐无鬼》："黄帝将见大隗乎具茨之山，方明为御，昌寓骖乘，张若、謵朋前马，昆阍、滑稽后车。至于襄城之野，七圣皆迷，无所问涂。适遇牧马童子，问涂焉，曰：'若知具茨之山乎？'曰：'然。''若知大隗之所存乎？'曰：'然。'黄帝曰：'异哉小童！非徒知具茨之山，又知大隗之所存。请问为天下。'小童曰：'夫为天下者，亦若此而已矣，又奚事焉！予少而自游于六合之内，予适有瞀病，有长者教予曰：若乘日之车而游于襄城之野。今予病少痊，予又且复游于六合之外。夫为天下亦若此而已。予又奚事焉！'黄帝曰：'夫为天下者，则诚非吾子之事，虽然，请问为天下。'小童辞。黄帝又问。小童曰：'夫为天下者，亦奚以异乎牧马者哉！亦去其害马者而已矣！'黄帝再拜稽首，称天师而退。"《水经注》卷二二《溧水》："大騩即具茨山也。黄帝登具茨之山，升于洪堤上，受《神芝图》于华盖童子，即是山也。"《太平御览》卷四二引《阳城记》曰："大騩山在密县东南五十里，即具茨之山。黄帝登具茨之山，升于供堤之上，受《神芝图》于黄盖童子，即此也。又名具茨山也。"
② 〔北魏〕郦道元著，陈桥驿校证：《水经注校证》，中华书局2007年版，第523页。
③ 《旧唐书》，第110页。
④ 《旧唐书》卷一九〇上《文苑列传上·卢照邻》，第5000页；《新唐书》卷二〇一《文艺列传上·卢照邻》，第5739页；事又见《唐才子传》卷一《卢照邻》，文渊阁《四库全书》本。
⑤ 〔宋〕朱弁《曲洧旧闻》卷四："大隗山即《庄子》所谓具茨山也。山有具茨寺。"文渊阁《四库全书》本。
⑥ 王子今：《具茨山凹穴岩画环中心构图的象征意义》，见《具茨山与中华文明》，光明日报出版社2014年版。

图 45　甘泉方家河秦直道路面石刻符号

四、直道与黄帝祭祀

《史记》卷一《五帝本纪》记载："黄帝崩，葬桥山。"关于传说时代这位圣王的去世，裴骃《集解》载："皇甫谧曰：'在位百年而崩，年百一十一岁。'"司马贞《索隐》引《大戴礼》曰："宰我问孔子曰：'荣伊言黄帝三百年，请问黄帝何人也？抑非人也？何以至三百年乎？'对曰：'生而人得其利百年，死而人畏其神百年，亡而人用其教百年。'"以为"则士安之说略可凭矣"。张守节《正义》曰："《列仙传》云：'轩辕自择亡日与群臣辞。还葬桥山，山崩，棺空，唯有剑舄在棺焉。'"

关于黄帝"葬桥山"，裴骃《集解》："《皇览》曰：'黄帝冢在上郡桥山。'"司马贞《索隐》："《地理志》：桥山在上郡阳周县，山有黄帝冢也。"张守节《正义》："《括地志》云：'黄帝陵在宁州罗川县东八十里子午山。《地理志》云上郡阳周县桥山南有黄帝冢。'案：阳周，隋改为罗川。《尔雅》云山锐而高曰桥也。"①

《括地志》所谓"黄帝陵在宁州罗川县东八十里子午山",指出了黄帝陵与直道的关系。"子午山",应当就是直道经行的陕甘之间的子午岭。

汉武帝前往北边的一次军事交通行为,很可能往返均经由直道。回程中曾经往"黄帝冢桥山"举行祭祀黄帝的典礼。《史记》卷二八《封禅书》:"其来年冬,上议曰:'古者先振兵泽旅,然后封禅。'乃遂北巡朔方,勒兵十余万,还祭黄帝冢桥山,释兵须如。上曰:'吾闻黄帝不死,今有冢,何也?'或对曰:'黄帝已仙上天,群臣葬其衣冠。'即至甘泉,为且用事泰山,先类祠太一。"②所谓"释兵须如"的"须如",《史记》卷一二《孝武本纪》裴骃《集解》:"李奇曰:'地名也。'"《封禅书》裴骃《集解》引徐广曰:"须,一作'凉'。"③《汉书》卷二五上《郊祀志上》:"其来年冬,上议曰:'古者先振兵释旅,然后封禅。'乃遂北巡朔方,勒兵十余万骑,还祭黄帝冢桥山,释兵凉如。"④直接写作"凉如"。猜想陕西淳化甘泉宫遗址现今地名称"梁武帝"者,不知命名由来,或许即"凉如地"。

而《封禅书》中关于黄帝的一段文字亦值得我们注意:"黄帝且战且学仙。患百姓非其道,乃断斩非鬼神者。百余岁然后得与神通。黄帝郊雍上帝,宿三月。鬼臾区号大鸿,死葬雍,故鸿冢是也。其后黄帝接万灵明庭。明庭者,甘泉也。所谓寒门者,谷口也。"⑤所谓"甘泉""谷口",都与直道有关。"甘泉",应即汉甘泉宫所在,在今陕西淳化。"谷口"应即今泾阳口镇,正当咸阳、长安北向直道南端甘泉宫的交通要隘。

---

① 《史记》,第 11 页。
② 《史记》,第 1396 页。
③ 《史记》,第 473 页。
④ 《汉书》,第 1233 页。
⑤ 《汉书》,第 1228 页。

汉武帝的此次出巡，亲自抵达北边前线，向匈奴炫耀武力。《汉书》卷六《武帝纪》的记载更为具体：

> 元封元年冬十月，诏曰："南越、东瓯咸伏其辜，西蛮北夷颇未辑睦，朕将巡边垂，择兵振旅，躬秉武节，置十二部将军，亲帅师焉。"行自云阳，北历上郡、西河、五原，出长城，北登单于台，至朔方，临北河。勒兵十八万骑，旌旗径千余里，威震匈奴。遣使者告单于曰："南越王头已县于汉北阙矣。单于能战，天子自将待边；不能，亟来臣服。何但亡匿幕北寒苦之地为！"匈奴詟焉。还，祠黄帝于桥山，乃归甘泉。①

"勒兵十八万骑"的军事行动，"行自云阳，北历上郡、西河、五原，出长城，北登单于台，至朔方，临北河"，不大可能不利用现成的交通条件比较理想的直道。"还，祠黄帝于桥山，乃归甘泉"，暗示举行黄帝祭祀典礼的"桥山"，也应当大致在直道交通线左近。"桥山"与"甘泉"之间，应当有方便帝王乘舆通过的高等级的交通道路。

五、关于"天门帝室，黄帝所直"

《焦氏易林》卷四《涣·否》："天门帝室，黄帝所直。藩屏周卫，不可得入。常安长在，终无祸患。"②所谓"天门"，会使人联想到陕西旬邑石门关。③而"常安长在"，或许与西汉都城

---

① 《汉书》，第189页；《史记》卷一一〇《匈奴列传》："是时天子巡边，至朔方，勒兵十八万骑以见武节，而使郭吉风告单于。郭吉既至匈奴，匈奴主客问所使，郭吉礼卑言好，曰：'吾见单于而口言。'单于见吉，吉曰：'南越王头已悬于汉北阙。今单于即能前与汉战，天子自将待边；单于即不能，即南面而臣于汉。何徒远走，亡匿于幕北寒苦无水草之地，毋为也。'语卒而单于大怒，立斩主客见者，而留郭吉不归，迁之北海上。而单于终不肯为寇于汉边，休养息士马，习射猎，数使使于汉，好辞甘言求请和亲。"第2912页；《汉书》卷九四上《匈奴传上》记述略同。第3772页。可见此次"天子巡边，亲至朔方，勒兵十八万骑以见武节"是取得了军事威慑的效果的。
② 文渊阁《四库全书》本。
③ 王子今、焦南峰：《秦直道石门琐议》，见《秦俑秦文化研究——秦俑学第五届学术讨论会论文集》，陕西人民出版社2000年版。

长安有关。长安，王莽时代即改称"常安"。① 而所谓"黄帝所直"的"直"，可能自有含义，这里直接的意义或许是指"值"。② 但是依然会让人联想到"直道"。

"直道"的"直"是否只能解为"直通之"③，"正南北相直"④，而不会亦兼有其他的意义呢？

方家河岩画的内容，因空间方位可能即用以宣示这种值守"天门""藩屏周卫"的崇高的地位和神圣的责任，而体现出和黄帝传说的某种神秘关系。

六、直道可能具有的文化象征意义

我们曾经讨论"直道"与"子午岭"、"子午道"与"直河"的神秘关系。子午岭—直道，子午道—直河，在咸阳—长安正北正南形成了纵贯千里的轴线。这一现象，应当看作秦汉都城规划的基本构成内容之一。另一组对应关系，表现为直道的起点—石门—甘泉宫北阙与子午道的起点—"南山之巅"—阿房宫南阙。⑤ 这一认识，也是和秦始皇以甘泉宫、咸阳宫、阿房宫共同作为秦宫主体结构的构想相一致的。秦始皇都城建设规划所体现的有关天文地理与人事的关系的观念，也是我们考察和理解秦汉历史文

---

① 《汉书》卷二八上《地理志上》："（京兆尹）长安，高帝五年置。惠帝元年初城，六年成。户八万八百，口二十四万六千二百。王莽曰'常安'。"颜师古注："王莽篡位，改汉郡县名，普易之也。"第1543—1544页。

② 《说文·乚部》："直，正见也。从十目。"段玉裁注："《左传》曰：'正直为正，正曲为直。'其引申之义也。见之审则必能矫其枉。故曰正曲为直。谓以十目视乚。乚者无所逃也。三字会意。除力切。一部。今隶作直。"《说文·是部》："是，直也，从日正。"段玉裁注："《直部》曰：'正见也。'十目烛隐则曰直。以日为正则曰是。从日正会意，天下之物莫正于日也。《左传》曰：'正直为正，正曲为直。'"〔汉〕许慎撰，〔清〕段玉裁注：《说文解字注》，上海古籍出版社据经韵楼藏版1981年版，第634、69页。"直"字在汉代已经有"值"的意义，见于长沙五一广场出土汉简。

③ 《史记》卷六《秦始皇本纪》："三十五年，除道，道九原抵云阳，堑山堙谷，直通之。"第256页。

④ 《史记》卷一一〇《匈奴列传》："通直道，自九原至云阳。"司马贞《索隐》："苏林云：'去长安八千里，正南北相直道也。'"第2886—2887页。

⑤ 王子今：《秦直道的历史文化观照》，载《人文杂志》2005年第5期。

图46 甘泉方家河直道考察 （右起：孙家洲、田旭东、张在明、王子今、范培松）

化时，不能不予以充分重视的。《汉书》卷九九上《王莽传上》记载："其（元始五年）秋，（王）莽以皇后有子孙瑞，通子午道。子午道由杜陵直绝南山，径汉中。"皇后，即汉平帝王皇后。《汉书》卷九七下《外戚传下》："孝平王皇后，安汉公太傅大司马（王）莽女也。平帝即位，年九岁，成帝母太皇太后称制，而莽秉政。莽欲依霍光故事，以女配帝，太后意不欲也。莽设变诈，令女必入，因以自重"，"太后不得已而许之"。道路的开通和"皇后有子孙瑞"的关系，暗示"子午"的方向，与生育、生殖相关，即有生命象征的含义。颜师古注引张晏曰："时年十四，始有妇人之道也。子，水；午，火也。水以天一为牡，火以地二为牝，故火为水妃，今通子午以协之。"颜师古说："子，北方也。午，南方也。言通南北道相当，故谓之'子午'耳。今京城直南山有谷通梁、汉道者,名'子午谷'。又宜州西界,庆州东界,有山名'子午岭',计南北直相当。此则北山者是'子',南山者是'午',共为'子午道'。"由此或许可以启示我们认识直道可能具有的文化象征意义的思路。

对于秦直道沿线的黄帝陵,以及很可能与黄帝部族活动有关的甘泉方家河岩画遗存,我们应当在考察秦直道文化象征意义时,将其置于我们的视野之内。

七、关于"匈奴祭天处"

我们还应当注意到,秦直道沿线还有另一处重要的神秘文化存在,就是位于甘泉的"匈奴祭天处"。

《史记》卷一一〇《匈奴列传》:"汉使骠骑将军去病将万骑出陇西,过焉支山千余里,击匈奴,得胡首虏万八千余级,破得休屠王祭天金人。"裴骃《集解》:"《汉书音义》曰:'匈奴祭天处本在云阳甘泉山下,秦夺其地,后徙之休屠王右地,故休屠有祭天金人,象祭天人也。'"司马贞《索隐》:"韦昭云:'作金人以为祭天主。'崔浩云:'胡祭以金人为主,今浮图金人是也。'又《汉书音义》称'金人祭天,本在云阳甘泉山下,秦夺其地,徙之于休屠王右地,故休屠有祭天金人,象祭天人也'。事恐不然。案:得休屠金人,后置之于甘泉也。"张守节《正义》:"《括地志》云:'径路神祠在雍州、云阳县西北九十里甘泉山下,本匈奴祭天处,秦夺其地,后徙休屠右地。'按:金人即今佛像,是其遗法,立以为祭天主也。""匈奴祭天处本在云阳甘泉山下,秦夺其地,后徙之休屠王右地"的说法或许是有道理的。而直道贯通南北,南端是原本"匈奴祭天处",北端则通向"秦夺其地"以后被迫北徙的祭祀中心。另一说法,则以为"得休屠金人,后置之于甘泉也"。两说其实都反映了直道在匈奴天神祭祀系统中的地位。

"匈奴祭天处"和华夏人祭黄帝处因直道彼此联系,是值得重视的文化现象。关注这一问题,不宜忽略传说中匈奴与华夏尊奉共同先祖的说法。《史记》卷一一〇《匈奴列传》写道:"匈奴,其先祖夏后氏之苗裔也,曰淳维。"裴骃《集解》解释"淳维":"《汉书音义》曰:'匈奴始祖名。'"司马贞《索隐》:"张晏曰:'淳维以殷时奔北边。'又乐产《括地谱》云:'夏桀无道,汤放之鸣条,三年而死。其子獯粥妻桀之众妾,避居北野,随畜移徙,中国谓之匈奴。'其言夏后苗裔,或当然也。故应劭《风俗通》云:'殷时曰獯粥,改曰匈奴。'又服虔云:'尧时曰荤粥,周曰猃狁,秦曰匈奴。'韦昭云:'汉曰匈奴,荤粥其别名。'则淳维是其始祖,盖与獯粥是一也。"① 所谓"其言夏后苗裔",是匈奴自称"夏后苗裔"。司马迁《史记》"其先祖夏后氏之苗裔也"及司马贞《索隐》"或当然也",则基本认可这一说法。

八、直道南北段的生态条件差异

直道"道九原抵云阳,堑山堙谷,直通之"②,其北端,正当"随畜移徙"的"北野";南端,则直抵秦统治中枢地带——生态状况最理想的泾渭灌溉区,即最富庶的农耕基地。

直道贯通南北,跨越了北河草原荒漠、上郡黄土高原及关中泾渭平原等不同的生态区。③ 也就是说,直道交通结构具有连接多种区域生态条件的作用。

按照司马迁《史记》卷一二九《货殖列传》的表述,西汉时全国因生态环境和经济局势可以划分为四个经济区:

> 夫山西饶材、竹、榖、纑、旄、玉石;山东多鱼、盐、漆、丝、声色;江南出柟、梓、姜、桂、金、锡、连、丹

---

① 《史记》,第 2879—2880 页。
② 《史记》卷六《秦始皇本纪》裴骃《集解》:"《地理志》五原郡有九原县。""徐广曰:'表云道九原,通甘泉。'"第 256 页。
③ "直道—子午岭"与"子午道—直河"共同构成的交通结构,又将联系的区域扩展至秦岭巴山以南的四川成都平原。

沙、犀、瑇瑁、珠玑、齿革；龙门、碣石北多马、牛、羊、旃裘、筋角；铜、铁则千里往往山出棊置。……故待农而食之，虞而出之，工而成之，商而通之。①

直道跨越了"多马、牛、羊、旃裘、筋角"的"龙门、碣石北"牧区，"山西"以"谷"为主要物产的农区和以"材"为主要物产的林区。

甘泉方家河岩画与新郑具茨山岩画体现的很可能属于传说时代黄帝文化遗存的分布，其空间范围同样也跨越了"龙门、碣石北"地方的牧区以及"山西"地方的农区和林区。

除了有益于深化有关上古交通史的认识而外，由此透露的上古生态史及上古行政史的相关信息，也值得我们重视。相关情形，也应当联系传说时代黄帝"披山通道""抚万民，度四方"大跨度扩展政治空间的文化表现予以理解。②

---

① 《史记》，第3253—3254页。
② 王子今：《甘泉方家河岩画与直道黄帝传说——上古信仰史与生态史的考察》，见《陕西历史博物馆馆刊》第21辑，三秦出版社2014年版。

附 论

秦惠文王"游之北河"与赵武灵王欲"直南袭秦"

秦国君主有乐于远行的传统。商鞅变法成功之后,秦惠文王除东行谋求对中原的外交与军事成功外,又有南行和北行的经历。南行实践促成了对巴蜀的成功征服,北行亦有战略意义。"王北游戎地,至河上"的历史记录,使人联想到后来秦始皇直道的开通。秦昭襄王时代克服义渠势力,为秦国全面控制西部地方准备了条件。赵武灵王准备"直南袭秦"的计划,也说明自北河往咸阳方向的交通路径已经受到重视。

一、秦国君好远行

考察秦史时可以发现,对于交通予以充分的重视,是秦人同其他列国相比极其引人瞩目的历史特色。秦部族早期于游徙生活中崛起,《诗·秦风》可见体现秦人"大有车马……之好"[1]的诗句。秦人立国,也直接与"襄公以兵送周平王"[2]的交通活动有关。秦四方礼祀体制,只有秦故地关中诸祠有以车马模型做祭品的礼

---

[1]《诗·秦风》毛亨传:"《车邻》,美秦仲也。秦仲始大有车马礼乐侍御之好。"〔清〕阮元校刻:《十三经注疏》,中华书局1980年版,第368页。
[2]《史记》卷五《秦本纪》,第179页。

俗。① 春秋时期，秦人在黄河水面曾经架设临时的浮桥。而黄河历史上第一座常设的浮桥，也是秦人创建的，即《史记》卷五《秦本纪》所谓秦昭襄王五十年（前 257 年）"初作河桥"。② 秦国较早以"水通粮"，而被东方列国看作国力强盛而"不可与战"的劲敌。③ 而世界最早的标志双辕车产生的实物资料出土于陕西凤翔战国初期秦墓④，这也是秦人在交通技术方面曾经居于领先地位的证明。以交通条件的优越为基础，秦国军队善于"远攻"⑤，曾经较早创大军团长距离远征，"径数国千里而袭人"⑥的历史纪录。战争必然要充分动员交通力量，即《孙子兵法·作战》中所谓"师者远输"，而往往实际上亦成为交通运输能力即"破车罢马""丘牛大车"的较量。⑦ 秦国最终能够完成击灭六国、实现一统的伟业，有强劲的交通实力以为借助，也是重要因素之一。⑧

司马迁在《史记》中有关秦国君远行的记录，以卷五《秦本纪》最为集中。春秋时期的有关记载，已经值得引起秦史研究者的注意。

如秦立国故事："（襄公）七年春，周幽王用褒姒废太子，立褒姒子为适，数欺诸侯，诸侯叛之。西戎犬戎与申侯伐周，杀幽王郦山下。而秦襄公将兵救周，战甚力，有功。周避犬戎难，东徙雒邑，襄公以兵送周平王。平王封襄公为诸侯，赐之岐以西

---

① 《史记》卷二八《封禅书》："畤驹四匹，木禺龙栾车一驷，木禺车马一驷，各如其帝色。"第 1376 页。

② 《史记》，第 214 页，张守节《正义》："此桥在同州临晋县东，渡河至蒲州，今蒲津桥也。"第 218 页。

③ 《战国策·赵策一》：赵豹曰："秦以牛田，水通粮，其死士皆列之于上地，令严政行，不可与战。王自图之！"又《史记》卷四三《赵世家》载赵豹曰："夫秦以牛田之水通粮蚕食，上乘倍战者，裂上国之地，其政行，不可与为难。"第 1825 页。点校本二十四史修订本《史记》标点作"夫秦以牛田，之水通粮，蚕食，上乘倍战者，裂上国之地，其政行，不可与为难"，中华书局 2013 年版，第 2185 页。

④ 吴镇烽、尚志儒：《陕西凤翔八旗屯秦国墓葬发掘简报》，见《文物资料丛刊》第 3 辑，文物出版社 1980 年版。

⑤ 《史记》卷七九《范睢蔡泽列传》，第 2409 页。

⑥ 《史记》卷五《秦本纪》，第 190—191 页。

⑦ 张预注："兵以车马为本"，"始言'破车疲马'者，谓攻战之驰车也；次言'丘牛大车'者，即辎重之革车也"。

⑧ 王子今：《秦国交通的发展与秦的统一》，载《史林》1989 年第 4 期。

之地。曰：'戎无道，侵夺我岐、丰之地，秦能攻逐戎，即有其地。'与誓，封爵之。襄公于是始国。"①

又如文公东进事迹："文公元年，居西垂宫。三年，文公以兵七百人东猎。四年，至汧渭之会。"于是卜居之，占曰吉，即营邑之。"十六年，文公以兵伐戎，戎败走。于是文公遂收周余民有之，地至岐，岐以东献之周。"②

"武公元年，伐彭戏氏，至于华山下"，与上文"宁公二年，……遣兵伐荡社"文例有所不同，而与下文成公元年"齐桓公伐山戎，次于孤竹"，缪公四年"齐桓公伐楚，至邵陵"文式颇相近。据《左传·僖公四年》："春，齐侯以诸侯之师侵蔡。蔡溃，遂伐楚。""师进，次于陉。夏，楚子使屈完如师。师退，次于召陵。齐侯陈诸侯之师，与屈完乘而观之。"又《史记》卷三二《齐太公世家》："齐师退次召陵。桓公矜屈完以其众。"是齐桓公至于召陵。③ 又《史记》卷二八《封禅书》："桓公曰：'寡人北伐山戎，过孤竹；西伐大夏，涉流沙，束马悬车，上卑耳之山；南伐至召陵，登熊耳山以望江汉。'"④ 可知孤竹、召陵齐桓公皆亲至，由此则"武公元年，伐彭戏氏，至于华山下"似可理解为秦武公本人当时曾经"至于华山下"。

关于秦穆公时代的有关史事，我们可以看到如下记载：

（1）"缪公任好元年，自将伐茅津，胜之。"（《史记》卷五《秦本纪》）

（2）"四年，迎妇于晋，晋太子申生姊也。"（《史记》卷

---

① 《史记》，第179页。
② 《史记》，第179页。
③ 《史记》，第1489页；《史记》卷三五《管蔡世家》："齐桓公怒，伐蔡；蔡溃，遂虏缪侯，南至楚邵陵。""昭公六年，齐桓公败蔡，遂至楚召陵。"第1567、1571—1572页；又卷三六《陈杞世家》："（宣公）三十七年，齐桓公伐蔡，蔡败；南侵楚，至召陵，还过陈。陈大夫辕涛涂恶其过陈，诈齐令出东道。东道恶，桓公怒，执陈辕涛涂。"第1578页。
④ 《史记》，第1361页；《史记》卷三二《齐太公世家》也记载："桓公称曰：'寡人南伐至召陵，望熊山；北伐山戎、离枝、孤竹；西伐大夏，涉流沙；束马悬车登太行，至卑耳山而还。'"第1491页。

五《秦本纪》）

（3）五年，"秋，缪公自将伐晋，战于河曲"。（《史记》卷五《秦本纪》）

（4）"十五年，兴兵将攻秦。缪公发兵，使丕豹将，自往击之。九月壬戌，与晋惠公夷吾合战于韩地。晋君弃其军，与秦争利，还而马鷙。缪公与麾下驰追之，不能得晋君，反为晋军所围。晋击缪公，缪公伤。于是岐下食善马者三百人驰冒晋军，晋军解围，遂脱缪公而反生得晋君。……于是缪公虏晋君以归。……是时秦地东至河。"（《史记》卷五《秦本纪》）①

（5）二十四年，"其秋，周襄王弟带以翟伐王，王出居郑。二十五年，周王使人告难于晋、秦。秦缪公将兵助晋文公入襄王，杀王弟带"。（《史记》卷五《秦本纪》）②

（6）二十五年，"秦伯师于河上，将纳王"。（《左传·僖公二十五年》）③

（7）三十年，"九月甲午，晋侯、秦伯围郑，以其无礼于晋，且贰于楚也。晋军函陵，秦军氾南。佚之狐言于郑伯曰：'国危矣，若使烛之武见秦君，师必退。'公从之。辞曰：'臣之壮也，犹不如人；今老矣，无能为也已。'公曰：'吾不能早用子，今急而求子，是寡人之过也。然郑亡，子亦有不利焉。'许之。夜，缒而出。见秦伯曰：'秦、晋围郑，郑既知亡矣。若亡郑而有益于君，敢以烦执事。越国以鄙远，君知其难也，焉用亡郑以陪邻？邻之厚，君之薄也。若舍郑以为东道主，行李之往来，共其乏困，君亦无所害，且君尝为晋君赐矣，许君焦、瑕，朝济而夕设版焉，君之所知也。夫晋，何厌之有？既东封郑，又欲肆其西封。若不阙秦，将焉取之？阙秦以利晋，唯君图之。'秦伯说，与郑人盟，使杞子、逢孙、

---

① 《吕氏春秋·爱士》："为韩原之战，晋人已环缪公之车矣，晋梁由靡已扣缪公之左骖矣，晋惠公之右路石奋投而击缪公之甲，中之者已六札矣。垫人之尝食马肉于岐山之阳者三百有余人，毕力为缪公疾斗于车下，遂大克晋，反获惠公以归。"

② 《史记》，第190页。

③ 《春秋左传集解》，上海人民出版社1977年版，第354页。

杨孙戍之,乃还。"(《左传·僖公三十年》)①

（8）三十六年,"秦伯伐晋,济河焚舟,取王官及郊,晋人不出。遂自茅津济,封殽尸而还。遂霸西戎,用孟明也"。(《左传·文公三年》)②

显然,秦穆公所以能够"益国十二,开地千里,遂霸西戎",致使周天子"使召公过贺缪公以金鼓",是以行程空前的交通实践为条件的。凡此8例,其中(1)(2)(3)至于晋边境,(4)至于韩地,(5)(6)(7)至于郑地,(8)则深入晋地,又于茅津(今河南三门峡西)南渡,在今三门峡与渑池间的崤山炫耀武力。王官在今山西闻喜南,郑在今河南新郑。③ 由雍至郑,以现今公路交通营运里程计,已经超过780公里。按照《九章算术·均输》记载汉代"重车日行五十里"的运输效率计算,辎重行程竟然需要48天左右。④ 当时与秦穆公交通实践堪称伯仲相当的,只有齐桓公、晋文公等少数国君。而秦穆公自雍至郑的直线距离,超过了齐桓公北上孤竹以及南击召陵的路程。从交通史的视角分析"五霸"事业,并进而认识和理解秦穆公时代秦人对于东方的关注以及相应的进取意识,或许是有益的。

《左传·文公十二年》有关于秦康公六年(前615年)"秦伯伐晋"的战争史记录:

> 秦为令狐之役故,冬,秦伯伐晋,取羁马。晋人御之。赵盾将中军,荀林父佐之。郤缺将上军,臾骈佐之。栾盾

---

① 《春秋左传集解》,上海人民出版社1977年版,第396页;《史记》卷五《秦本纪》:"三十年,缪公助晋文公围郑。郑使人言缪公曰:'亡郑厚晋,于晋而得矣,而秦未有利。晋之强,秦之忧也。'缪公乃罢兵归。晋亦罢。"第190页。

② 《春秋左传集解》,第434页;《史记》卷五《秦本纪》:"三十六年,缪公复益厚孟明等,使将兵伐晋,渡河焚船,大败晋人,取王官及鄗,以报殽之役。晋人皆城守不敢出。于是缪公乃自茅津渡河,封殽中尸,为发丧,哭之三日。乃誓于军曰:'嗟士卒!听无謹,余誓告汝。古之人谋黄发番番,则无所过。'以申思不用蹇叔、百里傒之谋,故作此誓,令后世以记余过。"第193—194页。

③ 谭其骧主编:《中国历史地图集》第1册,地图出版社1982年版,第22—23页。

④ 杨宽《中国历代尺度考》(商务印书馆1955年重版)说,汉制1里相当于414米。陈梦家则根据对居延地区汉代邮程的考证,认为"一汉里相当于325米的直线距离","用400或414米折合则太大"。《汉简考述》,载《考古学报》1963年第1期。此据陈梦家说。

将下军,胥甲佐之。范无恤御戎,以从秦师于河曲。臾骈曰:"秦不能久,请深垒固军以待之。"从之。

秦人欲战。秦伯谓士会曰:"若何而战?"对曰:"赵氏新出其属曰臾骈,必实为此谋,将以老我师也。赵有侧室曰穿,晋君之婿也,有宠而弱,不在军事;好勇而狂,且恶臾骈之佐上军也。若使轻者肆焉,其可。"秦伯以璧祈战于河。十二月戊午,秦军掩晋上军。赵穿追之不及。反,怒曰:"裹粮坐甲,固敌是求。敌至不击,将何俟焉?"军吏曰:"将有待也。"穿曰:"我不知谋,将独出。"乃以其属出。宣子曰:"秦获穿也,获一卿矣。秦以胜归,我何以报?"乃皆出战,交绥。秦行人夜戒晋师曰:"两君之士皆未憖也,明日请相见也。"臾骈曰:"使者目动而言肆,惧我也,将遁矣。薄诸河,必败之。"胥甲、赵穿当军门呼曰:"死伤未收而弃之,不惠也。不待期而薄人于险,无勇也。"乃止。秦师夜遁。复侵晋,入瑕。①羁马在今山西风陵渡东北。瑕在今河南灵宝西。②

秦穆公之后的有关国君远行的记录,又有《左传·成公十一年》所谓:"秦、晋为成,将会于令狐。晋侯先至焉。秦伯不肯涉河,次于王城,使史颗盟晋侯于河东。晋郤犨盟秦伯于河西。"③以及《史记》卷五《秦本纪》所谓:"(秦景公)二十七年,景公如晋,与平公盟。"④

战国时期秦国君远行的记录,益为频繁。

《史记》卷五《秦本纪》记载,秦孝公"七年,与魏惠王会杜平"。

---

① 《春秋左传集解》,上海人民出版社1977年版,第482—483页。
② 谭其骧主编:《中国历史地图集》第1册,地图出版社1982年版,第22—23页。
③ 《春秋左传集解》,上海人民出版社1977年版,第715页;《史记》卷五《秦本纪》记载:"(秦桓公)二十四年,晋厉公初立,与秦桓公夹河而盟。"第196页。
④ 据《史记》卷五《秦本纪》,秦景公三十六年,"景公母弟后子鍼有宠,景公母弟富,或谮之,恐诛,乃奔晋,车重千乘"。"景公立四十年卒,子哀公立。后子复来归秦。"第197页。作为秦公室贵族,后子鍼以"车重千乘"远行"奔晋"的史例,也值得注意。

杜平，张守节《正义》："在同州澄城县界也。"①其地在今陕西澄城与合阳之间秦魏边界上。②马非百《秦集史》指出："案《魏世家》作社平，误。"③《史记》卷一五《六国年表》："（魏惠王二十一年）与秦遇彤。"④《史记》卷四四《魏世家》："二十一年，与秦会彤。"⑤应当看作秦孝公东行至于彤的记录。彤在今陕西华县南。

二、秦惠文王褒汉之行与蜀地征服

承商鞅变法之余烈的秦惠文王，即位之后也有重视出行的表现。除东行而外⑥，又曾经有南行和北行的事迹。《华阳国志》卷三《蜀志》记录了反映秦巴山地道路早期开通的著名的"石牛""五丁"故事：

> 周显王之世，蜀王有褒汉之地，因猎谷中，与秦惠王遇。惠王以金一笥遗蜀王。王报珍玩之物。物化为土，惠王怒。群臣贺曰："天奉我矣，王将得蜀土地。"惠王喜，乃作石牛五头，朝泻金其后，曰："牛便金。"有养卒百人。蜀人悦之，使使请石牛，惠王许之。乃遣五丁迎石牛。既不便金，怒遣还之。乃嘲秦人曰："东方牧犊儿。"秦人笑之曰："吾虽牧犊，当得蜀也。"⑦

秦王和蜀王"褒汉""谷中"之遇，反映了蜀道的早期开通，已

---

① 《史记》，第203页。
② 谭其骧主编：《中国历史地图集》第1册，地图出版社1982年版，第35—36页。
③ 马非百：《秦集史》上册，中华书局1982年版，第48页。
④ 《史记》，第723页。
⑤ 《史记》，第1845页。
⑥ 秦惠文王东行史迹，如《史记》卷五《秦本纪》：九年，"与魏王会应"。第206页；《史记》卷一五《六国年表》：十二年，"会龙门"。第730页；《史记》卷五《秦本纪》："（更元）五年，王游至北河。""（更元）十二年，王与梁王会临晋。"第207页；《水经注》卷四《河水四》引《汲冢竹书纪年》："魏襄王七年，秦王来见于蒲坂关。"〔北魏〕郦道元著，陈桥驿校证：《水经注校证》，中华书局2007年版，第106页。
⑦ 〔晋〕常璩撰，任乃强校注：《华阳国志校补图注》，上海古籍出版社1987年版，第123页。

经具备了比较好的通行条件。《水经注》卷二七《沔水》引来敏《本蜀论》："秦惠王欲伐蜀而不知道，作五石牛，以金置尾下，言能屎金。蜀王负力，令五丁引之成道。秦使张仪、司马错寻路灭蜀，因曰'石牛道'"。① 所谓"使使请石牛"和"遣五丁迎石牛"，"令五丁引之成道"，体现了因交通需求的变化，道路形制有所进步。

《华阳国志》卷三《蜀志》中，又可以看到这样的记载："周显王二十二年，蜀侯使朝秦。秦惠王数以美女进，蜀王感之，故朝焉。惠王知蜀王好色，许嫁五女于蜀。蜀遣五丁迎之。还到梓潼，见一大蛇入穴中。一人揽其尾，掣之，不禁。至五人相助，大呼抴蛇。山崩，同时压杀五人及秦五女，并将从；而山分为五岭。直顶上有平石。蜀王痛伤，乃登之。因命曰五妇冢山。川平石上为望妇堠。作思妻台。今其山，或名五丁冢。"② 蜀使朝秦，秦王嫁女，五丁迎之，都是秦蜀交通过程。堠，是古道路记程的土堆。③ 因而这一传说，也可以与"蜀王负力，令五丁引之成道"之说对照理解，看作蜀道早期开通的历史真实的反映。④

通过相关传说"蜀王有褒汉之地，因猎谷中，与秦惠王遇"，"秦惠王欲伐蜀而不知道，作五石牛"，"蜀王负力，令五丁引之成道"，以及秦惠王"许嫁五女于蜀，蜀遣五丁迎之"等情节，可知早期蜀道的开通，是秦人和蜀人共同的历史功绩。然而由"石牛""五女"谋略之设计，可以得到秦人可能发挥了更多的主动性这一认识。

---

① 〔北魏〕郦道元著，陈桥驿校证：《水经注校证》，第 645 页。
② 〔晋〕常璩撰，任乃强校注：《华阳国志校补图注》，第 123 页。
③ 古代交通道路管理曾经有以所谓"封堠"划界分程的制度，据说"十里双堠，五里只堠"。有的学者引据经典，指出黄帝游幸天下时，"道路有记里堆"，因而以为"封堠"之制，启始于黄帝时代。〔明〕杨慎：《丹铅总录》卷二《地理类》"封堠埒"条。文渊阁《四库全书》本。
④ 《华阳国志》还有其他有关"五丁"开路的传说。卷二《汉中志》："梓潼县，（梓潼）郡治。有五妇山，故蜀五丁士所拽蛇崩山处也。"卷三《蜀志》："时蜀有五丁力士，能移山。""武都有一丈夫，化为女子，美而艳，盖山精也。蜀王纳为妃。不习水土，欲去。王必留之，乃为《东平》之歌以乐之。无几，物故。蜀王哀之。乃遣五丁之武都担土，为妃作冢，盖地数亩，高七丈。"〔晋〕常璩撰，任乃强校注：《华阳国志校补图注》，上海古籍出版社 1987 年版，第 91、123 页。其中"遣五丁之武都担土"情节，也反映了交通过程。

有意思的是，在这些与蜀道开通史事相关的传说中，主人公都是"秦惠王"。历史演进的趋势，正是在秦惠文王时代，秦完成了对蜀地的占有。秦人兼并蜀地，是秦首次实现面积达数十万平方公里的大规模的领土扩张，为后来统一事业的成功奠定了最初的基础。通过这一历史过程，我们也可以看到秦文化在与其他地域文化体系相互融合、相互影响时保持主动地位，体现积极态势的事实。① 这一重要的历史变化，正是以秦惠文王出行至于"褒汉之地"为起点的。

三、"王北游戎地，至河上"

《史记》卷五《秦本纪》记载了秦惠文王北上至于"北河"的行迹，这是秦史中重要的一页："（更元）五年，王游至北河。"北河，裴骃《集解》："徐广曰：'戎地，在河上。'"张守节《正义》："按：王游观北河，至灵、夏州之黄河也。"② 《史记》卷一五《六国年表》也记载："（秦惠文王五年）王北游戎地，至河上。"③ 所至已经抵达秦国君王行迹的北极。也就是说，秦惠文王到达了秦国执政者北行的极端地点。

《汉书》卷二七下之上《五行志下之上》可见关于秦王"斿"至"朐衍"的记载："秦孝文王五年，斿朐衍，有献五足牛者。"④ 马非百以为"孝文王当是惠文王之误"⑤。颜师古注对于"朐衍"提出了这样的意见："朐衍，地名，在北地。"

秦惠文王"北游戎地"事，或与宣太后解决义渠问题，取得对"戎地"的控制权有关。对于宣太后"杀义渠戎王"又"起兵伐残义渠"，

---

① 王子今：《秦人的蜀道经营》，载《咸阳师范学院学报》2012年第1期；王子今、刘林：《咸阳·长安文化重心地位的形成与上古蜀道主线路的移换》，载《长安大学学报》2012年第1期；王子今：《蜀道文化线路的历史学认知》，载《宝鸡文理学院学报》2012年第5期。

② 《史记》，第207—208页。

③ 《史记》第731页。

④ 《汉书》，第1447页。

⑤ 马非百：《秦集史》上册，中华书局1982年版，第55页。

马非百曾经有如下评论："宣太后以母后之尊，为国家歼除顽寇，不惜牺牲色相，与义渠戎王私通生子。谋之达三十余年之久，始将此二百年来为秦人腹心大患之敌国巨魁手刃于宫廷之中，衽席之上。然后乘势出兵，一举灭之，收其地为郡县，使秦人得以一意东向，无复后顾之忧。此其功岂在张仪、司马错收取巴蜀下哉！"又说："吾观范雎入秦，待命岁余。昭王谓雎云：'寡人宜以身受命久矣。会义渠之事急，寡人早暮自请太后。今义渠之事已，寡人乃得受命。'日夜请事太后，至于岁余，接见宾客，亦无暇晷。当日秦廷君臣同仇敌忾情绪之高，可以想见。"① 所谓"为国家""牺牲色相"，"谋之达三十余年之久"，完全否定男女真爱的可能，也许不尽符合宣太后真实的情感经历。秦与义渠之间，实力强弱与攻守关系有反复变化。秦惠文王时，秦与义渠的关系因秦国力的上升出现新的形势。秦惠文王七年（前 331 年），"义渠内乱，庶长操将兵定之"。秦惠文王十一年（前 327 年），"义渠君为臣"。秦惠文王更元五年（前 320 年），"王北游戎地，至河上"。秦惠文王通过义渠控制的地方北至"河上"。这正是芈八子为"惠王之妃"② 的时候。《史记》卷一一〇《匈奴列传》说"秦昭王时，义渠戎王与宣太后乱，有二子"③，《后汉书》卷八七《西羌传》也记载"及昭王立，义渠王朝秦，遂与昭王母宣太后通，生二子④，如果芈八子当时随秦惠文王北游，或许此即她与义渠君初识之时。

秦解决了义渠问题，占有了今陇东、陕北和宁夏大部地方，直接与草原胡族接境。

范雎见秦昭襄王："昭王至，闻其与宦者争言，遂延迎，谢曰：'寡人宜以身受命久矣，会义渠之事急，寡人且暮自请太后；

---

① 马非百：《秦集史》上册，中华书局 1982 年版，第 108 页。
② 《史记》卷七二《穰侯列传》司马贞《索隐》，第 2323 页。
③ 《史记》，第 2885 页。
④ 《后汉书》，第 2874 页。

今义渠之事已，寡人乃得受命。'"①《史记》卷七九《范雎蔡泽列传》的这段文字，说明"义渠之事"是当时军国公务中最"急"的大事。秦昭襄王虽参与处置，但是需"旦暮"频繁请示太后。宣太后无疑是处理义渠问题的最高决策者。"杀义渠戎王于甘泉，遂起兵伐残义渠"，这一决定秦西北方向战略形势的军事行为，是由宣太后主持策划和指挥的。宣太后以"起兵伐残"的军事方式，即以战争手段解决了义渠问题，即大致控制了西北方面。从魏国得到的西河、上郡以及此次平定的陇西、北地，成为秦稳定的后方。秦军东进因此不再有后顾之忧。正如《后汉书》卷八七《西羌传》所说："及秦始皇时，务并六国，以诸侯为事，兵不西行。"②自此西线无战事，提供了东方军事持续进取的保障。

秦惠文王时代兼并巴蜀，宣太后作为"惠王之妃"，应当亲历了这一成功军事战略的策划与实践。此后，"蜀既属秦，秦以益强，富厚，轻诸侯"③。而对于秦的北方和西北方的进取，宣太后的成功，其意义可能并不逊于她的夫君对巴蜀地方的兼并。正是在这一时期，秦的国力有时突出显现，实现了所谓"唯秦雄天下"④、"秦地半天下"⑤的局面，从而为秦始皇后来的统一奠定了基础。

四、赵主父"直南袭秦"与"秦下甲云中、九原"的交通条件

这一问题上文已经涉及。《史记》卷四三《赵世家》记载："武灵王自号为'主父'。"这位"主父"又有在政治史、军事史和外交史上使我们产生深刻印象的特殊表演："主父欲令子主治国，而身胡服将士大夫西北略胡地，而欲从云中、九原直南袭秦，于是诈自为使者入秦。秦昭王不知，已而怪其状甚伟，非人臣之度，

---

① 《史记》，第2406页。
② 《后汉书》，第2876页。
③ 《史记》卷七〇《张仪列传》，第2284页。
④ 《史记》卷八三《鲁仲连邹阳列传》，第2459页。
⑤ 《史记》卷七〇《张仪列传》，第2289页。

使人逐之，而主父驰已脱关矣。审问之，乃主父也。秦人大惊。主父所以入秦者，欲自略地形，因观秦王之为人也。"随后，"惠文王二年，主父行新地，遂出代，西遇楼烦王于西河而致其兵。三年，灭中山，迁其王于肤施。起灵寿，北地方从，代道大通。还归，行赏，大赦，置酒酺五日"。裴骃《集解》："徐广曰：'在上郡。'"张守节《正义》："今延州肤施县也。"① 其地在今陕西延安。② 可知赵国势力的扩张，确实曾一度实现了"北地方从"，即在北边实现强势控制的新局面。③

赵主父的表现，有学者以为"强于天下矣"，与后世"无能君"全然不同。④ 所谓"诈自为使者入秦"后"驰"而"脱关"，得以成功离秦，"关"应为函谷关。其"入秦"路线，"观秦王之为人"目的的实现，其实不必特别选择。然而"主父所以入秦者，欲自略地形……"，以为"欲从云中、九原直南袭秦"的军事交通做准备，则以自"九原"南下比较合理。

赵主父"欲从云中、九原直南袭秦"的战略意图的产生，应当与交通条件相关。所谓"直南"的"直"，使人联想到后来秦始皇时代直道确定名号强调"直"字的情形。

从苏秦的外交言辞中可以看到与赵武灵王"欲从云中、九原直南袭秦"的思路有所类同的战略构想。

《战国策·燕策一》记载："苏秦将为从，北说燕文侯曰：'燕东有朝鲜、辽东，北有林胡、楼烦，西有云中、九原，南有呼沱、易水。地方二千余里，带甲数十万，车七百乘，骑六千疋，

---

① 《史记》，第1812—1813页。
② 谭其骧主编：《中国历史地图集》第1册，地图出版社1982年版，第37—38页。
③ 《史记》卷一〇〇《匈奴列传》："赵武灵王亦变俗胡服，习骑射，北破林胡、楼烦。筑长城，自代并阴山下，至高阙为塞。而置云中、雁门、代郡。"张守节《正义》："《括地志》云：'赵武灵王长城在朔州善阳县北。案水经云白道长城北山上有长垣，若颓毁焉，沿溪亘岭，东西无极，盖赵武灵王所筑也。'"关于"高阙"，裴骃《集解》："徐广曰：'在朔方。'"张守节《正义》："《地理志》云朔方临戎县北有连山，险于长城，其山中断，两峰俱峻，土俗名为'高阙'也。"第2885—2886页。
④〔宋〕黄震：《黄氏日抄》卷四六《读史·史记》，文渊阁《四库全书》本。

粟支十年。南有碣石、雁门之饶，北有枣粟之利，民虽不由田作，枣粟之实，足食于民矣。此所谓天府也。'"燕国"西有云中、九原"，实现了新的战略态势。苏秦提出秦军控制"云中、九原"继续东进的军事设想："秦之攻燕也，踰云中、九原，过代、上谷，弥坙踵道数千里。"① 而"张仪为秦破从连横"，威胁燕王，也有"大王不事秦，秦下甲云中、九原，驱赵而攻燕，则易水、长城非王之有也"的恐吓。这种以控制云中、九原为军事优势基点的威胁似乎确实奏效："燕王曰：'寡人蛮夷辟处，虽大男子，裁如婴儿，言不足以求正，谋不足以决事。今大客幸而教之，请奉社稷西面而事秦，献常山之尾五城。'"② 显然，张仪"秦下甲云中、九原"之说，并不是没有真实依据的空言。这种设想，应当也是以关中与九原之间的交通条件为基础的。

---

① 〔西汉〕刘向集录：《战国策》，上海古籍出版社1985年版，第1039页。
② 《战国策·燕策一》。〔西汉〕刘向集录：《战国策》，上海古籍出版社1985年版，第1052页。《史记》卷七〇《张仪列传》，第2298页。

论《赵正书》言"秦王""出游天下"

北京大学藏的西汉竹书《赵正书》作为有关西汉时期秦史记忆的新的文献遗存，给我们提供了若干重要文化信息。其中四次说到秦皇帝出巡，三次用"出游天下"语。《赵正书》有关"秦王赵正"和"秦王胡亥""出游天下"的文字，有助于我们认识和理解秦始皇和秦二世以出巡为形式的政治行为的动机和意义。如果从行政史、管理史、交通史、政治文化史等视角对秦统一这一重大历史变局进行考察，可以通过《赵正书》透露的新信息获得新知。

一、《赵正书》中秦始皇、秦二世"出游天下"记忆

《赵正书》开篇及篇末都说到"出游天下"。"出游天下"，是这篇秦政治史文书的重要主题之一。

按照赵化成的整理意见，全篇文字分为六段。其中前三段涉及"出游天下"，可以逐段讨论。

第一段言"秦王赵正出游天下"，两次出现"出游天下"字样。

第三段言"王死而胡亥立"之后事，以"出游天下"结束。

第二段即许多研究者予以特别关注的关于秦帝国最高执政者

继承人选择之程序的历史记录。①《史记》卷六《秦始皇本纪》记载："上病益甚，乃为玺书赐公子扶苏曰：'与丧会咸阳而葬。'书已封，在中车府令赵高行符玺事所，未授使者。七月丙寅，始皇崩于沙丘平台。丞相斯为上崩在外，恐诸公子及天下有变，乃秘之，不发丧。棺载辒凉车中，故幸宦者参乘，所至上食。百官奏事如故，宦者辄从辒凉车中可其奏事。独子胡亥、赵高及所幸宦者五六人知上死。赵高故尝教胡亥书及狱律令法事，胡亥私幸之。高乃与公子胡亥、丞相斯阴谋破去始皇所封书赐公子扶苏者，而更诈为丞相斯受始皇遗诏沙丘，立子胡亥为太子。更为书赐公子扶苏、蒙恬，数以罪，赐死。"②《史记》卷八七《李斯列传》也记载："始皇三十七年十月，行出游会稽，并海上，北抵琅邪。丞相斯、中车府令赵高兼行符玺令事，皆从。始皇有二十余子，长子扶苏以数直谏上，上使监兵上郡，蒙恬为将。少子胡亥爱，请从，上许之。余子莫从。其年七月，始皇帝至沙丘，病甚，令赵高为书赐公子扶苏曰：'以兵属蒙恬，与丧会咸阳而葬。'书已封，未授使者，始皇崩。书及玺皆在赵高所，独子胡亥、丞相李斯、赵高及幸宦者五六人知始皇崩，余群臣皆莫知也。李斯以为上在外崩，无真太子，故秘之。置始皇居辒辌车中，百官奏事上食如故，宦者辄从辒辌车中可诸奏事。赵高因留所赐扶苏玺书，而谓公子胡亥曰：'上崩，无诏封王诸子而独赐长子书。长子至，即立为皇帝，而子无尺寸之地，为之奈何？'"又说："方今天下之权，存亡在子与高及丞相耳，愿子图之。"赵高说服胡亥，"乃谓丞相斯曰：'上崩，赐长子书，与丧会咸阳而立为嗣。书未行，今上崩，未

---

① 如孙家洲：《兔子山遗址出土〈秦二世元年文书〉与〈史记〉纪事抵牾释解》，载《湖南大学学报》（社会科学版）2015年第3期。《赵正书》注释："《史记·秦始皇本纪》记载，始皇临死前遗诏立公子扶苏为后，但赵高、李斯秘不发丧，篡改诏书，改立胡亥为太子。《赵正书》则说胡亥被立为继承人是经秦始皇认可的，与《史记》有重大差异。"北京大学出土文献研究所编：《北京大学藏西汉竹书》（叁），上海古籍出版社2015年版，第190页。据对于"本卷编撰人"的说明，《赵正书》的编撰人为赵化成。

② 《史记》，第264页。

有知者也。所赐长子书及符玺皆在胡亥所,定太子在君侯与高之口耳。事将何如?'斯曰:'安得亡国之言!此非人臣所当议也!'高曰:'君侯自料能孰与蒙恬?功高孰与蒙恬?谋远不失孰与蒙恬?无怨于天下孰与蒙恬?长子旧而信之孰与蒙恬?'斯曰:'此五者皆不及蒙恬,而君责之何深也?'"赵高说:"皇帝二十余子,皆君之所知。长子刚毅而武勇,信人而奋士,即位必用蒙恬为丞相,君侯终不怀通侯之印归于乡里,明矣。高受诏教习胡亥,使学以法事数年矣,未尝见过失。慈仁笃厚,轻财重士,辩于心而讷于口,尽礼敬士,秦之诸子未有及此者,可以为嗣。君计而定之。'""于是斯乃听高。""于是乃相与谋,诈为受始皇诏丞相,立子胡亥为太子。更为书赐长子扶苏曰:'朕巡天下,祷祠名山诸神以延寿命。今扶苏与将军蒙恬将师数十万以屯边,十有余年矣,不能进而前,士卒多耗,无尺寸之功,乃反数上书直言诽谤我所为,以不得罢归为太子,日夜怨望。扶苏为人子不孝,其赐剑以自裁!将军恬与扶苏居外,不匡正,宜知其谋。为人臣不忠,其赐死,以兵属裨将王离。'封其书以皇帝玺,遣胡亥客奉书赐扶苏于上郡。使者至,发书,扶苏泣,……即自杀。蒙恬不肯死,使者即以属吏,系于阳周。"①《赵正书》第二段文字否定了司马迁所谓"沙丘之谋"②的复杂情节。这段记载,值得秦史研究者特别关注:

> 病即大甚,而(五)
>
> 不能前,故复召丞相斯曰:"吾霸王之寿足矣,不奈吾子之孤弱何。……(六)
>
> 其后不胜大臣之分争,争侵主。吾闻之:牛马斗,而蚉虻死其下;大臣争,齍(齐)民古(苦)。吾(七)
>
> 衣(哀)令(怜)吾子之孤弱,及吾蒙容之民,死且不忘。其议所立。"丞相臣斯昧死(八)
>
> 顿首言曰:"陛下万岁之寿尚未央也。且斯非秦之产

---

① 《史记》,第2547—2551页。
② 《史记》卷八七《李斯列传》,第2552、2558页。

也,去故下秦,右主左(九)

亲,非有强臣者也。窃善陛下高议,陛下幸以为粪土之臣,使教万民,臣(一〇)

窃幸甚。臣谨奉法令,阴修甲兵,饬正教,官斗士,尊大臣,盈其爵禄。使秦并(一一)

有天下,有其地,臣其王,名立于天下,执有周室之义,而王为天子。臣闻不仁(一二)

者有所尽其财,毋勇者有所尽其死。臣窃幸甚,至死及身不足。然而见疑(一三)

如此,臣等尽当僇死,以佨(报)于天下者也。"赵正流涕而谓斯曰:"吾非疑子也,子,(一四)

吾忠臣也。其议所立。"丞相臣斯、御史臣去疾昧死顿首言曰:"今道远而诏(一五)

期𥜽(群)臣,恐大臣之有谋,请立子胡亥为代后。"王曰:"可。"……(一六)①

这段记载并不直接涉及"出游天下"事,但是事情发生在秦始皇"出游天下"途中,又有"今道远而诏期𥜽(群)臣,恐大臣之有谋"情节,而随后的事变,又导致秦二世胡亥之"出游天下",因而也与本文主题有密切的关系。

还有一种情形也值得注意,即依《史记》卷八七《李斯列传》记述,"更为书赐长子扶苏曰:'朕巡天下,祷祠名山诸神以延寿命……'",其文字也是直接关涉"出游天下"行为的。

二、"秦王赵正""出游天下"

《赵正书》第一段文字记述"秦王赵正出游天下",回程中"病(笃)几死",嘱"其谨微(微)密之,毋令群臣智(知)病"情形:

·昔者,秦王赵正出游天下,环(还)至白(柏)人而病。病篤(笃),恩(喟)然流涕长大息,谓左右曰:(一)

---

① 北京大学出土文献研究所编:《北京大学藏西汉竹书》(叁),第190页。

"天命不可变于（欤）？吾未尝病如此，悲□……"……（二）

而告之曰："吾自视天命，年五十岁而死。吾行年十四而立，立卅七岁矣。吾当今（三）

【岁】死，而不智（知）其月日，故出斿天下，欲以变气易名，不可于（欤）？今病蔦（笃），几死矣。其（四）

亟日月揄（输）趣（趋），至白泉之置，毋须后者。

其谨微（徽）密之，毋令群臣智（知）病。"……（五）①

"秦王赵正出斿天下，环（还）至白（柏）人而病"，即"出斿天下"回程中患病，病情危重，即所谓"病蔦（笃）"，谓左右曰："吾未尝病如此"，而告之曰："病蔦（笃），几死矣。"据"秦王赵正"自己的说法，"吾自视天命，年五十岁而死。吾行年十四而立，立卅七岁矣。吾当今【岁】死，而不智（知）其月日，故出斿天下，欲以变气易名……"。这里说到"出斿天下"的动机之一，即"欲以变气易名"。如果相信秦始皇出巡确有"变气易名"即"变""易""天命"的考虑②，则我们对于其此次巡行即秦始皇三十七年（前210年）最后一次出巡的实际动机可以有新的思索。这也许不仅是交通史研究的新发现，也可以看作思想史或说信仰史研究的新发现。而前引《史记》卷八七《李斯列传》确实有"更为书赐长子扶苏曰：'朕巡天下，祷祠名山诸神以延寿命……'"的说法，可以引为助证。《史记》卷二八《封禅书》也写道："并海上，冀遇海中三神山之奇药。不得，还至沙丘崩。"③所谓"冀遇……不得"，也类似"变气易名""以延寿命"的期望归于破灭。

"亟日月揄入趣"，赵化成释文："亟日月揄（输）趣（趋）"。也许"揄"不必改释为"输"。《说文·手部》："揄，引也。"段玉裁注："《汉郊祀歌》曰：'神之揄，临坛宇。'师古云：'揄，

---

① 北京大学出土文献研究所编：《北京大学藏西汉竹书》（叁），第189页。

② 赵化成注释："'变气易命'，改变气数与天命。"又引《史记·高祖本纪》："秦始皇帝常曰：'东南有天子气。'于是因东游以厌之。"以为"所谓'变气'当与此有关"。北京大学出土文献研究所编：《北京大学藏西汉竹书》（叁），第189页。

③ 张守节《正义》："《括地志》云：'沙丘台在邢州平乡东北三十里。'"《史记》，第1370页。

引也。'《史记》：'揄长袂。'《广韵》：'揄扬，诡言也。'皆其引申之义。"① "亟日月揄趣"，言珍惜时日疾行。下文"毋须后者"，赵化成注释："《汉书·王莽传》'前后毋相须'，颜师古注：'须，待也。'"② 这一解说是正确的，即抓紧时间前行，不必考虑乘舆车列仪仗的完整。理解这一点，可以参考第三段文字言"秦王胡亥""出游天下"计划所谓"起属车万乘"。

关于所谓"白泉之置"，赵化成注释："《广雅·释诂四》：'置，驿也。'从简文看来，秦王赵正当死于'白泉之置'，与《史记》记载不同。《秦始皇本纪》：'七月丙寅，始皇崩于沙丘平台。'徐广曰：'沙丘去长安二千余里。赵有沙丘宫，在巨鹿，武灵王之死处。'《正义》引《括地志》：'沙丘台在邢州平乡县东北二十里。又云平乡县东北四十里。'今案：'沙丘平台'在今河北省邢台市平乡东北。'白泉之置'不见于文献记载，但简文说'至白（柏）人而病'，于'白泉之置'病死，故其地当距柏人不远。"③

所谓"赵有沙丘宫，在巨鹿，武灵王之死处"④，言伟人"之死处"可能出现历史的复演。而"白（柏）人"地名的象征意义，

---

① 〔汉〕许慎撰，〔清〕段玉裁注：《说文解字注》，上海古籍出版社据经韵楼藏版1981年影印版，第604页。
② 北京大学出土文献研究所编：《北京大学藏西汉竹书》（叁），第189—190页。
③ 北京大学出土文献研究所编：《北京大学藏西汉竹书》（叁），第189—190页。
④ 沙丘曾有帝纣的经营。《史记》卷三《殷本纪》："帝纣资辨捷疾，闻见甚敏；材力过人，手格猛兽；知足以距谏，言足以饰非；矜人臣以能，高天下以声，以为皆出己之下。好酒淫乐，嬖于妇人。爱妲己，妲己之言是从。于是使师涓作新淫声，北里之舞，靡靡之乐。厚赋税以实鹿台之钱，而盈巨桥之粟。益收狗马奇物，充仞宫室。益广沙丘苑台，多取野兽蜚鸟置其中。"关于"沙丘苑台"，裴骃《集解》："《尔雅》曰：'迤逦，沙丘也。'《地理志》曰在巨鹿东北七十里。"张守节《正义》："《括地志》云：'沙丘台在邢州平乡东北二十里。《竹书纪年》自盘庚徙殷至纣之灭二百五十三年，更不徙都，纣时稍大其邑，南距朝歌，北据邯郸及沙丘，皆为离宫别馆。'"第105—106页。关于赵武灵王死于沙丘的故事，见《史记》卷四三《赵世家》："主父及王游沙丘，异宫，公子章即以其徒与田不礼作乱，诈以主父令召王。肥义先入，杀之。高信即与王战。公子成与李兑自国至，乃起四邑之兵入距难，杀公子章及田不礼，灭其党贼而定王室。公子成为相，号安平君，李兑为司寇。公子章之败，往走主父，主父开之，成、兑因围主父宫。公子章死，公子成、李兑谋曰：'以章故围主父，即解兵，吾属夷矣。'乃遂围主父。令宫中人'后出者夷'，宫中人悉出。主父欲出不得，又不得食，探爵鷇而食之，三月余而饿死沙丘宫。"第1815页。

见于刘邦事迹。《史记》卷八九《张耳陈余列传》:"汉八年,上从东垣还,过赵,贯高等乃壁人柏人,要之置厕。上过欲宿,心动,问曰:'县名为何?'曰:'柏人。''柏人者,迫于人也!'不宿而去。"关于"壁人柏人",司马贞《索隐》:"谓于柏人县馆舍壁中著人,欲为变也。"张守节《正义》:"柏人故城在邢州柏人县西北十二里,即高祖宿处也。"关于"要之置厕",裴骃《集解》:"韦昭曰:'为供置也。'"司马贞《索隐》:"文颖云:'置人厕壁中,以伺高祖也。'张晏云:'凿壁空之,令人止中也。'今按:云'置厕'者,置人于复壁中,谓之置厕,厕者隐侧之处,因以为言也。亦音侧。"①

"白泉之置"者,确实"不见于文献记载",然而似未可确指"其地"。"秦王赵正"言"亟日月揄(输)趣(趋),至白泉之置,毋须后者",未必明确预知"于'白泉之置'病死",希望急速"至白泉之置",或另有希求。在上古神秘主义意识中,"白泉"似有神奇的象征意义。《淮南子·地形》说到与"黄泉""青泉""赤泉""玄泉"并列的"白泉":

> 正土之气也御乎埃天,埃天五百岁生缺,缺五百岁生黄埃,黄埃五百岁生黄澒,黄澒五百岁生黄金,黄金千岁生黄龙,黄龙入藏生黄泉,黄泉之埃上为黄云,阴阳相薄为雷,激扬为电,上者就下,流水就通,而合于黄海。

> 偏土之气御乎清天,清天八百岁生青曾,青曾八百岁生青澒,青澒八百岁生青金,青金八百岁生青龙,青龙入藏生青泉,青泉之埃上为青云,阴阳相薄为雷,激扬为电,上者就下,流水就通,而合于青海。

> 壮土之气御于赤天,赤天七百岁生赤丹,赤丹七百岁生赤澒,赤澒七百岁生赤金,赤金千岁生赤龙,赤龙入藏生赤泉,赤泉之埃上为赤云,阴阳相薄为雷,激扬为电,上者就下,流水就通,而合于赤海。

---

① 《史记》,第386页。关于"复壁"形制,参看王子今:《汉代建筑中所见"复壁"》,载《文物》1990年第4期。

> 弱土之气御于白天，白天九百岁生白礜，白礜九百岁生白澒，白澒九百岁生白金，白金千岁生白龙，白龙入藏生白泉，白泉之埃上为白云，阴阳相薄为雷，激扬为电，上者就下，流水就通，而合于白海。
>
> 牝土之气御于玄天，玄天六百岁生玄砥，玄砥六百岁生玄澒，玄澒六百岁生玄金，玄金千岁生玄龙，玄龙入藏生玄泉，玄泉之埃上为玄云，阴阳相薄为雷，激扬为电，上者就下，流水就通，而合于玄海。①

或说"白泉"是出自"昆仑"神仙世界的"神物"。《太平御览》卷三八引《博物志》曰："昆仑从广万一千里，神物集也。出五色云气，五色流水。其白水东南流入中国，名为河也。"② 所谓"白水"，或作"白泉水"。③ 在汉代有的神异记录中，"白泉"直接与长生梦想相关。《太平御览》卷五二二引《礼稽命征》曰："得礼之制，泽谷之中有赤乌、白玉、赤蛇、赤龙、赤木、白泉生出，饮酌之，使寿长。"④ 又《太平御览》卷八七三引《礼稽命征》曰："王者得礼之制，则泽谷之中白泉出，饮之，使寿长。"⑤ 所谓"白泉""饮酌之，使寿长"，"饮之，使寿长"的说法，或许有助于我们对《赵正书》"白泉之置"的理解。

三、"秦王胡亥""出游天下"

《赵正书》第三段文字说"王死而胡亥立"之后胡亥以秦帝国最高执政者身份"出游天下"的政治表现：

---

① 张双棣撰：《淮南子校释》，北京大学出版社1997年版，第509—510页。《太平御览》卷八引《河图始开》也写道："黄泉之埃上为黄云，青泉之埃上为青云，赤泉之埃上为赤云，白泉之埃上为白云，玄泉之埃上为玄云。"〔宋〕李昉等撰：《太平御览》，中华书局用上海涵芬楼影印宋本1960年复制重印版，第40页。
② 〔宋〕李昉等撰：《太平御览》，中华书局用上海涵芬楼影印宋本1960年复制重印版，第181页。
③ 文渊阁《四库全书》本。
④ 〔宋〕李昉等撰：《太平御览》，中华书局用上海涵芬楼影印宋本1960年复制重印版，第2347页。
⑤ 〔宋〕李昉等撰：《太平御览》，中华书局用上海涵芬楼影印宋本1960年复制重印版，第3870页。

……王死而胡亥立，即杀其（一六）

兄夫（扶）胥（苏）、中尉恬。大赦罪人，而免隶臣高以为郎中令。因夷其宗族，攘（坏）其社稷，（一七）

燔其律令及古世之臧。有（又）欲起属车万乘以扶（抚）天下，曰："且与天下更始。"子婴进（一八）

间（谏）曰："不可。臣闻之：芬苴未根而生周（凋）昏〈香〉同，天地相去远而阴阳气和，五国十二（一九）

诸侯，民之者（嗜）欲不同而意不异。夫赵王钜杀其良将李微（牧）而用颜（颜）聚，燕王（二〇）

喜而鞫（轲）之谋而倍（背）秦之约，齐王建遂杀其古（故）世之忠臣而后胜之议。此三君（二一）

者，皆冬（终）以失其国而央（殃）其身。是皆大臣之谋，而社稷之神零福也。今王欲一日（二二）

而弃去之，臣窃以为不可。臣闻之：轻虑不可以治固〈国〉，蜀（独）勇不可以存将，同力（二三）

可以举重，比心壹智可以胜众，而弱胜强者，上下调而多力壹也。今国危適（敌）必（比），（二四）

斗士在外，而内自夷宗族，诛群忠臣，而立无节行之人，是内使群臣不相信，（二五）

而外使斗士之意离也。臣窃以为不可。"秦王胡亥弗听，遂行其意，杀其兄夫（扶）（二六）

胥（苏）、中尉恬，立高为郎中令，出游天下。……（二七）①

"王死而胡亥立，即杀其兄夫（扶）胥（苏）、中尉恬"，"免隶臣高以为郎中令"，与这段文字最后"秦王胡亥弗听，遂行其意，杀其兄夫（扶）胥（苏）、中尉恬，立高为郎中令"重复，文意存在问题。我们所注意的，主要是有关"出游天下"的内容。

这段文字最后说"出游天下"，而上文于"因夷其宗族，攘（坏）其社稷，燔其律令及古世之臧"之外，说到胡亥"有（又）

---

① 北京大学出土文献研究所编：《北京大学藏西汉竹书》（叁），第190—191页。

欲起属车万乘以扶（抚）天下，曰：'且与天下更始'"，而"子婴进间（谏）曰：'不可……'"，担心此举可能"失其国而央（殃）其身"。子婴的忧虑是多方面的，但是以为"欲起属车万乘以扶（抚）天下"是"轻虑不可以治固〈国〉，蜀（独）勇不可以存将"，态度是明确的。

关于秦二世即位不久即大规模出巡，《史记》卷六《秦始皇本纪》有明确的历史记录：

> 二世与赵高谋曰："朕年少，初即位，黔首未集附。先帝巡行郡县，以示强，威服海内。今晏然不巡行，即见弱，毋以臣畜天下。"春，二世东行郡县，李斯从。到碣石，并海，南至会稽，而尽刻始皇所立刻石，石旁著大臣从者名，以章先帝成功盛德焉：
>
> 皇帝曰："金石刻尽始皇帝所为也。今袭号而金石刻辞不称始皇帝，其于久远也如后嗣为之者，不称成功盛德。"丞相臣斯、臣去疾、御史大夫臣德昧死言："臣请具刻诏书刻石，因明白矣。臣昧死请。"制曰："可。"
>
> 遂至辽东而还。
>
> ……四月，二世还至咸阳。……①

《史记》卷二八《封禅书》也有"二世元年，东巡碣石，并海南，历泰山，至会稽，皆礼祠之，而刻勒始皇所立石书旁，以章始皇之功德"的记述。② "二世东行郡县"，自秦二世元年（前209年）"春"至"四月"。这次出巡体现出较高的交通效率。③ 秦二世"东行郡县"的出发点，是"朕年少，初即位，黔首未集附"，"今晏然不巡行，即见弱，毋以臣畜天下"。而"先帝"秦始皇的榜样在先："先帝巡行郡县，以示强，威服海内。"而《赵正书》的表述则是"欲起属车万乘以扶（抚）天下，曰：'且与天下更始'"。"更

---

① 《史记》，第267—268页。
② 《史记》，第1370页。
③ 王子今：《秦二世元年东巡史事考略》，见《秦文化论丛》第3辑，西北大学出版社1994年版。

始"语汇的使用，较早见于《吕氏春秋·季冬纪》："数将几终，岁将更始。"① 而汉初"更始"已见用于人名。② 如果秦二世确有"且与天下更始"语，则是帝王言辞最早使用"更始"一语的信息。具有讽刺意味的是，贾谊《过秦论》对秦二世的指责，使用了"更始"语汇："……二世不行此术，而重之以无道，坏宗庙与民，更始作阿房宫，繁刑严诛，吏治刻深，赏罚不当，赋敛无度，天下多事，吏弗能纪，百姓困穷而主弗收恤。"③ 此"更始"文意或与通常所说"更始"有所不同。而司马迁则明确在表扬萧何对秦政拨乱反正时使用了"更始"一语，即《史记》卷五三《萧相国世家》以"太史公曰"形式对萧何的历史功绩进行评价："因民之疾秦法，顺流与之更始。"④

秦二世东巡时，秦王朝已面临覆灭的危局，即《赵正书》载子婴语所谓"国危適（敌）必（比）"，形势已经十分严峻。不过，似乎没有明朗的迹象可以说明"秦王胡亥""出游天下"是秦王朝灭亡的直接原因。秦政的失败，如《赵正书》所见子婴的警告，体现为"斗士在外，而内自夷宗族，诛群忠臣，而立无节行之人，是内使群臣不相信，而外使斗士之意离也"。

四、秦皇帝"出游天下"与秦帝国的交通建设

有学者曾经对有关秦二世出行速度与效率的历史记录的真实性表示怀疑。如刘敏等指出："浩浩荡荡的巡行大军为什么要在同一条巡游路线上来回往返？秦二世此次东巡的目的，一是立威，二是游玩，不论是立威也好，还是游玩也好，都应尽量避免往返走同一条路，所到之处越多越好，皇威覆盖面越大越好。而按《史

---

① 许维遹撰，梁运华整理：《吕氏春秋集释》，中华书局2009年版，第260页。
② 《史记》卷九《吕太后本纪》："吕更始为赘其侯。""斩长乐卫尉吕更，始。"第402、410页。"吕更始"事迹又见于《史记》卷一九《惠景间侯者年表》，第990页。西汉中期人"尹更始"则见于《史记》卷一一二《平津侯主父列传》，第2965页。
③ 《史记》卷六《秦始皇本纪》，第284页。
④ 《史记》，第2020页。

记》记载却恰好相反。从碣石所在的辽西郡南下到会稽,然后又北上返回辽西,再至辽东。这似乎是无任何意义的重复。这里的原因到底是什么?我们百思不得其解,禁不住怀疑'遂至辽东而还'几个字是否是错简衍文?""据《史记·秦始皇本纪》,秦二世是在元年的春天从咸阳出发东巡的,四月又返回了咸阳,这样算来,此次巡游满打满算是三个多月。在三个多月的时间里,二世君臣们从咸阳到碣石,从碣石到会稽,从会稽又返至辽东,从辽东又回到咸阳,加之中间还要登山观海,刻石颂功,游山玩水,秦朝那古老的车驾是否有如此的速度,三个多月辗过如此漫长的行程。这里我们可以同秦始皇第五次巡游作个对比。秦始皇最后一次巡游是十月从咸阳出发的,先到云梦,然后顺江东下至会稽,从会稽北上,最远到之罘,然后西归,至沙丘驾崩,是七月分(份)。这条路线明显短于二世东巡的路线,但秦始皇却走了十个月,而胡亥仅用三个多月,着实让人生疑。"[①]但是这种疑虑其实可以澄清。而轻易否定《史记》的记载似乎是不妥当的。其实,据《史记》卷六《秦始皇本纪》,秦始皇二十八年(前219年)第一次出巡,"上自南郡由武关归",与三十七年(前210年)最后一次出巡,"十一月,行至云梦",很可能也经由武关道,也是"同一条巡游路线"。这两次出巡经行胶东半岛沿海的路线,也是同样的。秦二世以一次出巡复行"先帝巡行郡县,以示强,威服海内"的路线,出现"在同一条巡游路线上来回往返"的情形是可以理解的。而秦二世各地刻石的实际存在,证明了"二世东行郡县"历史记录的可靠性。以现今公路营运里程计,西安至秦皇岛1379公里,秦皇岛至绍兴1456公里,秦皇岛至辽阳416公里,均以"在同一条巡游路线上来回往返"计,共6502公里。"春,二世东行郡县","四

---

① 刘敏、倪金荣:《宫闱腥风——秦二世》,四川人民出版社1996年版,第148—149页。今按:所谓"游玩","游山玩水"的想象,均无依据。而"遂至辽东而还"与辽西和会稽间的所谓"在同一条巡游路线上来回往返"完全无关,因而"错简衍文"之说无从谈起。辽西至辽东之间的路线"在同一条巡游路线上来回往返"则是可以理解的。

月，二世至咸阳"，以 100 日计，每天行程 65 公里，并不是不可能的。而且应当知道，秦二世时代交通条件已经与秦始皇出行时有所不同。《史记》卷八七《李斯列传》写到：秦二世执政之后，"法令诛罚日益刻深，群臣人人自危，欲畔者众。又作阿房之宫，治直道、驰道，赋敛愈重，戍徭无已"。① 于是导致陈胜暴动及"山东""杰俊"反秦武装起义。可知秦二世执政时代仍然在进行直道和驰道的修筑工程。②

《赵正书》在"秦王胡亥""出游天下"文字之后，记述"后三年，有（又）欲杀丞相斯"事。说到"斯且死，故上书"，历数自己七条罪状，表示"若斯为人臣者，罪足以死久矣"。其中所谓"罪六"，即交通建设方面的功绩：

　　……治驰道，兴游观，以见王之得志者，吾罪六矣。……（三六）③

《史记》卷八七《李斯列传》可以看到内容类同的记述："……治驰道，兴游观，以见主之得意，罪六矣。……"④《赵正书》相关文字与《李斯列传》基本一致。

李斯以丞相身份主持交通建设工程，"治驰道，兴游观，以见主之得意"，或说"治驰道，兴游观，以见王之得志者"，可知"治驰道"的工程规划、设计、施工，都是中央政府统筹指挥管理的。而秦二世时代依然进行"治直道、驰道"工程，说明秦王朝终其灭亡，一直没有中止交通事业的建设。

《赵正书》言"秦王赵正""病篤（笃），几死矣"，"其亟日月揄（输）趣（趋）"，且"毋令群臣智（知）病"情形，与《史记》卷六《秦始皇本纪》记载"始皇崩"后"置始皇居辒凉车中，百官奏事上食如故，宦者辄从辒凉车中可诸奏事"的保密方式是

---

① 《史记》，第 2553 页。
② 王子今：《西汉辽西郡的防务与交通》，见《秦汉交通史新识》，中国社会科学出版社 2015 年版，第 218—220 页。
③ 北京大学出土文献研究所编：《北京大学藏西汉竹书》（叁），第 192 页。
④ 《史记》，第 2561 页。

一致的。而秦始皇车队返程经过直道。《赵正书》两度出现"杀其兄夫(扶)胥(苏)、中尉恬"文字,这一事件也发生于直道交通线上的蒙恬军指挥中心。《赵正书》的相关记载有助于推进秦始皇直道研究的意义,应当引起秦史研究和中国古代交通史研究学者的重视。①

---

① 王子今:《论〈赵正书〉言"秦王""出斿天下"》,载《鲁东大学学报》2016年第2期。

汉武帝"见群鹤留止"故事与直道生态史考察

汉武帝曾经多次远程巡行，有数次行历北边的经历。在他生命的最后一年，又一次巡行北边。这是他最后一次出巡。《汉书》卷六《武帝纪》记载："后元元年春正月，行幸甘泉，郊泰畤，遂幸安定。""二月，诏曰：'朕郊见上帝，巡于北边，见群鹤留止，以不罗冈，靡所获献。荐于泰畤，光景并见。其赦天下。'"[①] 宋人林虙编《两汉诏令》卷六《西汉六·武帝》题《赦天下诏》（后元元年二月），列为汉武帝颁布诏令的倒数第二篇。[②] 分析相关信息，可以深化对当时社会生态环境意识的认识，也有益于说明当时生态环境、礼俗传统与行政理念的关系。对北边"群鹤留止"情形再做考察，也许能够为当时生态环境的认识提供新的条件。

一、关于"非用罗冈时"

既说"行幸甘泉"，又说"巡于北边"，很有可能是循行联

[①]《太平御览》卷五三七引《汉书》："《武纪》曰：'朕郊见上帝，巡于北边，见群鹤留止，不以罗网，靡所获献。荐于太畤，光景并见。'"《太平御览》，中华书局用上海涵芬楼影印宋本1960年复制重印版，第2435页。《太平御览》卷六五二引《汉书》："后元年三月诏曰：'朕郊见上帝，巡于北边，见群鹤留止，以不罗网，靡所获献。荐于泰畤，光景并见。其赦天下。'"第2912页。有"不以罗网""以不罗网"的不同。

[②] 最后一篇是四个月后颁布的《封莽通等》（后元元年六月）。

系"甘泉"和"北边"的直道来到"北边"长城防线。他在"北边"地方看到栖息的"群鹤",因为时在春季,当时社会的生态意识和生态礼俗,严禁猎杀野生禽鸟,于是没有捕获这些野鹤用于祭祀上帝。颜师古注引如淳曰:"时春也,非用罗罔时,故无所获也。"①

汉初名臣晁错在一篇上奏皇帝的文书中发表了有关生态环境保护的言辞。其中说道:"德上及飞鸟,下至水虫草木诸产,皆被其泽。然后阴阳调,四时节,日月光,风雨时。"②"德上及飞鸟,下至水虫草木诸产"的说法,当然是儒学的文化宣传。论者认为只有这样,才能"四时节","风雨时"。然而这其实又是值得重视的体现当时进步的生态环境观的表述。应当说在生态环境保护史上,发表了一种比较开明的见解。

《礼记·月令》中多规范了天子和官府在不同季节的作为,因而具有制度史料的意义,与主要反映民间礼俗的《月令》明显不同。其中记载:孟春之月,"毋覆巢,毋杀孩虫,胎夭飞鸟,毋麛毋卵"。季春之月,"田猎罝罘、罗罔、毕翳、餧兽之药,毋出九门"③。睡虎地秦简整理者定名为《秦律十八种》的内容中,有《田律》,其中可见关于山林保护的条文:"春二月,……不夏月,毋敢……麛鷇(卵)鷇,毋□□□□□(四)毋敢……毒鱼鳖,置穽罔(网),到七月而纵之。(五)"整理小组译文:"春天二月,……不到夏季,不准……捉取幼兽、鸟卵和幼鸟,不准……毒杀鱼鳖,不准设置捕捉鸟兽的陷阱和网罩,到七月解除禁令。"④以《月令》作为政策指导,可能在西汉中期以后更为明确。《汉书》卷八《宣帝纪》记录元康三年(前63年)六月诏:"其令三辅毋得以春夏摘巢探卵,弹射飞鸟。具为令。"⑤春夏两季不得破坏鸟巢,探取

---

① 《太平御览》卷五三七引《汉书·武纪》注引如淳曰:"是时春也,非用罗网时。故无所获。"第2435页。"是时春也"应是正文。
② 《汉书》卷四九《晁错传》,第2293页。
③ 〔清〕阮元校刻:《十三经注疏》,中华书局1980年版,第1357、1363页。
④ 睡虎地秦墓竹简整理小组编:《睡虎地秦墓竹简》,文物出版社1990年版,释文第20—21页。
⑤ 《汉书》,第258页。

鸟卵,射击飞鸟,正是《月令》所强调的保护生态环境的禁令。如《吕氏春秋·孟春纪》:"无覆巢,无杀孩虫胎夭飞鸟,无麛无卵。"① 前引《礼记·月令》:"毋覆巢,毋杀孩虫,胎夭飞鸟,毋麛毋卵。"成书于西汉中晚期的《焦氏易林》有相关内容,如《讼·睽》:"秋冬探巢,不得鹊雏。御指北去,惭我少姬。"《师·革》:"秋冬探巢,不得鹊雏。衔指北去,惭我少夫。"又《观·屯》及《革·复》:"秋冬探巢,不得鹊雏。衔指北去,媿我少姬。"② 都说"秋冬探巢",似乎也可以说明"毋得以春夏摘巢探卵"的制度确实在民间形成了礼俗规范。③

关于"时春""非用罗罔时"的制度礼俗,汉代直接的文物证据,见于甘肃敦煌悬泉置汉代遗址发掘出土的泥墙墨书《使者和中所督察诏书四时月令五十条》,其中有关于生态保护的内容。如涉及禁止杀害野生禽鸟的规定:

孟春月令:

· 毋杀幼虫·谓幼少之虫不为人=害者也尽九月
· 毋杀𡥈·谓禽兽六畜怀任有=𡥈者也尽十二月常禁
· 毋矢蜚鸟·谓矢蜚鸟不得使长=大也尽十二月常禁
· 毋麛·谓四足之及畜幼少=未安者也尽九月
· 毋卵·谓蜚鸟及鸡□卵之=属也尽九月

中春月令:

· 毋焚山林·谓烧山林田猎伤害=禽兽也虫草木□□

四月尽☐

孟夏月令:

· 毋大田猎·尽八月□☐④

这篇文书开篇称"太皇太后诏曰",日期为"元始五年五月甲子

---

① 许维遹撰,梁运华整理:《吕氏春秋集释》,中华书局 2009 年版,第 11 页。
② 文渊阁《四库全书》本。
③ 王子今:《秦汉时期生态环境研究》,北京大学出版社 2009 年版,第 388 页。
④ 甘肃省文物考古研究所:《敦煌悬泉汉简释文选》,载《文物》2000 年第 5 期。

朔丁丑"①，时在公元5年，是明确作为最高执政者的最高指令——诏书颁布的。书写在墙壁上，是为了扩大宣传，使有关内容能够众所周知。②

二、鹤与汉代社会生活

在汉代社会生活中可以看到鹤与人类相亲近的诸多表现。汉代画像中可以看到纵养禽鸟的画面。③成都双羊山出土的一件，画像中心似乎就是鹤。以"友鹤"或者"鹤友"为别号或者命名书斋和著作者，多见于文化史的记录。④这一情感倾向，在汉代已经有所表现。"友鹤"行为和意致，体现出古代文人清高的品性和雅逸的追求，同时也反映了人与动物的关系，又可以间接体现人对于自然的情感，人对于生态环境的理念。⑤

另一方面，我们又看到以所谓"煮鹤烧琴"表现的对反文明、反文化行为的批评。⑥据说唐代诗人李商隐在被称作"盖以文滑稽者"⑦的游戏文字《杂纂》中，曾经说到诸种"杀风景"的行为，其中就包括"烧琴煮鹤"。⑧"煮鹤"，不仅见于意在嘲讽的幽默文字中，也反映了古代食物史的实践。⑨出土的汉代文物资料，可

---

① 甘肃省文物考古研究所：《敦煌悬泉汉简释文选》，载《文物》2000年第5期；胡平生、张德芳：《敦煌悬泉置汉简释粹》，上海古籍出版社2001年版，第192—199页。
② 王子今：《汉代居延边塞生态保护纪律档案》，载《历史档案》2005年第4期。
③ 王子今：《汉代纵养禽鸟的风俗》，载《博物》1984年第2期。
④ 如宋高斯得《耻堂存稿》卷六有《赠道士刘友鹤》《次韵刘友鹤端午二首》诗，明邓雅《玉笥集》卷九一有《题黄伯原友鹤轩》诗，明解缙《文毅集》卷一〇又《友鹤轩记》，其中说到"新淦黄君伯原自谓友鹤翁"。明薛瑄《敬轩文集》卷二有《友鹤轩》诗，其中有"友鹤名华轩，存诚绝外扰"句。明姚广孝有《题友鹤轩图》，《历代题画诗类》卷一一四。"徐仲选《鹤友诗稿》"见《千顷堂书目》卷二八。文渊阁《四库全书》本。
⑤ 王子今：《古代文人的友鹤情致》，载《寻根》2006年第3期。
⑥ 如韦鹏翼《戏题盱眙壁》诗："岂肯闲寻竹径行，却嫌丝管好蛙声。自从煮鹤烧琴后，背却青山卧月明。"《全唐诗》卷七七〇，文渊阁《四库全书》本。
⑦ 〔宋〕胡仔《渔隐丛话》前集卷二二引《西清诗话》，文渊阁《四库全书》本。
⑧ 〔元〕陆友仁《研北杂志》卷下："李商隐《杂纂》一卷，盖唐人酒令所用，其书有数十条，各著事。其'杀风景'一条有十三事。如'背山起楼'、'烹琴煮鹤'皆在焉。"文渊阁《四库全书》本。"烧琴煮鹤"作"烹琴煮鹤"。
⑨ 传说伊尹曾经向商汤进"鹤羹"而得以拔识，《天中记》卷五八，文渊阁《四库全书》本。而《北堂书钞》卷一六引《穆天子传》有"饮白鹤之血"的故事。中国书店据光绪十四年南海孔氏刻本1989年影印版，第38页。

以说明这一情形在当时比较普遍。马王堆一号汉墓出土系在330号竹笥上的木牌，写有"熬鷎笥"字样。"鷎"即"鶮"，就是"鹤"。①马王堆三号汉墓出土的同类木牌也有书写"熬鷎笥"者。发掘报告写道："出土时脱落，与实物对照，应属东109笥。"而《遣策》中"熬鷎一笥"（136）当即指此。报告执笔者又指出，"鷎"就是"鹤"。《史记》卷六《秦始皇本纪》："卒屯留，蒲鷎反。"司马贞《索隐》："'鷎'，古'鸖'字。"②"鸖"是"鹤"的俗字。③马王堆一号汉墓出土系在283号竹笥上的木牌，题写"熬鷎笥"。④与283号竹笥木牌及330号竹笥木牌对应的内容，《遣策》作"熬鹄一笥"（71）及"熬鷎一笥"（72）。"鹄"即"鹄"，也是"鹤"的异写。⑤马王堆一号汉墓283号竹笥及330号竹笥发现的动物骨骼鉴定报告，确定其动物个体是鹤（Grus SP.）。可知"出土骨骼内，共有鹤2只"。鉴定者指出："出土骨骼的主要特征均与鹤科鸟类一致。""鼻骨前背突起与前颌骨额突清晰分开，与灰鹤近似，与白枕鹤不同"，"但出土头骨的颧突特别短而钝，与灰鹤和白枕鹤均不相同。究属何种，尚难确定"⑥。然而，马王堆汉墓的发现，确实可以作为"煮鹤""烹鹤"的实证。由此可

---

① 《集韵·铎韵》："鹤，鸟名，或作'鶮'。"文渊阁《四库全书》本。

② 湖南省博物馆、湖南省文物考古研究所：《长沙马王堆二、三号汉墓》，第一卷"田野考古发掘报告"，文物出版社2004年版，第192页。

③ 《干禄字书·入声》，《龙龛手鉴·鸟部》。文渊阁《四库全书》本。

④ 湖南省博物馆、中国科学院考古研究所：《长沙马王堆一号汉墓》上册，文物出版社1973年版，第115页。

⑤ 《集韵·铎韵》："鹄，鸟名。《说文》：'鸣九皋，声闻于天。'或作'鹤'。"文渊阁《四库全书》本。《庄子·天运》："鹄不日浴而白。"陆德明《释文》："'鹄'，本又作'鹤'，同。"郭庆藩辑，王孝鱼整理：《庄子集释》，中华书局1961年版，第522、524页。李商隐《圣女祠》："寡鹄迷苍壑，羁凤怨翠梧。"朱鹤龄注："'鹄'，《英华》作'鹤'。'鹤''鹄'古通。"文渊阁《四库全书》本。

⑥ 中国科学院动物研究所脊椎动物分类区系研究室、北京师范大学生物系：《动物骨骼鉴定报告》，见《长沙马王堆一号汉墓出土动植物标本的研究》，文物出版社1978年版，第67—68页。

以推知古代有关"鹤羹"的传说,也并非没有根据的虚言。①

通过马王堆汉墓出土资料中有关以鹤加工食品的信息,可以推知汉武帝如果以鹤"荐于泰畤",将会以怎样的形式奉上。

三、"光景并见":"灵命"的暗示

《汉书》卷二五下《郊祀志下》记载:"莽篡位二年,兴神仙事,以方士苏乐言,起八风台于宫中。台成万金,作乐其上,顺风作液汤。又种五粱禾于殿中,各顺色置其方面,先煮鹤䏶、毒冒、犀玉二十余物渍种,计粟斛成一金,言此黄帝谷仙之术也。"颜师古注以为"鹤䏶"就是"鹤髓":"䏶,古髓字也。谓煮取汁以渍谷子也。"②《太平御览》卷九一六引《汉书》说到王莽使用鹤的骨髓的故事。文渊阁《四库全书》本写作:"王莽以鹤髓渍谷种学仙。"上海涵芬楼影印宋本则作:"王莽常以鹤髓渎谷种学仙。"③所谓"神仙事""方士言",其志在"学仙"的神秘的营作,竟然以"鹤髓"做配料。这一情形,当与长期以来所谓"鹤一起千里,古谓之仙禽"④有关。可能因鹤能高翔,在汉代人的意识中可以与天界沟通。

汉武帝后元元年春二月诏言:"朕郊见上帝,巡于北边,见群鹤留止,以不罗罔,靡所获献。荐于泰畤,光景并见。其赦天下。"所谓"荐于泰畤,光景并见",实际上是说在与上帝对话时看到了显现为"光景"(可能即"光影")的异常的吉兆,于是"大赦天下"。

"光景",有可能即"光影"。《释名·释首饰》:"镜,景也,

---

① 《楚辞·天问》:"缘鹄饰玉,后帝是飨。"汉代学者王逸的解释是:"后帝,谓殷汤也。言伊尹始仕,因缘烹鹄鸟之美,修饰玉鼎以事于汤。汤贤之,遂以为相也。"其中"缘鹄",或作"缘鹄"。一代名相伊尹,竟然是因向殷汤奉上"鹤羹"而得到信用的。王子今:《"煮鹤"故事与汉代文物实证》,载《文博》2006年第3期。
② 《汉书》,第1270页。
③ 《太平御览》,中华书局用上海涵芬楼影印宋本1960年复制重印版,第4060页。
④ 《尔雅翼》卷一三《释鸟·鹤》,文渊阁《四库全书》本。

言有光景也。"① 然而《释名·释天》又说："枉矢,齐鲁谓光景为'枉矢'。言其光行若射矢之所至也。亦言其气枉暴,有所灾害也。"②

汉代文献所见"光景",颇多神秘主义色彩。《史记》卷二八《封禅书》关于秦的祭祀体系的介绍,说到"光景":"……而雍有日、月、参、辰、南北斗、荧惑、太白、岁星、填星、辰星、二十八宿、风伯、雨师、四海、九臣、十四臣、诸布、诸严、诸逑之属,百有余庙。西亦有数十祠。于湖有周天子祠。于下邽有天神。沣、滈有昭明、天子辟池。于杜、亳有三社主之祠、寿星祠;而雍菅庙亦有杜主。杜主,故周之右将军,其在秦中,最小鬼之神者。各以岁时奉祠。唯雍四时上帝为尊,其光景动人民唯陈宝。"③《汉书》卷二五上《郊祀志上》有同样的说法:"唯雍四时上帝为尊,其光景动人民,唯陈宝。"④《后汉书》卷八六《西南夷列传·邛都夷》:"青蛉县禹同山有碧鸡金马,光景时时出见。"⑤

《太平御览》卷三引刘向《洪范传》曰:"日者照明之大表,光景之大纪,群阳之精,众贵之象也。"⑥日光,是"光景之大纪"。《艺文类聚》卷四二引魏陈王曹植《箜篌引》也说:"惊风飘白日,光景驰西流。"⑦也说"白日""光景"。《艺文类聚》卷七四周庾信《象戏赋》曰:"昭日月之光景,乘风云之性灵,取四方之正色,用五德之相生。"⑧则说日月天光都是"光景"。

---

① 任继昉:《释名汇校》,齐鲁书社2006年版,第245页;《初学记》卷二五引《释名》:"镜,景也,有光景也。"〔唐〕徐坚等著:《初学记》,中华书局1962年版,第607页;《太平御览》卷七一七引《释名》同,第3177页。

② 任继昉:《释名汇校》,第35页。

③《史记》,第1375—1376页。

④《汉书》,第1209页。

⑤《后汉书》,第2852页。《水经注》卷三七《淹水》:"淹水出越嶲遂久县徼外。东南至青蛉县。县有禹同山,其山神有金马碧鸡,光景倏忽,民多见之。汉宣帝遣谏大夫王褒祭之,欲致其鸡马。褒道病而卒,是不果焉。王褒《碧鸡颂》曰:'敬移金精神马,缥缥碧鸡。'故左太冲《蜀都赋》曰:'金马骋光而绝影,碧鸡倏忽而耀仪。'"

⑥《太平御览》,中华书局用上海涵芬楼影印宋本1960年复制重印版,第15页。文渊阁《四库全书》本"照明"作"昭明"。

⑦〔唐〕欧阳询撰,汪绍楹校:《艺文类聚》,上海古籍出版社1965年版,第765页。

⑧〔唐〕欧阳询撰,汪绍楹校:《艺文类聚》,上海古籍出版社1965年版,第1282页。

《后汉书》卷一〇下《皇后纪下·顺烈梁皇后》:"顺烈梁皇后讳妠,大将军商之女,恭怀皇后弟之孙也。后生,有光景之祥。"这一有关"光景之祥"的故事,《北堂书钞》卷二三纪此事"有光景之详"列于"灵命"题下。注:"《东观》。今案亦见《范书·梁皇后纪》。"① 《鹖冠子》卷下《学问》:"神征者,风采光景,所以序怪也。"②

《汉书》卷二五下《郊祀志下》写道:"西河筑世宗庙,神光兴于殿旁,有鸟如白鹤,前赤后青。神光又兴于房中,如烛状。广川国世宗庙殿上有钟音,门户大开,夜有光,殿上尽明。上乃下诏赦天下。"③ 第一例"西河"事,"神光"与"有鸟如白鹤"并见。这种"光"或说"神光"与疑似"白鹤"的同时出现,有助于我们理解汉武帝诏文所言"光景并见"。所谓"神光兴于殿旁","神光又兴于房中",同时又"有鸟如白鹤",也可以理解为"光景并见"。这可能是对于汉武帝后元元年所见神异现象的一种复制。我们现在还不能准确解说汉武帝诏文所言"光景并见"究竟是怎样的情境,但是有理由推想,可能出现了与"神光兴于殿旁,有鸟如白鹤,前赤后青"类似的情形,于是使得这位垂老的帝王感觉到了某种"性灵""神征""祥""怪"一类神秘的象征。而事情的缘起,与"鹤"有关。

来自"上帝"的"灵命"暗示,体现了对汉武帝"见群鹤留止,以不罗罔,靡所获献"行为的真诚谅解和高度认可。拂去这一故事笼罩的神秘主义迷雾,可以察知当时社会生态保护意识得到以神灵为标榜的正统理念的支持。而鹤与天界的神秘关系,似乎也因此得到了曲折的体现。

四、"北边""群鹤留止"记录的生态史料意义

汉武帝后元元年春"巡于北边,见群鹤留止"事,可以作为我

---

① 《北堂书钞》,中国书店据光绪十四年南海孔氏刊本1989年影印版,第52页。
② 〔宋〕陆佃解:《鹖冠子》卷下《学问》,文渊阁《四库全书》本。
③ 《汉书》,第1248页。

们分析当时生态环境形势时的重要参考。

鹤被称为"涉禽",以沼泽为主要生活环境。① 或有生物学辞书言,鹤,"大型涉禽","常活动于平原水际或沼泽地带"。丹顶鹤"常涉于近水浅滩,取食鱼、虫、甲壳类以及蛙等,兼食水草"②。汉武帝后元元年诏书所说"巡于北边,见群鹤留止",体现了北边长城防线上汉武帝巡行的路段,有天然水面或湿地。这一情形反映了当时水资源形势与现今明显不同。这一信息,亦符合竺可桢等学者对于战国至西汉时代气候较今温暖湿润的判断。③ 北边和临近北边地方当时其他湖沼的面积和水量,也远较现今宏大。④

蓑羽鹤"为夏候鸟"。灰鹤"繁殖在苏联西伯利亚和我国东北及新疆西部","秋季迁徙时,在我国境内经华北、西北南部、四川西部和西藏昌都一带,至长江流域及以南地区越冬"。丹顶鹤"主产于我国黑龙江省及苏联西伯利亚东部和朝鲜;迁长江下游一带越冬"。⑤ 汉武帝时代后元元年春二月北边有"群鹤留止",如果是"至长江流域及以南地区越冬"的鹤群回归北地时停栖此地,则似乎时间稍早,或可说明当时气温较现今为高。如果所见"群鹤留止"就是在这里越冬,则可看作反映了当时这一地区冬季气温高于现今的幅度相当大的重要例证。当然,就此还需要进一步的严密论证。⑥

---

① 《简明不列颠百科全书》写道:"鹤,crane,鹤形目、鹤科14种体型高大的涉禽。""这些高雅的陆栖鸟类昂首阔步行走在沼泽和原野。"中国大百科全书出版社1985年版,第3册,第757页。
② 《辞海·生物分册》,上海辞书出版社1975年版,第532页。
③ 竺可桢指出:"在战国时期,气候比现在温暖得多。""到了秦朝和前汉(公元前221—公元23年)气候继续温和。""司马迁时亚热带植物的北界比现时推向北方。"《中国近五千年来气候变迁的初步研究》,见《竺可桢文集》,科学出版社1979年版。
④ 王子今:《秦汉时期的朝那湫》,载《固原师专学报》2002年第2期;《"居延盐"的发现——兼说内蒙古盐湖的演化与气候环境史考察》,载《盐业史研究》2006年第2期;《额济纳汉简释文校本》,文物出版社2007年版。
⑤ 《辞海·生物分册》,上海辞书出版社1975年版,第532页。
⑥ 王子今:《北边"群鹤"与泰畤"光景"——汉武帝后元元年故事》,载《江苏师范大学学报》(哲学社会科学版)2013年第5期。

附 论

直道交通带的石窟寺遗存

石窟是重要的文化遗存。所谓"以神力加工匠","凿大石山安置佛窟"①，显示出民众信仰的坚定与恒久，也是当时社会文化进程的一种纪念。

石窟一类佛教建筑，往往依交通干线营造，形成值得重视的交通文化现象。秦始皇直道交通带左近发现的石窟寺遗存，可以反映在漫长历史进程中直道交通条件持续性的功用。

一、"千里已来，莫不闻风而敬矣"

北朝是中国北方佛教石窟建设兴起的重要历史时期。"石窟"定义，有学者确定为"在河畔山崖开凿的佛教寺庙"②。分析北朝石窟的分布特征，可以看到这样的现象，即这些佛教建筑遗存，往往依交通干线而设置，往往因交通活动而繁盛。从这一视角考察当时的交通条件对于文化风貌的作用，研究当时的文化形态对于交通建设的影响，都可以有新的发现。

临近交通线的石窟，其文化作用与交通行为有关。通过对这

---

① 《法苑珠林》卷一四《敬佛篇·观佛部感应缘》，文渊阁《四库全书》本。
② 宿白：《中国石窟寺考古》，见《中国大百科全书·考古学》，中国大百科全书出版社1986年版，第698页；《中国石窟寺研究》，文物出版社1996年版，第16页。

一现象的考察，可以丰富对于这种佛教遗迹的社会功能的认识。另一方面，由此也可以分析当时石窟营造者的文化传播理念与交通文化心理。由石窟的位置判定若干我们以前未知的当时交通道路的走向，也是有关考察的收获。

造像，是佛法宣传的重要方式之一。造像不仅是佛家崇拜对象真容的再现，也可以使众生能够通过观睹其形象启悟发心，达解法相。北朝造像记多有反映这一动机的资料。例如：

  天人睹斯状而云集，邪徒观众心而慕化。北魏孝庄帝永安三年（530）山西稷山薛凤规造像

  令鲜信之徒，睹迹进菩提之原；修道之士，损生必证于寂灭。增道改迷，岂非善欤？西魏文帝大统六年（540）七月十五日山西稷山巨始光造像

  迷者一窥，则洗或（惑）于先源；慧者暂睹，则启悟于后际。可谓福润含生，祚隆弥劫。东魏孝敬帝武定三年（545）七月十五日河南沁阳僧惠等造天宫像

  扰扰四生，因兹以登正觉；攸攸六道，籍此□去尘罗。北齐文宣帝天保三年（552）魏蛮造像

  造像一区，愿使睹者悉发菩提心，达解法相。北周武帝天和四年（569）六月十五日陕西夏侯纯陀造像

  观者□□而皈□，瞩者灭恶而去定。北齐后主武平三年（572）三月十八日山东费县兴圣寺造像

  敬造释迦尊像一躯，并二菩萨，……欲使崇真之士，指瞩归依；慕法之徒，从兹悟解。武平六年（575）六月一日龙门道兴合邑造像

有学者指出，"这些说法并非造像者夸耀之词，而是基于外来的与本土的某些观念产生的，体现了他们的真实想法"①。

大致成书于唐高宗时代的《古清凉传》卷上《古今胜迹三》说到"修理孝文石窟故像"事："中台南三十余里，在山之麓有通衢，

---

① 侯旭东：《五、六世纪北方民众佛教信仰》，中国社会科学出版社1998年版，第239—240页。

乃登台者常游此路也。傍有石室三间，内有释迦文殊普贤等像，又有房宇厨帐器物存焉。近咸亨三年，俨禅师于此修立，拟登台道俗往来休憩。""虽人主尊，未参玄化，千里已来，莫不闻风而敬矣。"①石窟往往与交通道路相依存，其原因可以从这段文字中有所体味。石窟建设每临"通衢"的动机，当是便于行旅"往来休憩"时受到佛力的感化，所谓"千里已来，莫不闻风而敬矣"，正是施工者心中热盼的效应。

　　古来佛教宣传，有所谓"起浮图于中街，有石像在焉"的做法②，也是希图更大范围地扩展影响，征服人心。《大金西京武州山重修大石窟寺碑》言"虑不远不足以成大功，工不大不足以传永世"，又说石窟建造的目的，"盖欲广其供养，与天地而同久，虑远而功大矣"③。而面对行客，占有旅思，有益于使佛教文化的影响至于"千里"之外，真正实现"广其供养"，确实可以称作"虑远而功大矣"。佛家原本讲究"闲静修寂志"④，强调"若修禅定，求解脱者"，"当于静处，若冢间，若林树下，若阿练若处，修行甚深，诸圣贤道"⑤。然而石窟的建造，实际上大多违背了所谓"当于静处"的原则，相反却迎求喧嚣"通衢"，甚至不惜企望"前望则红尘四合，见三市之盈虚"⑥的境界，其因素之一，可能有追求"广其供养"的用心。以陕西彬县大佛寺为例，考察者写到，"这里川流横列，山峰对峙，地势狭长如廊"，石窟面向丝绸之路交通干道，现今国道通行之处，正是当年"礼拜者下跪的地方"。⑦行旅者一步步由此经过，在一个特定的宗教文化场中熏沐于佛学

---

① 嘉庆宛委别藏本。
② 《太平御览》卷一二四引《十六国春秋·北凉录》记沮渠茂虔事。
③ 宿白：《〈大金西京武州山重修大石窟寺碑〉校注——新发现的大同云冈石窟寺历史材料的初步整理》，载《北京大学学报》（人文科学版）1956年第1期，收入《中国石窟寺研究》，文物出版社1996年版。
④ 《坐禅三昧经》卷上。
⑤ 《禅秘要法经》卷下。
⑥ 《艺文类聚》卷七七引隋江总《大庄严寺碑》，第1316页。
⑦ 负安志：《彬县大佛寺石窟的调查与研究》，见《中国考古学研究论集——纪念夏鼐先生考古五十周年》，三秦出版社1987年版，第457、459页。

之导化的情形，可以想见。

临近交通道路的佛教宣传，还有十分特殊的景致，可以看作北朝宗教文化的趣闻。据道宣撰《集神州三宝感通录》卷中记述，沮渠蒙逊开凿凉州石崖，内有瑞像，"或石或塑，千变万化，有礼教者惊眩心目"，特别值得注意的是，"中有土圣僧可如人等，常自经行，初无宁舍，遥见便行，近瞩便止，视其颜面如行之状。或有罗土垄地，观其行不，人才远之，便即蹈地，足迹纳纳，来往不住。如此现相，经今百余年，彼人说之如此"①。道世在《法苑珠林》卷一三《敬佛篇·观佛部感应缘》也记有此事，字句略异。② 僧人像"遥见便行，近瞩便止"，"人才远之，便即蹈地，足迹纳纳，来往不住"，作为"千变万化"之一，不仅能够使行旅之人"惊眩心目"，又可以产生贴近世情、亲和情感的效应。

我们的讨论涉及总体交通形势对于石窟建设的意义。实际上，具体的交通条件对于石窟自身的维护和繁荣也至关重要。对于这一问题，有的学者进行的对于虽然不在北朝版图之内，时代却大致同时的新疆克孜尔石窟的研究，其成果具有参考价值。③

二、石窟营造之"务于通达"追求

宿白在《中国石窟寺考古》中写到，中原北方地区（指新疆以东、淮河流域以北，以迄长城内外的广大地区）的石窟"数量多，内容复杂，是中国石窟遗迹中的主要部分"。他又将这一地区划分为四区，所举列5—6世纪的遗迹有：

河西区：敦煌莫高窟；玉门昌马石窟；酒泉文殊山石窟；肃南金塔寺石窟；武威天梯山石窟；

甘宁黄河以东区：永靖炳灵寺石窟；天水麦积山石窟；

---

① 道宣《广弘明集》卷一五《列塔像神瑞迹》也有此说。
② 宿白《凉州石窟遗迹与"凉州模式"》（载《考古学报》1986年第4期，收入《中国石窟寺研究》，文物出版社1996年版）谓据《法苑珠林·敬僧篇感应缘》引此文，词句多有不同。
③ 吴焯：《克孜尔石窟兴废与渭干河谷道交通》，见巫鸿主编：《汉唐之间的宗教艺术与考古》，文物出版社2000年版，第183—208页。

固原须弥山石窟；庆阳平定川石窟；庆阳南北石窟寺；

陕西区：少数窟龛开凿于6世纪；……

晋豫及其以东地区：大同云冈石窟；洛阳龙门石窟；巩县石窟；邯郸响堂山石窟；太原天龙山石窟；义县万佛堂石窟；渑池鸿庆寺石窟；济南黄花岩石窟。①

可以发现，这一时期的重要石窟，都在当时的主要交通线左近。

参考严耕望《唐代交通图考》，唐代灵州（今宁夏灵武西南）是"中国北通塞上诸国之孔道"，"华夷走集枢纽"，"在对外交通上尤形重要"。而灵州与长安之间交通，"就形势言，不外三道"，有两道经由庆州（今甘肃庆阳）、邠州（今陕西彬县），一道经由原州（今宁夏固原）、邠州。而长安西通陇右河西道，一经原州、会州（今甘肃会宁）径向西北至河西，一经秦州（今甘肃天水）、兰州（今甘肃兰州）西北至河西，再经凉州（今甘肃武威）、肃州（今甘肃酒泉）向西域。而永靖则在河州（今甘肃临夏）至鄯州（今青海乐都）的交通干线上，在河湟青海地区交通网中占有重要的地位。②

唐代交通形势与南北朝时代相比没有显著的变化。可知河西区的敦煌莫高窟、玉门昌马石窟、酒泉文殊山石窟、肃南金塔寺石窟、武威天梯山石窟以及甘宁黄河以东区的永靖炳灵寺石窟、天水麦积山石窟、固原须弥山石窟、庆阳平定川石窟、庆阳南北石窟寺，分别都位于当时的交通要道上。

永靖炳灵寺石窟的方位与交通道路的关系看起来似不明显。就此严耕望《唐代交通图考》写道："河州北行经凤林故县（盖州北三十五里之凤林山北），约百里至凤林关，北临黄河，东拒漓口，西瞻积石，形势紧要，为《六典》所记开元七下关之一。又北渡黄河凤林津，越曼天岭（盖今分水岭），约八十六里至龙

---

① 宿白：《中国石窟寺考古》，见《中国大百科全书·考古学》，中国大百科全书出版社1986年版，第698页；《中国石窟寺研究》，文物出版社1996年版，第17—18页。

② 严耕望：《唐代交通图考》，"中央研究院"历史语言研究所专刊之八十三，1985年版，第一卷，第175、179页；第二卷，第416—419、570页。

支县（今永靖、民和两县间古鄯邑）。积石山在龙支西南，枹罕西北，是为小积石山，一名唐述山（今积石山），两山夹峙，耸立如削，黄河流出其中，今名刘家峡，建大水库处。峡中崖上有佛龛，高四十丈，刻石文字以晋太始间为最早，今存北魏至唐宋雕刻艺术仍极丰富。"①可知亦临近唐时关津要路。如果按照东魏、西魏和北齐、北周并立时代的形势大略划分当时北中国的东部地区和西部地区，则东部地区，即宿白划定的"晋豫及其以东地区"，也可以看到同样的文化现象。

唐人记述屈支（龟兹）国所见："大城西门外，路左右各有立佛像，高九十余尺。于此像前，建五年一大会处。每岁秋分，数十日间，举国僧徒皆来会集，……"②看来，在临近都会的交通要道上设置佛教建筑，有可能是西来的风习。临近洛阳的龙门石窟，临近邺城的响堂山石窟，临近大同的云冈石窟，都体现出同样的设计出发点。龙门在洛阳南向交通要道上。响堂山在华北平原西上太行与山西交通的大道上。云冈临武周川水，也在大同以西的交通道路上。

《魏书》卷一一四《释老志》说："昙曜白帝，于京城西武州塞，凿山石壁，开窟五所，镌建佛像各一。高者七十尺，次六十尺，雕饰奇伟，冠于一世。"③所谓"武州塞"，说明了其交通形势。《古清凉传》卷上说其所在，也有"中台南三十余里，在山之麓有通衢"的说法。雍正《朔平府志》卷三说石窟寺左近的所谓"石窟寒泉"："左云县石窟寺……道东数武有石宝喷水，清冽可饮，行道多藉焉。"说明直至清代，往来行道依然由此通过。《大金西京武州山重修大石窟寺碑》所谓"迭嶂峥嵘而西去，长沙浩渺以东来"，也形容其交通地理概貌。而赞美其工程规模之所谓"虽大禹之凿龙门，六丁之开蜀道，不过摧其顽险，务于通达而已，方之于此，

---

① 严耕望：《唐代交通图考》，"中央研究院"历史语言研究所专刊之八十三，1985年版，第二卷，第505页。

② 〔唐〕玄奘撰，章巽校点：《大唐西域记》卷一《屈支国·大会所》，上海人民出版社1977年版，第4页。

③ 《魏书》卷一一四《释老志》，第3037页。

未足为难"①，以"务于通达"的交通工程相比况，也是可以使人产生联想的。武州山附近又有车轮山。《魏书》卷一〇八之一《礼志一》："太宗永兴三年三月，帝祷于武周车轮二山。"②"车轮山"定名，也暗示这里的交通地位。

关于山西北朝时期的其他石窟，也有学者进行过分析："据文物普查数据的初步统计，全省石窟及摩崖造像约有三百余处，除著名的云冈石窟和天龙山石窟外，山西还有许多鲜为人知的小型石窟。这些石窟大都开凿于北朝时期，分布区域主要集中在晋中和晋东南地区。这一地区是连接两个石窟寺开凿中心——平城和洛阳的交通要道，也是连接东魏北齐邺城和太原两都的交通要道，……"研究者在讨论山西北朝小型石窟的渊源时还指出："考察这些石窟的地理位置，我们不难发现，石窟地点或在古代交通在线，或在中心城市附近。如晋东南的高平羊头山、高庙山石窟、武乡良侯店石窟、晋中子洪镇石窟都在太原到洛阳的交通干道上，榆社圆子山石窟和响堂寺石窟和'高欢云洞'石窟，既在太原到洛阳的交通在线，也在太原到邺城的交通在线。平定开河寺石窟则在太原东出井陉，连接河北诸州的交通要道上。这一交通在线还有许多北朝石窟。"③对于与石窟寺建设有关的交通背景，研究者又进行了这样的说明："由于并州、建州是联系两京（平城和洛阳）重要的交通要道，北魏孝文帝太和十七年（493年）由平城率军南征，就是经太原和建州而抵洛阳的。迁都洛阳后，北魏官员亦常冬居洛阳，夏居平城，而频繁往来于两京地区。沟通两京的交通要道主要在太行山东西两条路线，太行山东线虽较平坦，但西麓一线却为便捷，路程亦短，故这一交通线似更为繁忙。公

---

① 宿白：《〈大金西京武州山重修大石窟寺碑〉校注——新发现的大同云冈石窟寺历史材料的初步整理》，载《北京大学学报》（人文科学版）1956年第1期，收入《中国石窟寺研究》，文物出版社1996年版。
② 《魏书》卷一〇八《礼志一》，第2736页。
③ 原注："如1997年11月在阳泉市阎家庄新发现北魏孝昌三年（527年）开凿的石窟。在平定红林渡有东魏元象元年（537年）'并州刺史下祭酒通大路使张法乐'开凿的石窟。"

元534年，东魏迁都邺城，并以并州治所晋阳为陪都，实际上晋阳成了皇室宣政之所，因而皇室大臣频繁往来于并邺之间，这样连接两地的晋中和晋东南地区的交通线显得格外重要，并且在沿途设置了驿站。"①这样的分析，显然是值得文化史学者和交通史学者共同重视的。

河南的北朝石窟，主要分布于两条交通在线。一是黄河南岸的东西交通干线，一是太行山东麓的南北交通干线。前者主要集中为豫西石窟群，后者主要集中为豫北石窟群。河南的北朝石窟，"以洛阳为中心的豫西石窟和以安阳为中心的豫北石窟是两个主要的分布区域"。

有学者指出："豫西石窟群以龙门石窟为代表，分布于黄河南岸秦岭山系的大小山崖上，西至陕县，东到荥阳。"与黄河南岸的东西交通系统有关的石窟遗存，包括义马保留北魏晚期风格的鸿庆寺石窟，新安有北魏节闵帝普泰元年题记的西沃石窟，偃师寇店乡县覆为孝明帝及胡太后祈福所造水泉石窟，洛阳市吉利区造像布局和艺术风格与宾阳洞十分相似的万佛山石窟，密县保留太平二年题记的东魏造像龛，以及荥阳兴建于天统四年的王宗店石窟等。研究者还指出："豫北石窟、摩崖群分布在黄河以北的太行山东麓。这里的佛教与邺城和晋阳均有密切的关系。自晋阳趋河内入洛阳，必经太行，太行在怀泽间，实据南北之喉隘。"与太行山东麓的南北交通系统有关的石窟遗存，包括淇县原有东魏兴和二年所造摩崖佛像的前嘴石窟，鹤壁五岩山东魏石窟与摩崖，卫辉市原有北齐造像的霖落山香峪寺石窟，浚县北齐开造的弥勒大佛，安阳开凿于北齐天保年间的小南海石窟，等等。

宜阳虎头寺石窟与摩崖，造佛龛题记可见熙平、正光年号，崖壁正中的圆拱形龛内高浮雕一佛二菩萨，"主尊肩胛瘦削，袈裟衣纹简疏流畅，动感很强，完全可以作为褒衣博带、秀骨清相

---

① 李裕群：《山西北朝时期小型石窟的考察与研究》，见巫鸿主编：《汉唐之间的宗教艺术与考古》，文物出版社2000年版，第27、49—50页。

的代表作品。"龛下有正光元年发愿文题记。① 石窟"北眺洛河"②，这一遗存，应当与洛阳西南向通往陕西洛南的交通道路系统有关。

而嵩县造像风格与龙门石窟正光、孝昌间造像近似的铺沟石窟，"前临伊水"③，很可能与洛阳南向交通体系有关。镇平西魏中兴寺造像碑，则明确位于由南阳入关中的著名的武关道上，佛教遗存与交通道路的关系显而易见。④

三、陕西"官道傍"石窟

对于陕西区的石窟，宿白说："少数窟龛开凿于6世纪，主要石窟都开凿于6世纪以后，如7世纪开凿的彬县大佛寺石窟，耀县药王山石窟；8世纪开凿的富县石泓寺石窟；11~12世纪开凿的黄陵万佛寺石窟，延安万佛洞石窟和志丹城台石窟等。"⑤ 关于彬县大佛寺，《关中胜迹图志》记载："唐庆寿寺，在邠州西二十里官道傍，唐贞观二年造。"实际上，已有学者指出，"根据大佛寺1号窟的大佛背光左侧题记'大唐贞观二年十一月十三日造'，判断该石窟开创于公元六二八年"，然而位于大佛洞西侧的104窟，"窟内9尊造像，东、西、南三壁各三尊。正壁与西壁均为一佛二菩萨。佛头饰花蔓冠，宝缯下垂至肩，外着袈裟式大衣，腰部衣袋打结。二菩萨头饰与佛相同，披巾下垂横绕膝盖，一臂上举，手执拂尘，一臂下垂手提净瓶。东壁为一佛二弟子，石质风化较甚。佛为螺髻，外着通肩大衣，结跏趺座，手施禅定印。从造像面型、服饰判断该窟似为北周时期开凿"。因而判定"唐

---

① 陈平：《河南中小型石窟调查的主要收获》，见巫鸿主编：《汉唐之间的宗教艺术与考古》，文物出版社2000年版，第3—15、22页。
② 宿白：《洛阳地区北朝石窟的初步考察》，见《中国石窟寺研究》，文物出版社1996年版，第169页。
③ 宿白：《洛阳地区北朝石窟的初步考察》，见《中国石窟寺研究》，文物出版社1996年版，第168页。
④ 杨育彬主编：《中国文物地图集·河南分册》，中国地图出版社1991年版，第50—51页。
⑤ 宿白：《中国石窟寺考古》，见《中国大百科全书·考古学》，中国大百科全书出版社1986年版，第698页；《中国石窟寺研究》，文物出版社1996年版，第18页。

代是彬县大佛寺石窟开凿的极盛时期，其最初开龛造像尚在北周时期"。① 所谓"在邠州西二十里官道傍"，体现其位置正当由长安向西北经河西地区通往中亚的丝绸之路的干道上。其地理坐标所体现的宗教建筑与交通道路相互结合、相互依存的形势，与庆阳、固原、天水、武威、酒泉、玉门、敦煌，以及永靖等地北朝石窟是一致的。

陕西发现的北朝石窟 16 处，主要集中于铜川和延安地区，一般规模较小，有的甚至窟、龛难分。

铜川临关中北上主要通道。宜君县北魏时开凿的秦家河石窟和苜蓿沟石窟，西魏大统元年（535 年）开凿的福地石窟等②，所在正当东秦州中部郡，位于南向雍州京兆郡（今陕西西安），西向豳州赵兴郡（今甘肃宁县），东南向华州澄城郡（今陕西澄城），北向夏州朔方郡（今陕西子长东南）、化政郡（今陕西靖边统万城）的交通枢纽。

四、"秦直道沿线两侧"石窟遗存

在同样属于宿白所划分的"甘宁黄河以东区"的陇东地区北朝石窟及其他佛教遗存中，也有值得我们注意的现象。

在甘肃省最东端，葫芦河畔的太白镇附近，有建于北魏太和年间的保全寺石窟，保留"太和十五年"题刻的张家沟门石窟，和同样属于北魏时期的千佛砭摩崖造像。这些发现，都被看作"秦直道沿线两侧的重要文化遗址"③，和交通道路的密切关系，是显而易见的。

对于陕北的北朝石窟，有的研究者已经注意到其分布与交通道路的关系。例如安塞县云山品寺石窟："位于安塞县镰刀湾乡杨石寺村东崖。镰刀湾乡北魏属夏州，地处秦长城内西去平凉（甘

---

① 负安志：《彬县大佛寺石窟的调查与研究》，见《中国考古学研究论集——纪念夏鼐先生考古五十周年》，三秦出版社 1987 年版，第 468、473 页。
② 张在明：《石窟寺》，载《文博》1997 年第 3 期"陕西省文物普查专号"，第 91 页。
③ 甘肃省文物局：《秦直道考察》，兰州大学出版社 1997 年版，第 25、30、31 页。

肃武威）①、东至平城（山西大同）的古道南侧，下临延河源30米。"黄陵县麦洛安石窟，"开凿于黄陵县桥山乡麦洛安村东0.5公里的北山石崖，下临沿沮河西去甘肃的古道"。而宜君县的北朝石窟，"均位于宜君县由长安北上陕北古道的玉华川崖壁间"。石窟外壁雕刻"供养人徒步和骑马出行图，后随车马、侍者"，其造型主题，应与交通行为有关。研究者分析说："陕北北朝石窟有两条走向。北线主要分布在陕北北部由古凉州（甘肃武威）经陕北北部的吴旗、安塞、横山通往平城（山西大同）的古道附近。这条古道西通西域，向东北可达大同云冈石窟及辽西辽东，大致沿秦长城走向。""陕北南部石窟主要分布在由洛阳、长安通向陕北和甘肃的古道附近，即以龙门为中心的传播范围。"②

根据陕西文物普查的总体资料进行分析，可以得出进一步的认识。

就延安地区北朝石窟的分布而言，还有若干与交通史有关的现象也值得我们注意：

（1）安塞西北云山品寺石窟和安塞正北剑化寺石窟③，分布于今安塞至靖边溯延河而上的通路上，而前者的位置又与一条贯通南北的大道有较密切的关系。④这条大道，一些学者认定为秦始皇时代修筑的直通南北的军事战略要道直道⑤，而史念海以为是赫连勃勃修筑的"圣人条"。⑥我们不必在这里细究这条道路的筑成

---

① 今按："平凉"，应作"凉州"。
② 靳之林：《陕北发现一批北朝石窟和摩崖造像》，载《文物》1989年第4期，第60、62、83页。
③ 剑化寺石窟，靳之林称作"界华寺石窟"。
④ 国家文物局主编：《中国文物地图集·陕西分册》上册，西安地图出版社1998年版，第274、275页。
⑤ 王开：《"秦直道"新探》，载《西北史地》1987年第2期；贺清海、王开：《毛乌素沙漠中秦汉"直道"遗迹探寻》，载《西北史地》1988年第2期；孙相武：《秦直道调查记》，载《文博》1988年第4期；延安地区文物普查队：《延安境内秦直道调查报告之一》，载《考古与文物》1989年第1期。
⑥ 史念海：《秦始皇直道遗迹的探索》，载《陕西师大学报》（哲学社会科学报）1975年第3期，载《文物》1975年第10期，收入《河山集》四集，陕西师范大学出版社1991年版；史念海：《直道和甘泉宫质疑》，载《中国历史地理论丛》1988年第3辑，收入《河山集》四集，陕西师范大学出版社1991年版。关于两种意见的辨论，参看吕卓民：《秦直道歧义辨析》，载《中国历史地理论丛》1990年第1期。

431

年代与性质，但是应当看到，这条大道在北朝时代具有便利的通行条件是没有疑义的。而甘泉西北同样临近这条大道的老君寺石窟，在沿雨岔沟通往这条大道的道路上①，也应当看作同一交通系统中相互存在联系的遗存。如果观察唐代石窟的分布，则临近这一交通干线南北散处的石窟的关系更为明显。

（2）延安以东的郑家崖北朝摩崖造像以及宜川清水湾北朝摩崖造像，均位于东向通往山西的交通在线。②山陕间的东西交通在历史上曾经相当便利③，而这些佛教遗迹的分布更可以反映北朝时期黄河两岸的交通条件。特别是宜川清水湾摩崖造像的位置，在鹿川川道上，这条东西通路与现今宜川—壶口的交通线不相重合，这对于我们认识这一地区古代交通道路的走向有重要的意义。④

---

① 国家文物局主编：《中国文物地图集·陕西分册》上册，西安地图出版社1998年版，第298—299页。
② 国家文物局主编：《中国文物地图集·陕西分册》上册，西安地图出版社1998年版，第270—271、286—287页。
③ 王子今：《西河郡建置与汉代山陕交通》，载《晋阳学刊》1990年第6期。
④ 王子今：《北朝石窟分布的交通地理学考察》，见《北朝史研究：中国魏晋南北朝史国际学术研讨会论文集》，商务印书馆2004年版。

后 记

1984年，我为准备硕士学位论文《论秦汉陆路运输》往陕南商洛考察。往返于西安和商南，自行车程1400里。翻越秦岭及麻街岭等山地，确实经历艰难。承商南朋友方步陪同，又乘车往河南西峡、淅川，体验了武关道交通形势。蓝桥河栈道遗迹的考察，可以说是我交通考古实践的出发点。此后，1984年至1985年与焦南峰再次考察武关道栈道，与周苏平考察子午道秦岭北段栈道，1986年秋与张在明、秦建明、周苏平考察傥骆道，1990年夏与张在明、焦南峰、周苏平考察秦始皇直道淳化、旬邑段。

虽然在校读书时早已学习过史念海有关秦始皇直道遗迹的考察的著名论文，然而却是迟至1984年武关道考察之后才初次得知靳之林、王开等秦直道实地考察的收获的。记得最初是从同学张燕那里得到靳之林拍摄的甘泉方家河直道路基的照片，看到了严整密集的夯层遗存。

1990年8月秦始皇直道淳化、旬邑段考察之后，又曾于2009年4月参观张在明主持发掘的富县桦沟口秦直道遗址考古工地（同行有焦南峰、张宏彦、周苏平），2013年8月参与陕西师范大学出版总社侯海英组织的秦直道考察（同行有张在明、宋超、田旭东、孙家洲、汤惠生、高大伦、徐君峰等），2014年5月至6月参与"善行天下"徒步公益组织发起的秦直道北段徒步考察（同行有史军、刘敬伟、谢幼学、乌兰、顾怀宇、袁泉等），2016 年 7 月参与秦始皇直道志丹、甘泉、富县段考察（同行有宿平、刘虎林、王勇岗、王军功、陈兰、石翠琴等）。这些实践，丰富了笔者对秦始皇直道原有的知识。特别是对地貌形势的感觉和对工程规模的体验，没有实地考察经历是难以形成的。遗憾的是，至今没能够对秦直道全程进行全面的考察。不是完全没有机会，例如史军、刘敬伟等 4 位壮士 2015 年 9 月至 11 月自陕西淳化至内蒙古包头徒步践行秦直道全程，当时热情邀请我参与，只是时已开学，因为承担教学任务无法成行，甚至没有赶到甘泉宫遗址送行，不免深心遗憾。但是尽管如此，每次零星的、片段的、局部的考察所获心得，对于我个人的交通史研究，都可以称得上是无可替代的丰收。说到这里，不能不诚恳感谢历次同行的各位好朋友给予我的指导和帮助。

承陕西师范大学出版总社信任，我开始了本书的写作。主要由于时间安排的失当（自然也有客观原因，如 2014 年 4 月的一次肺部手术），使得研究进程受到影响，交稿一再拖延。这里应当向丛书组织单位陕西师范大学出版总社的朋友以及如期交稿和在此前陆续交稿的各位作者诚恳致歉。

虽然可以说是终于"杀青""付梓"，但是仍不免心存遗憾。原先列入撰写计划的三部分内容，因为完稿延迟已久，只得被迫放弃。一是原本应当列入下编"秦始皇直道铭印的历史足迹"的有关班伯、崔寔等人可能行历秦直道的事迹考论；二是原本应当列入"附论"部分的两篇文字《方志资料所见蒙恬传说》和《方志资料所见扶苏传说》；三是有关秦直道考古事业的功臣张在明学术贡献的介绍和自己的一些感想，也预定安排列于"附论"部分。另外，有关 1990 年夏季秦直道南段考察纪实的相关内容，也曾经在写作计划之中。这些设想，已经有若干资料的集中和一些观点的准备。

本书可以看作中国人民大学科学研究基金（中央高校基本科研业务费专项资金资助）项目"中国古代交通史研究"（项目编号：

10XNL001）和国家社会科学基金重大项目"秦统一及其历史意义再研究"（项目编号：14ZDB028）的阶段性成果。谨此说明。

本书的完稿，承陕西师范大学出版总社侯海英鼓励敦促，编校亦付出辛劳。

写作进程中，中国人民大学国学院孙兆华、杨继承、李兰芳、杜晓等提供了很多帮助。

谨此深致谢意。

2013年8月秦直道考察途中曾有诗作转发好友张在明、汤惠生等，可惜未能保留。检视当时考察笔记，只寻得初稿两联"秦皇耕战千秋业，长剑北南一线直""鄜州皓月秋光净，直道古尘林色新"，深以不工自惭。值此拙著即将交稿之际，又匆匆补改，草成《七律·秦始皇直道二首》如下，以为《后记》尾声：

其一

古岭曾经驰帝车，秦皇存定四极初①。

意得一统各安宇②，烹灭六王莫不服③。

直道长城谋进远，遗诏太子费踌躇④。

---

① 秦始皇二十八年（前219年）琅邪刻石："皇帝之德，存定四极。诛乱除害，兴利致福。"《史记》卷六《秦始皇本纪》，第245页。
② "得意"是秦始皇实现统一之后典型的政治表情。《史记》卷六《秦始皇本纪》："作琅邪台，立石刻，颂秦德，明得意。"秦始皇二十八年（前219年）琅邪刻石："普天之下，抟心揖志。器械一量，同书文字。日月所照，舟舆所载。皆终其命，莫不得意。"秦二世曰："天下已定，外攘四夷以安边竟，作宫室以章得意"。"安土息民，以待其敝，收弱扶罢，以令大国之君，不患不得意于海内。"第244、245、271、277页。《史记》卷一五《六国年表》："秦既得意，烧天下《诗》《书》，诸侯史记尤甚，为其有所刺讥也。"第686页。《史记》卷八七《李斯列传》："治驰道，兴游观，以见主之得意。"第2561页。《史记》卷一三〇《太史公自序》："能明其画，因时推秦，遂得意于海内，斯为谋首。"第3315页。秦始皇二十八年（前219年）琅邪刻石："功盖五帝，泽及牛马。莫不受德，各安其宇。"第245页。"得意"，又作"意得"。《史记》卷六《秦始皇本纪》："侯生卢生相与谋曰：'始皇为人，天性刚戾自用，起诸侯，并天下，意得欲从，以为自古莫及己。'"第258页。
③ 秦始皇二十九年（前218）之罘刻石："六国回辟，贪戾无厌，虐杀不已。皇帝哀众，遂发讨师，奋扬武德。义诛信行，威燀旁达，莫不宾服。烹灭强暴，振救黔首，周定四极。"《史记》卷六《秦始皇本纪》，第249页。
④ 《史记》卷六《秦始皇本纪》记述，秦始皇巡行途中去世后，赵高、李斯、胡亥合谋改写遗诏，逼死公子扶苏，推进胡亥即位，是为秦二世。而据大致亦成书于汉武帝时代的北京大学藏西汉竹书《赵正书》，选择胡亥为继承人，是秦始皇既定决策。

435

鄜州皓月秋光净①，广路关山无字书。
其二
堙谷堑山益苦民②，千八百里走飞轮③。
夯硗荒岭通直道，兵气北边卫大秦。
草色林光沃血汗，封峦石阙纪悲辛④。
秦王蒙恬皆尘土，黔首士卒真圣人⑤。

王子今

2016 年 12 月 31 日

北京大有北里

---

① 杜甫《月夜》诗有"今夜鄜州月，闺中只独看"名句，注家以为"已极哀怨"，"更带牢骚"。〔明〕唐元竑：《杜诗攟》卷一，文渊阁《四库全书》本。今按：杜诗擅长个人际遇与社会政治的印合，富于诗史气派，所谓"今夜鄜州月"，以直道史考察视角看，依然秦时明月。

② 《史记》卷五《秦本纪》："戎王使由余于秦。由余，其先晋人也，亡入戎，能晋言。闻缪公贤，故使由余观秦。秦缪公示以宫室、积聚。由余曰：'使鬼为之，则劳神矣。使人为之，亦苦民矣。'"第 192 页。《汉书》卷四九《晁错传》言立法行政，有"苦民伤众"的警惕。第 2294 页。

③ 《史记》卷八八《蒙恬列传》："始皇欲游天下，道九原，直抵甘泉，乃使蒙恬通道，自九原抵甘泉，堑山堙谷，千八百里。道未就。"第 2566—2567 页。

④ 《史记》卷一一七《司马相如列传》载司马相如《上林赋》："蹷石关，历封峦，过鳷鹊，望露寒。"裴骃《集解》："骃案：《汉书音义》曰：皆甘泉宫左右观名也。"第 3037 页。《史记》卷一二《孝武本纪》司马贞《索隐》引姚氏案，言扬雄说"甘泉"形势，有"远则石关、封峦"语。第 479 页。"石关"又作"石阙"。扬雄《甘泉赋》写道："迢迢离宫般以相爥兮，封峦、石阙施靡乎延属。"《汉书》卷八七上《扬雄传上》，第 3525 页。《艺文类聚》卷六二引汉刘歆《甘泉宫赋》："封峦为之东序，缘石阙之天梯。"〔唐〕欧阳询撰，汪绍楹校：《艺文类聚》，上海古籍出版社 1965 年版，第 1113 页。

⑤ 清顺治《安塞县志》卷一《地理志·古迹》"圣人条"条："圣人条。秦始皇望阴山，遇其地，驱十万众修之，堑山堙谷。迄今坦然周行。"〔清〕李暐修，郭指南纂：顺治《安塞县志》十卷本，清乾隆九年钞本。又清道光《鄜州志》卷一《鄜州·纪事》："秦始皇三十五年，帝欲游天下，道九原，直抵甘泉，乃使蒙恬通道，自九原抵甘泉，堑山堙谷，千八百里。按：州西百余里有圣人条，宽阔可并行车三二两，蜿蜒转折，南通嵯峨，西达庆阳，疑即恬所开者。"〔清〕谭瑺纂：道光《鄜州志》五卷本，清道光十三年刻本。